U0142955

統計學 基於R的應用

賈俊平 著／陳正昌 校訂

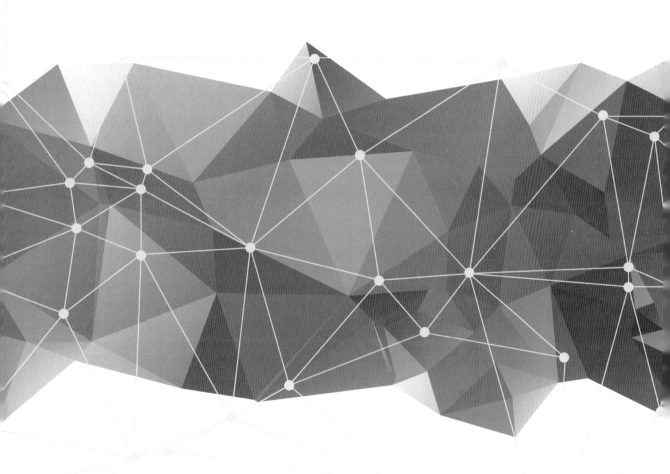

五南圖書出版公司 印行

　　統計學是一門資料分析學科，已被廣泛應用於生產、生活和科學研究的各個領域。但在電腦時代之前，由於計算問題使統計學的應用受到極大限制，很多人也由於計算問題對統計學望而卻步。然而，在電腦和網際網路普及的今天，尤其是統計軟體的使用，不僅促進了統計科學的發展，也使得統計學習發生了革命性的變化。軟體的使用，讓我們從繁雜的統計計算中解脫出來，從而有更多的時間去理解統計方法的原理。當我們把繁雜的計算交給電腦「秒殺」的時候，就會發現統計的學習和應用並不困難。R是一種優秀的免費統計軟體，不僅提供了豐富的資料分析技術，功能十分強大，而且與多數統計軟體相比，R的更新速度快，使用更靈活，包含很多最新方法。同時，對於自己開發的一些新的統計模型，也可以很方便地在R中設計程式求解。由於R的強大功能和使用上的靈活性，在實際工作與科學研究的很多領域被越來越多的人使用。可以說，R已逐漸成為資料分析軟體的主流。

● 本書概要

　　本書是一本基於R完成全部例題計算和分析的統計學教材，全書內容共11章。第2章和第3章介紹資料的描述性分析方法，包括圖表的使用和常用統計量的計算與分析方法。第4章至第6章介紹統計推論的基本原理和方法，包括作為推論理論基礎的機率分配及參數估計和假設檢定。第7章至第11章是實際中常用的一些統計方法，包括類別變數分析、變異數分析、迴歸分析和時間序列預測等。

● 本書特色

　　本書有以下特點：

　　使用R完成計算和分析。本書所有例題的計算與分析，均由R軟體（3.2.3版本）實現。書中每個例題解答均呈現R的詳細程式和結果，並注重其靈活性和多樣性。對同一資料或變數的分析盡可能使用不同的R程式套件和功能選項，繪製圖形時，盡可能使用不同的函數及參數選擇，以便讓讀者瞭解R的功能和特點。當然，本書R的應用只是發揮拋磚引玉的作用，讀者可根據自身分析需要，選擇不同的R程式套件或程式設計，來解決所面臨的統計分析問題。

注重統計思維和方法應用。本書完全避免統計方法的數學推導，強調對統計思維的理解和方法應用。每章開頭均展示一個實際案例，引出學習內容和學習目標。

注重統計方法之間的邏輯。在第1章最後以圖解方式展現了本書的邏輯架構，其他章的最後均總結了該章的內容架構，以便於讀者把握各章節內容之間的融會貫通。

● 讀者對象

本書適用的讀者，包括：大學校院統計學專業、經濟管理類專業及部分理工類、農、林、醫、藥類科系的學生，以及從事資料分析的實際工作者。

● 致謝

本書的出版，首先要感謝屏東大學教育系的陳正昌教授，他對書中統計術語及其他文字的表述認真校對，付出心力。其次要感謝五南圖書出版公司張毓芬副總編輯與侯家嵐主編對本書出版給予的大力支持。

賈俊平
2016年12月
中國人民大學統計學院・北京

目　錄

第1章　資料與統計學　/1

第2章　用圖表展示資料　/37

第3章　用統計量描述資料　/ 97

第6章　假設檢定　/ 207

第7章　類別變數分析　/ 261

第8章　變異數分析　／ 279

第9章　一元線性迴歸　/ 327

第10章　多元線性迴歸　/ 367

第 11 章　時間序列預測　　/ 415

資料與統計學

R運用

問 題 與 思 考

怎樣理解統計結論

　　每天我們都會看到各種統計數字或統計研究的某些結論，下面就是一些有趣的統計結論：

● 吸菸對健康是有害的，吸菸的男性減少壽命2,250天。

● 不結婚的男性會減少壽命3,500天，不結婚的女性會減少壽命1,600天。

● 身體超重30%，會使壽命減少1,300天。

● 每天攝取500毫克維生素C，生命可延長6年。

● 身材高的父親，其子女的身材也較高。

● 一項研究說明：傑出科學家做出重大貢獻的最佳年齡在25～45歲之間，其最佳高峰年齡和首次貢獻的最佳成名年齡，隨著時代的變化而逐漸增大。

● 學生們在聽了莫札特鋼琴曲10分鐘後的推理，要比他們聽10分鐘其他娛樂性曲目的推理做得更好。

● 上課坐在前面的學生平均考試分數，比坐在後面的學生高。

● 中國科學院空間環境研究預報中心的專家宣稱，神舟七號載人太空船在飛行期間，遭遇空間碎片的機率在百萬分之一以下。

　　這些結論是如何得出的？你相信這些結論嗎？你相信或不相信的理由是什麼？要看懂這些結論似乎並不困難，但要合理解釋這些結論，就需要具備一定的統計學知識。因為統計結論是一種歸納推理，這意味著不能肯定統計結論就是正確的。

　　在日常生活中，經常會接觸到統計資料或一些統計研究結果。比如，在電視、報紙、網路等各種媒體中，就會經常看見一些報導使用的統計資料、圖表等。作為一門科學的統計學，在研究什麼呢？如何獲得所需要的統計資料呢？這就是本章將要介紹的內容。

1-1 統計學及其應用

每個人都離不開統計，瞭解一些統計學知識對每個人都是必要的。比如，在外出旅遊時，你需要關心一段時間內的詳細天氣預報；在投資股票時，你需要瞭解股票市場價格的資訊，瞭解某支特定股票的有關財務資訊；在觀看足球比賽時，除了關心進球數的多少，你還需要知道各支球隊的技術統計資料等。要正確閱讀並理解統計資料或統計結論，就需要具備一些統計學知識。

▌1.1.1 什麼是統計學

在日常工作或管理中，總會面對各種各樣的資料。如果這些資料不去分析它，那它也僅僅是一堆資料，沒有太多的價值。如何分析這些資料，用什麼方法分析資料，並從分析中得出某些結論以幫助我們做出決策，這正是統計學要解決的問題。簡言之，**統計學**（statistics）是收集、處理、分析、解釋資料，並從資料中得出結論的原則和方法。

資料收集就是取得所需要的資料。資料的收集方法可分為兩大類：一是觀察方法，二是實驗方法。觀察方法是經過調查或觀測而獲得資料；實驗方法是在控制試驗物件條件下，經過實驗而獲得資料。

資料處理是對所獲得的資料進行加工和處理，包括資料的電腦登錄、篩選、分類和匯總等，以符合進一步分析的需要。

資料分析是利用統計方法對資料進行分析。資料分析所用的方法，大體上可分為**描述統計**（descriptive statistics）和**推論統計**（inferential statistics）兩大類。描述統計主要是利用圖表形式對資料進行展示，計算一些簡單的統計量（諸如比例、比率、平均數、標準差等）來進行分析。推論統計主要研究如何根據樣本資訊來推斷母體的特徵，內容包括參數估計和假設檢定兩大類。參數估計是利用樣本資訊推斷所關心的母體特徵，假設檢定則是利用樣本資訊判斷對母體的某個假設是否成立。比如，從一批燈泡中隨機抽取少數幾個燈泡作為樣本，測出它們的使用壽命，然後根據樣本燈泡的平均使用壽命，估計這批燈泡的平均使用壽命，或者是檢定這批燈泡的使用壽命是否等於某個假定值，這些就是推論統計要解決的問題。

資料解釋是對分析的結果進行說明，包括結果的涵義、從分析中得出的結論等。

　　統計學是一門關於資料的科學，它研究的是來自各領域的資料，提供的是一套通用於所有學科領域的獲取資料、分析資料，並從資料中得出結論的原則和方法。統計方法是通用於所有學科領域的，而不是爲某個特定的問題領域而構造的。當然，統計方法和技術並不是一成不變的，使用者在特定的情形下，必須根據所掌握的專門知識選擇使用這些方法，而且，如果需要，還要進行必要的修正。

　　正如有的學者所指出的那樣：「統計學基本上是寄生的，靠研究其他領域內的工作而生存。這不是對統計學的輕視，這是因爲對很多寄主來說，如果沒有寄生蟲就會死。對有的動物來說，如果沒有寄生蟲，就不能消化它們的食物。因此，人類奮鬥的很多領域，如果沒有統計學，雖然不會死亡，但一定會變得很弱。」[1]這看上去似乎將統計學邊緣化了，但實際上正說明統計學在各學科領域的獨特地位和作用，也說明統計學作爲一門獨立的學科而具有的特點。

1.1.2　統計學的應用

　　說出哪些領域用到統計，這很困難，因爲幾乎所有的領域都用統計；說出哪些領域不用統計，同樣也很困難，因爲幾乎找不到一個不用統計的領域。可以說，統計是適用於所有學科領域的通用資料分析方法，是一種通用的資料分析語言。只要有資料的地方，就會用到統計方法。

1.　統計學的應用領域

　　統計學被廣泛應用到各個學科領域，對各學科的發展做出了重要貢獻。這裡，我們不想列舉統計學的應用領域，只想透過幾個簡單的例子，說明統計學的應用。

例 1-1　用統計識別作者

　　1787-1788年，三位作者Alexander Hamilton, John Jay和James Madison爲了說服紐約人認可憲法，匿名發表了著名的85篇論文。這些論文的作者大多數已經得到識別，但是，其中12篇的論文作者身分引起了爭議。透過對這些論文不同單詞出現的次數進行統計分析，得出的結論是，James Madison最有可能是這12篇論

---

[1]　C. R. Rao著，《統計與眞理——怎樣運用偶然性》，科學出版社，2004。

文的作者。現在，對於這些存在爭議的論文，認為James Madison是原創作者的說法占主導地位，而且幾乎可以肯定這種說法是正確的。

例 1-2　用簡單的描述統計量得到一個重要發現

R. A. Fisher在1952年的一篇文章中舉了一個例子，說明如何由基本的描述統計量得出一個重要的發現。20世紀早期，哥本哈根卡爾堡實驗室的J. Schmidt發現：不同地區所捕獲的同種魚類的脊椎骨和鰓腺的數量有很大不同；甚至在同一海灣內不同地點所捕獲的同種魚類，也發現這樣的傾向。然而，鰻魚的脊椎骨的數量變化不大。Schmidt從歐洲各地、冰島、亞述群島以及尼羅河等幾乎分離的海域裡所捕獲的鰻魚樣本中，計算發現了幾乎一樣的平均數和標準差。Schmidt由此推斷：所有各個不同海域內的鰻魚，是由海洋中某公共場所繁殖的。後來名為「Dana」的科學考察船在一次遠征中，發現了這個場所。

例 1-3　挑戰者號太空梭失事預測

1986年1月28日清晨，載有7名太空人的挑戰者號進入發射狀態。發射幾分鐘後，太空梭發生爆炸，機上的太空人全部遇難。在此次失事前，該太空梭24次發射成功。將太空梭送入太空的兩個固體燃料推進器，有6支O型項圈密封，在幾次飛行中，曾發生過O型項圈被腐蝕或氣體洩漏事故。這類事故與氣溫是否有關係呢？本次發射時的天氣預報氣溫為攝氏-0.56°C。表1-1是23次飛行中，O型項圈發生腐蝕或氣體洩漏事故損壞的個數（依變數y），以及發射時，火箭連接處的溫度（自變數x）資料。

根據表1-1的資料，進行線性迴歸得到的迴歸方程為 $\hat{y}=2.1771-0.0856x$。由此得到當溫度為-0.56°C時，O型項圈發生事故的預計個數為2.225個。結果顯示，連接處的溫度與O型項圈事故之間有一定的相關性。如果當時管理者看到了迴歸的預測結果，選擇延遲發射也許會成為最佳選擇。

前兩個（例1-1、1-2）是統計得以應用並取得成效的例子，後一個（例1-3）是統計結果未被採納而釀成慘劇的例子。不管怎樣，它們都說明統計在許多領域都有應用。

表 1-1   挑戰者號太空梭 23 次飛行中，損壞的 O 型項圈個數和發射時的溫度

飛行次數	O 型項圈的損壞個數	溫度(°C)	飛行次數	O 型項圈的損壞個數	溫度(°C)
1	2	11.7	13	1	21.1
2	1	13.9	14	1	21.1
3	1	14.4	15	0	22.2
4	1	17.2	16	0	22.8
5	0	18.9	17	0	23.9
6	0	19.4	18	2	23.9
7	0	19.4	19	0	24.4
8	0	19.4	20	0	25.6
9	0	20.0	21	0	26.1
10	0	20.6	22	0	27.2
11	0	21.1	23	0	24.4
12	0	21.1			

2.　統計的誤用與濫用

　　Mark Twain有一句名言：「有三種謊言：謊言、該死的謊言和統計資料」。統計常常被人們有意或無意地濫用，比如，錯誤的統計定義、錯誤的圖表展示、一個不合理的樣本、資料的篡改或造假等。這些誤用，有些是常識性的，有些是技術性的，有些則是故意的。作為從資料中尋找事實的統計，卻被有些人變成了歪曲事實的工具。你也許常常看到這樣的產品品質檢驗報告：某產品的抽樣合格率是80%。乍看沒什麼問題，但如果事實上只抽查了5件產品，有4件合格。這樣的合格率能說明什麼問題呢？在馬路上隨便採訪幾個人，他們的看法能代表大多數人的觀點嗎？調查結果說明……，調查了多少個人？是隨機調查的嗎？樣本是如何選取的？這看上去是在用事實說話，實際上成了統計陷阱。

　　在管理領域，統計也往往被作為兩個極端使用：一個極端是複雜問題簡單化，一些不懂或不太懂統計的人認為統計沒什麼用，他們因為不懂統計而瞧不起統計，他們不用或幾乎不用統計方法分析資料，即使做些統計分析，也往往是表面上的。走入這一極端的人，他們決策的依據就是自己的直覺：一些雜亂無章的資訊，組合出的某種直覺。如果他們的決策是正確的，更增加了他們的自信，更加感到不用統計也挺好的；如果他們的決策出了毛病，便會找出一大堆推託的理由：市場難測、環境突變、競爭激烈、需求疲軟、價格下跌、管理不善、成

本上升、出口下降等。另一個極端是把簡單問題複雜化，特別是在管理領域，一些管理者把原本可以用簡單方法解決的問題故意複雜化。他們不用簡單的分析方法，而是用複雜的分析方法；他們為證明管理的科學性，建立一個別人看不懂的模型，編一大堆程式，輸出了一大堆數字和符號；他們得出用統計語言陳述的結論，提出一些似是而非的建議。這樣的分析往往是脫離了管理問題，對實際決策也未必有用。在統計應用中，這兩個極端都是不可取的。管理決策中，不用統計幾乎不可想像；把簡單問題複雜化對管理決策也未必有用。從統計的實際應用來看，簡單的方法不一定沒用，複雜的方法也不一定有用。統計應該恰當地應用到它能發揮作用的地方。不能把統計神祕化，更不能歪曲統計，把統計作為掩蓋實事的陷阱。

曲解統計是一種常見現象。在有些人看來，使用統計就是尋找支持：他們的心目中可能有了某種「結論」性的東西，或者說他們希望看到一種符合他們需要的某種結論，而後去找些資料來支持他們的結論。如果資料分析的結果與他們預期的結論一致，他們就會張揚自己是用科學方法得到的結論；如果與預期的不一致，他們要麼篡改資料，要麼對統計棄而不用。這恰恰歪曲了統計分析的本質。統計分析的真正目的是從資料中找出結論，從資料中尋找啟發，而不是尋找支持。真正的統計分析事先是沒有結論的，透過對資料的分析才得出結論。

1-2 資料及其來源

統計分析離不開資料，沒有資料，統計方法就成了無米之炊。資料是什麼？怎樣獲得所需的資料？這就是本節將要介紹的內容。

1.2.1 變數與資料

觀察一個企業的銷售額，會發現這個月和上個月有所不同；觀察股票市場上漲股票的家數，今天與昨天數量不一樣；觀察一個班學生的生活費支出，一個人和另一個人不一樣；投擲一枚骰子觀察其出現的點數，這次投擲的結果和下一次也不一樣。這裡的「企業銷售額」、「上漲股票的家數」、「生活費支出」、「投擲一枚骰子出現的點數」等就是變數。簡言之，變數（variable）是描述所觀察物件某種特徵的概念，其特點是從一次觀察到下一次觀察可能會出現不同結果。**變數**的觀測結果就是**資料**（data）。

根據觀測結果的特徵，變數可以分為類別變數和數值變數兩種。

類別變數（categorical variable）是取值為物件屬性或類別以及區間值（interval value）的變數，也稱**分類變數**（classified variable）或**定性變數**（qualitative variable）。比如，觀察人的性別、公司所屬的行業、顧客對商品的評價，得到的結果就不是數字，而是物件的屬性。例如：觀測性別的結果是「男」或「女」；「公司所屬的行業」為「營造業」、「零售業」、「旅遊業」等；顧客對商品的評價為「很好」、「好」、「一般」、「差」、「很差」。人的性別、公司所屬的行業、顧客對商品的評價等作為變數取的值不是數值，而是物件的屬性或類別。此外，學生的月生活費支出，可能分為5000以下、5000-6000、6000-7000、7000以上4個層級，作為變數的「月生活費支出層級」這4個取值也不是普通的數值，而是數值區間，因而也屬於類別變數。人的性別、公司所屬的行業、顧客對商品的評價、學生月生活費支出的層級等，都是類別變數。

類別變數根據取值是否有序，通常分為兩種：**名義**（nominal）**值類別變數**和**順序**（ordinal）**值類別變數**。名義值類別變數也稱**無序類別變數**，其取值是不可以排序的。例如：「公司所屬的行業」這一變數取值為「營造業」、「零售業」、「旅遊業」等，這些取值之間不存在順序關係。再比如「商品的產地」這一變數的取值為甲、乙、丙、丁，這些取值之間也不存在順序關係。順序值類別變數也稱為**有序類別變數**，其取值間可以排序。例如：「對商品的評價」這一變數的取值為很好、好、一般、差、很差，這5個值之間是有序的。取區間值的變數當然是**有序的類別變數**。當類別變數只取兩個值時，也稱為二元（**binary**）**類別變數**，例如：「性別」這一變數取值為男和女。二元變數可以看成名義變數，也可以看成順序變數。

類別變數的觀測結果，稱為「**類別資料**」（categorical data）。類別資料也稱為「分類資料」或稱「定性資料」。與類別變數相對應，類別資料相應分為名義值類別資料和順序值變數資料兩種。其中只取兩個值的類別資料，也稱為**二元類別資料**。

數值變數（metric variable）是取值為數字的變數，也稱為**定量變數**（quantitative variable）。例如：「企業銷售額」、「上漲股票的家數」、「生活費支出」、「投擲一枚骰子出現的點數」等，這些變數的取值可以用數字來表示，都屬於數值變數。數值變數的觀察結果，稱為**數值資料**（metric data）或**定量資料**（quantitative data）。

數值型變數根據其取值的不同，可以分為**離散變數**（discrete variable）和**連續變數**（continuous variable）。離散變數是只能取有限個值的變數，而且其取值可以一一列舉，如「企業數」、「產品數量」等就是離散變數。連續變數是可以在一個或多個區間中取任何值的變數，它的取值是連續不斷的，不能一一列舉，如「年齡」、「溫度」、「零件尺寸的誤差」等都是連續變數。當離散變數的取值很多時，也可以將其當作連續變數來處理。

圖1-1顯示了變數的基本分類。

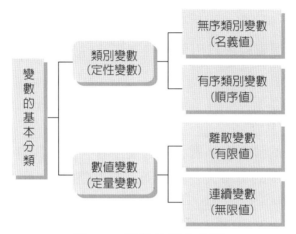

圖 1-1　變數的基本分類

上面介紹的是變數的基本分類。當然，也可以從其他角度進行分類，比如隨機變數、經驗變數和理論變數等。隨機變數是用數值來描述特定試驗一切可能出現的結果，它的取值事先不能確定，具有隨機性。經驗變數所描述的是周圍環境中可以觀察到的事物。理論變數則是由統計學家用數學方法構造出來的一些變數，比如後面的有些章節中，將要用到的z統計量、t統計量、χ^2統計量、F統計量等都是理論變數。

資料還可以從其他角度進行分類。比如，按照資料的收集方法分為**觀測資料**（observational data）和**實驗資料**（experimental data）。觀測資料是透過調查或觀測而收集到的資料，這類資料是在沒有對事物人為控制的條件下而得到的，有關社會經濟現象的資料，幾乎都是觀測資料。實驗資料則是在實驗中控制實驗物件而收集到的資料，比如，對一種新藥療效的實驗資料；對一種新的農作物品種的實驗資料。自然科學領域的大多數資料都為實驗資料。按照被描述的現象與時間的關係，可以將資料分為**橫斷面資料**（cross-sectional data）和**時間序列資料**（time series data）。橫斷面資料是在相同或近似相同的時間點上收集的資料，這類資料通常是在不同的空間上獲得的，用於描述現象在某一時刻的變化情形。比如，2015年中國各地區的國內生產總值（GDP）資料，就是橫斷面資料。時間序列資料是在不同時間上收集的資料，這類資料是按照時間順序收集的，用於所描述現象隨時間變化的情形。比如2000年至2015年，中國的國內生產總值資料，就是時間序列資料。

區分資料的類型是必要的，因為對不同類型的資料，需要採用不同的統計方法來處理和分析。比如，對類別資料通常進行比例和比率分析、進行列聯表分析和χ^2檢定等；對數值型資料可以用更多的方法進行分析，如計算各種統計量、進行參數估計和檢定等。

▌1.2.2　資料的來源

從哪裡取得所需的資料呢？對大多數使用者來說，親自去做調查或實驗，往往是不可能的。所使用的資料大多數是別人調查或實驗的資料，對使用者來說，就是二手資料。

二手資料主要是公開出版或公開報導的資料，這類資料主要來自各研究機構、國家和地方的統計部門、其他管理部門、專業的調查機構以及廣泛分配在各種報刊、雜誌、圖書、廣播、電視等傳播媒體中的各種資料。現在，隨著網際網路技術的發展，也可以在網路上獲取所需的各種資料。比如，各種金融產品的交易資料、官方統計網站的各種總體經濟資料等。利用二手資料對使用者來說，既經濟又方便，但使用時應注意統計資料的涵義、計量單位和計算方法，以避免誤用或濫用。同時，在引用二手資料時，一定要注明資料的來源，以尊重他人的努力成果。

已有的資料不能滿足需要時，可以親自去調查或實驗。比如，想瞭解全校學生的生活費支出狀況，可以從中抽出一個由200人組成的樣本，透過對樣本的調查獲得資料。這裡「全校所有學生」是你所關心的**母體**（population），它是包含所研究的全部元素的集合。所抽取的200人就是一個樣本（sample），它是從母體中抽取的一部分元素的集合。構成樣本元素的數目稱為**樣本量**（sample size），抽取200人組成一個樣本，樣本量就是200。

如何獲得一個樣本呢？要在全校學生中抽取200人組成一個樣本，如果全校學生中，每一個學生被抽中與否完全是隨機的，而且每個學生被抽中的機率是已知的，這樣的抽樣方法稱爲**機率抽樣**（probability sampling）。機率抽樣方法有簡單隨機抽樣、分層抽樣、系統抽樣、群集抽樣等。

簡單隨機抽樣（simple random sampling）是從含有 N 個元素的母體中，抽取 n 個元素組成一個樣本，使得母體中的每一個元素都有相同的機率被抽中。採用簡單隨機抽樣時，如果抽取一個個體記錄下資料後，再把這個個體放回到原來的母體中參加下一次抽選，這樣的抽樣方法叫作**有放回抽樣**（sampling with replacement）；如果抽中的個體不再放回，再從所剩下的個體中抽取第二個元素，直到抽取 n 個個體爲止，這樣的抽樣方法叫作**無放回抽樣**（sampling without replacement）。當母體數量很大時，無放回抽樣可以視爲有放回抽樣。由簡單隨機抽樣得到的樣本，稱爲**簡單隨機樣本**（simple random sample）。多數統計推論都是以簡單隨機樣本爲基礎的。

分層抽樣（stratified sampling）也稱分類抽樣，它是在抽樣之前，先將母體的元素劃分爲若干層（類），然後從各個層中抽取一定數量的元素組成一個樣本。比如，要研究學生的生活費支出，可先將學生按地區進行分類，然後從各類中抽取一定數量的學生組成一個樣本。分層抽樣的優點是可以使樣本分配在各個層內，從而使樣本在母體中的分配比較均勻，可以降低抽樣誤差。

系統抽樣（systematic sampling）也稱等距抽樣，它是先將母體各元素按某種順序排列，並按某種規則確定一個隨機起點，然後，每隔一定的間隔抽取一個元素，直至抽取 n 個元素組成一個樣本。比如，要從全校學生中抽取一個樣本，可以找到全校學生的名冊，按名冊中的學生順序，用亂數找到一個隨機起點，然後依次抽取，就得到一個樣本。

群集抽樣（cluster sampling）是先將母體劃分成若干群，然後以群作爲抽樣單元從中抽取部分群組成一個樣本，再對抽中的每個群中包含的所有元素進行調查。比如，可以把每一個學生宿舍看作一個群，在全校學生宿舍中抽取一定數量的宿舍，然後對抽中宿舍中的每一個學生都進行調查。群集抽樣的誤差相對要大一些。

下面透過一個例子，說明從母體中抽取簡單隨機樣本的過程。

例 1-4　（資料：example1_4.RData）

表1-2是一個班級50個學生的名單及其考試分數資料，採用簡單隨機抽樣抽出10個學生組成一個隨機樣本。

表 1-2　某班級 50 個學生的名單和考試分數

姓名	分數	姓名	分數
張一松	77	姜海洋	75
王家翔	86	隗佳莉	82
田雨飛	60	王浩波	96
徐麗娜	69	余靜波	80
張志傑	74	李文華	70
趙穎穎	44	高 雲	75
王智強	66	金夢迪	78
宋芳媛	73	徐海濤	90
袁芳芳	76	張海洋	63
張建國	85	李冬茗	72
李麗佳	59	王倩倩	75
馬鳳良	67	李宗洋	80
陳勇風	74	劉皓天	92
楊小波	77	劉文濤	62
孫學偉	86	盧朝陽	61
林麗麗	57	馬玉強	70
譚英鍵	66	孟子鐸	75
歐陽飛	74	潘玉凱	78
吳 迪	77	邱 爽	92
周文祥	85	邵海陽	61
劉曉軍	79	孫夢婷	71
李國勝	92	唐武健	75
蔣亞迪	65	尹函韓	63
崔智勇	73	王迪霏	73
黃向春	76	王思思	93

解：抽取簡單隨機樣本的 R 程式和結果，如文字框 1-1 所示。

文字框 1-1　抽取簡單隨機樣本

```
# 採用有放回抽樣抽取隨機樣本
> load("C:/example/ch1/example1_4.RData")    # 載入本例資料
> sample(example1_4$姓名,10,replace=TRUE)    # 採取有放回抽樣方式抽取樣本
[1] 徐麗娜 王迪霏 劉文濤 馬鳳良 王倩倩 崔智勇 陳勇風 王智強 李國勝 劉皓天
50 Levels: 陳勇風 崔智勇 高　雲 黃向春 姜海洋 蔣亞迪 金夢迪 …… 周文祥

# 採用無放回抽樣抽取隨機樣本
> sample(example1_4$姓名,10,replace=FALSE)   # 採取無放回抽樣方式抽取樣本
[1] 李麗佳 歐陽飛 隗佳莉 譚英鍵 孟子鐸 高　雲 徐海濤 李冬茗 林麗麗 趙穎穎
50 Levels: 陳勇風 崔智勇 高　雲 黃向春 姜海洋 蔣亞迪 金夢迪 …… 周文祥
```

注：
sample(x,n)函數可以從資料x中，抽取樣本量為n的一個簡單隨機樣本。函數預設為
replace=FALSE。有放回抽樣時replace=TRUE，此時一個個體有可能被重複抽取。由於是
隨機抽取，每次運行程式通常產生一個不同的樣本。結果的第一行為10個學生構成的一個隨機
樣本，第二行為50個學生名單的姓氏字母排序。

1-3　R簡介

　　R是基於R語言的一種優秀統計軟體。R語言是一款統計計算語言，它是貝爾實驗室開發的S語言的一種實現。R語言有許多優點，比如，與多數統計軟體相比，R是免費的；更新速度快，可以包含很多最新方法的實現方案，而其他軟體的更新需要比較長的時間；R可以提供豐富的資料分析技術，功能十分強大；R繪圖功能強大，可以按照需求畫出所需的圖形，對資料進行視覺化分析。

1.3.1　R的初步使用

1.　R的安裝

　　在CRAN網站http://www.r-project.org/上，可以下載R的各種版本，包括Windows、Linux和Mac OX三個版本，使用者可以根據自己的平臺，選擇相應的

版本。

下載完成後，點擊程式檔案（.exe檔案）即可完成安裝。安裝R後，啓動R出現的開始介面如圖1-2所示（本書使用的是3.2.3版本）。其中，顯示了R的版本資訊及一些簡要的R軟體說明。

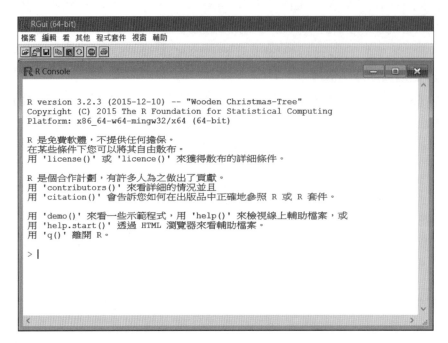

圖 1-2　Windows 中的 R 介面

R命令要在命令提示符號「>」後輸入，每次輸入一條命令，按「Enter」鍵後再輸入下一條命令。也可以連續輸入多條命令，命令之間用分號「；」隔開。R每次執行一條命令，也可以連續執行多條命令。

2.　為物件賦值並運行

R運行的是一個物件（object），在運行前需要給物件賦值。R的標準賦值符號是「<－」，也允許使用「＝」進行賦值，但推薦使用更加標準的前者。

使用者可以給物件取任意一個名字，比如x，然後對其賦值。可以給物件x賦一個值、一個向量、一個矩陣或一個資料框架。比如，將數值8賦值給物件x，五個資料80, 87, 98, 73, 100賦值給物件y，將資料框架example1_4賦值給物件z，命令如文字框1-2所示。

文字框 1-2　給物件賦值

```
> x<-8                              # 將資料8賦值給物件x
> y<-c(80,87,98,73,100)            # 將5個資料賦值給物件y
> z<-example1_4                     # 將資料框架example1_4賦值給物件z
```

　　為物件賦值後，就可以對物件進行各種計算和繪圖。比如，要計算物件y的總和、平均數、變異數並繪製長條圖，命令如文字框1-3所示。

文字框 1-3　對物件進行計算和繪圖

```
> sum(y)                                      # 計算物件y的總和
[1] 438
> mean(y)                                     # 計算物件y的平均數
[1] 87.6
> var(y)                                      # 計算物件y的變異數
[1] 133.3
> barplot(y,xlab="類別",ylab="計數",col=c(1:5))  # 繪製物件y的長條圖，x軸
                                                標籤為"類別"，y軸標籤為"
                                                計數"，每個直條的顏色為R
                                                顏色系中的1~5種顏色。
```

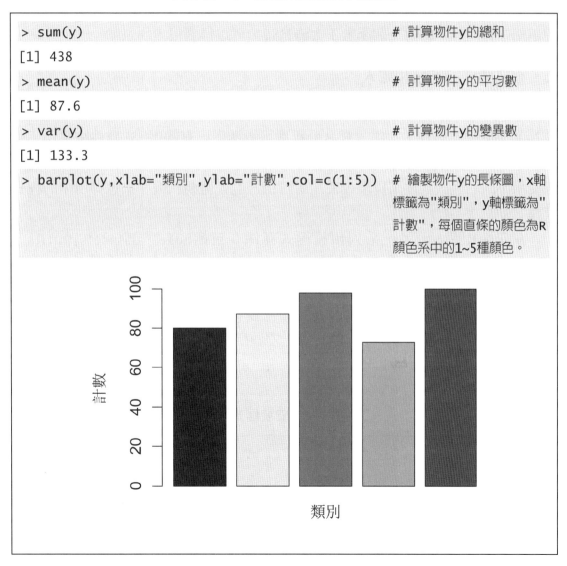

3. 查看R的幫助檔案

R軟體中的每個函數和程式套件都有相應的幫助說明，使用中遇到疑問時，可以隨時查看幫助檔案。比如，要想瞭解mean函數的功能和使用方法，使用help命令查詢該函數，命令如文字框1-4所示。

文字框 1-4　查看 mean 函數的幫助功能

```
> help(mean)                              # 查看mean函數的幫助功能
```

R軟體就會輸出mean()函數的具體說明，包括函數中參數設定、結果結構、使用例子等內容。當對一個函數不太清楚時，可以得到很大的幫助。

4. 程式套件的安裝和載入

R中的程式套件（package）是指包含了R資料、函數等的集合。目前，R中有7000多個程式套件。大部分統計分析都可以透過已有的R程式套件來實現。一個R程式套件中可能包含多個函數，能做多種分析，而對於同類問題的分析也可能使用不同的程式套件來實現，使用者可根據個人需要和偏好來選擇所用的程式套件。

在安裝R時，帶了一系列預設程式套件（包括base、datasets、utils、grDevices、graphics、stats以及methods），它們提供了種類繁多的預設函數和資料集，分析時可直接載入這些程式套件，即可使用。其他程式套件可透過下載安裝。使用函數library()可以顯示你的R中，已經安裝了哪些程式套件。

在使用R時，可根據需要，隨時線上安裝所需的程式套件。比如，要安裝程式套件car和vcd，命令如文字框1-5所示。

文字框 1-5　安裝程式套件

```
> install.packages("car")                # 安裝程式套件car
> install.packages(c("car","vcd"))       # 同時安裝car和vcd兩個程式套件
```

選擇相應的鏡像網站，即可自動完成程式套件的下載和安裝。

在完成程式套件的安裝後，要使用該程式套件，需要使用library()函數載入它。比如，要載入程式套件car，命令如文字框1-6所示。

文字框 1-6　載入程式套件

```
> library(car)                          # 載入程式套件car
```

要查看程式套件的使用說明，如文字框1-7所示。

文字框 1-7　查看程式套件的幫助檔案

```
> help(package="package_name")          # 查看程式套件的幫助檔案
```

R可以輸出某個程式套件的簡短描述，以及程式套件中的函數名稱和資料集名稱的列表。使用函數help()可以查看其中任意函數或資料集的更多細節。

下面的文字框顯示了本書用到的一些R程式套件。建議讀者在使用前，先將這些程式套件安裝好，以方便隨時調用。

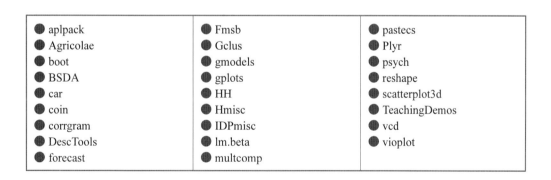

- aplpack
- Agricolae
- boot
- BSDA
- car
- coin
- corrgram
- DescTools
- forecast
- Fmsb
- Gclus
- gmodels
- gplots
- HH
- Hmisc
- IDPmisc
- lm.beta
- multcomp
- pastecs
- Plyr
- psych
- reshape
- scatterplot3d
- TeachingDemos
- vcd
- vioplot

1.3.2　資料的錄入、讀入與保存

R自帶了很多資料，可作為學習R時練習使用。用data()可查看R的自帶資料，輸入資料的名稱可查看該資料，用help（資料名稱）可查看該資料的詳細資訊。比如，要查看鐵達尼號的資料，輸入Titanic即可，要查看該資料的詳細資訊，輸入help（Titanic）即可。

1.　在R中錄入資料

如果要在R中分析資料，可以在R中直接輸入資料，也可以讀取已有的資料檔案。假定有10名學生的考試分數資料，如表1-3所示。

表 1-3　10 名學生 5 門課程的考試分數

學生姓名	統計學	數學	行銷學	管理學	會計學
張一松	68	85	84	89	86
王家翔	85	91	63	76	66
田雨飛	74	74	61	80	69
徐麗娜	88	100	49	71	66
張志傑	63	82	89	78	80
趙穎穎	78	84	51	60	60
王智強	90	78	59	72	66
宋芳媛	80	100	53	73	70
袁芳芳	58	51	79	91	85
張建國	63	70	91	85	82

要在R轉換錄入該資料，並組織成表1-3 的資料形式（資料框），或組織成矩陣形式，R程式如文字框1-8所示。

文字框 1-8　在 R 中錄入資料

```
# 以向量形式錄入表1-3中的資料
> names<-c("張一松","王家翔","田雨飛","徐麗娜","張志傑","趙穎穎","王智強
","宋芳媛","袁芳芳","張建國")                        # 寫入學生姓名向量
> stat<-c(68,85,74,88,63,78,90,80,58,63)            # 寫入各門課程分數向量
> math<-c(85,91,74,100,82,84,78,100,51,70)
> mark<-c(84,63,61,49,89,51,59,53,79,91)
> mana<-c(89,76,80,71,78,60,72,73,91,85)
> acco<-c(86,66,69,66,80,60,66,70,85,82)

# 將向量形式的資料組織成資料框架形式
> table1_3<-data.frame(學生姓名=names,統計學=stat,數學=math,行銷學
=mark,管理學=mana,會計學=acco)         # 將資料組織成資料框形式，並儲存在
                                        物件table1_3中
```

```
> table1_3
```

	學生姓名	統計學	數學	行銷學	管理學	會計學
1	張一松	68	85	84	89	86
2	王家翔	85	91	63	76	66
3	田雨飛	74	74	61	80	69
4	徐麗娜	88	100	49	71	66
5	張志傑	63	82	89	78	80
6	趙穎穎	78	84	51	60	60
7	王智強	90	78	59	72	66
8	宋芳媛	80	100	53	73	70
9	袁芳芳	58	51	79	91	85
10	張建國	63	70	91	85	82

將向量形式的資料組織成矩陣形式

```
> matrix1_3<-matrix(cbind(stat,math,mark,mana,acco),ncol=5)
                # 按行合併各門課程為矩陣形式，並儲存在物件matrix1_3中
> dimnames(matrix1_3)<-list(c("張一松","王家翔","田雨飛","徐麗娜","張志傑","趙穎穎","王智強","宋芳媛","袁芳芳","張建國"),c("統計學","數學","行銷學","管理學","會計學"))
                                        # 列出矩陣的行名稱和列名稱
> matrix1_3                             # 顯示矩陣matrix1_3
```

	統計學	數學	行銷學	管理學	會計學
張一松	68	85	84	89	86
王家翔	85	91	63	76	66
田雨飛	74	74	61	80	69
徐麗娜	88	100	49	71	66
張志傑	63	82	89	78	80
趙穎穎	78	84	51	60	60
王智強	90	78	59	72	66
宋芳媛	80	100	53	73	70
袁芳芳	58	51	79	91	85
張建國	63	70	91	85	82

2. 讀取R格式資料

如果要在R中分析資料，可以在R中直接輸入資料，也可以讀取已有的資料檔。如果是已有的資料，在運行程式時，首先需要將資料讀入R。R可以讀入很多類型的資料檔，包括Excel、SPSS、SAS、Stata資料等。

如果資料已存爲R資料格式，讀取R資料檔的命令如文字框1-9所示。

文字框 1-9　讀取 R 資料檔

```
> load("mydata.RData")
```

在mydata中需要說明檔案存放的路徑和檔案名稱，注意路徑中分隔符號是「\\」或者「/」。比如，要將存放在C:/example/ch1/目錄下的R檔案example1_4讀入R，如文字框1-10所示。

文字框 1-10　讀取指定目錄下的 R 資料檔

```
> load("C:/example/ch1/example1_4.RData") # 讀取R格式資料檔example1_4
```

3. 讀取Excel和SPSS檔案

有時，已有的資料已存爲其他格式，如Excel或SPSS格式。在分析時需要先將其讀入R。假定表1-3是以Excel或SPSS格式儲存的資料檔，並已存放在C:/example/ch1/目錄下，取名爲table1_3，即路徑爲：「C:/example /ch1/table1_3」。

使用程式套件「xlsx」和程式套件「foreign」，可以導入Excel資料和SPSS資料。命令如文字框1-11所示。

文字框 1-11　導入 Excel 資料和 SPSS 資料

```
# 導入Excel資料
> install.packages("xlsx")              # 安裝程式套件xlsx
> library(xlsx)                         # 載入程式套件xlsx
```

```
> table1_3<-read.xlsx("C:/example/ch1/table1_3.xlsx",as.data.
  frame=TRUE)                                    # 導入Excel資料
```

 # 導入SPSS資料

```
> install.packages("foreign")                    # 安裝程式套件foreign
> library(foreign)                               # 載入程式套件foreign
> table1_3<-read.spss(file="C:/example/ch1/table1_3.sav",use.value.
  labels=TRUE,as.data.frame=TRUE)                # 導入SPSS資料
```

　　也可以先將Excel或SPSS格式資料存為「csv」格式資料，並將其存放在指定的路徑檔案中。比如，將表1-3存為「csv」格式，存放路徑為：「C:/example/ch1/table1_3」。然後，在R中讀取csv檔案。

　　如果csv檔案中包含標題（即變數名稱，如table1_3中的學生姓名和統計學、數學等課程名稱），命令如文字框1-12所示。

文字框 1-12　讀取包含標題的 csv 檔案

```
> table1_3<-read.csv("C:/example/ch1/table1_3.csv")
```

　　如果csv檔案中不包含標題，讀取命令如文字框1-13所示。

文字框 1-13　讀取不包含標題的 csv 檔案

```
> table1_3<-read.csv("C:/example/ch1/table1_3.csv",header=FALSE)
```

　　這樣，以csv格式存放的table1_3就被讀入到R中，可以進行各種分析了。

　　如果要將讀入的資料存為R資料格式，使用save函數可將該資料存為一個R資料檔。比如，將讀入的table1_3資料以R檔案格式存放在指定的目錄「C:/example/ch1」下，並命名為table1_3，命令如文字框1-14所示。

文字框 1-14　將 tablel_3 存為 R 格式檔案

```
> save(table1_3,file="C:/example/ch1/table1_3.RData")
```

其中，file=""為指定檔案的存放路徑和名稱。副檔名必須是「.RData」，這樣表1-3就已經被存為一個名為table1_3的R資料檔了。

4.　在R中查看資料

R在運行資料檔時，並不顯示該資料。如果要在R中看table1_3的資料，命令如文字框1-15所示。

文字框 1-15　查看 table1_3 的資料

```
> load("C:/example/ch1/table1_3.RData")        # 載入資料框架table1_3
> table1_3                                      # 查看table1_3的全部資料
```

	學生姓名	統計學	數學	行銷學	管理學	會計學
1	張一松	68	85	84	89	86
2	王家翔	85	91	63	76	66
3	田雨飛	74	74	61	80	69
4	徐麗娜	88	100	49	71	66
5	張志傑	63	82	89	78	80
6	趙穎穎	78	84	51	60	60
7	王智強	90	78	59	72	66
8	宋芳媛	80	100	53	73	70
9	袁芳芳	58	51	79	91	85
10	張建國	63	70	91	85	82

```
> head(table1_3,3)                              # 查看table1_3的前3列資料
```

	學生姓名	統計學	數學	行銷學	管理學	會計學
1	張一松	68	85	84	89	86
2	王家翔	85	91	63	76	66
3	田雨飛	74	74	61	80	69

```
> tail(table1_3)                    # 查看table1_3的最後幾列（預設值為6列）資料
```

	學生姓名	統計學	數學	行銷學	管理學	會計學
5	張志傑	63	82	89	78	80
6	趙穎穎	78	84	51	60	60
7	王智強	90	78	59	72	66
8	宋芳媛	80	100	53	73	70
9	袁芳芳	58	51	79	91	85
10	張建國	63	70	91	85	82

如果要對資料框架或矩陣做轉置處理（行列互換），命令如文字框1-16所示。

文字框 1-16　對資料框架或矩陣做轉置處理

```
> t(table1_3)                              # 將資料框架table1_3轉置
```

1.3.3　資料的使用和編輯

有時，要對一個資料框架（表1-3就是一個資料框架）的某些或某個變數進行分析，就需要指定這些特定的分析變數。

1.　選定資料框架（或矩陣）的行或列進行分析

比如，要對資料框架table1_3的某個特定的行或特定的變數進行分析，比如計算平均數，命令如文字框1-17所示。

文字框 1-17　對資料框架 table1_3 中的特定行或特定變數進行分析

```
> load("C:/example/ch1/table1_3.RData")   # 載入資料框架table1_3
> table1_3[,2]                             # 選定資料框架table1_3的第2行
或
> table1_3$統計學                           # 選定資料框架table1_3的統計學變數
```

```
> mean(table1_3[,2])                        # 對資料框架table1_3的第2行求平均數
[1] 74.7
```
或
```
> mean(table1_3$統計學)                      # 對資料框架table1_3的統計學求平均數
[1] 74.7
```

再比如，要選定矩陣matrix1_3的第5列，命令如文字框1-18所示。

文字框 1-18　選定矩陣 matrix1_3 的第 5 列

```
> matrix1_3[5,]                                      # 選定矩陣matrix1_3的第5列
```

2.　編輯資料框架

有時需要對資料框架中的變數名稱或資料進行編輯，並用編輯後的資料覆蓋原有的資料。

（1）變數的重新命名

比如，將資料框架table1_3中的「學生姓名」重新命名爲「姓名」，「統計學」重新命名爲「統計」，命令如文字框1-19所示。

文字框 1-19　將變數重新命名

```
> load("C:/example/ch1/table1_3.RData")            # 載入資料框架table1_3
> library(reshape)                                 # 載入程式套件reshape
> rename(table1_3,c(學生姓名="姓名",統計學="統計"))# 重新命名
```

（2）編輯已有資料框架中的資料，並保存覆蓋舊資料

比如，將table1_3中的「學生姓名」修改爲「姓名」，將「統計學」修改爲「統計」，並保存覆蓋原資料框架，命令如文字框1-20所示。

文字框 1-20 編輯資料框架

```
> load("C:/example/ch1/table1_3.RData")    # 載入資料框架table1_3
> table1_3_1<-edit(table1_3)               # 打開並編輯資料框架，然後close，
                                             編輯後的資料框架名為table1_3_1
> save(table1_3_1,file="C:/example/ch1/table1_3_1.RData")
                                           # 保存修改後的資料框架table1_3_1
> table1_3_1[1:3,]                         # 查看前3列
```

	學生姓名	統計學	數學	行銷學	管理學	會計學
1	張一松	68	85	84	89	86
2	王家翔	85	91	63	76	66
3	田雨飛	74	74	61	80	69

（3）創建一個新資料框架並編輯資料

在R中創建一個新資料框架，編輯資料，並將其保存在指定路徑的檔案中。比如，創建一個包含性別和年齡兩個變數的資料框架，並命名為newdata，編輯資料後將其保存在「C:/example/ch1」中。命令如文字框1-21所示。

文字框 1-21 創建並編輯一個新資料框架

```
> newdata<-data.frame(性別=character(0),年齡=numeric(0))
                                         # 創建資料框架newdata
> newdata<-edit(newdata)                 # 編輯資料框架newdata
> save(newdata,file="C:/example/ch1/newdata.RData")
                                         # 保存資料框架newdata
```

（4）缺失值的處理

在問卷調查中，經常出現未作答的問題。這樣，在資料集中就會出現**缺失值**（missing value）。在R中，缺失值用NA（Not Available）表示。使用is.na()函數可以檢測資料集中，是否存在缺失值。文字框1-22顯示了is.na()函數使用的例子。

文字框 1-22　檢測資料集中是否存在缺失值

```
> x<-c(2,4,6,NA)                              # 帶有缺失值的向量x
> is.na(x)                                    # 檢測向量中的缺失值
[1] FALSE FALSE FALSE TRUE                    # 返回向量，缺失值的位置為TRUE，不
                                                是缺失值的位置則為FALSE
```

在分析資料集時，需要排除這些缺失值。因為對含有缺失值的資料集使用函數或運算式計算時，也返回缺失值。比如，要對x求和，也會返回NA，所以需要先將缺失值排除，再做分析，命令如文字框1-23所示。

文字框 1-23　排除資料集中的缺失值

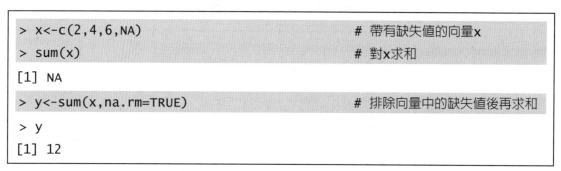

```
> x<-c(2,4,6,NA)                              # 帶有缺失值的向量x
> sum(x)                                      # 對x求和
[1] NA
> y<-sum(x,na.rm=TRUE)                        # 排除向量中的缺失值後再求和
> y
[1] 12
```

如果一個資料框架中的多個變數有缺失值，比如，假定在資料框架table1_3中有兩門課程有缺失值（另存為新檔案table1_3_2.RData），可以透過函數na.omit()排除所有含有缺失值的所在列，然後再做分析。命令如文字框1-24所示。

文字框 1-24　排除資料框架中的多個缺失值

```
> load("C:/example/ch1/table1_3_2.RData")
                                    # 載入帶有缺失值的資料框架table1_3_2
> table1_3_2                        # 展示資料框架table1_3_2
```

	學生姓名	統計學	數學	行銷學	管理學	會計學
1	張一松	68	85	84	89	86
2	王家翔	85	91	63	76	66
3	田雨飛	74	74	61	80	69
4	徐麗娜	88	100	49	71	66
5	張志傑	63	82	89	NA	NA
6	趙穎穎	78	84	51	NA	NA
7	王智強	90	78	59	72	66
8	宋芳媛	80	100	53	73	70
9	袁芳芳	58	51	79	91	85
10	張建國	63	70	91	85	82

```
> table1_3_3<-na.omit(table1_3_2); table1_3_3    # 排除資料框架table1_3_2
                                                    中有缺失值的所有列，並
                                                    重新命名為table1_3_3
```

	學生姓名	統計學	數學	行銷學	管理學	會計學
1	張一松	68	85	84	89	86
2	王家翔	85	91	63	76	66
3	田雨飛	74	74	61	80	69
4	徐麗娜	88	100	49	71	66
7	王智強	90	78	59	72	66
8	宋芳媛	80	100	53	73	70
9	袁芳芳	58	51	79	91	85
10	張建國	63	70	91	85	82

```
> save(table1_3_3,file="C:/example/ch1/table1_3_3.RData")
                                    # 保存排除缺失值後的資
                                      料table1_3_3
```

▌1.3.4　資料類型的轉換

　　爲滿足不同分析的需要，有時要將一種資料結構轉換爲另一種資料結構。比如，把資料框架轉換爲矩陣，或者把矩陣轉換爲資料框架，把資料框架或矩陣轉換爲向量等。例如：要把以R格式存放的資料框架table1_3轉換成名爲matrix1_3的矩陣，並保存該矩陣，命令如文字框1-25所示。

文字框 1-25　將資料框架轉換為矩陣

```
> load("C:/example/ch1/table1_3.RData")      # 載入資料框架table1_3
> matrix1_3=as.matrix(table1_3[,2:6])        # 轉換為矩陣matrix1_3
> rownames(matrix1_3)=table1_3[,1]      # 矩陣列名稱為table1_1第1行的名稱
> save(matrix1_3,file="C:/example/ch1/matrix1_3.RData")  # 保存矩陣檔案
> matrix1_3                                         # 查看矩陣
```

	統計學	數學	行銷學	管理學	會計學
張一松	68	85	84	89	86
王家翔	85	91	63	76	66
田雨飛	74	74	61	80	69
徐麗娜	88	100	49	71	66
張志傑	63	82	89	78	80
趙穎穎	78	84	51	60	60
王智強	90	78	59	72	66
宋芳媛	80	100	53	73	70
袁芳芳	58	51	79	91	85
張建國	63	70	91	85	82

```
> colSums(matrix1_3[,1:5])                   # 對矩陣matrix1_3的第1行到第5行求和
> rbind(matrix1_3,totls=colSums((matrix1_3[,1:5])))     # 將求和結果加到
                                                            原矩陣
```

	統計學	數學	行銷學	管理學	會計學
張一松	68	85	84	89	86
王家翔	85	91	63	76	66
田雨飛	74	74	61	80	69
徐麗娜	88	100	49	71	66

	統計學	數學	行銷學	管理學	會計學
張志傑	63	82	89	78	80
趙穎穎	78	84	51	60	60
王智強	90	78	59	72	66
宋芳媛	80	100	53	73	70
袁芳芳	58	51	79	91	85
張建國	63	70	91	85	82
totls	747	815	679	775	730

```
> rowSums(matrix1_3)                    # 對矩陣matrix1_3的各列求和
> mean(matrix1_3)                       # 對矩陣matrix1_3中的所有資料求平均數
[1] 74.92
```

（注：把矩陣轉換為資料框架使用命令：`as.data.frame(matrix)`。對矩陣的列求和使用代碼`rowSums(matrix)`，但列必須是數值，不能有字串。）

　　為方便分析，可以將資料框架中的某個變數轉換為一個向量，也可以將幾個變數合併轉換成一個向量（注：只有資料合併有意義時，轉換才有價值）。比如，將table1_3中的統計學分數轉換成向量，將統計學和數學分數合併轉換成一個向量，命令如文字框1-26所示。

文字框 1-26　將資料框架轉換為向量

```
> as.vector(as.matrix(table1_3$統計學))      # 將統計學分數轉換成向量

[1]  68 85 74 88 63 78 90 80 58 63

> as.vector(as.matrix(table1_3[,2:3]))       # 將統計學和數學分數合併轉換成
                                               一個向量

[1]  68 85 74 88 63 78 90 80 58 63 85 91 74 100 82 84 78
[18] 100 51 70
```

1.3.5　函數的編寫

如果對資料分析有些特殊需要，已有的R程式套件不能滿足需要時，可以在R中編寫自己的函數。函數的定義格式，如文字框1-27所示。

文字框 1-27　函數的定義格式

```
> functionname <-function(a1,a2,...) expression
```

functionname是函數名稱，function指明該物件爲函數類型，a1, a2, ...爲函數中涉及的參數，expression是函數的具體內容。比如，要自己編寫函數計算例1-4中50個學生考試分數的平均數、中位數、全距和標準差，程式如文字框1-28所示。

文字框 1-28　編寫 R 函數的一個例子

```
> load("C:/example/ch1/example1_4.RData") # 載入資料框架example1_4
> x<-example1_4[,2]                        # 將example1_4的第2行賦值給物件x

> myfun<-function(x){                      # 編寫函數如下
n<-length(x)
    mean<-sum(x)/n
    median<-median(x)
r<-max(x)-min(x)
    s<-sd(x)
summ<-data.frame(c(mean,median,r,s),
row.names=c("平均數","中位數","全距","標準差"))
    names(summ)<-"值"
return(summ)
}

> myfun(x)                                 # 顯示函數結果
        值
```

平均數	74.38000
中位數	75.00000
全距	52.00000
標準差	10.58858

　　透過這個簡單的例子，可以大致瞭解編寫一個函數的各個構成部分，更加詳細的內容，請查看相關文獻。

本章圖解

統計方法分類與本書架構[※]

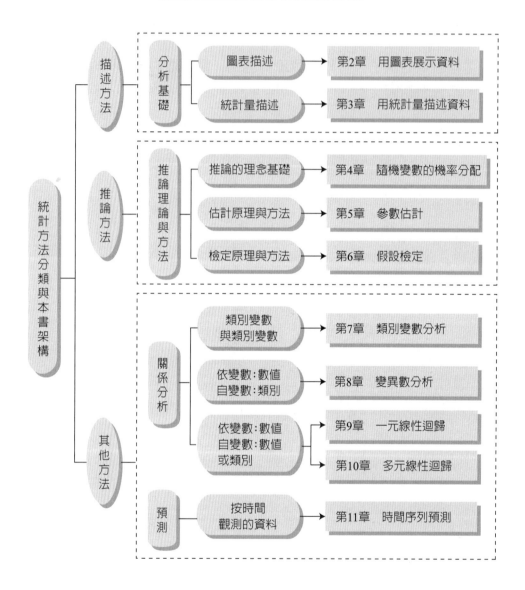

※　本分類只針對本書所包括的內容，並不代表嚴格的統計方法分類體系。事實上，很多方法可同時歸於不一樣的類別中，很難嚴格歸類。

主要術語

- **統計學**（statistics）：收集、處理、分析、解釋資料，並從資料中得出結論的原則和方法。

- **描述統計**（descriptive statistics）：研究資料收集、處理和描述的統計學方法。

- **推論統計**（inferential statistics）：研究如何利用樣本資料推斷母體特徵的統計學方法。

- **變數**（variable）：描述所觀察物件某種特徵的概念。

- **類別變數**（categorical variable）：取值為物件屬性或類別，以及取區間值的變數。類別變數也稱為「屬性變數」或「定性變數」。

- **二元**（binary）**類別變數**：只取兩個值的類別變數。

- **名義**（nominal）**值類別變數**：取值不可以排序的類別變數，也稱無序類別變數。

- **順序**（ordinal）**值類別變數**：變數的值間可以排序的類別變數，也稱有序類別變數。

- **數值變數**（metric variable）：取值為數字的變數，也稱為**定量變數**（quantitative variable）。

- **類別資料**（categorical data）：觀察類別變數得到的資料。類別資料也稱為「定性資料」或「屬性資料」。 類別資料分為二元類別資料、名義值類別資料和順序值變數資料三種。

- **數值型資料**（metric data）：數值變數的觀察結果，也稱定量資料。

- **母體**（population）：包含所研究的全部個體（資料）的集合。

- **樣本**（sample）：從母體中抽取的一部分元素的集合。

- **樣本量**（sample size）：構成樣本的元素的數目。

- **簡單隨機抽樣**（simple random sampling）：從含有N個元素的母體中，抽取n個元素組成一個樣本，使得母體中的每一個元素都有相同的機率被抽中。

- **有放回抽樣**（sampling with replacement）：在進行簡單隨機抽樣時，如果抽取一個個體記錄下資料後，再把這個個體放回到原來的母體中參加下一次抽選。

- **無放回抽樣**（sampling without replacement）：在進行簡單隨機抽樣時，如果抽中的個體不再放回，再從所剩下的個體中抽取第二個元素，直到抽取n個個體爲止。
- **簡單隨機樣本**（simple random sample）：由簡單隨機抽樣得到的樣本。
- **分層抽樣**（stratified sampling）：也稱分類抽樣，在抽樣之前，先將母體的元素劃分爲若干層（類），然後從各個層中抽取一定數量的元素組成一個樣本。
- **系統抽樣**（systematic sampling）：也稱等距抽樣，先將母體各元素按某種順序排列，並按某種規則確定一個隨機起點，然後每隔一定的間隔抽取一個元素，直至抽取n個元素組成一個樣本。
- **群集抽樣**（cluster sampling）：先將母體劃分成若干群，然後以群作爲抽樣單元，從中抽取部分群組成一個樣本，再對抽中的每個群中包含的所有元素進行調查。

思考與練習

一、思考題

1.1　舉出統計應用的幾個例子。

1.2　舉出統計應用的幾個領域。

1.3　怎樣理解統計的研究內容？

1.4　舉例說明類別變數和數值變數。

1.5　獲得資料的機率抽樣方法有哪些？

二、練習題

1.1　指出下面的變數類型：

　　⑴年齡。

　　⑵性別。

　　⑶汽車產量。

　　⑷員工對企業某項改革措施的態度（贊成、中立、反對）。

　　⑸購買商品時的支付方式（現金、信用卡、支票）。

1.2　一家研究機構從IT從業者中隨機抽取1,000人作爲樣本進行調查，其中60%的人回答他們的月收入在50,000元以上，50%的人回答他們的消費支付方式是用信用卡。

　　⑴這一研究的母體是什麼？樣本是什麼？樣本量是多少？

　　⑵「月收入」是名義值類別變數、順序值類別變數，還是數值變數？

　　⑶「消費支付方式」是名義值類別變數、順序值類別變數，還是數值變數？

1.3　一項調查說明，消費者每月在網路購物的平均花費是3,000元，他們選擇在網路購物的主要原因是「價格便宜」。

　　⑴這一研究的母體是什麼？

　　⑵「消費者在網路購物的原因」是名義值類別變數、順序值類別變數，還是數值變數？

1.4　某大學的商學院爲瞭解畢業生的就業傾向，分別在會計系抽取50人、財務金融系抽取30人、企業管理系抽取20人進行調查。

⑴這種抽樣方式是分層抽樣、系統抽樣，還是群集抽樣？

⑵樣本量是多少？

1.5　下面是中國的31個地區的名稱及編號。分別採用有放回抽樣和無放回抽樣兩種方式，各隨機抽取6個地區作為樣本。

編號	地區	編號	地區
1	北京市	17	湖北省
2	天津市	18	湖南省
3	河北省	19	廣東省
4	山西省	20	廣西壯族自治區
5	內蒙古自治區	21	海南省
6	遼寧省	22	重慶市
7	吉林省	23	四川省
8	黑龍江省	24	貴州省
9	上海市	25	雲南省
10	江蘇省	26	西藏自治區
11	浙江省	27	陝西省
12	安徽省	28	甘肅省
13	福建省	29	青海省
14	江西省	30	寧夏回族自治區
15	山東省	31	新疆維吾爾自治區
16	河南省		

## 第 2 章

用圖表展示資料

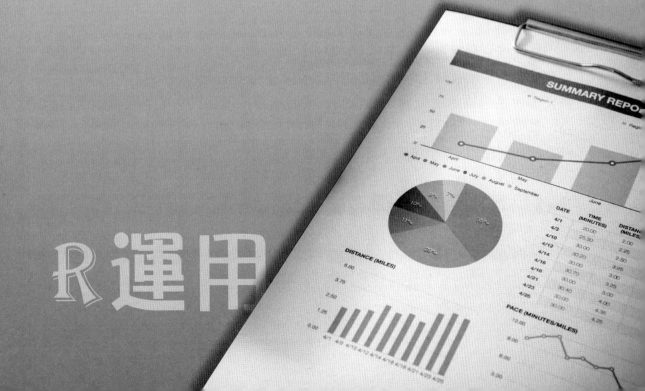

R運用

問題與思考

怎樣用圖表看資料

2016年8月在里約舉辦的第31屆奧運會上，獲得金牌前6名的國家的獎牌數如下表所示。

名次	國家	金牌	銀牌	銅牌	總數
1	美國	46	37	38	121
2	英國	27	23	17	67
3	中國	26	18	26	70
4	俄羅斯	19	18	19	56
5	德國	17	10	15	42
6	日本	12	8	21	41

顯然，用這樣的一張表格來表示獎牌的分配，要比用文字來敘述更清晰。但是，如果用某種圖形來表示這些資料，將會更加易懂。根據上面的資料，可以選擇哪些圖形來展示這6個國家所獲得的獎牌情況？這些圖形提供了哪些資訊？學完本章的圖表展示技術，這樣的問題就很容易回答。

當一堆資料擺在面前時，無論要做何種分析，首先總是從描述性分析開始。比如，對企業所有員工的薪資畫出直方圖，觀察其分配狀況，計算出員工的平均薪資等。透過描述可以發現資料的一些基本特徵，爲進一步分析提供大概的思路。資料的描述性分析，包括用圖表展示資料和用統計量描述資料等內容。本章將介紹如何使用圖表來描述資料。

2-1 類別資料的圖表展示

類別資料分爲有序類別資料和無序類別資料兩種，對這類資料的描述性分析主要是使用次數分配表和圖形來觀察次數分配的特徵。

▎2.1.1 用次數分配表觀察類別資料

次數分配（frequency distribution）是指變數的數值及其相應的次數形成的分配。將變數的各個數值及其相應次數，用表格的形式展示出來，就是**次數分配表**（frequency distribution table）。由於類別資料本身就是對事物的一種分類，因此，只要先把所有的類別都列出來，然後統計出每一類別的次數，即可製作一張次數分配表。次數分配表中落在某一特定類別的資料個數，稱為**次數**（frequency）。根據觀察變數的多少，可以製作簡單次數表、二維列聯表和多維列聯表等。

1. 簡單次數表

當只涉及一個類別變數時，這個變數的數值可以放在次數分配表中「行」的位置，也可以放在「列」的位置，將該變數的數值及其相應的次數列出來，就是一個簡單的次數表，也稱為一維列聯表。用次數分配表可以觀察不同類型資料的分配特徵。比如，透過不同品牌產品銷售量的分配，可以瞭解其市場占有率；透過一所大學不同學院學生人數的分配，瞭解該大學的學生構成；透過社會中不同收入階層的人數分配，瞭解收入的分配狀況等。下面透過一個例子，說明簡單次數分配表的製作過程。

例 2-1 （資料：example2_1.RData）

某物業管理公司準備進行一項物業管理的改革措施，為徵求社區居民的意見，在所管理的4個社區，隨機調查 80個住戶，對戶主進行調查。表2-1是被調查所屬的社區、性別及其對該項改革措施的態度資料。製作次數分配表，觀察被調查者在所屬社區、性別以及對改革措施態度的分配狀況。

表 2-1　被調查者所屬的社區、性別及其對改革措施的態度資料

社區	性別	態度	社區	性別	態度
A 社區	男	反對	B 社區	女	反對
B 社區	女	反對	D 社區	女	贊成
D 社區	女	反對	A 社區	男	反對
C 社區	男	反對	C 社區	男	贊成
A 社區	男	贊成	A 社區	男	贊成

社區	性別	態度	社區	性別	態度
D 社區	女	反對	A 社區	女	贊成
B 社區	男	贊成	C 社區	男	反對
A 社區	女	反對	D 社區	男	反對
C 社區	男	贊成	A 社區	女	贊成
D 社區	男	贊成	C 社區	男	反對
A 社區	女	反對	C 社區	男	贊成
C 社區	男	反對	A 社區	女	贊成
A 社區	男	贊成	C 社區	女	贊成
B 社區	男	反對	B 社區	男	贊成
D 社區	女	贊成	C 社區	女	贊成
B 社區	男	反對	A 社區	女	反對
C 社區	女	反對	B 社區	女	贊成
A 社區	女	贊成	D 社區	男	反對
B 社區	女	贊成	A 社區	男	贊成
D 社區	男	贊成	B 社區	男	贊成
A 社區	女	反對	D 社區	女	反對
D 社區	女	贊成	A 社區	女	贊成
C 社區	男	贊成	D 社區	女	反對
A 社區	女	反對	C 社區	女	贊成
B 社區	男	贊成	D 社區	女	贊成
A 社區	女	反對	C 社區	男	贊成
C 社區	女	贊成	A 社區	女	贊成
D 社區	女	贊成	B 社區	男	反對
C 社區	男	反對	A 社區	女	反對
D 社區	女	贊成	C 社區	男	贊成
B 社區	女	贊成	A 社區	女	贊成
A 社區	女	反對	A 社區	男	反對
C 社區	男	贊成	C 社區	女	贊成
B 社區	男	贊成	D 社區	女	贊成
B 社區	女	贊成	B 社區	女	贊成
A 社區	男	反對	A 社區	女	反對
B 社區	男	贊成	C 社區	男	贊成
A 社區	女	贊成	B 社區	男	贊成
C 社區	女	贊成	A 社區	女	贊成
A 社區	男	贊成	C 社區	女	反對

解：這裡涉及3個類別變數，即被調查者所在的社區、性別和態度。先分別對每個變數製作一個次數分配表，分別觀察被調查者在所屬社區、性別和態度的分配狀況。R程式和結果，如文字框2-1所示。

文字框 2-1　製作單變數次數分配表

```
# 使用summary函數製作次數分配表
> load("C:/example/ch2/example2_1.RData")
> summary(example2_1)

    社區           性別          態度
 A 社區：27     男：36      反對：31
 B 社區：17     女：44      贊成：49
 C 社區：21
 D 社區：15
```

```
# 製作被調查者所屬社區的次數分配表，並將次數分配表轉化成百分比表
> count1<-table(example2_1$社區)
> count1

   A 社區      B 社區      C 社區      D 社區
     27          17          21          15
```

```
> prop.table(count2)*100

   A 社區      B 社區      C 社區      D 社區
    33.75       21.25       26.25       18.75
```

```
# 製作被調查者性別的次數分配表，並將次數分配表轉化成百分比表
> count2<-table(example2_1$性別)
> count2

   男      女
   36      44
```

```
> prop.table(count2)*100

   男      女
   45      55
```

```
# 製作被調查者態度的次數分配表，並將次數分配表轉化成百分比表
> count3<-table(example2_1$態度)
> count3

   反對      贊成
    31        49
```

```
> prop.table(count3)*100

反對      贊成
38.75     61.25
```

注：
1. summary(object, ...)是產生匯總結果的一個一般性函數，其中object是要產生結果的物件。函數遇到類別變數時，產生次數分配表；遇到數值變數時，產生概括性統計量。更多資訊查看幫助：?summary。
2. 函數table()可用於產生一個類別變數的簡單次數表，也可以生成兩個類別變數的列聯表。更多資訊查看幫助：?table。

對於類別資料，除用次數分配表進行描述外，還可以使用**比例**（proportion）、**百分比**（percentage）、**比率**（ratio）等統計量進行描述。如果是有序類別資料，還可以計算**累積百分比**（cumulative percent）進行分析。

比例也稱構成比，它是一個樣本（或母體）中，某個類別的次數與全部次數之比，通常用於反映樣本（或母體）的構成或結構。將比例乘以100得到的數值稱為百分比，用%表示。比率是樣本（或母體）中，不同類別次數之間的比值，反映不同類別之間的比較關係。由於比率不是部分與整體之間的對比關係，因而比值可能大於1。累積百分比則是將各有序類別的百分比，逐級累加的結果。

2. 二維列聯表

當涉及兩個類別變數時，通常將一個變數的數值放在「行」的位置，另一個變數的數值放在「列」的位置（行和列可以互換），由這兩個類別變數交叉分類的次數分配表稱為**列聯表**（contingency table），也稱**交叉表**（cross table）。

例如：對例2-1的三個變數，可以分別製作社區與性別、社區與態度、性別與態度三個列聯表，分別觀察交叉次數的分配狀況。R程式和結果，如文字框2-2所示。

文字框 2-2　製作兩個變數的二維列聯表

\# 製作被調查者所屬社區與性別的列聯表，為列聯表增加邊際和，並將列聯表轉化成
百分比表

```
> load("C:/example/ch2/example2_1.RData")
> mytable1<-table(example2_1$社區,example2_1$性別)
> addmargins(mytable1)
```

	男	女	Sum
A 社區	9	18	27
B 社區	10	7	17
C 社區	13	8	21
D 社區	4	11	15
Sum	36	44	80

```
> addmargins(prop.table(mytable1))*100
```

	男	女	Sum
A 社區	11.25	22.50	33.75
B 社區	12.50	8.75	21.25
C 社區	16.25	10.00	26.25
D 社區	5.00	13.75	18.75
Sum	45.00	55.00	100.00

\# 製作被調查者所屬社區與態度的列聯表，為列聯表增加邊際和，並將列聯表轉化成
百分比表

```
> mytable1<-table(example2_1$社區,example2_1$態度)
> addmargins(mytable1)
```

	反對	贊成	Sum
A 社區	13	14	27
B 社區	5	12	17
C 社區	7	14	21
D 社區	8	9	15
Sum	31	49	80

```
> addmargins(prop.table(mytable1))*100
```

	反對	贊成	Sum
A 社區	16.25	17.50	33.75
B 社區	6.25	15.00	21.25
C 社區	8.75	17.50	26.25
D 社區	7.50	11.25	18.75
Sum	38.75	61.25	100.00

製作被調查者性別與態度的列聯表，為列聯表增加邊際和，並將列聯表轉化為百分比表

```
> mytable2<-table(example2_1$性別,example2_1$態度)
> addmargins(mytable2)
```

	反對	贊成	Sum
男	14	22	36
女	17	27	44
Sum	31	49	80

```
> addmargins(prop.table(mytable2))*100
```

	反對	贊成	Sum
男	17.50	27.50	45.00
女	21.25	33.75	55.00
Sum	38.75	61.25	100.00

注：

1. 函數addmargins(A, ...)為表格加上邊際和，其中A為表格或矩陣。

2. 函數prop.table(x)將表格x轉化成比例。

3. addmargins(prop.table(x))*100，將表格x轉化成百分比，並加上邊際百分比。

　　文字框2-2顯示了三個二維列聯表及其相應的百分比表。如果需要對二維列聯表做行、列及邊際和的百分比分析，使用R的CrossTable函數製作二維列聯表，可以得到相應的行、列、總計的百分比。R程式和結果，如文字框2-3所示。

文字框 2-3　製作二維列聯表並對其進行百分比分析

使用CrossTable函數製作二維列聯表（以被調查者性別與態度的二維列聯表為例）

```
> load("C:/example/ch2/example2_1.RData")
> library(gmodels)
> CrossTable(example2_1$性別,example2_1$態度)
```

```
   Cell Contents
|-------------------------|
|                       N |
|   Chi-square contribution |
|           N / Row Total |
|           N / Col Total |
|         N / Table Total |
|-------------------------|
```

```
Total Observations in Table:  80


                         example2_1$ 態度
example2_1$ 性別  |   反對   |   贊成   |  Row Total |
-----------------|---------|---------|------------|
          男      |    14   |    22   |    36      |
                 |  0.000  |  0.000  |            |
                 |  0.389  |  0.611  |   0.450    |
                 |  0.452  |  0.449  |            |
                 |  0.175  |  0.275  |            |
-----------------|---------|---------|------------|
          女      |    17   |    27   |    44      |
                 |  0.000  |  0.000  |            |
                 |  0.386  |  0.614  |   0.550    |
                 |  0.548  |  0.551  |            |
                 |  0.212  |  0.338  |            |
-----------------|---------|---------|------------|
   Column Total   |    31   |    49   |    80      |
                 |  0.388  |  0.613  |            |
-----------------|---------|---------|------------|
```

從被調查者性別和態度的二維列聯表可以看出，男性表示反對的人數占全部男性人數的比例爲0.389（14/36），表示贊成的爲0.611（22/36）；男性表示反對的人數占全部反對人數的比例爲0.452（14/31），表示贊成的人數占全部贊成人數的比例爲0.449（22/49）；男性表示反對的人數占全部總人數的比例爲0.175（14/80），表示贊成的人數占總人數的比例爲0.275（22/80）。女性的分析類似。

3. 多維列聯表

當有兩個以上類別變數時，通常將一個變數的類別按「行」擺放，其餘變數的類別則按「列」擺放，這種由多個類別變數製作的次數分配表稱爲**多維列聯表**（multidimensional contingency）。

例如：對例2-1的三個變數，可以製作一個三維列聯表，分別觀察三個變數交叉次數的分配狀況。R程式和結果，如文字框2-4所示。

文字框 2-4　製作三維列聯表

```
# 製作列變數為被調查者所屬社區和性別，行變數為態度的三維列聯表
> load("C:/example/ch2/example2_1.RData")
> mytable1<-ftable(example2_1)
> mytable1
```

社區	性別	態度	反對	贊成
A 社區	男		4	5
	女		9	9
B 社區	男		3	7
	女		2	5
C 社區	男		5	8
	女		2	6
D 社區	男		2	2
	女		4	7

```
# 生成列變數為被調查者性別和態度，行變數為社區的三維列聯表
> mytable2<-ftable(example2_1,row.vars=c("性別","態度"),col.var ="社區")
> mytable2
```

性別	態度	社區	A 社區	B 社區	C 社區	D 社區
男	反對		4	3	5	2
	贊成		5	7	8	2
女	反對		9	2	2	4
	贊成		9	5	6	7

```
# 為列聯表mytable1增加邊際和
> ftable(addmargins(table(example2_1)))
```

社區	性別	態度	反對	贊成	Sum
A 社區	男		4	5	9
	女		9	9	18
	Sum		13	14	27
B 社區	男		3	7	10
	女		2	5	7
	Sum		5	12	17
C 社區	男		5	8	13
	女		2	6	8
	Sum		7	14	21
D 社區	男		2	2	4
	女		4	7	11
	Sum		6	9	15

Sum	男	14	22	36
	女	17	27	44
	Sum	31	49	80

 # 將列聯表mytable2轉化為百分比表

```
> ftable(addmargins(prop.table(table(example2_1$性別,example2_1$態
度,example2_1$社區)))*100)
```

		A 社區	B 社區	C 社區	D 社區	Sum
男	反對	5.00	3.75	6.25	2.50	17.50
	贊成	6.25	8.75	10.00	2.50	27.50
	Sum	11.25	12.50	16.25	5.00	45.00
女	反對	11.25	2.50	2.50	5.00	21.25
	贊成	11.25	6.25	7.50	8.75	33.75
	Sum	22.50	8.75	10.00	13.75	55.00
Sum	反對	16.25	6.25	8.75	7.50	38.75
	贊成	17.50	15.00	17.50	11.25	61.25
	Sum	33.75	21.25	26.25	18.75	100.00

注：
函數ftable(x, ...)用於產生扁平化列聯表，其中x為一個列表、資料框架或列聯表物件。
ftable(x)按x中變數的原始排列順序列表，將最後一個變數作為行變數，如mytable1。
ftable(x,row.vars=,col.var=)可以改變變數的列表方式，如mytable2。

2.1.2 用圖形展示類別資料

除了用次數分配表觀察類別資料的分配外，還可以使用圖形來展示。一張好的圖形往往勝過冗長的文字表述。適用於類別資料的圖形，主要有長條圖、圓形圖等。

1. 長條圖

長條圖（bar chart）是用寬度相同的條形來表示資料多少的圖形，用於觀察不同類別次數的多少或分配狀況。繪製長條圖時，各類別放在縱軸，也可以放在橫軸。類別放在縱軸的長條圖稱為水平長條圖，類別放在橫軸的長條圖稱為垂直長條圖。只有一個類別變數時，可以繪製簡單長條圖；有兩個類別變數時，可以繪製複式長條圖。根據複式的方式不同，有集群長條圖和堆疊長條圖等。有三個

以上類別變數時，可以繪製**馬賽克圖**（mosaic plot）。R程式和結果，如文字框2-5所示。

文字框 2-5　繪製簡單長條圖

```
# 一個類別變數的簡單長條圖
> load("C:/example/ch2/example2_1.RData")
> count1<-table(example2_1$社區)
> count2<-table(example2_1$性別)
> count3<-table(example2_1$態度)
> par(mfrow=c(1,3),mai=c(0.7,0.7,0.6,0.1),cex=0.8,cex.main=0.8)
> barplot(count1,xlab="次數",ylab="社區",horiz=TRUE,main="(a)水平長條
圖",col=2:5)
> barplot(count2,xlab="性別",ylab="次數", main="(b)垂直長條圖")
> barplot(count3,xlab="態度",ylab="次數" ,col=2:3,main="(c)垂直長條圖")
```

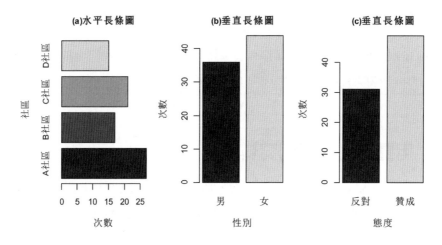

圖 2-1　被調查者所屬社區、性別和態度的簡單長條圖

注：

1. 函數par()是用於圖形控制的一個十分有用的函數。mfrow=c(1,3)指明圖形按1列3行擺放，並按行填充各圖（等價於mfcol=c(3,1)，只不過是按行填充各圖）。par()函數也可用於圖形的整體控制，比如par(cex=)用於控制相對於預設大小縮放的比例。也可以用cex.lab()調整座標軸標識的大小；cex.axis()調整刻度線數位的大小；cex.main=用於設定主標題字的大小等。mai=c()用於設定圖形邊界（單位為英寸，與mar()類似，但mar()的單位是文本的列數）。更多資訊請查看幫助：?par。

2.函數barplot(x,...)創建橫條圖。其中x為向量、矩陣、資料框架或表格。xlab=""設置x軸標籤；,ylab=""設置y軸標籤。horizontal=TRUE繪製水平橫條圖。col=""設置圖形顏色。main=""為圖形增加主標題；sub=""為圖形增加副標題。更多資訊查看幫助：?barplot。

圖2-1（a）反映了4個社區被調查者人數的次數分配，可見A社區的被調查者最多，而D社區的被調查者則最少；圖2-1（b）反映了被調查者的性別分配，可見被調查者中女性人數多於男性；圖2-1（c）反映了被調查者中反對和贊成的分數分配，可見贊成的人數多於反對的人數。

當有2個類別變數時，可以將二維列聯表資料繪製成複式長條圖，進行比較分析。R程式和結果，如文字框2-6所示。

文字框 2-6　繪製複式長條圖

```
# 兩個類別變數（二維列聯表）的複式長條圖
> load("C:/example/ch2/example2_1.RData")
> mytable1<-table(example2_1$態度,example2_1$社區)
> par(mfrow=c(2,2),cex=0.6)
> barplot(mytable1,xlab="社區",ylab="次數",ylim=c(0,16),col=c("green","blue"),legend=rownames(mytable1),args.legend=list(x=12),beside=TRUE,main="(a)社區集群長條圖")
> barplot(mytable1,xlab="社區",ylab="次數",ylim=c(0,30),col=c("green","blue"),legend=rownames(mytable1),args.legend=list(x=4.8),main="(b)社區堆疊長條圖")
> mytable2<-table(example2_1$態度,example2_1$性別)
> barplot(mytable2,xlab="性別",ylab="次數",ylim=c(0,30),col=c("green","blue"),legend=rownames(mytable2),args.legend=list(x=4.5),beside=TRUE,main="(c)性別集群長條圖")
> barplot(mytable2,xlab="性別",ylab="次數",ylim=c(0,60),col=c("green","blue"),legend=rownames(mytable2),args.legend=list(x=1),main="(d)性別堆疊長條圖")
```

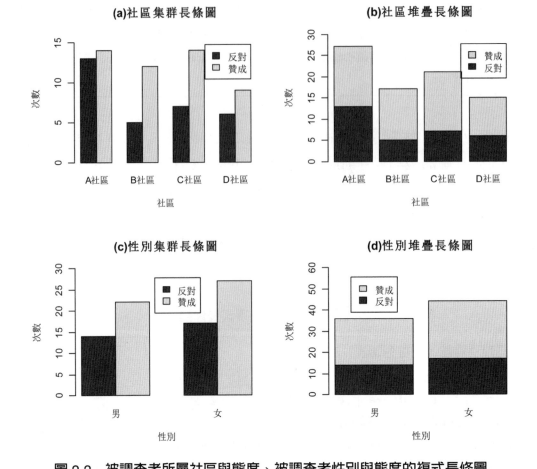

圖 2-2　被調查者所屬社區與態度、被調查者性別與態度的複式長條圖

注：
ylim=c()設定座標軸的取值範圍，legend=()設定圖例，args.legend=()設定圖例的位置參數。更多資訊查看幫助：?legend。

　　圖2-2中，圖（a）和圖（b）是兩種不同形式的複式長條圖，反映不同社區贊成和反對的人數分配。可以看出，B社區和C社區贊成的人數明顯多於反對的人數，而A社區和D社區贊成和反對的人數差異不大。圖（c）和圖（d）則反映不同性別的被調查者贊成和反對的次數分配，可見女性贊成的人數多於男性。

　　當有兩個以上的類別變數時，就很難用普通的長條圖進行展示了，這時可以繪製馬賽克圖。馬賽克圖可以看作是長條圖的一個變種，其圖中嵌套矩形的面積與儲存格的次數成正比。繪製馬賽克圖R程式和結果，如文字框2-7所示。

文字框 2-7　繪製馬賽克圖

多個類別變數（多維列聯表）的馬賽克圖
```
> load("C:/example/ch2/example2_1.RData")
> mosaicplot(~性別+社區+態度,data=example2_1,color=2:3 ,main="")
```

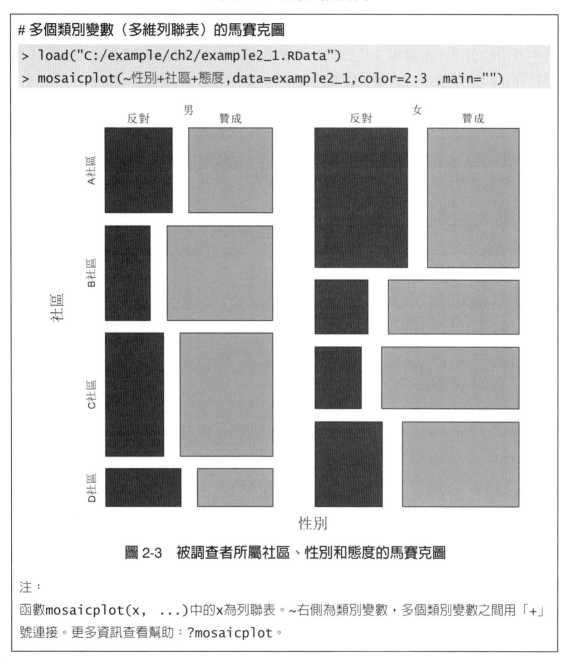

圖 2-3　被調查者所屬社區、性別和態度的馬賽克圖

注：
函數mosaicplot(x, ...)中的x為列聯表。~右側為類別變數，多個類別變數之間用「+」
號連接。更多資訊查看幫助：?mosaicplot。

　　圖2-3中，矩形的相對高度和寬度取決於相應儲存格的次數。這裡的矩形長度正比於贊成和反對的比例，而高度則正比於各社區贊成和反對的比例。可以看出，無論是男性還是女性，B社區和C社區贊成的比例都高於反對的比例，而A社區和D社區贊成和反對的比例相差不大。

2. 圓形圖

圓形圖（pie chart）是用圓形及圓內扇形的角度，來表示數值大小的圖形。它主要用於表示一個樣本（或母體）中，各類別的次數占全部次數的百分比，對於研究結構性問題十分有用。除圓形圖外，也可以使用**扇形圖**（fan plot）進行分析。扇形圖實際上是圓形圖的一個變種。它是將構成中百分比最大的一個，繪製出一個扇形區域，而其他各類百分比按大小採用不同的半徑繪製出扇形，並疊加在這最大的扇形上，從而有利於比較各構成百分比的相對數量和差異。繪製圓形圖和扇形圖R程式和結果，如文字框2-8所示。

文字框 2-8　繪製圓形圖和扇形圖

```
# 圓形圖（以不同社區的被調查者人數分配為例）
> load("C:/example/ch2/example2_1.RData")
> count1<-table(example2_1$社區)
> name<-names(count1)
> percent<-prop.table(count1)*100
> label1<-paste(name," ",percent,"%",sep="")
> par(cex=0.8,mai=c(0.1,0.4,0.1,0.4))
> pie(count1,labels=label1,col=c("gray10","gray40","gray70",
  "gray90"), init.angle=90)
```

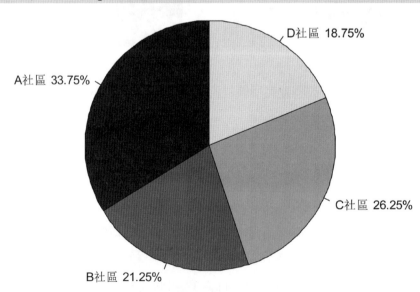

圖 2-4　不同社區被調查者人數構成的圓形圖

3D圓形圖（以不同社區的被調查者人數分配為例）

```
> library(plotrix)
> count1<-table(example2_1$社區)
> name<-names(count1)
> percent<-prop.table(count1)*100
> labs<-paste(name,"",percent,"%",sep="")
> pie3D(count1,labels=labs,explode=0.1,labelcex=0.7)
```

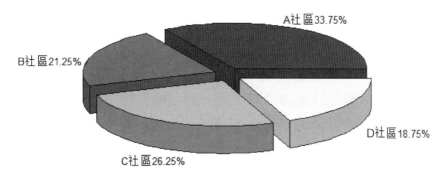

圖 2-5　不同社區被調查者人數構成的 3D 圓形圖

扇形圖（以不同社區的被調查者人數分配為例）

```
> count1<-table(example2_1$社區)
> name<-names(count1)
> percent<-round(count1/sum(count1)*100)
> labs<-paste(name," ",percent,"%",sep="")
> library(plotrix)
> fan.plot(count1,labels=labs,ticks=200)
```

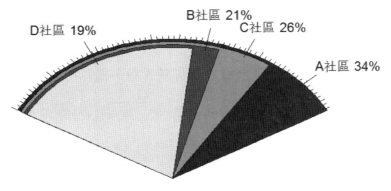

圖 2-6　不同社區被調查者人數構成的扇形圖

注：

函數pie(x,labels=,radius=init.angle=,...)創建一個圓形圖。其中，x為一個非負的數值向量。Labels設定圓形圖各分區的名稱。radius=設定半徑（預設為0.8）。init.angle=90設定從12點位置開始逆時針方向繪製。paste(...,sep="")是把若干個R物件連結起來，各物件間以sep指定的符號間隔。更多資訊查看幫助：??pie3D；??fan.plot。

從圖2-5和圖2-6，可以清楚地看出不同社區被調查者人數的構成。

2-2　數值資料的圖表展示

數值型資料可以轉化成類別資料，這一過程稱為類別化。當數值型資料做了類別化處理後，上面介紹的圖示方法都適用。此外，數值型資料還有一些特定的圖示方法，它們並不適用於類別資料。

▌2.2.1　用次數分配表觀察資料分配

製作數值型資料的次數分配表時，需要先將原始資料按照某種標準分成不同的組別，然後統計出各組別的資料次數即可。比如，將一個班學生的考試分數分成60以下、60-70、70-80、80-90、90-100幾個區間，即為所分的組，然後統計出每個組別的學生人數，即可製作一張次數分配表。將資料劃分成不同的區間組，實際上是對數值型資料做了類別化處理，將其轉化成了有序類別資料，而分配在各區間的資料個數，即為各類別的次數。

下面結合具體例子，說明數值型資料次數分配表的製作過程。

例 2-2　（資料：example2_2.RData）

表2-2是一家購物網站連續120天的銷售額資料，製作一張次數分配表觀察銷售額的分配特徵。

表 2-2　某購物網站 120 天的銷售額　　　　　　（單位：萬元）

272	197	225	183	200	217	210	205	191	186
181	236	172	195	222	253	205	217	224	238
225	198	252	196	201	206	212	237	204	216
199	196	187	239	224	248	218	217	224	234
188	199	216	196	202	181	217	218	188	199
240	200	243	198	193	207	214	203	225	235
191	172	246	208	203	172	206	219	222	220
204	234	207	199	261	207	215	207	209	238
192	161	243	252	203	216	265	222	226	196
212	254	167	200	218	205	215	218	228	233
194	171	203	238	235	209	233	226	229	206
241	203	224	200	208	210	216	223	230	243

解：製作次數分配表時，首先要確定將資料分成多少組。一組資料所分的組數，一般與資料本身的特點及資料的多少有關。由於分組的主要目的是觀察資料的分配特徵，因此組數的多少，應以能夠適當觀察資料的分配特徵為準。一般情況下，一組資料所分的組數大致等於樣本量的平方根比較合適。設組數為K，則$K \approx \sqrt{n}$。當然這只是個大概數，具體的組數可根據需要做適當調整。本例共有120個資料，組數$K \approx \sqrt{120} \approx 11$，為便於理解，這裡可分為12組。

其次，確定各組的組距。組距可根據全部資料的最大值和最小值及所分的組數來確定，即組距＝（最大值－最小值）÷組數。對於本例資料，最大值為272，最小值為161，則組距＝（272－161）÷12＝9.25。為便於計算，組距宜取5或10的倍數，因此組距可取10。為避免資料被遺漏，第一組的下限應低於最小數值，最後一組的上限應高於最大數值。

最後，統計出各組的次數即為次數分配表。在統計各組次數時，恰好等於某一組上限的變數值一般不算在本組內，而計算在下一組，即一個組的數值x滿足$a \leq x < b$。

製作次數分配表的R程式和結果，如文字框2-9所示。

文字框 2-9　資料分組和製作次數分配表

把銷售額資料以10為間隔進行分組（計算各組次數、百分比和累積百分比）

```
> load("C:/example/ch2/example2_2.RData")
> vector2_2<-as.vector(as.matrix(example2_2$銷售額))
> library(plyr)
> count<-table(round_any(vector2_2,10,floor))
> count<-as.numeric(count)
> pcount<-prop.table(count)*100
> cumsump<-cumsum(pcount)
> name<-paste(seq(160,270,by=10),"-",seq(170,280,by=10),sep="")
> tt<-data.frame("次數"=count,"百分比"=pcount,"累積百分比"
=cumsump,row.names=name)
> round(tt,4)
```

	次數	百分比	累積百分比
160-170	2	1.6667	1.6667
170-180	4	3.3333	5.0000
180-190	7	5.8333	10.8333
190-200	17	14.1667	25.0000
200-210	27	22.5000	47.5000
210-220	20	16.6667	64.1667
220-230	16	13.333	77.5000
230-240	13	10.83333	88.3333
240-250	7	5.8333	94.1667
250-260	4	3.3333	97.5000
260-270	2	1.6667	99.1667
270-280	1	0.8333	100.0000

注：
`round(x,accuracy)`是對資料x按照accuracy指定的精度改變輸出的小數位。本例將輸出結果保留4位小數。

從文字框2-9的次數分配表可以看出，大多數時間的銷售額都集中在200-210萬之間，為27天，占總天數的22.5%。

2.2.2　用圖形展示數值資料

展示數值型資料的圖形有多種。本節主要介紹展示資料分配特徵的圖形、展示變數間關係的圖形，以及展示多樣本在多變數上數值相似性的圖形等。

1. 展示資料分配特徵的圖形

　　如果原始資料經類別化（如分組）處理後，可以使用直方圖來觀察資料的分配；如果未進行類別化處理，可以使用莖葉圖、盒鬚圖等來觀察資料的分配。

　　(1)**直方圖**（histogram）。直方圖是用於展示資料分配的一種常用圖形，它是用矩形的寬度和高度（即面積）來表示次數分配。透過直方圖可以觀察資料分配的大體形狀，如分配是否對稱。繪製直方圖的R程式和結果，如文字框2-10所示。

文字框 2-10　繪製直方圖

```
# 四種不同形式的直方圖
> load("C:/example/ch2/example2_2.RData")
> par(mfrow=c(2,2),cex=0.7)
> hist(example2_2$銷售額,xlab = "銷售額",ylab="次數",main="(a)普通")
> hist(example2_2$銷售額,breaks=20, col="gray70",xlab="銷售額",ylab="次數",main="(b)分成20組")
> hist(example2_2$銷售額, freq =FALSE,breaks=20, col="gray70",xlab="銷售額",ylab="密度",main="(c)增加軸鬚線和核密度線")
> rug(example2_2$銷售額)
> lines(density(example2_2$銷售額),col="blue",lwd=2)
> hist(example2_2$銷售額,freq =FALSE,breaks=20, col="gray70", xlab="銷售額",ylab="密度",main="(d)增加常態密度線")
> curve(dnorm(x,mean(example2_2$銷售額),sd(example2_2$銷售額)),add=T,col="red",lwd=2)
> rug(jitter(example2_2$銷售額))
```

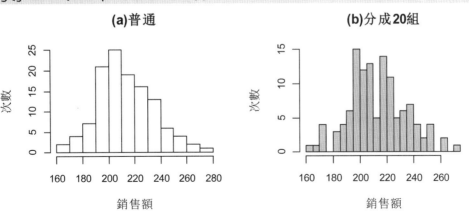

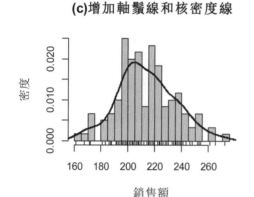
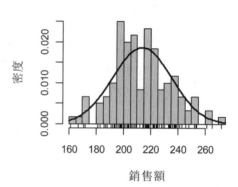

圖2-7　【例2-2】幾種不同形式的直方圖

注：
1. 直方圖函數hist(x,breaks="Sturges",freq=NULL,...)中，x為資料向量；參數 breaks=設定組數；freq=FALSE繪製縱軸為密度的直方圖，col=設定顏色。更多資訊查 看幫助：?hist。
2. 函數linse(density(x)為直方圖增加核密度估計曲線。
3. 函數curve(dnorm(x,mean(x),sd(x))為直方圖增加平均數為mean(x)、標準差為 sd(x)的常態曲線，lwd=設定線的寬度。
4. 函數rug(x)重現資料x（作圖時，將資料點在x軸上再呈現出來）。
5. 函數jitter(x)計算出資料x的各擾動點（noise），用rug(x)將各擾動點增加在座標軸 上。

　　圖2-7（a）為R預設繪製的普通直方圖。圖2-7（b）指定分成20組，使用 灰色填充條形。圖2-7（c）為圖形增加了一條核密度估計曲線和軸鬚線（rug plot）。核密度估計曲線是對密度的估計，它為數值資料的分配提供了一種平滑 的描述，從中可以看出分配的大致形狀。軸鬚線顯示了各資料點在數軸上的位 置。圖2-7（d）為直方圖增加了一條常態密度估計曲線和隨機擾動點，常態密度 曲線作為資料常態分配的估計，擾動點可以觀察資料的波動狀況。從圖2-7可以 清楚地看出，銷售額的分配基本上是對稱的。從核密度估計曲線以及擬合的常態 分配曲線來看，可以初步認為銷售額接近常態分配。

　　但需要注意的是，給直方圖擬合常態分配曲線並非總是適用，有時甚至是荒 謬的，容易引起誤導。合理的做法是為直方圖擬合一條核密度估計曲線，它是資料實際分配特徵的一種有效描述。下面透過一個實際例子，說明給直方圖擬合常態分配曲線的荒謬之處。文字框2-11是根據美國黃石國家公園（Yellowstone National Park）老忠實間歇噴泉（Old Faithful Geyser）資料〔該資料來自R的自帶資料，用代碼faithful可查看該資料包；資料中給出了272次觀察的噴發持續時間（eruptions）和下次噴發的等待間隔時間（waiting）兩個變數；單位：分鐘〕繪製的直方圖，並在直方圖中分別增加了核密度估計曲線和常態分配曲線。

文字框 2-11　老忠實間歇噴泉資料的直方圖

```
# 老忠實間歇噴泉資料的直方圖
> par(mai=c(0.8,0.8,0.1,0.1),cex=0.8)
> hist(faithful$eruptions, probability=TRUE, xlab="噴發持續時間"
,breaks=20, col="light blue",main="")
> rug(faithful$eruptions)
> lines(density(faithful$eruptions, bw=.1),type='l',lwd=2,col=
'red')
>curve(dnorm(x,mean=mean(faithful$eruptions),sd=sd(faithful$eruptions
)),add=T,col="blue",lwd=2,lty=6)
```

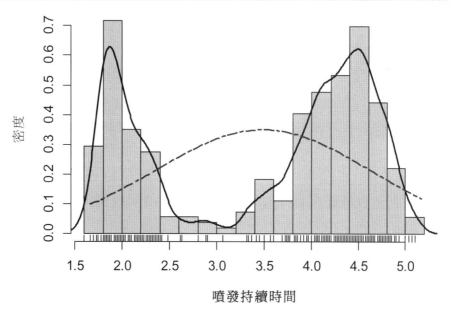

圖 2-8　老忠實間歇噴泉噴發持續時間的直方圖

圖2-8中有明顯的兩個峰值，用核密度估計曲線可清晰看出噴發持續時間屬於雙峰分配，可見爲該直方圖擬合正態分配曲線的荒謬之處。

最後需要說明的是，直方圖與長條圖不同。首先，長條圖中的每一矩形表示一個類別，其寬度沒有意義，而直方圖的寬度則表示各組的組距。其次，由於分組資料具有連續性，直方圖的各矩形通常是連續排列，而長條圖則是分開排列。最後，長條圖主要用於觀察各類別中次數的多少，而直方圖則主要用於觀察資料的分配形狀。

（2）**莖葉圖**（stem-and-leaf plot）。直方圖看資料的分配很方便，但原始資料則看不到。莖葉圖則不同，它不僅可以看出資料的分配，又能保留原始資料的訊息。製作莖葉圖不需要對資料進行分組，特別是當資料量較少時，用莖葉圖更容易觀察資料的分配。莖葉圖由「莖」和「葉」兩部分構成，繪製時，首先將一個數值分成兩部分，通常是以該資料的高位數值作爲樹莖，而葉上只保留該數值的最後一個數字。例如：125分成12｜5、12分成1｜2、1.25分成12｜5（單位：0.01）等，前部分是莖，後部分是葉。莖一經確定，葉就自然地長在相應的莖上了，葉子的長短代表資料的分配。

當資料比較多時，可以將莖重複列出2次或5次。比如，可以將每一個莖重複列出2次，一次有記號「*」，表示該莖的葉子上的數爲0-4，另一次有記號「·」，表示該莖的葉子上的數爲5-9。將每個莖重複列出5次時，其中有記號「*」的莖，葉子上的數爲0和1；有記號「t」的莖，葉子上的數爲2和3（two和three)；有記號「f」的莖，葉子上的數爲4和5（four和five）；有記號「s」的莖，葉子上的數爲6和7（six和seven)；有記號「·」的莖，葉子上的數爲8和9。

對於一組資料，莖葉圖到底有多少列比較合適呢？經驗顯示，莖葉圖的列數一般不超過L=[10×lg$n$]，方括號表示括弧中資料的整數部分。當然，這只是一個大致的標準。實際應用中，莖葉圖的列數要根據資料的多少及分配狀況來確定，總之要以能充分顯示出資料的分配特徵爲目的。本例中n=120，則L=[10×lg120]=[20.79]=20。

繪製莖葉圖R程式和結果，如文字框2-12所示。

文字框 2-12 繪製莖葉圖

使用stem函數繪製莖葉圖（每個莖列出1次的莖葉圖）

```
> load("C:/example/ch2/example2_2.RData")
> stem(example2_2$銷售額)

  The decimal point is 1 digit(s) to the right of the |

  16 | 17
  17 | 1222
  18 | 1136788
  19 | 11234566667889999
  20 | 00001233333445556667778899
  21 | 00224556666777788889
  22 | 0222344445556689
  23 | 0334455678889
  24 | 0133368
  25 | 2234
  26 | 15
  27 | 2
```

圖 2-9 銷售額分配的莖葉圖

使用stem.leaf函數繪製莖葉圖（每個莖列出2次的莖葉圖）

```
> library(aplpack)
> stem.leaf(example2_2$銷售額,1,2)
1 | 2: represents 12
 leaf unit: 1
            n: 120
    1    16* | 1
    2    16. | 7
    6    17* | 1222
         17. |
    9    18* | 113
   13    18. | 6788
   18    19* | 11234
   30    19. | 566667889999
```

```
43      20* | 0000123333344
57      20. | 55566677778899
(5)     21* | 00224
58      21. | 556666777788889
43      22* | 022234444
34      22. | 5556689
27      23* | 03344
22      23. | 55678889
14      24* | 01333
 9      24. | 68
 7      25* | 2234
        25. |
 3      26* | 1
 2      26. | 5
 1      27* | 2
```

圖 2-10　銷售額分配的莖葉圖

注：

莖葉圖函數stem.leaf(data,unit,m,...)中，data為資料向量；unit為葉子的單位，本例為1；m為莖的重複次數，如1,2,5，本例重複2次。其他參數查看幫助：??stem.leaf。

圖2-9是每個莖列出1次的莖葉圖，可以看出，銷售額最集中的天數是在200萬元到210萬元之間。該莖葉圖類似於將資料分成10組後橫置的直方圖，它所反映的分配特徵也與直方圖一致。圖2-10是每個莖列出2次的莖葉圖，可以看出銷售額分配的更多細節。

（3）**盒鬚圖**（box plot）。盒鬚圖不僅可用於反映一組資料分配的特徵，比如，分配是否對稱、是否存在**離異值**（outlier）等，還可以對多組資料的分配特徵進行比較，這也是盒鬚圖的主要用途。

繪製盒鬚圖步驟致如下：

首先，先找出一組資料的**中位數**（median）和兩個**四分位數**[1]（quartiles），並畫出盒子。中位數是一組資料排序後處於50%位置上的數值。四分位數是一組資料排序後處在25%位置和75%位置上的兩個分位數值，分別用$Q_{25\%}$和$Q_{75\%}$表

---

[1] 這些統計量將在第3章詳細介紹。

示。$Q_{75\%}-Q_{25\%}$稱爲**四分位距**（quartile deviation），用IQR表示。用兩個四分位數畫出盒子（四分位距的範圍），並畫出中位數在盒子裡面的位置。

其次，計算出內圍欄和相鄰值，並畫出鬚線。**內圍欄**（inter fence）是與$Q_{25\%}$和$Q_{75\%}$的距離等於1.5倍四分位距的兩個點，其中$Q_{25\%}-1.5\times$IQR稱爲下內圍欄，$Q_{75\%}+1.5\times$IQR稱爲上內圍欄。上下內圍欄一般不在盒鬚圖中顯示，只是作爲確定離異值的界限（也可以設定3倍的四分位差作爲圍欄，稱爲**外圍欄**（outer fence），其中$Q_{25\%}-3\times$IQR稱爲下外圍欄，$Q_{75\%}+3\times$IQR稱爲上外圍欄。外圍欄也不在盒鬚圖中顯示。在外圍欄之外的資料也稱爲極值（extreme），在有些軟體（如SPSS）中用「*」單獨標出。R並不區分離異值和極值，統稱爲離異值，在圖中用「0」標出。）。然後找出上下內圍欄之間的最大值和最小值（即非離異值的最大值和最小值），稱爲**相鄰值**（adjacent value），其中$Q_{25\%}-1.5\times$IQR範圍內的最小值稱爲下相鄰值，$Q_{75\%}+1.5\times$IQR範圍內的最大值稱爲上相鄰值。用直線將上下相鄰值分別與盒子連接，稱爲**鬚線**（whiskers）。

最後，找出離異值，並在圖中單獨標出。**離異值**（outlier）。是大於上內圍欄或小於下內圍欄的數值，也稱**外部點**（outside value），在圖中用「0」單獨標出。

盒鬚圖的一般形式如圖2-11所示。

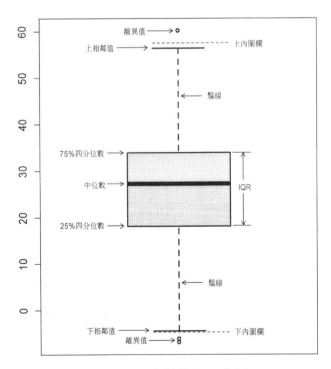

圖 2-11　盒鬚圖的示意圖

盒鬚圖通常用相鄰值與盒子連線，將外部點用「○」表示；也可以用最大值和最小值與盒子連線。文字框2-13給出了兩種盒鬚圖的示意圖。

文本框 2-13   繪製不同形式的盒鬚圖

 # 用相鄰值和用極值連線的盒鬚圖

```
> par(mfrow=c(2,1),mai=c(0.4,0.2,0.2,0.2),cex=0.8)
> x<-c(2,4,15:30,40,45)
> boxplot(x,range=1.5,col="lightblue",horizontal=TRUE,main="相鄰值與
盒子連線",cex.main=0.8)
> boxplot(x,range=0,col="pink",lwd=2,horizontal=TRUE,main="極值與盒子
連線",cex.main=0.8)
```

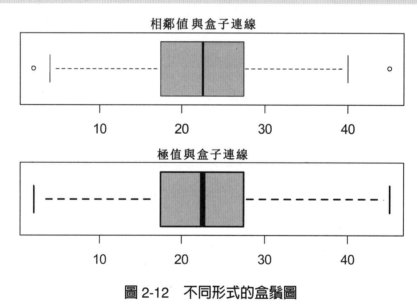

圖 2-12   不同形式的盒鬚圖

注：

盒鬚圖函數boxplot(x,range=1.5,width=NULL,notch=FALSE,horizontal= FALSE,...)中，預設range=1.5，設定1.5倍的四分位距為相鄰值（也可設定range=3），設定range=0將極值與盒子連線；width=設定盒子的寬度；notch=TRUE可繪製凹槽盒鬚圖；horizontal=TRUE將盒鬚圖橫置；col=設定盒子的填充顏色；lwd=設定線的寬度。更多資訊查看幫助：?boxplot。

通過盒鬚圖的形狀，可以看出資料分配的特徵。圖2-13顯示了幾種不同的盒鬚圖與其所對應的分配形狀。

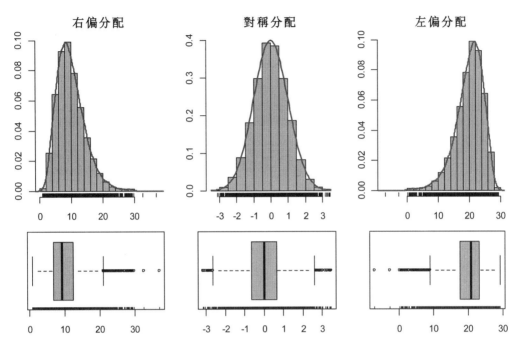

圖 2-13 不同分配對應的盒鬚圖

例 2-3 （資料：example2_3.RData）

在奧運會男子25公尺手槍速射比賽中，先根據預賽成績確定出進入決賽的運動員。在決賽中，每名運動員再進行20槍的射擊，然後將預賽成績和決賽成績加總得出最後的排名。在2008年8月舉行的第29屆北京奧運會男子25公尺手槍速射決賽中，進入決賽的前6名運動員最後20槍的決賽成績如表2-3所示。繪製盒鬚圖分析各運動員射擊成績分配的特徵。

表 2-3　第 29 屆北京奧運會男子 25 公尺手槍速射決賽成績　　　（單位：環）

亞歷山大‧彼得里夫利	拉爾夫‧許曼	克利斯蒂安‧賴茨	列昂尼德‧葉基莫夫	基斯‧桑德森	羅曼‧邦達魯克
10.1	8.4	9.9	8.8	9.7	9.8
8.4	9.6	10.7	10.7	10.5	9.2
10.3	10.2	9.0	9.7	9.0	10.3
10.2	10.8	10.5	9.6	9.6	7.2
10.4	10.5	10.3	10.0	9.0	9.9
9.6	10.3	10.6	10.2	9.9	10.5
10.1	9.8	10.0	10.1	9.2	10.4
10.0	10.9	7.9	10.2	9.7	10.9
9.9	10.3	10.7	9.4	9.9	10.5
10.2	10.0	10.4	10.3	8.1	10.3
10.8	9.5	9.5	10.4	9.3	10.2
10.0	10.2	9.9	9.8	10.1	10.0
10.3	10.7	10.1	8.9	10.5	9.8
10.5	10.1	9.9	10.0	10.2	9.2
9.6	10.3	10.3	10.0	10.0	8.3
9.8	9.7	9.0	9.1	9.9	9.0
10.4	9.3	9.8	9.5	9.5	9.4
10.3	10.3	10.8	9.8	9.7	9.8
9.1	10.0	10.3	10.7	9.9	10.4
10.2	9.6	10.7	10.0	9.9	9.6

解：為便於在圖中展示各運動員的姓名，設X1=亞歷山大‧彼得里夫利、X2=拉爾夫‧許曼、X3=克利斯蒂安‧賴茨、X4=列昂尼德‧葉基莫夫、X5=基斯‧桑德森、X6=羅曼‧邦達魯克。繪製盒鬚圖的R程式和結果，如文字框2-14所示。

文字框 2-14　繪製盒鬚圖

```
# 6名運動員射擊成績的盒鬚圖
> load("C:/example/ch2/example2_3.RData")
> boxplot(example2_3,col="lightblue",ylab="射擊環數",xlab="運動員")
```

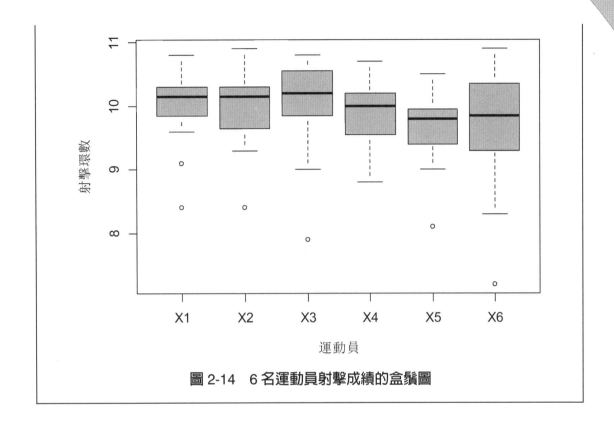

圖 2-14　6 名運動員射擊成績的盒鬚圖

由圖2-14可以看出，在6名運動員中，平均成績最高的是克利斯蒂安・賴茨（中位數為10.20），最低的是基斯・桑德森（中位數為9.80）；從射擊成績的分配來看，列昂尼德・葉基莫夫的成績比較集中（沒有離異值），而羅曼・邦達魯克的成績最為分散（盒子較長）；從分配形狀來看，射擊成績分配均為左偏分配。這是因為射擊成績的上限為10.99環、下限為0環，運動員的射擊可能出現低值，而不可能高於10.99環，因此不會以10.99環為中心分配，通常是左偏分配。圖中用「。」標出的點，是運動員射擊成績的離異值。

盒鬚圖不易看出每名運動員射擊成績分配的形狀。**小提琴圖**（violin plot）作為盒鬚圖的一個變種，將分配的核密度估計曲線與盒鬚圖結合在一起，它在盒鬚圖上以鏡像方式疊加一個核密度估計曲線，根據核密度估計曲線可以看出資料分配的大致形狀。繪製小提琴圖的R程式和結果，如文字框2-15所示。

文字框 2-15 繪製小提琴圖

```
# 6名運動員射擊成績的小提琴圖
> load("C:/example/ch2/example2_3.RData")
> library(vioplot)
> attach(example2_3)
> vioplot(X1,X2,X3,X4,X5,X6,col="lightblue",names=c("X1","X2","X3",
"X4","X5","X6"))
```

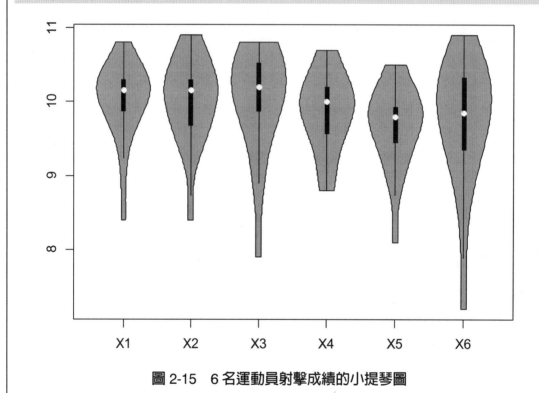

圖 2-15   6 名運動員射擊成績的小提琴圖

注：
小提琴圖函數vioplot(x,range=1.5,names,horizontal=FALSE,...) 中，range=
確定上下相鄰折點；names 為資料的標籤或標籤向量。更多資訊查看幫助：??vioplot。

　　圖2-15中白點是中位數，黑色盒子是25%分位數和75%分位數的範圍，兩條
黑線表示鬚線，小提琴圖顯示了盒鬚圖以外更多的訊息。從圖2-15很容易看出每
名運動員射擊成績分配的形狀。

　　為更進一步比較6名運動員射擊成績的分配，還可以繪製核密度估計曲線。
R程式和結果，如文字框2-16所示。

文字框 2-16　繪製核密度曲線

```
# 將example2_3的資料轉成長格式，並另存為example2_3_1
> load("C:/example/ch2/example2_3.RData")
> example2_3<-cbind(example2_3, id=factor(1:20))
> library(reshape)
> example2_3_1<-melt(example2_3, id.vars=c("id"), variable_name="運
動員")
> example2_3_1<-rename(example2_3_1, c(value="射擊環數"))
> save(example2_3_1,file="C:/example/ch2/example2_3_1.RData")
> head(example2_3_1);tail(example2_3_1)
```

	id	運動員	射擊環數
1	1	X1	10.1
2	2	X1	8.4
3	3	X1	10.3
4	4	X1	10.2
5	5	X1	10.4
6	6	X1	9.6

	id	運動員	射擊環數
115	15	X6	8.3
116	16	X6	9.0
117	17	X6	9.4
118	18	X6	9.8
119	19	X6	10.4
120	20	X6	9.6

```
# 繪製核密度曲線
> attach(example2_3_1)
> library(sm)
> sm.density.compare(射擊環數,運動員,lty=1:6,col=c("black","blue",
"brown","darkgreen","green","red"),lwd=1.5)
> legend("topleft",legend=levels(運動員),lty=1:6,col=c("black","blue
","brown","darkgreen","green","red"))
```

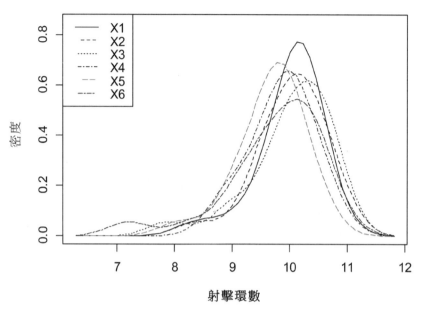

圖 2-16　6 名運動員射擊成績的核密度曲線

用**lattice**包繪製核密度曲線

```
> load("C:/example/ch2/example2_3_1.RData")
> library(lattice)
> par(cex=0.7,mai=c(0.6,0.6,0.1,0.1))
> densityplot(~射擊環數|運動員,data=example2_3_1,col="blue",cex=0.5)
```

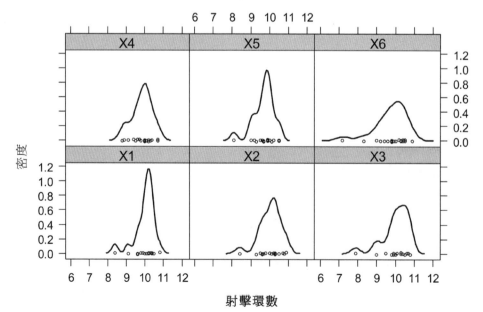

圖 2-17　6 名運動員射擊成績的核密度曲線

注：
1. 核密度曲線函數sm.density.compare(x,group,h,model="none",...)中，x為資料向量；group為組的標籤向量。更多資訊查看幫助：??sm.density.compare。
2. densityplot函數中參數的設定，請查看幫助：??densityplot。

　　圖2-16和圖2-17（圖中的「。」為擾動點）中的每條曲線，是對每名運動員射擊成績實際分配的估計。可以看出，6名運動員的射擊成績均呈現左偏分配。這是因為射擊環數的中心點是10.99。環數的上限已被限定，而下限（0環）則遠離中心點。因此，下限值出現遠離中心點的環數的可能性大於上限值。此外，從6名運動員射擊成績的分配看，除了基斯・桑德森外，其他運動員射擊成績的分配中心均很接近最高環數（10.99）。

2. 展示變數間關係的圖形

　　當有多個數值變數時，可以使用**散布圖**（scatter diagram）來觀察各變數間的關係。它是用二維座標中兩個變數各數值點的分配，來展示兩個變數間的關係。設座標橫軸代表變數x，縱軸代表變數y（兩個變數的座標軸可以互換），每對資料(x_i, y_i)在座標系中用一個點表示，n對資料點在座標系中形成的圖稱為散布圖。利用散布圖可以觀察兩個變數間是否有關係，是什麼樣的關係，關係強度如何等。

例 2-4　　（資料：example2_4.RData）

　　表2-4是隨機抽取的20家醫藥企業，銷售收入、銷售網站數、銷售人員數以及廣告費用的資料。繪散布圖，觀察這些變數間的關係。

表 2-4　20 家醫藥企業銷售收入等資料

銷售收入	銷售網站數	銷售人員	廣告費用
4373	186	552	651
281	15	226	42
473	23	237	65
1909	87	405	276
321	19	239	49
2145	104	398	313
341	18	245	53
550	26	253	76
5561	256	655	817
410	20	262	64
649	31	271	90
526	20	285	84
1072	49	329	153
950	38	340	155
1086	44	353	178
1642	75	384	237
1913	88	411	315
2858	144	456	471
3308	141	478	571
5021	230	618	747

解：如果想觀察四個變數兩兩之間的關係，可以分別繪製散布圖。比如要繪製銷售收入與銷售人員數的散布圖，R程式和結果如文字框2-17所示。

文字框 2-17　繪製散布圖

```
# 帶格線的普通散布圖和帶有擬合直線的散布圖
> par(mfcol=c(1,2),mai=c(0.7,0.7,0.4,0.1),cex=0.8,cex.main=0.8)
> plot(廣告費用,銷售收入,main="(a)普通帶格線",type="n")
> grid()
> points(廣告費用,銷售收入,main="(a)普通帶格線")
> rug(廣告費用,side=1,col=4);rug(銷售收入,side=2,col=4)
> plot(廣告費用,銷售收入,main="(b)帶有擬合直線")
> abline(lm(銷售收入~廣告費用,data=example2_4))
> rug(廣告費用,side=1,col=4);rug(銷售收入,side=2,col=4)
```

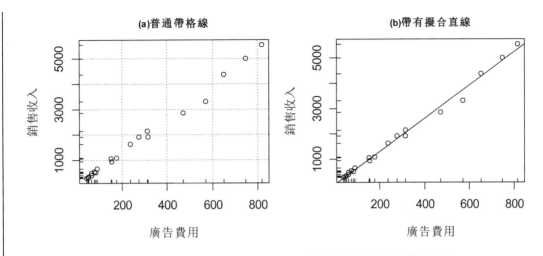

圖 2-18　帶格線的普通散布圖和帶有擬合直線的散布圖

注：
1. attach(x)用於綁定資料x。綁定資料x後，在多次引用資料中的變數時，可直接寫變數名，而不用與資料關聯。比如本例的plot(廣告費用,銷售收入)不用寫成plot(example2_4$)廣告費用, example2_4($銷售收入)。解除綁定使用detach(x)即可。
2. 繪圖函數plot(x, y, ...)可用於繪製散布圖、曲線圖等多種圖形。其中x和y表示圖形橫座標和縱座標構成的物件；預設type="p"，繪製出點，type="n"表示只繪製圖框不繪製資料。更多資訊查看幫助：?plot。
3. 函數grid()為圖形增加格線。函數points(x,y,typ ="p",...)繪製出x和y的點。
4. 函數lm()是對資料進行線性迴歸，然後利用abline()函數加上擬合直線。有關擬合直線的內容，請參見第9章。

　　從圖2-18可以看出，銷售收入與廣告費用之間具有明顯的線性關係，隨著廣告費用的增加，銷售收入也隨之增加。

　　如果在觀察兩個變數間關係的同時，還想對每個變數的分配狀況進行描述，可以在散布圖上增加兩個變數的盒鬚圖。R程式和結果，如文字框2-18所示。

文字框 2-18　繪製帶有兩個變數盒鬚圖的散布圖

帶有兩個變數盒鬚圖和擬合直線的散布圖

```
> par(fig=c(0,0.8,0,0.8),mai=c(0.9,0.9,0.1,0.1))
>  plot(廣告費用,銷售收入,xlab="廣告費用",ylab="銷售收入", cex.lab
=0.7,cex.axis=0.7)
> abline(lm(銷售收入~廣告費用,data=example2_4),col="blue")
> par(fig=c(0,0.8,0.5,1),new=TRUE)
> boxplot(廣告費用,horizontal=TRUE,axes=FALSE)
> par(fig=c(0.52,1,0,0.9),new=TRUE)
> boxplot(銷售收入,axes=FALSE)
```

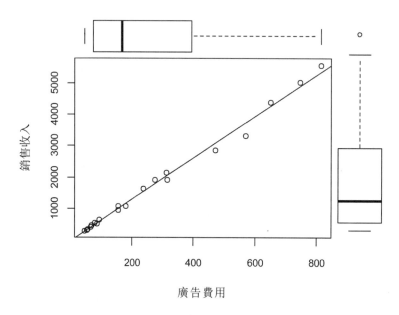

圖 2-19　帶有盒鬚圖和擬合直線的散布圖

注：

參數fig=()用於控制每個圖的位置。設定參數new=TRUE，fig預設新建一幅圖增加到一幅現有的圖形上。更多資訊查看幫助：?par。

從圖2-19中的兩個盒鬚圖可以看出，銷售收入和廣告費用均為右偏分配。

如果想同時比較一個變數與其他幾個變數之間的關係，也可以將它們的散布圖繪製在同一張圖裡，繪製成**重疊散布圖**（overlay scatter）。繪製重疊散布圖時，變數值之間的數值差異不能過大，否則不便於比較。比如，如果想比較銷售收入與銷售網站數、銷售人員及廣告費用之間的關係，可以把銷售收入作為Y軸，把銷售網站數、銷售人員和廣告費用作為一個共同的X軸，繪製成重疊散布圖。R程式和結果，如文字框2-19所示。

文字框 2-19　繪製重疊散布圖

```
# 重疊散布圖
> plot(廣告費用,銷售收入,xlab="",ylab="銷售收入")
> abline(lm(銷售收入~廣告費用,data=example2_4))
> points(銷售網站數,銷售收入,pch=2,col="blue")
> abline(lm(銷售收入~銷售網站數,data=example2_4),col="blue")
> points(銷售人員,銷售收入,pch=3,col="red")
> abline(lm(銷售收入~銷售人員,data=example2_4),col="red")
> legend("bottomright",legend=c("廣告費用","銷售網站數","銷售人員"),pch
=1:3,col=c("black","blue","red"))
```

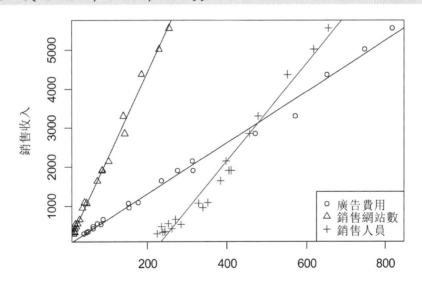

圖 2-20　銷售收入為 y 軸，銷售網站數、銷售人員和廣告費用為 x 軸的重疊散布圖

對於3個變數間的關係，除了繪製重疊散布圖外，還可以繪製三維散布圖。R程式和結果，如文字框2-20所示。

文字框 2-20　繪製帶有二元迴歸平面的三維散布圖

```
# 帶有二元迴歸平面的三維散布圖
> load("C:/example/ch2/example2_4.RData")
> library(scatterplot3d)
> attach(example2_4)
>  s3d<-scatterplot3d(銷售人員,銷售網站數,銷售收入,pch=16,highlight.3d=
TRUE,type="h", cex.lab=0.7)
> fit<-lm(銷售收入~銷售人員+銷售網站數)
> s3d$plane3d(fit,col="blue")
```

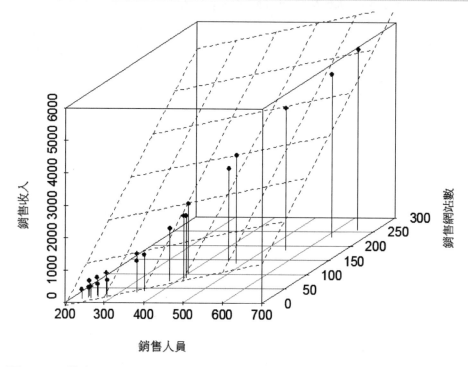

圖 2-21　帶有迴歸平面的銷售收入、銷售網站數、銷售人員的三維散布圖

注：
fit<-lm(example2_4$銷售收入~example2_4$銷售人員+example2_4$銷售網站數，為
三維散布圖增加了二元迴歸平面。有關二元迴歸的內容，請參見第10章。

　　如果要同時比較多個變數兩兩之間的關係，可以繪製**矩陣散布圖**（matrix
scatter）。R程式和結果，如文字框2-21所示。

文字框 2-21　繪製矩陣散布圖

```
# 普通矩陣散布圖
> load("C:/example/ch2/example2_4.RData")
> plot(example2_4,cex=0.6 ,gap=0.5)
```

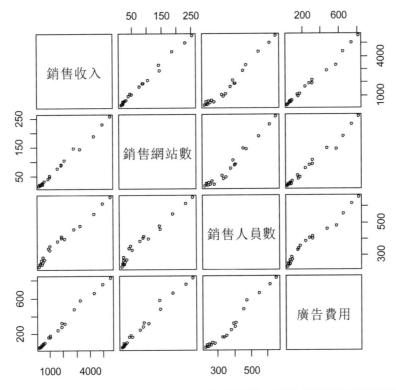

圖 2-22 銷售收入、銷售網站數、銷售人員數、廣告費用的矩陣散布圖

```
# 帶有擬合直線、最佳擬合曲線和直方圖的矩陣散布圖
> library(car)
> attach(example2_4)
> scatterplotMatrix(~銷售收入+銷售網站數+銷售人員數+廣告費用,
diagonal="histogram",gap=0.5)
```

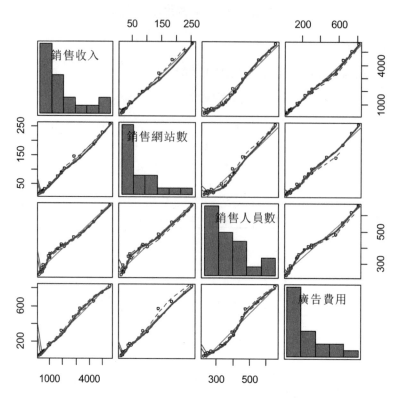

圖 2-23　帶有擬合直線、最佳擬合曲線和直方圖的矩陣散布圖

注：
參數diagonal="histogram"表示矩陣對角線上繪製直方圖；參數gap用於調整各圖之間的間距。

從圖2-22可看出銷售收入、銷售網站數、銷售人員數、廣告費用兩兩之間，都有較強的線性關係。圖2-23還顯示了四個變數的直方圖，以及兩個變數的擬合直線和最佳擬合曲線。從各直方圖可以看出，四個變數均有一定的右偏分配。

對於三個變數之間的關係，除了可以繪製三維散布圖外，也可以繪製**氣泡圖**（bubble plot）。其中，第三個變數數值的大小用圓的大小表示。氣泡圖可以看作是散布圖的一個變種。文字框2-22是模擬資料的氣泡圖，其中x和y是來自標準常態分配的兩個隨機變數，氣泡的大小由第三個變數z的數值決定。

文字框 2-22　繪製模擬的氣泡圖

```
# 隨機模擬的氣泡圖
> n<-30;x<-rnorm(n);y<-rnorm(n);z<-abs(rnorm(n))+5:1
> plot(x,y,cex=z,col="pink",pch=19)
> points(x,y,cex=z,lwd=1.5)
```

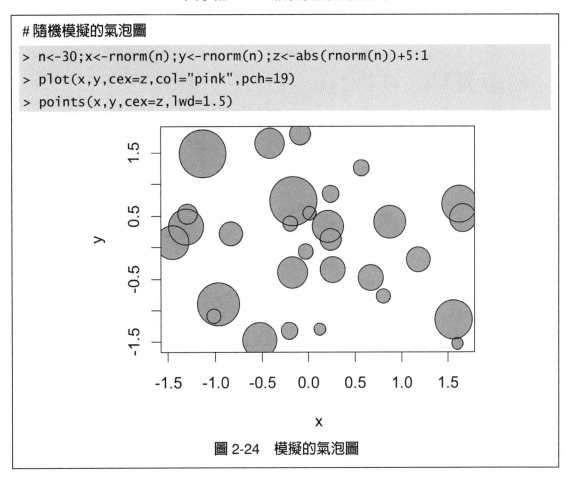

圖 2-24　模擬的氣泡圖

　　以銷售收入、廣告費用、銷售網站數三個變數為例繪製氣泡圖，R程式和結果如文字框2-23所示。

文字框 2-23　繪製氣泡圖

```
# 【例2-4】的氣泡圖
> load("C:/example/ch2/example2_4.RData")
> attach(example2_4)
> r<-sqrt(銷售收入/pi)
> symbols(廣告費用,銷售網站數, circle=r,inches=0.3,fg="white",bg="
lightblue", ylab="銷售網站數",xlab="廣告費用")
> text(廣告費用,銷售網站數,rownames(example2_4),cex=0.6)
```

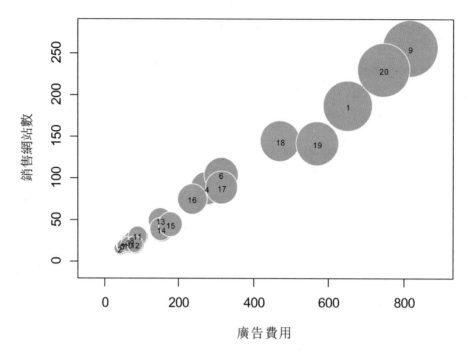

圖 2-25　銷售收入、廣告費用、銷售網站數的氣泡圖

注：
1. 函數symbols(x,y= NULL,circles,inches=TRUE, ...)中的x和y，為x軸和y軸變數；circle=第3個變數表示的圓的半徑向量；inches=半徑英寸；fg=圓的顏色，bg=圓的填充顏色。更多資訊查看幫助：?symbols。
2. text為氣泡增加樣本標籤或編號。

圖2-25圓中的數字是樣本編號，銷售收入越多，圓就越大。可以看出，隨著廣告費用和銷售網站數的增加，銷售收入也隨之增加。

3　比較多個樣本相似性的圖形

假定一個集團公司在三個地區有銷售分公司，每個公司都有銷售人員數、銷售額、銷售利潤、所在地區的人口數、當地的人均收入等資料。如果想知道三家分公司在上述幾個變數上的差異或相似程度，該用什麼圖形進行展示呢？這裡涉及三個樣本的五個變數，顯然無法用二維座標進行圖示了。利用剖面圖、雷達圖和星圖等則可以做到這一點，它們都是展示多變數的圖形。

（1）剖面圖

剖面圖（outline chart）也稱為平行座標圖或多線圖，它是用橫軸表示各樣本，縱軸表示每個樣本的多個變數的數值，將同一樣本在不同變數上的數值用折線連接，即為剖面圖。觀察剖面圖中各折線的形狀及其排列方式，可以比較各樣本在多個變數上數值的相似性。

例 2-5 （資料：example2_5.RData）

表2-5是2010年按收入等級分的中國城鎮居民家庭平均每人全年消費性支出資料。繪製剖面圖，比較不同收入等級的家庭消費支出的特點和相似性。

表 2-5　2010 年按收入等級分的中國城鎮居民家庭平均每人全年消費性支出（單位：元）

支出項目	最低收入戶（10%）	低收入戶（10%）	中等偏下戶（20%）	中等收入戶（20%）	中等偏上戶（20%）	高收入戶（10%）	最高收入戶（10%）
食品	2525.32	3246.69	3946	4773.83	5710.14	6756	8535.21
衣著	513.56	804.73	1076.03	1408.1	1786.57	2226.7	3148.85
居住	656.28	775.1	1009.97	1260.28	1504.21	1999.99	3014.65
家庭設備用品及服務	288.55	427.16	600.94	833.59	1110.95	1500.24	2380.63
醫療保健	405.29	478.3	637.75	864.67	1060.13	1313.6	1842.83
交通和通信	448.25	669.08	1051.75	1620.62	2357.96	3630.63	6770.31
教育文化娛樂服務	502.61	746.67	1037.97	1421.25	2001.47	2739.7	4515.23
其他商品和服務	131.98	212.45	288.8	427.09	608.93	833.53	1553.92

資料來源：中國國家統計局網站，www.stats.gov.cn。

解：繪製剖面圖的R程式和結果，如文字框2-24所示。

文字框 2-24　繪製剖面圖

```
# 剖面圖（編寫函數如下）
> load("C:/example/ch2/example2_5.RData")
> outplot<-function(data){
+ nc=ncol(data)
```

```
+ nr=nrow(data)
+ plot(x=1:nc,ylim=c(min(data),max(data)),xaxt="n",type="n",ylab="
值",
+ cex.axis=0.6)
+ for(i in 1:nr){
+ lines(as.numeric(data[i,]),col=i,lwd=2,type='o')
+ }
+ legend(x="top",legend=rownames(data),col=1:nr,lwd=2,text.
width=1,cex=0.6)
+ axis(side=1,at=1:nc,labels=names(data),cex.axis=0.6)
+ }
+ outplot(example2_5)
```

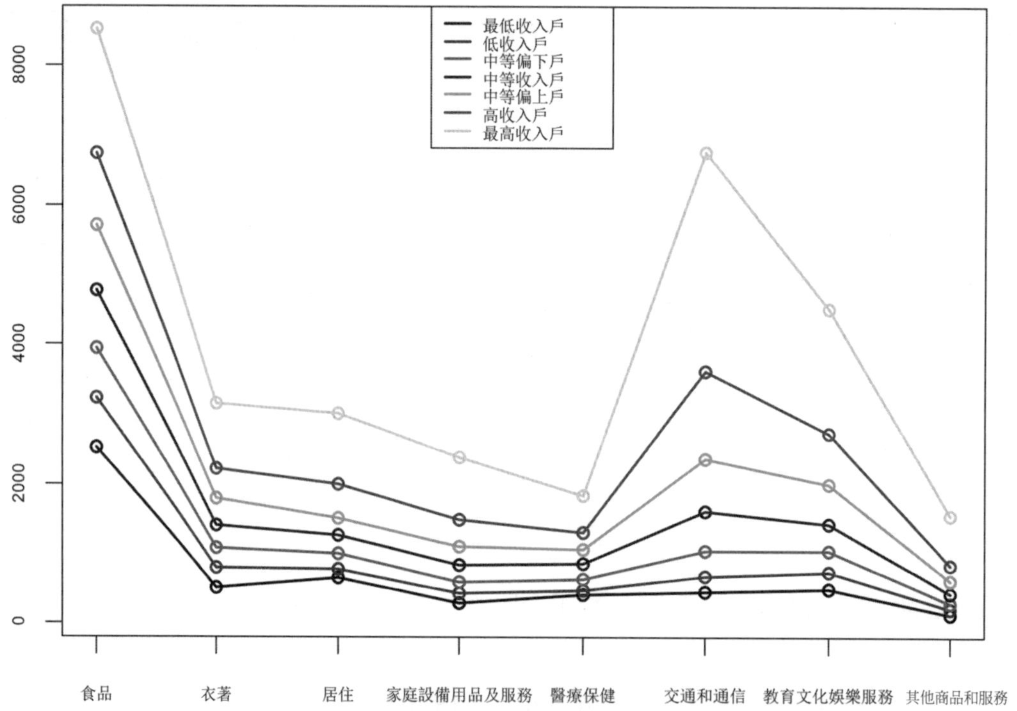

圖 2-26　按收入等級繪製的城鎮居民家庭平均每人全年消費性支出的剖面圖

　　從圖2-26可以得到以下幾點結論：從各項支出金額看，各收入階層的家庭平均每人消費性支出中，食品支出都是最多的，其他支出則是最少的；相對高收入階層的家庭平均每人各項消費性支出，普遍高於相對低收入階層的家庭平均每人各項消費性支出，尤其是收入最高的10%家庭各項支出金額明顯偏高，而其他階層之間的各項支出則相差不大；由於圖中的各條折線基本上平行，而且彎曲的形狀也極為相近，說明各收入階層的家庭平均每人消費性支出的結構具有很大的相似性。

（2）雷達圖

雷達圖（radar chart）是從一個點出發，每一個變數用一條射線代表，P個變數形成P條射線，每個樣本在P個變數上的數值連接成線，即圍成一個區域，多個樣本圍成多個區域，就是雷達圖。由於雷達圖的形狀與蜘蛛網很相似，因此也稱為**蜘蛛圖**（spider chart）。利用雷達圖也可以研究多個樣本之間的相似程度。

例 2-6 （資料：example2_5.RData）

沿用例2-5。繪製雷達圖，比較不同收入等級的家庭消費支出的特點和相似性。

解：繪製雷達圖的R程式和結果，如文字框2-25所示。

文字框 2-25　繪製雷達圖

```
# 雷達圖
> load("C:/example/ch2/example2_5.RData")
> library(fmsb)
> radarchart(example2_5,axistype=0,seg=4,maxmin=FALSE,vlabels=names
(example2_5),plwd=2)
> legend(x="topleft",legend=rownames(example2_5),col=1:7,lwd=2,
text.width=0.5,cex=0.6)
```

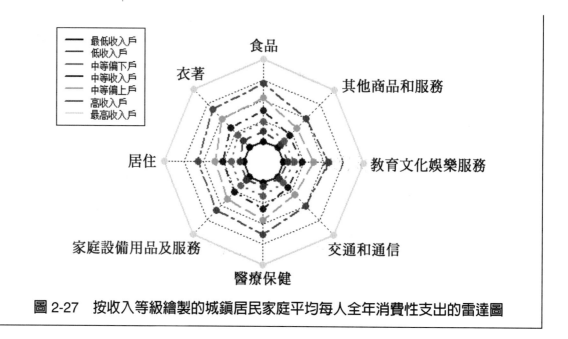

圖 2-27　按收入等級繪製的城鎮居民家庭平均每人全年消費性支出的雷達圖

　　繪製雷達圖時，如果各變數的數值差異較大，使用最大數值確定射線上的刻度，就會使折線圍成的形狀難以比較。如果每一條射線用其變數的自身數值確定各自的刻度，此時，刻度雖然不能比較，但折線圍成的形狀則可以反映各樣本數值上的差異和相似性。圖2-27中的每一條射線代表一個消費專案，射線上的刻度是根據各消費專案的數值單獨確定的。從圖2-27可以看出，各消費項目的折線基本上沒有交叉，而且其形狀也很相近，說明相對高收入階層的家庭平均每人各項消費性支出，普遍高於相對低收入階層的家庭平均每人各項消費性支出，尤其是收入最高的10%家庭各項支出金額明顯偏高，但它們的消費結構卻十分相似。

（3）星圖

　　星圖（star plot）有時也被稱為雷達圖。用P個變數將圓P等分，並將P個半徑與圓心連線。將一個樣本的P個變數的數值連接成一個P邊形，n個樣本形成n個P邊形，即為星圖。利用星圖可根據n個P邊形比較n個樣本的相似性。繪製星圖時，各樣本在不同變數上的數值差異不應過大，否則星圖不便於比較。

例 2-7　（資料：example2_5.RData）

　　沿用例2-5。繪製星圖，比較不同收入等級的家庭消費支出的特點和相似性。

　　解：繪製星圖的R程式和結果，如文字框2-26所示。

文字框 2-26　繪製星圖

```
# 不同收入等級的星圖
> load("C:/example/ch2/example2_5.RData")
> stars(example2_5,key.loc=c(6,2.2,5),cex=0.6)
```

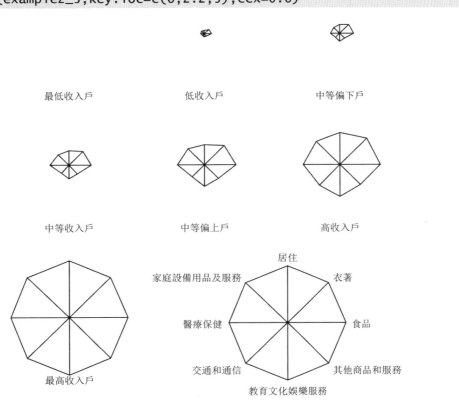

圖 2-28　按收入等級繪製的城鎮居民家庭平均每人全年消費性支出的星圖

```
# 不同消費專案的星圖
> stars(t(example2_5),full=FALSE,draw.segments=TRUE,key.
loc=c(6,2.2,5),cex=0.6)
```

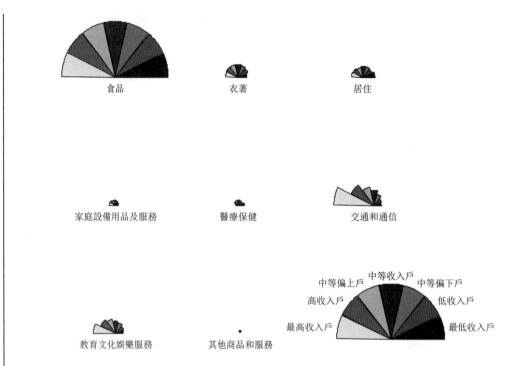

圖 2-29　按消費項目繪製的城鎮居民家庭平均每人全年消費性支出的星圖

注：

星圖函數stars(x,ful =TRUE,key.loc=NULL,draw.segments=FALS,...)中的參數x為矩陣；full=FALSE指定繪製上半圓，預設為full=TRUE；key.loc=c(7,2,5)中的數值用於指定標準星圖的位置；draw.segments=TRUE指定繪製出弧形。R可繪製不同式樣的星圖，其他參數查看幫助：?stars。

　　圖2-28是按收入等級分別繪製的星圖。右下角的圖是標準星圖，顯示不同的座標所代表的消費類別。由於最低收入戶的數值相對於最高收入戶差異太大，星圖僅為一個點，無法觀察形狀。從各星圖的大小可以看出，相對高收入階層的家庭平均每人各項消費性支出，普遍高於相對低收入階層的家庭，尤其是收入最高的10%家庭各項支出金額明顯偏高。從各個星圖的形狀看十分相似，各收入階層中，食品支出最多，其次是衣著和醫療保健，而其他各項支出相對較少且差異不大，反映出各收入階層的消費結構相似。

圖2-29是按消費項目分別繪製的星圖。右下角的圖是標準星圖，顯示不同顏色的扇形所代表的收入等級。由於其他商品和服務的數值相對於食品支出差異太大，星圖僅為一個點，無法觀察形狀。從各星圖的大小可以看出，食品支出明顯高於其他各項支出。在交通和通信及教育文化娛樂服務兩項支出中，高收入階層明顯高於其他收入階層。

(4) 臉譜圖

臉譜圖（faces chart）由美國統計學家Chernoff（1973）首先提出，也稱為Chernoff臉譜（Chernoff faces）。臉譜圖將P個變數（P個維度的資料）用人臉部位的形狀或大小來表徵。透過對臉譜的分析，可以根據P個變數對樣本進行歸類或比較研究。

按照Chernoff提出的畫法，臉譜圖由15個變數決定臉部特徵，若實際變數更多將被忽略，若實際變數較少，則某個變數可能同時描述臉部的幾個特徵。按照各變數的數值，根據一定的數學函數關係來確定臉的輪廓及五官的部位、形狀及大小等，每一個樣本用一張臉譜來表示。臉譜圖有不同的畫法，而對於同一種臉譜圖的畫法，若變數次序重新排列，得到的臉譜圖形狀也會有很大不同。15個變數代表的面部特徵，如表2-6所示。

表 2-6　15 個變數代表的面部特徵

變數	面部特徵	變數	面部特徵	變數	面部特徵
1	臉的高度（height of face）	6	笑容曲線（curve of smile）	11	髮型（styling of hair）
2	臉的寬度（width of face）	7	眼睛高度（height of eyes）	12	鼻子高度（height of nose）
3	臉的形狀（shape of face）	8	眼睛寬度（width of eyes）	13	鼻子寬度（width of nose）
4	嘴的高度（height of mouth）	9	頭髮高度（height of hair）	14	耳朵寬度（width of ears）
5	嘴的寬度（width of mouth）	10	頭髮寬度（width of hair）	15	耳朵高度（height of ears）

繪製臉譜圖的R程式套件有aplpack 、DescTools 、TeachingDemos等，其中aplpack程式套件可繪製彩色臉譜圖。考慮到印刷效果，這裡繪製黑白線條臉譜圖。

例 2-8　（數據：example2_5.RData）

　　沿用例2-5。繪製臉譜圖，比較不同收入等級和不同消費項目消費支出的特點和相似性。

　　解：繪製臉譜圖的R程式和結果，如文字框2-27所示。

文字框 2-27　繪製臉譜圖

不同收入等級的臉譜圖

```
> load("C:/example/ch2/example2_5.RData")
> library(aplpack)
> faces(example2_5[1:8],face.type=0)
```

不同收入等級的臉譜圖

最低收入戶　低收入戶　中等偏下戶

中等收入戶　中等偏上戶　高收入戶

最高收入戶

effect of variables:

modified item	Var
height of face	食品
width of face	衣著
structure of face	居住
height of mouth	家庭設備用品及服務
width of mouth	醫療保健
smiling	交通和通信
height of eyes	教育文化娛樂服務
width of eyes	其他商品和服務
height of hair	食品
width of hair	衣著
style of hair	居住
height of nose	家庭設備用品及服務
width of nose	醫療保健
width of ear	交通和通信
height of ear	教育文化娛樂服務

圖 2-30　按收入等級繪製的臉譜圖

不同收入項目的臉譜圖

```
> faces(t(example2_5[1:8]),face.type=0)
```

不同消費項目的臉譜圖

食品	衣著	居住

家庭設備用品及服務	醫療保健	交通和通信

教育文化娛樂服務	其他商品和服務

effect of variables:

modified item	Var
height of face	最低收入戶
width of face	低收入戶
structure of face	中等偏下戶
height of mouth	中等收入戶
width of mouth	中等偏上戶
smiling	高收入戶
height of eyes	最高收入戶
width of eyes	最低收入戶
height of hair	低收入戶
width of hair	中等偏下戶
style of hair	中等收入戶
height of nose	中等偏上戶
width of nose	高收入戶
width of ear	最高收入戶
height of ear	最低收入戶

圖 2-31　按支出項目繪製的臉譜圖

注：
臉譜圖函數faces(xy,face.type=1,...)中的參數xy為資料矩陣，繪製臉譜圖時按矩陣的列變數繪製臉譜，要對矩陣的行變數繪製臉譜圖，將矩陣轉置即可；選擇參數face.type=1和face.type=2可繪製不同形態的彩色臉譜圖。其他參數設置查閱幫助：??ChernoffFaces。

　　圖2-30是按收入等級繪製的臉譜圖，圖的右側列出了各項支出代表的面部特徵。從面部特徵可以清楚看出不同收入等級的群體內部各項支出十分相似，而不同收入等級的群體之間有明顯差異。以嘴部和鼻子特徵為例，最低收入戶、低收入戶和中等偏下戶十分相似，表明它們在家庭設備用品及服務、醫療保健的支出方面具有很大的相似性。最高收入戶的面部特徵與其他群體有顯著不同，嘴部面帶笑容、大耳朵和大眼睛等特徵，表明它們在家庭設備用品及服務、醫療保健、教育文化娛樂服務、交通和通信等支出方面明顯高於其他群體。圖2-31是按消費項目繪製的臉譜圖，圖的右側列出了各收入群體代表的面部特徵。從面部各特徵可以看出，食品支出明顯高於其他各項，而其他支出項目的臉譜很相似。更詳細的觀察和分析由讀者來完成。

2-3 使用圖表的注意事項

圖表是展示資料的有效方式。在日常生活中，閱讀報刊、雜誌，或者在看電視、查閱網路時，都能看到大量的統計圖表。統計表把雜亂的資料有條理地組織在一張表格內，統計圖把資料具體地展示出來。顯然，看統計圖表要比看那些枯燥的數字更有趣，也更容易理解。合理使用統計圖表是做好統計分析的基本技能。

使用圖表的目的是讓別人更容易看懂和理解資料。一張精心設計的圖表，可以有效地把資料呈現出來。使用統計軟體很容易繪製出漂亮的圖。但需要注意的是，初學者往往會在圖形的修飾上花費太多的時間和精力，而不注意對資料的表達。這樣做得不償失，也未必合理，或許會畫蛇添足。

精心設計的圖表，可以準確表達資料所要傳遞的訊息。設計圖表時，應盡可能簡潔，以能夠清晰顯示資料、合理表達分析目的為依據。在繪製圖形時，應避免一切不必要的修飾。過於花俏的修飾往往會令人注重圖形本身，而掩蓋了圖形所要表達的訊息。

圖形的比例大致為4:3的一個矩形，過長或過高的圖形都有可能歪曲資料，給人留下錯誤的印象。此外，圖表應有編號和標題。編號一般使用阿拉伯數字，如表1、表2等。圖表的標題應明示出表中資料所屬的時間（when）、地點（where）和內容（what），即通常所說的3W準則。表的標題通常放在表的上方；圖的標題可放在圖的上方，也可放在圖的下方。

本章圖解

資料類型與圖表展示方法

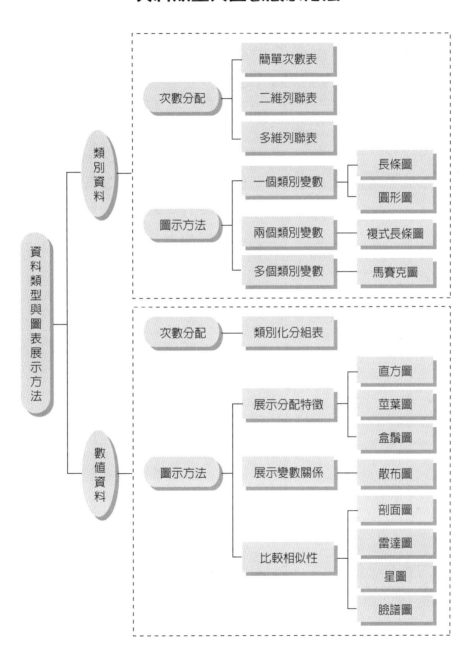

主 要 術 語

- **次數**（frequency）：落在某一特定類別的資料個數。
- **次數分配**（frequency distribution）：變數的數值及其相應的次數形成的分配。
- **列聯表**（contingency table）：也稱交叉表（cross table），由兩個或兩個以上類別變數交叉分類的次數分配表。
- **比例**（proportion）：一個樣本（或母體）中，某個類別的次數占全部次數的比值。
- **比率**（ratio）：一個樣本（或母體）中，不同類別次數之間的比值。

思考與練習

一、思考題

2.1 長條圖和圓形圖各有什麼用途？

2.2 反映數值型資料分配特徵的圖形有哪些？

2.3 長條圖與直方圖有何區別？

2.4 莖葉圖與直方圖相比有什麼優點？它們的應用場合是什麼？

2.5 盒鬚圖和小提琴圖的主要用途是什麼？

2.6 比較多樣本相似性的圖形有哪些？

2.7 使用圖表應注意哪些問題？

二、練習題

2.1 為瞭解消費者對不同行業的滿意度，隨機調查120個消費者，得到的有關資料如下：

行業	性別	滿意度	行業	性別	滿意度	行業	性別	滿意度
金融業	女	滿意	旅遊業	男	不滿意	航空業	女	不滿意
航空業	女	滿意	旅遊業	男	滿意	金融業	女	滿意
電信業	男	不滿意	金融業	女	不滿意	旅遊業	女	不滿意
金融業	女	滿意	旅遊業	男	不滿意	電信業	男	不滿意
航空業	男	不滿意	電信業	女	不滿意	電信業	男	滿意
電信業	女	滿意	旅遊業	女	不滿意	金融業	女	滿意
金融業	女	不滿意	電信業	男	不滿意	旅遊業	女	不滿意
金融業	男	滿意	旅遊業	女	滿意	電信業	女	不滿意
旅遊業	女	不滿意	旅遊業	男	不滿意	旅遊業	男	滿意
金融業	男	不滿意	旅遊業	男	滿意	金融業	男	不滿意
電信業	男	滿意	電信業	男	不滿意	電信業	女	不滿意
航空業	男	滿意	旅遊業	女	不滿意	旅遊業	女	不滿意
航空業	男	不滿意	金融業	女	滿意	金融業	男	滿意
金融業	男	滿意	旅遊業	男	不滿意	旅遊業	男	不滿意
航空業	女	滿意	旅遊業	女	不滿意	電信業	女	不滿意
旅遊業	女	不滿意	金融業	女	滿意	電信業	女	滿意
航空業	男	滿意	旅遊業	女	滿意	旅遊業	男	不滿意
金融業	女	滿意	電信業	女	不滿意	旅遊業	男	不滿意
旅遊業	女	不滿意	金融業	男	滿意	金融業	女	不滿意

行業	性別	滿意度	行業	性別	滿意度	行業	性別	滿意度
電信業	女	不滿意	旅遊業	女	不滿意	電信業	女	滿意
電信業	女	不滿意	電信業	男	不滿意	電信業	男	不滿意
旅遊業	男	滿意	旅遊業	女	滿意	旅遊業	男	不滿意
電信業	男	不滿意	電信業	女	不滿意	航空業	男	滿意
旅遊業	男	不滿意	航空業	女	不滿意	電信業	男	不滿意
電信業	男	不滿意	旅遊業	男	不滿意	旅遊業	女	不滿意
金融業	男	不滿意	旅遊業	女	滿意	電信業	男	滿意
金融業	男	滿意	電信業	女	不滿意	金融業	男	滿意
航空業	女	不滿意	旅遊業	男	滿意	電信業	女	不滿意
旅遊業	女	不滿意	航空業	女	不滿意	航空業	男	不滿意
電信業	男	滿意	電信業	女	不滿意	電信業	女	滿意
航空業	男	不滿意	旅遊業	女	不滿意	旅遊業	女	不滿意
電信業	女	不滿意	電信業	女	滿意	金融業	男	不滿意
航空業	女	不滿意	電信業	男	不滿意	電信業	女	滿意
金融業	男	滿意	航空業	女	滿意	電信業	女	滿意
航空業	男	不滿意	航空業	男	不滿意	金融業	男	不滿意
電信業	女	不滿意	金融業	女	不滿意	旅遊業	女	不滿意
航空業	女	滿意	電信業	男	滿意	旅遊業	男	滿意
電信業	男	不滿意	電信業	男	滿意	金融業	男	不滿意
金融業	男	不滿意	航空業	男	不滿意	電信業	女	不滿意
旅遊業	女	不滿意	金融業	女	滿意	旅遊業	男	不滿意

　　製作簡單次數分配表、二維列聯表和三維列聯表，並繪製長條圖、複式長條圖和馬賽克圖進行分析。

2.2　為評價家電行業售後服務的品質，隨機抽取由100個家庭構成的一個樣本。服務品質的等級分別表示為：A.很好；B.較好；C.一般；D.較差；E.很差。調查結果如下：

B	E	C	C	A	D	C	B	A	E
D	A	C	B	C	D	E	C	E	E
A	D	B	C	C	A	E	D	C	B
B	A	C	D	E	A	B	D	D	C
C	B	C	E	D	B	C	C	B	C
D	A	C	B	C	D	E	C	E	B
B	E	C	C	A	D	C	B	A	E
B	A	C	D	E	A	B	D	D	C
A	D	B	C	C	A	E	D	C	B
C	B	C	E	D	B	C	C	B	C

(1)製作次數分配表。

(2)繪製長條圖，反映評價等級的分配。

(3)繪製圓形圖，反映評價等級的構成。

2.3 為分析燈泡的使用壽命（單位：小時），在一批燈泡中隨機抽取100個進行測試，得到資料如下：

700	716	728	719	685	709	691	684	705	718
706	715	712	722	691	708	690	692	707	701
708	729	694	681	695	685	706	661	735	665
668	710	693	697	674	658	698	666	696	698
706	692	691	747	699	682	698	700	710	722
694	690	736	689	696	651	673	749	708	727
688	689	683	685	702	741	698	713	676	702
701	671	718	707	683	717	733	712	683	692
693	697	664	681	721	720	677	679	695	691
713	699	725	726	704	729	703	696	717	688

(1)將資料分為10組製作次數分配表。

(2)繪製直方圖說明資料分配的特點。

(3)製作莖葉圖，並與直方圖作比較。

2.4 下表是中國31個地區，2011年的地區生產總值（按收入法計算）、固定資產投資和最終消費支出資料（單位：億元）。

地區	地區生產總值	固定資產投資	最終消費支出	地區	地區生產總值	固定資產投資	最終消費支出
北京	16251.9	5578.9	9488.2	湖北	19632.3	12557.3	8931.5
天津	11307.3	7067.7	4286.3	湖南	19669.6	11880.9	9088.7
河北	24515.8	16389.3	9633.8	廣東	53210.3	17069.2	26074.8
山西	11237.6	7073.1	4868.1	廣西	11720.9	7990.7	5601.6
內蒙古	14359.9	10365.2	5526.6	海南	2522.7	1657.2	1180.0
遼寧	22226.7	17726.3	8867.2	重慶	10011.4	7473.4	4641.6
吉林	10568.8	7441.7	4423.7	四川	21026.7	14222.2	10424.4
黑龍江	12582.0	7475.4	6586.7	貴州	5701.8	4235.9	3438.7
上海	19195.7	4962.1	10821.2	雲南	8893.1	6191.0	5273.6
江蘇	49110.3	26692.6	20649.3	西藏	605.8	516.3	373.4
浙江	32318.9	14185.3	15042.0	陝西	12512.3	9431.1	5573.3
安徽	15300.7	12455.7	7604.3	甘肅	5020.4	3965.8	2967.0
福建	17560.2	9910.9	7300.5	青海	1670.4	1435.6	859.8
江西	11702.8	9087.6	5593.9	寧夏	2102.2	1644.7	1020.2

地區	地區生產總值	固定資產投資	最終消費支出	地區	地區生產總值	固定資產投資	最終消費支出
山東	45361.9	26749.7	18095.4	新疆	6610.1	4632.1	3518.8
河南	26931.0	17769.0	11783.1				

(1)繪製散布圖和氣泡圖，分析各變數之間的關係。

(2)繪製星圖，分析31個地區在地區生產總值、固定資產投資和最終消費支出上的相似性。

2.5　下面是中國10個城市，2006年各月分的氣溫（單位：℃）資料：

月分	北京	瀋陽	上海	南昌	鄭州	武漢	廣州	海口	重慶	昆明
1月	-1.9	-12.7	5.7	6.6	0.3	4.2	15.8	18.5	7.8	10.8
2月	-0.9	-8.1	5.6	6.5	3.9	5.8	17.3	20.5	9.0	13.2
3月	8.0	0.5	11.1	12.7	11.5	12.8	17.9	21.8	13.3	15.9
4月	13.5	8.0	16.6	19.3	17.1	19.0	23.6	26.7	19.2	18.0
5月	20.4	18.3	20.8	22.7	21.8	23.9	25.3	28.3	22.9	18.0
6月	25.9	21.6	25.6	26.0	27.8	28.4	27.8	29.4	25.4	20.4
7月	25.9	24.2	29.4	30.0	27.1	30.2	29.8	30.0	31.0	21.3
8月	26.4	24.3	30.2	30.0	26.1	29.7	29.4	28.5	32.4	20.6
9月	21.8	17.5	23.9	24.3	21.2	24.0	27.0	27.4	24.8	18.3
10月	16.1	11.6	22.1	22.1	19.0	21.0	26.4	27.1	20.6	16.9
11月	6.7	0.8	15.7	15.0	10.8	14.0	21.9	25.3	14.6	13.2
12月	-1.0	-6.7	8.2	8.1	3.0	6.8	16.0	20.8	9.4	9.8

(1)按城市分別繪製盒鬚圖和小提琴圖，並比較各城市氣溫分配的特點。

(2)按城市繪製星圖，比較各城市氣溫分配的特點。

第 **3** 章

用統計量描述資料

問　題　與　思　考

怎樣分析學生的考試成績

統計學是經濟管理類各學系開設的一門必修課。從一所大學經濟管理類各學系中隨機抽取50名學生，得到統計學期末考試分數如下：

68	70	55	85	84
75	73	91	78	73
70	92	68	81	60
84	65	73	95	76
73	78	84	70	81
60	87	81	67	88
76	90	70	82	65
81	75	69	72	78
88	66	94	80	87
92	68	76	86	93

如何分析這些資料呢？可以用直方圖、莖葉圖或盒鬚圖等來描述考試成績的分配狀況，比如，分配是否對稱等，進而分析試卷是否合理等。除此之外，還可以用統計量來描述考試成績。這些統計量如何計算，它們的用途是什麼，選擇這些統計量的理由是什麼，本章將陸續介紹這些問題。

利用圖表可以對資料分配的形狀和特徵，有一個大致瞭解。但要進一步瞭解資料分配的數值特徵，就需要用統計量進行描述。一般來說，一組樣本資料分配的數值特徵可以從三個方面進行描述：一是資料的水準（也稱為集中趨勢或位置度量），反映全部資料的數值大小；二是資料的差異，反映各資料間的離散程度；三是分配的形狀，反映資料分配的偏度和峰度。本章主要介紹描述樣本特徵值的統計量的計算方法、特點及其應用場合。

3-1　水準的描述

資料的水準是指其數值的大小。描述資料水準的統計量，主要有平均數、中位數和分位數以及眾數等。

3.1.1　平均數

平均數（mean）是一組資料相加後，除以資料的個數所得到的結果。樣本平均數是度量資料水準的常用統計量，在參數估計和假設檢定中經常用到。

設一組樣本資料為$x_1, x_2, ..., x_n$，樣本量（樣本資料的個數）為n，則樣本平均數用$\bar{x}$（讀作x-bar）表示，計算公式為[1]：

$$\bar{x} = \frac{x_1 + x_2 + \cdots + x_n}{n} = \frac{\sum_{i=1}^{n} x_i}{n} \tag{3.1}$$

為便於理解各統計量的計算方法，舉一個只有幾個資料的簡單例子。實際應用時，無論資料多少，都由軟體直接計算得到。

例 3-1 　（資料：example3_1.RData）

在一個班級中隨機抽取9名學生，得到每名學生的英語考試分數如下（單位：分）：

91　69　75　78　81　96　92　88　86

計算9名學生的平均考試分數。

解：根據式（3.1）有：

$$\bar{x} = \frac{91 + 69 + \cdots + 88 + 86}{9} = 84 \text{（分）}$$

計算平均數的R程式和結果，如文字框3-1所示。

---

[1] 如果有母體的全部資料$x_1, x_2, \cdots, x_N$，母體平均數用μ表示，計算公式為：$\mu = \frac{x_1 + x_2 + \cdots + x_N}{N} = \frac{\sum_{i=1}^{N} x_i}{N}$。實際上，母體平均數往往是不知道的，都是根據樣本平均數來推論的。

文字框 3-1　計算平均數

```
# 計算9名學生考試分數的平均數
> load("C:/example/ch3/example3_1.RData")
> mean(example3_1)
[1] 84
```

3.1.2　中位數和分位數

一組資料依從小到大排序後，可以找出排在某個位置上的數值，用該數值可以代表資料水準的高低。這些位置上的數值就是相應的分位數，其中有中位數、四分位數、十分位數、百分位數等。

1.　中位數

中位數（median）是一組資料排序後處於中間位置上的數值，用M_e表示。中位數將全部資料等分成兩部分，每部分包含50%的資料，一部分資料比中位數大，另一部分比中位數小。中位數是用中間位置上的值代表資料的水準，其特點是不受極端值的影響，在研究收入分配時很有用。

計算中位數時，要先對n個資料進行排序，然後確定中位數的位置，最後確定中位數的具體數值。

設一組資料$x_1, x_2, ..., x_n$依從小到大排序後爲$x_{(1)}, x_{(2)}, ..., x_{(n)}$，則中位數就是$(n+1)/2$位置上的值。計算公式爲：

$$M_e = \begin{cases} x_{\left(\frac{n+1}{2}\right)} & n爲奇數 \\ \dfrac{1}{2}\left\{x_{\left(\frac{n}{2}\right)} + x_{\left(\frac{n}{2}+1\right)}\right\} & n爲偶數 \end{cases} \qquad (3.2)$$

例 3-2　（資料：example3_1.RData）

沿用例3-1，計算9名學生英語考試分數的中位數。

解：先將9名學生的考試分數排序，然後確定中位數的位置。中位數的位置是(9+1)÷2=5，中位數是排序後的第5個數值，即M_e=86分。

假定在例3-1中抽取10名學生，每名學生的考試分數排序後如下（資料：example3_2.RData）：

69 75 78 81 85 86 88 91 92 96

中位數的位置是(10+1)÷2=5.5，中位數為：

$$M_e = \frac{85+86}{2} = 85.5 \text{（分）}$$

計算中位數的R程式和結果，如文字框3-2所示。

文字框 3-2 計算中位數

```
# 計算9名學生考試分數的中位數（資料：example3_1.RData）
> load("C:/example/ch3/example3_1.RData")
> median(example3_1)
[1] 86

# 計算10名學生考試分數的中位數（資料：example3_2.RData）
> load("C:/example/ch3/example3_2.RData")
> example3_2
[1] 69 75 78 81 85 86 88 91 92 96
> median(example3_2)
[1] 85.5
```

2. 四分位數

與中位數類似的還有四分位數（quartile）、十分位數（decile）和百分位數（percentile）等。它們分別是用3個點、9個點和99個點，將資料4等分、10等分和100等分後各分位點上的數值。

四分位數是一組資料排序後，處於25%和75%位置上的數值。它是用3個點將全部資料等分為四部分，其中每部分包含25%的資料。很顯然，中間的四分位數就是中位數，因此通常所說的四分位數是指處在25%位置上和處在75%位置上的兩個數值。

與中位數的計算方法類似，計算四分位數時，首先對資料進行排序，然後確定四分位數所在的位置，該位置上的數值就是四分位數。與中位數不同的是，四分位數位置的確定方法有幾種，每種方法得到的結果可能會有一定差異，但差異不會很大。由於不同軟體使用的計算方法可能不一樣，因此，對同一組資料用不同軟體得到的四分位數結果也可能會有所差異，但不會影響對問題的分析。

設25%位置上的四分位數為$Q_{25\%}$，75%位置上的四分位數為$Q_{75\%}$，四分位數位置的計算公式為：

$$Q_{25\%}\text{位置} = \frac{n+1}{4}\ ;\qquad Q_{75\%}\text{位置} = \frac{3(n+1)}{4} \tag{3.3}$$

如果位置是整數，四分位數就是該位置對應的數值；如果是在整數加0.5的位置上，則取該位置兩側數值的平均數；如果是在整數加0.25或0.75的位置上，則四分位數等於該位置前面的數值加上按比例分攤的位置兩側數值的差值。

例 3-3　　（資料：example3_1.RData）

沿用例3-1，計算9名學生考試分數的四分位數。

解：先對資料進行排序，然後計算出四分位數的位置，再計算出四分位數的數值。

$$Q_{25\%}\text{的位置} = \frac{n+1}{4} = \frac{10}{4} = 2.5$$

即$Q_{25\%}$在第2個數值（75）和第3個數值（78）之間0.5的位置上，因此，$Q_{(25\%)} = (75+78) \div 2 = 76.5$。

$$Q_{75\%}\text{的位置} = \frac{3(n+1)}{4} = \frac{3 \times 10}{4} = 7.5$$

即$Q_{75\%}$在第7個數值（91）和第8個數值（92）之間0.5的位置上，因此，$Q_{75\%} = (91+92) \div 2 = 91.5$。

假定在例3-1中抽取10名學生，每名學生的考試分數排序後為：

69　75　78　81　85　86　88　91　92　96

$$Q_{25\%}\text{的位置} = \frac{n+1}{4} = \frac{10+1}{4} = 2.75$$

即$Q_{25\%}$在第2個數值（75）和第3個數值（78）之間0.75的位置上，因此，$Q_{25\%} = 75 + (78-75) \times 0.75 = 77.25$。

$$Q_{75\%}\text{的位置} = \frac{3(n+1)}{4} = \frac{3 \times (10+1)}{4} = 8.25$$

即$Q_{75\%}$在第8個數值（91）和第9個數值（92）之間0.25的位置上，因此，$Q_{75\%} = 91 + (92-91) \times 0.25 = 91.25$。

四分位數表示至少有25%的資料小於或等於$Q_{25\%}$，至少有25%的資料大於或等於$Q_{75\%}$。顯然，在$Q_{25\%}$和$Q_{75\%}$之間包含了50%的資料。就上面的10名學生而言，可以說大約有一半學生的考試分數在77.25分和91.25分之間。

計算四分位數的R程式和結果，如文字框3-3所示。

文字框 3-3　計算四分位數

```
# 計算9名學生考試分數的四分位數（資料：example3_1.RData）
> load("C:/example/ch3/example3_1.RData")
> quantile(example3_1,probs=c(0.25,0.75),type=6)
 25%   75%
 76.5  91.5


# 計算10名學生考試分數的四分位數（資料：example3_2.RData）
> load("C:/example/ch3/example3_2.RData")
> quantile(example3_2,probs=c(0.25,0.75),type=6)
 25%    75%
 77.25  91.25

注：
函數quantile(x,probs,type, ...)求解資料x的分位數，probs為分位數向量，type
```

為指定求解分位數用的方法，上面程式中指定**type=6**是指對於非整數位置，四分位數等於該位置前面的值加上按比例分攤的位置兩側數值的差值。函數預設的是**type=7**，各種方法的具體形式參考R輔助說明：**?quantile**。

上述有關資料水準的描述統計量，可以利用R的summary函數匯總輸出，R程式和結果，如文字框3-4所示。

文字框 3-4　匯總輸出基本的描述統計量

```
# 用summary函數計算描述統計量（資料：example3_1.RData）
> load("C:/example/ch3/example3_1.RData")
> summary(example3_1)
   Min. 1st Qu.  Median   Mean 3rd Qu.   Max.
     69      78      86     84      91     96
```

注：
1st Qu. 為第1個四分位數，即$Q_{25\%}$，**3rd Qu.** 為第3個四分位數，即$Q_{75\%}$。由於該函數預設使用的是**type=7**的算法，結果與上面略有差異。

除平均數、中位數和四分位數外，有時候也會使用眾數作為資料水準的度量。眾數（mode）是一組資料中出現次數最多的數值，用M_o表示。一般情形下，只有在資料量較大時眾數才有意義。從分配的角度看，眾數是一組資料分配的峰值點所對應的數值。如果資料的分配沒有明顯的峰值，眾數也可能不存在；如果有兩個或多個峰值，也可以有兩個或多個眾數。

3.1.3　水準代表值的選擇

平均數、中位數和眾數是描述資料水準的三個主要統計量，要理解它們並不困難，但要合理使用則需要瞭解它們的不同特點和應用場合。用哪個統計量來代表一組資料的水準呢？平均數易被多數人理解和接受，實際中用得也較多，但其缺點是易受極端值的影響，對於嚴重偏斜分配的資料，平均數的代表性較差。中位數和眾數提供的資訊不像平均數那樣多，但它們也有優點，比如不受極端值的影響，具有統計上的穩健性，當資料為偏斜分配，特別是偏斜程度較大時，可以考慮選擇中位數或眾數，這時它們的代表性要比平均數好。

　　從分配角度看，平均數是全部資料的算術平均，中位數是處於一組資料中間位置上的值，而眾數則始終是一組資料分配的峰值。因此，對於具有單峰分配的大多數資料而言，如果資料的分配是對稱的，平均數（$\bar{x}$）、中位數（M_e）和眾數（M_o）相等；如果資料是明顯的左偏分配（分配在左邊有長尾），說明資料存在極小值，會拉動平均數向極小值一方靠，而眾數和中位數由於是位置代表值，不受極值的影響，此時有 $\bar{x} < M_e < M_o$；如果資料是明顯的右偏分配（分配在右邊有長尾），說明資料存在極大值，必然拉動平均數向極大值一方靠，則有 $\bar{x} > M_e > M_o$。一般來說，資料分配對稱或接近對稱時，建議使用平均數；資料分配明顯偏斜時，可考慮使用中位數或眾數。

3-2　差異的描述

　　怎樣評價平均數、中位數和眾數，對一組資料的代表性呢？假定有甲、乙兩個地區，甲地區的年人均收入為500000元，乙地區的年人均收入為400000元。如何評價兩個地區的收入狀況？如果平均收入的多少代表了該地區的生活水準，能否認為甲地區所有人的平均生活水準就高於乙地區呢？要回答這些問題，首先需要瞭解這裡的平均收入是否能代表大多數人的收入水準。如果甲地區有少數幾個富翁，而大多數人的收入都很低，雖然平均收入很高，但大多數人生活水準仍然很低。相反，如果乙地區多數人的收入水準都在400000元左右，雖然平均收入看上去不如甲地區高，但多數人的生活水準卻比甲地區高，原因是甲地區的收入離散程度大於乙地區。這個例子說明，僅僅知道數值的大小是不夠的，還必須考慮資料之間的差異有多大。資料之間的差異就是資料的離散程度。資料的離散程度越大，各描述統計量對該組資料的代表性就越差；離散程度越小，其代表性就越好。

　　描述樣本資料離散程度的統計量，主要有全距、四分位距、變異數和標準差以及測度相對離散程度的變異係數等。

▌3.2.1　全距和四分位距

　　全距（range）是一組資料的最大值與最小值之差，用 R 表示。比如，根據例3-1中的資料，計算9名學生考試分數的全距為：$R = 96 - 69 = 27$ 分。由於全距只是利用了一組資料兩端的資訊，因而容易受極端值的影響，不能全面反映差異狀況。雖然全距在實際中很少單獨使用，但它總是作為分析資料離散程度的一個參考值。

四分位距（quartile deviation）是一組資料75%位置上的四分位數與25%位置上的四分位數之差，也稱為內距或四分間距（inter-quartile range）。用IQR表示四分位距，其計算公式為：

$$IQR = Q_{75\%} - Q_{25\%} \tag{3.4}$$

四分位距反映了中間50%資料的離散程度。其數值越小，說明中間的資料越集中；數值越大，說明中間的資料越分散。四分位距不受極值的影響。此外，由於中位數處於資料的中間位置，因此，四分位距的大小在一定程度上也說明了中位數對一組資料的代表程度。例如：根據例3-3計算的9名學生考試分數的四分位數為$IQR = 91.5 - 76.5 = 15$分。

3.2.2 變異數和標準差

如果考慮每個資料x_i與其平均數$\bar{x}$之間的差異，以此作為一組資料離散程度的度量，結果要比全距和四分位距更為全面與準確。這就需要求出每個資料x_i與其平均數$\bar{x}$離差的平均數。但由於（$x_i - \bar{x}$）之和等於0，需要進行一定的處理。一種方法是將離差取絕對值，求和後再平均，這一結果稱為**平均離差**（mean deviation）或稱**平均絕對離差**（mean absolute deviation）；另一種方法是將離差平方後再求平均數，這一結果稱為**變異數**（variance）。變異數開方根後的結果稱為**標準差**（standard deviation），它是一組資料與其平均數相比平均相差的數值。變異數（或標準差）是實際中，應用最廣泛的度量資料離散程度的統計量。

設樣本變異數為s^2，計算公式為：

$$s^2 = \frac{\sum_{i=1}^{n}(x_i - \bar{x})^2}{n-1} \tag{3.5}$$

樣本標準差的計算公式為：

$$s = \sqrt{\frac{\sum_{i=1}^{n}(x_i - \bar{x})^2}{n-1}} \tag{3.6}$$

與變異數不同的是，標準差與原始資料的計量單位相同，其實際意義要比變異數清楚。因此，在對實際問題進行分析時，更多使用標準差。

例 3-4　（資料：example3_1.RData）

沿用例3-1，計算9名學生考試分數的變異數和標準差。

解：根據式（3.6）得：

$$s^2 = \frac{(91-84)^2 + (69-84)^2 + \cdots + (88-84)^2 + (86-84)^2}{9-1} = 78.5$$

標準差為：

$$s = \sqrt{78.5} = 8.86 （分）$$

結果說明，每個學生的考試分數與其平均數相比平均相差8.86分。

計算變異數和標準差的R程式和結果，如文字框3-5所示。

文字框 3-5　計算變異數和標準差

```
# 計算9名學生考試分數的變異數
> load("C:/example/ch3/example3_1.RData")
> var(example3_1)

[1] 78.5

# 計算9名學生考試分數的標準差
> sd(example3_1)

[1] 8.860023
```

3.2.3　變異係數

標準差是反映資料離散程度的絕對值，其數值的大小受原始資料大小的影響，資料的觀測值越大，標準差的值通常也就越大。此外，標準差與原始資料的計量單位相同，採用不同計量單位計量的資料，其標準差的值也就不同。因此，對於不同樣本的資料，如果原始資料的觀測值相差較大或計量單位不同時，就不能用標準差直接比較其離散程度，這時需要計算變異係數。

變異係數（coefficient of variation, CV）也稱離散係數，它是一組資料的標準差與其相應的平均數之比。由於變異係數消除了數值大小和計量單位對標準差的影響，因而可以反映一組資料的相對離散程度。其計算公式為：

$$CV = \frac{s}{\bar{x}} \tag{3.7}$$

變異係數主要用於比較不同樣本資料的離散程度。其數值越大，說明資料的相對離散程度也就越大；數值越小，說明資料的相對離散程度也就越小[2]。

例 3-5　（資料：example3_5.RData）

在奧運會女子10公尺氣手槍比賽中，每個運動員首先進行每組10槍共4組的預賽，然後根據預賽總成績確定進入決賽的8名運動員。決賽時8名運動員再進行10槍射擊，再將預賽成績加上決賽成績確定最後的名次。在2008年8月10日舉行的第29屆北京奧運會女子10公尺氣手槍決賽中，進入決賽的8名運動員最後10槍的決賽成績如表3-1所示。計算變異係數，評價運動員發揮的穩定性，同時，結合盒鬚圖進行分析。

表 3-1　8名運動員 10 槍的決賽成績　　　　（單位：環）

娜特莉婭·帕傑林娜	郭文珺	卓格巴德拉赫·蒙赫珠勒	妮諾·薩盧克瓦澤	維多利亞·柴卡	萊萬多夫卡·薩貢	亞斯娜·舍卡里奇	米拉·內萬蘇
10.0	10.0	9.3	9.8	9.3	8.1	10.2	8.7
8.5	10.5	10.0	10.3	9.4	10.3	9.6	9.3
10.0	10.4	8.7	10.0	10.4	9.2	9.9	9.2
10.2	10.4	8.3	9.5	10.1	9.9	9.9	10.3
10.6	10.1	9.2	10.2	10.2	9.8	9.3	9.8
10.5	10.3	9.5	10.7	10.5	10.4	9.1	10.0
9.8	9.4	8.5	10.4	9.2	9.9	9.7	9.7
9.7	10.7	10.7	10.6	10.5	9.4	10.0	9.9
9.5	10.8	9.2	9.1	9.8	10.7	9.3	9.9
9.3	9.7	9.2	10.8	8.6	9.6	9.9	9.7

2　當平均數接近0時，變異係數的值趨於無窮大，此時必須慎重解釋。

解：如果各運動員決賽的平均成績差異不大，可以直接比較標準差的大小，否則需要計算變異係數。R程式和結果，如文字框3-6所示。

文字框 3-6　計算變異係數

```
# 計算8名運動員決賽成績的平均數、標準差和變異係數
> load("C:/example/ch3/example3_5.RData")
> mean<-apply(example3_5,2,mean)
> sd<-apply(example3_5,2,sd)
> cv<-sd/mean
> x<-data.frame("平均環數"=mean,"標準差"=sd,"變異係數"=cv)
> round(x,4)
```

	平均環數	標準差	變異係數
娜特莉婭・帕傑林娜	9.81	0.6154	0.0627
郭文珺	10.23	0.4373	0.0427
卓格巴德拉赫・蒙赫珠勒	9.26	0.7074	0.0764
妮諾・薩盧克瓦澤	10.14	0.5461	0.0539
維多利亞・柴卡	9.80	0.6498	0.0663
萊萬多夫卡・薩貢	9.73	0.7334	0.0754
亞斯娜・舍卡里奇	9.69	0.3573	0.0369
米拉・內萬蘇	9.65	0.4625	0.0479

注：
data.frame()是為了將結果組織成本例輸出的資料框架形式。

此外，還可以繪製盒鬚圖來描述各運動員射擊環數的分配狀況，R程式和結果，如文字框3-7所示。

文字框 3-7　繪製盒鬚圖

```
# 8名運動員決賽成績的盒鬚圖
> load("C:/example/ch3/example3_5.RData")
> boxplot(example3_5,col="lightblue",ylab="射擊環數", xlab="運動員")
```

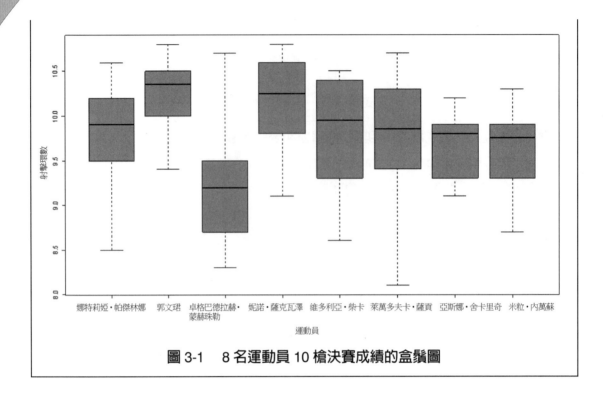

圖 3-1　8 名運動員 10 槍決賽成績的盒鬚圖

　　從變異係數可以看出，在最後10槍的決賽中，發揮比較穩定的運動員是塞爾維亞的亞斯娜・舍卡里奇（變異係數為0.0369）和中國的郭文珺（變異係數為0.0472），發揮不穩定的運動員是蒙古的卓格巴德拉赫・蒙赫珠勒（變異係數為0.0764）和波蘭的萊萬多夫斯卡・薩貢（變異係數為0.0754）。由於郭文珺的平均環數遠高於其他選手，且發揮穩定，最終獲得了本屆奧運會女子10公尺氣手槍決賽的金牌。從圖3-1的盒鬚圖，也可以很好地佐證上述結論。

▌3.2.4　標準得分

　　有了平均數和標準差之後，可以計算一組資料中每個數值的**標準得分**（standard score），也稱 z 分數或標準化值。它可用於度量每個數值在該組資料中相對位置，並可以用它來判斷一組資料是否有離異值。比如，全班的平均考試分數為80分，標準差為10分，如果一個學生的考試分數是90分，距離平均分數有多遠？顯然是1個標準差的距離。這裡的1就是這個學生考試成績的標準得分。標準得分描述的是某個資料與平均數相比相差多少個標準差，它是某個資料與其平均數的差除以標準差後的數值。設標準分數為 z，計算公式為：

$$z_i = \frac{x_i - \overline{x}}{s} \qquad\qquad (3.8)$$

式（3.8）也就是統計上常用的標準化公式，在對多個具有不同計量單位的變數進行分析時，常常需要對各變數做標準化處理，也就是把一組資料轉化成具有平均數為0、標準差為1的新的資料。實際上，標準得分只是將原始資料做了線性變換，它並沒有改變某個數值在該組資料中的位置，也沒有改變該組資料分配的形狀。

例 3-6　　（資料：example3_1.RData）

沿用例3-1，計算9名學生英語考試分數的標準得分。

解：計算標準得分的R程式和結果，如文字框3-8所示。

文字框 3-8　計算標準得分

```
# 9名學生考試分數的標準得分（按標準得分的定義公式計算）
> load("C:/example/ch3/example3_1.RData")
> (example3_1-mean(example3_1))/sd(example3_1)
[1]  0.7900657 -1.6929979 -1.0157988 -0.6771992 -0.3385996
[6]  1.3543984  0.9029322  0.4514661  0.2257331

# 9名學生考試分數的標準得分（利用scale函數計算）
> scale(example3_1)
          [,1]
 [1,]  0.7900657
 [2,] -1.6929979
 [3,] -1.0157988
 [4,] -0.6771992
 [5,] -0.3385996
 [6,]  1.3543984
 [7,]  0.9029322
 [8,]  0.4514661
 [9,]  0.2257331
```

```
attr(,"scaled:center")
[1] 84
attr(,"scaled:scale")
[1] 8.860023
```

第一個學生的標準得分0.7900657，表示這個學生的考試分數與平均分數（84分）相比，高出0.7900657個標準差；第二個學生的考試分數與平均分數相比，低1.6929979個標準差，其餘的涵義類似。

根據標準分數，可以判斷一組資料中是否存在離異值。經驗說明：當一組資料對稱分配時，約有68%的資料在平均數加減1個標準差的範圍之內；約有95%的資料在平均數加減2個標準差的範圍之內；約有99%的資料在平均數加減3個標準差的範圍之內。可以想像，一組資料中低於或高於平均數3倍標準差之外的數值是很少的；也就是說，在平均數加減3個標準差的範圍內幾乎包含了全部資料，而在3個標準差之外的資料在統計上也稱為離異值。

經驗法則適合於對稱分配的資料。如果一組資料是不對稱分配，需要使用切比雪夫不等式（Chebyshev's inequality）來判別。對任意分配形狀的資料，根據切比雪夫不等式，至少有$(1-1/k^2)$的資料落在k個標準差之內。其中k是大於1的任意值，但不一定是整數。對於$k=2$、3、4，該不等式的涵義是：至少有75%的資料落在平均數加減2個標準差的範圍之內；至少有89%的資料落在平均數加減3個標準差的範圍之內；至少有94%的資料落在平均數加減4個標準差的範圍之內。

3-3　分配形狀的描述

透過直方圖可以看出資料的分配是否對稱。對於不對稱的分配，要想知道不對稱程度，則需要計算相應的描述統計量。偏度係數和峰度係數就是對分配不對稱程度和峰值高低的一種度量。

偏度（skewness）是指資料分配的不對稱性，這一概念由統計學家K. Pearson於1895年首次提出。測度資料分配不對稱性的統計量稱為**偏度係數**（coefficient of skewness），記作SK。根據原始資料計算偏度係數時，通常採用下面的公式：

$$SK = \frac{n}{(n-1)(n-2)}\sum\left(\frac{x-\bar{x}}{s}\right)^3 \tag{3.9}$$

當一組資料對稱分配時，偏度係數等於0。偏度係數越接近0，偏斜程度就越低，就越接近對稱分配。如果偏度係數明顯不同於0，表示分配是非對稱的。若偏度係數大於1或小於-1，視為嚴重偏斜分配；若偏度係數在0.5～1或-0.5～-1之間，視為中等偏斜分配；偏度係數小於0.5或大於-0.5時，視為輕微偏斜分配。其中負值表示左偏分配（在分配的左側有長尾），正值則表示右偏分配（在分配的右側有長尾）。例如：根據例3-1中，9名學生英語考試分數計算的偏度係數為-0.391，表示考試分數的分配有一定的偏斜，且為左偏，但偏斜程度不大。

峰度（kurtosis）是指資料分配峰值的高低，這一概念由統計學家K. Pearson於1905年首次提出。測度一組資料分配峰值高低的統計量是**峰度係數**（coefficient of kurtosis），記作K。根據原始資料計算峰度係數時，通常採用下面的公式：

$$K = \frac{n(n+1)}{(n-1)(n-2)(n-3)}\sum\left(\frac{x_i-\bar{x}}{s}\right)^4 - \frac{3(n-1)^2}{(n-2)(n-3)} \tag{3.10}$$

峰度通常是與標準常態分配相比較而言。由於標準常態分配的峰度係數為0，當$K>0$時為尖峰分配，資料的分配相對集中；當$K<0$時為扁平分配，資料的分配相對分散。

例如：根據例3-1中9名學生英語考試分數計算的峰度係數為-0.83。說明考試分數分配的峰值比標準常態分配的峰值要略低一些。計算偏度係數和峰度係數的R程式和結果，如文字框3-9所示。

文字框 3-9　計算偏度係數和峰度係數

```
# 計算9名學生考試分數的偏度係數
> load("C:/example/ch3/example3_1.RData")
> library(agricolae)
> skewness(example3_1)
[1] -0.3909762
```

```
# 計算9名學生考試分數的峰度係數
> kurtosis(example3_1)
[1] -0.8302742
```

3-4　資料的綜合描述

　　本章介紹的各個描述統計量，可以使用R程式套件中的函數一次輸出。以例3-5為例，R程式和結果如文字框3-10所示。

文字框 3-10　匯總輸出更多的描述統計量

```
# 使用pastecs程式套件中的stat.desc()函數計算描述統計量（資料：example3_5.
RData）
> load("C:/example/ch3/example3_5.RData")
> library(pastecs)
> round(stat.desc(example3_5),4)
```

	娜特莉婭・帕傑林娜	郭文珺	卓格巴德拉・蒙赫珠勒	妮諾・薩盧克瓦澤
nbr. val	10.0000	10.0000	10.0000	10.0000
nbr.null	0.0000	0.0000	0.0000	0.0000
nbr.na	0.0000	0.0000	0.0000	0.0000
min	8.5000	9.4000	8.3000	9.1000
max	10.6000	10.8000	10.7000	10.8000
range	2.1000	1.4000	2.4000	1.7000
sum	98.1000	102.3000	92.6000	101.4000
median	9.9000	10.3500	9.2000	10.2500
mean	9.8100	10.2300	9.2600	10.1400
SE. mean	0.1946	0.1383	0.2237	0.1727
CI. mean. 0.95	0.4403	0.3128	0.5061	0.3907
var	0.3788	0.1912	0.5004	0.2982
std. dev	0.6154	0.4373	0.7074	0.5461
coef. var	0.0627	0.0427	0.0764	0.0539
	維多利亞・柴卡	萊萬多夫卡・薩貢	亞斯娜・舍卡里奇	米拉・內萬蘇
nbr. val	10.0000	10.0000	10.0000	10.0000
nbr. null	0.0000	0.0000	0.0000	0.0000

nbr. na	0.0000	0.0000	0.0000	0.0000
min	8.6000	8.1000	9.1000	8.7000
max	10.5000	10.7000	10.2000	10.3000
range	1.9000	2.6000	1.1000	1.6000
sum	98.0000	97.3000	96.9000	96.5000
median	9.9500	9.8500	9.8000	9.7500
mean	9.8000	9.7300	9.6900	9.6500
SE. mean	0.2055	0.2319	0.1130	0.1462
CI. mean. 0.95	0.4648	0.5246	0.2556	0.3308
var	0.4222	0.5379	0.1277	0.2139
std. dev	0.6498	0.7334	0.3573	0.4625
coef. var	0.0663	0.0754	0.0369	0.0479

使用psych程式套件中的describe()函數計算描述統計量

```
> library(psych)
> describe(example3_5)
```

	vars	n	mean	sd	median	trimmed	mad	min	max	range	skew	kurtosis	se
娜特莉婭 · 帕傑林娜	1	10	9.81	0.62	9.90	9.88	0.52	8.5	10.6	2.1	-0.65	-0.45	0.19
郭文珺	2	10	10.23	0.44	10.35	10.26	0.44	9.4	10.8	1.4	-0.50	-1.04	0.14
卓格巴德拉赫 · 蒙赫珠勒	3	10	9.26	0.71	9.20	9.20	0.59	8.3	10.7	2.4	0.54	-0.65	0.22
妮諾 · 薩盧克瓦澤	4	10	10.14	0.55	10.25	10.19	0.59	9.1	10.8	1.7	-0.52	-1.10	0.17
維多利亞 · 柴卡	5	10	9.80	0.65	9.95	9.86	0.82	8.6	10.5	1.9	-0.42	-1.35	0.21
萊萬多夫卡 · 薩貢	6	10	9.73	0.73	9.85	9.81	0.67	8.1	10.7	2.6	-0.79	-0.12	0.23
亞斯娜 · 舍卡里奇	7	10	9.69	0.36	9.80	9.70	0.30	9.1	10.2	1.1	-0.29	-1.46	0.11
米拉 · 內萬蘇	8	10	9.65	0.46	9.75	9.69	0.30	8.7	10.3	1.6	-0.65	-0.66	0.15

　　在實際應用中，通常對所分析的變數需要一次計算出多個描述統計量，並結合圖表做出詳細描述。下面結合第2章內容，透過一個例子說明對資料進行綜合描述的基本思路。

例 3-7 （資料：example3_7.RData）

　　在某大學隨機抽取60個大學生，調查得到性別、家庭所在地和月生活費支出（單位：元）的資料，如表3-2所示。對調查資料進行描述性分析。

表 3-2　60 個大學生的調查資料

性別	家庭所在地	月生活費支出	性別	家庭所在地	月生活費支出
女	中小城市	4500	女	鄉鎮地區	5550
男	大型城市	6000	女	鄉鎮地區	6000
男	大型城市	5400	女	中小城市	5100
女	中小城市	4800	女	大型城市	5400
女	中小城市	6000	男	中小城市	5580
女	大型城市	6300	男	鄉鎮地區	5850
男	大型城市	3300	女	中小城市	5700
男	大型城市	5340	男	中小城市	6000
女	中小城市	4650	女	鄉鎮地區	5610
女	鄉鎮地區	3900	女	中小城市	5700
男	大型城市	6000	女	大型城市	7200
男	大型城市	5100	女	大型城市	6000
女	中小城市	4200	女	中小城市	7080
女	大型城市	4500	女	中小城市	6150
男	大型城市	4200	女	大型城市	6600
男	大型城市	4440	男	大型城市	6000
女	中小城市	7050	女	中小城市	5250
女	中小城市	4350	女	中小城市	6750
男	大型城市	4500	女	大型城市	8400
男	大型城市	5280	女	大型城市	5700
男	中小城市	3900	男	大型城市	6000
男	中小城市	4800	男	鄉鎮地區	5700
女	中小城市	5040	女	中小城市	6600
男	中小城市	5550	女	鄉鎮地區	5400
男	鄉鎮地區	4500	女	鄉鎮地區	5700
女	中小城市	4800	男	鄉鎮地區	4500
男	大型城市	3900	男	大型城市	6000
女	大型城市	5400	男	大型城市	5700
女	大型城市	4650	女	大型城市	6900
男	中小城市	4050	女	中小城市	5700

　　解：這裡涉及兩個類別變數和一個數值變數。對性別和家庭所在地兩個類別變數可以對其次數進行計數，計算百分比，並畫出長條圖和圓形圖等進行描述。對於月生活費支出變數可以繪製直方圖、莖葉圖、盒鬚圖等來觀察其分配特徵，並計算平均數和標準差等統計量進行分析。下面說明一些主要的分析思路，供讀者參考。

　　首先，畫出60個學生月生活費支出的直方圖、莖葉圖和盒鬚圖，觀察月生活費支出的分配狀況。R程式和結果，如文字框3-11所示。

文字框 3-11　繪製直方圖、莖葉圖和盒鬚圖

```
# 帶有盒鬚圖、軸鬚線、核密度估計的直方圖
> load("C:/example/ch3/example3_7.RData")
> attach(example3_7)
> par(fig=c(0,0.8,0,0.8),cex=0.8)
> hist(月生活費支出,xlab="月生活費支出",ylab="密度",freq = FALSE,
col="lightblue",main="")
> rug(jitter(月生活費支出))
> lines(density(月生活費支出),col="red")
> par(fig=c(0,0.8,0.35,1),new=TRUE)
> boxplot(月生活費支出,horizontal=TRUE,axes=FALSE)
```

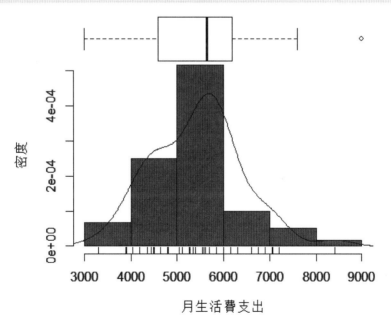

圖 3-2　帶有盒鬚圖、軸鬚線、核密度估計的大學生月生活費支出的直方圖

```
# 繪製莖葉圖
> library(aplpack)
> stem.leaf(example3_7$月生活費支出)
   1 | 2: represents 1200
   leaf unit: 100
             n: 60
      1      3*  | 3
      4      3.  | 999
      9      4*  | 02234
     19      4.  | 5555566888
     29      5*  | 0112234444
    (12)     5.  | 555677777778
     19      6*  | 00000000013
      8      6.  | 6679
      4      7*  | 002
             7.  |
      1      8*  | 4
```

圖 3-3　60 個大學生月生活費支出的莖葉圖

　　從圖3-2和圖3-3可以看出，大學生月生活費支出的分配基本上是對稱的，也就是以平均數為中心，兩側依次減少，這基本上符合大學生月生活費支出的特點。

　　其次，對性別和家庭所在地兩個類別變數統計次數，觀察各自的分配狀況（為節省篇幅，不再顯示長條圖和圓形圖），並用一些主要統計量對月生活費支出水準進行描述。R程式和結果，如文字框3-12所示。

文字框 3-12　計算各描述統計量

```
# 使用summary函數對性別和家庭所在地計數、對月生活費支出的水準計算描述統計量
> summary(example3_7)
 性別          家庭所在地        月生活費支出
  男：25       大型城市：26      Min.    :3300
  女：35       鄉鎮地區：10      1st Qu. :4650
              中小城市：24      Median :5550
                              Mean    :5437
                              3rd Qu. :6000
                              Max.    :8400
```

　　最後，可以分別按性別和家庭所在地進行分類，分別描述不同性別和不同家庭所在地的學生月生活費支出的特徵，看看性別和家庭所在地對月生活費支出是否有影響。R程式和結果，如文字框3-13所示。

文字框 3-13　按性別和家庭所在地分類計算描述統計量

```
# 按性別和家庭所在地分類描述（編寫函數如下）
> my_summary<-function(x){
  library(agricolae)
  with(x,data.frame(
     N=length(月生活費支出),
    "平均數"=mean(月生活費支出),
    "中位數"=median(月生活費支出),
    "標準差"=sd(月生活費支出),
    "全距"=max(月生活費支出)-min(月生活費支出),
    "變異係數"=sd(月生活費支出)/mean(月生活費支出),
    "偏度係數"=skewness(月生活費支出)
    ))
}
> library(plyr)
> ddply(example3_7,.(性別),my_summary)
```

	性別	N	平均數	中位數	標準差	全距	變異係數	偏度係數
1	男	25	5103.600	5340	826.4678	2700	0.1619382	-0.5485891
2	女	35	5675.143	5700	993.4562	4500	0.1750539	0.5028245

> ddply(example3_7,.（家庭所在地）,my_summary)

	家庭所在地	N	平均數	中位數	標準差	全距	變異係數	偏度係數
1	大型城市	26	5546.538	5550	1092.4063	5100	0.1969528	0.3210794
2	鄉鎮地區	10	5271.000	5580	708.1031	2100	0.1343394	-1.0528100
3	中小城市	24	5387.500	5400	925.9695	3180	0.1718737	0.2693638

注：
首先編寫了包含關心的統計量的匯總函數。`plyr`程式套件的`ddply`可以對資料進行分組應用統計函數，`ddply(.data,.variables,.fun ,...)`data為資料集，`variables`指對哪個變數分組，`fun`為應用的統計函數。

　　從依性別分類描述的結果看，男女學生月生活費支出之間的差異。女生月生活費支出的平均數和中位數均高於男生，同時，女生月生活費支出的標準差和全距也都大於男生，相應的變異係數$CV_女 = 0.1750539 > CV_男 = 0.1619382$，說明女生月生活費支出的離散程度大於男生。從分配形態看，女生月生活費支出的偏度係數是0.5028245，為右偏分配，而男生的偏度係數是-0.5485891，則為左偏分配。

　　從依家庭所在地分類描述的結果看，來自不同家庭所在地的學生月生活費支出也有差異。大城市的學生月生活費支出平均數高於中小城市和鄉鎮地區，但中位數則是鄉鎮地區最高。從標準差看，鄉鎮地區的標準差最小。從變異係數看，$CV_{大城市} = 0.1969528 > CV_{中小城市} = 0.1718737 > CV_{鄉鎮地區} = 0.1343394$，鄉鎮地區的學生月生活費支出離散程度最小，而大城市則最大。從分配形態看，鄉鎮地區學生生活費支出的偏度係數為-1.05281，為嚴重的左偏分配，而大城市和中小城市學生的月生活費支出則為輕微的右偏分配。

　　此外，還可以同時依性別和家庭所在地分類描述其月生活費支出；也就是依男女分類的同時，再按家庭所在地分類，然後計算各自的描述統計量，如平均數、中位數、標準差、變異係數、全距、偏度係數等。R程式和結果，如文字框3-14所示。

文字框 3-14　同時按性別和家庭所在地分類計算描述統計量

```
# 同時按性別和家庭所在地分類描述
> library(reshape)
> library(agricolae)
> mystats<-function(x)(c(n=length(x),mean=mean(x),median=median(x),
sd=sd(x),CV=sd(x)/mean(x),R=(max(x)-min(x)),SK=skewness(x)))
> dfm<-melt(example3_7,measure.vars="月生活費支出",id.vars=c("性別","
家庭所在地"))
> cast(dfm,性別+家庭所在地+variable~., mystats)
```

	性別	家庭所在地	variable	n	mean	median	sd	CV	R	SK
1	男	大型城市	月生活費支出	15	5144.000	5340	880.2013	0.1711122	2700	-0.76356171
2	男	鄉鎮地區	月生活費支出	4	5137.500	5100	738.6643	0.1437789	1350	0.03558945
3	男	中小城市	月生活費支出	6	4980.000	5175	870.5171	0.1748026	2100	-0.27627121
4	女	大型城市	月生活費支出	11	6095.455	6000	1150.7507	0.1887883	3900	0.51555979
5	女	鄉鎮地區	月生活費支出	6	5360.000	5580	742.5631	0.1385379	2100	-2.04284628
6	女	中小城市	月生活費支出	18	5523.333	5475	926.8289	0.1678025	2880	0.34565598

注：
1.mystats為自編函數計算所需的統計量；melt為融合資料，指明要描述的數值變數和類別變數；cast為重新構建輸出結果的資料框架。2.安裝"doBy"程式套件，使用summaryBy(月生活費支出~性別+家庭所在地,data=example3_7,FUN=mystats)可以得到類似的結果，請讀者自己練習。

　　最後，還可以分別按性別和家庭所在地分類繪製點圖，來觀察月生活費支出的差異。R程式和結果，如文字框3-15所示。

文字框 3-15　繪製點圖

```
# 按性別和家庭所在地分類的月生活費支出的點圖
> attach(example3_7)
> par(mfcol=c(1,2),cex=0.6)
> dotchart(月生活費支出,groups=性別,xlab="月生活費支出",pch=19,main="按性
別分類")
> abline(v=mean(月生活費支出),lty=2,col="red")
```

```
> dotchart(月生活費支出,groups=家庭所在地,xlab="月生活費支出"
,pch=19,main="按家庭所在地分類")
> abline(v=mean(月生活費支出),lty=2,col="red")
```

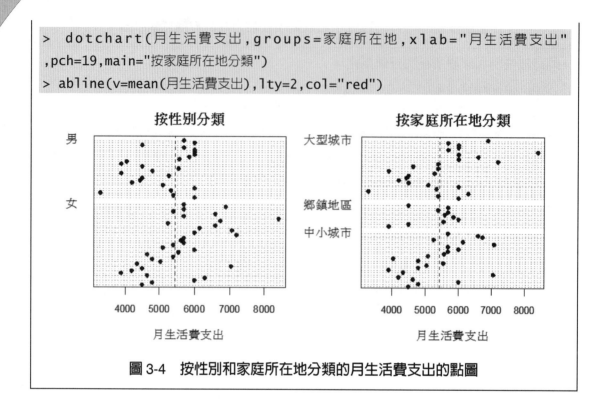

圖 3-4   按性別和家庭所在地分類的月生活費支出的點圖

圖3-4中的虛線是月生活費支出的平均數線。從按性別分類看，男女學生月生活費支出的各個點在平均數兩側的分配數量相差不大，說明男女學生的月生活費支出相差不大。從按家庭所在地分類看，來自不同家庭所在地的學生月生活費支出的各個點也基本上在平均數兩側分配，同樣說明不同地區的學生月生活費支出相差也不大，這實際上也符合大學生月生活費支出的特點。

為比較不同性別和不同家庭所在地的學生月生活費支出的分配狀況，還可以按類別分別繪製點圖和盒鬚圖（也可以繪製直方圖）。R程式和結果，如文字框3-16所示。

文字框 3-16 按性別和家庭所在地繪製點圖和盒鬚圖

按性別和家庭所在地分類繪製點圖

```
> library(lattice)
> stripplot(月生活費支出~家庭所在地+性別,col=c("red","blue"),pch=c(20,1),
cex=0.7)
```

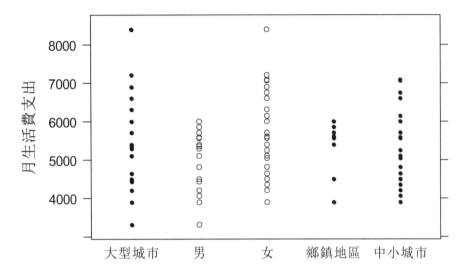

圖 3-5 按性別和家庭所在地分類繪製的點圖

按性別和家庭所在地分類繪製盒鬚圖

```
> boxplot(月生活費支出~家庭所在地*性別,col=c(2:4),ylab="月生活費支出")
```

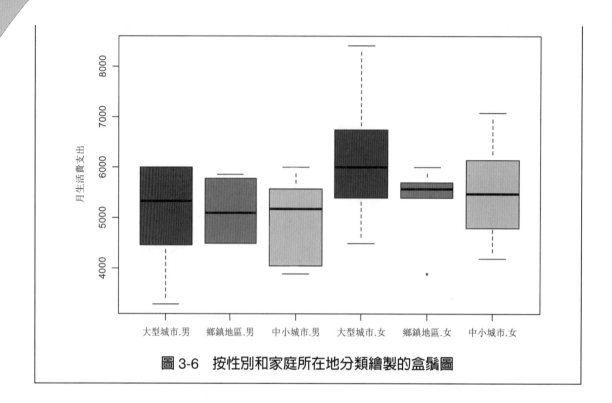

圖 3-6   按性別和家庭所在地分類繪製的盒鬚圖

　　從圖3-5和圖3-6可看出，女孩子支出的平均水準明顯高於男孩子；大城市和中小城市的平均支出水準差異不大，鄉鎮地區的平均支出水準偏低。此外，大城市女孩子支出的平均水準明顯高於中小城市和鄉鎮地區。從該圖還可以比較，按性別和按家庭所在地分類的學生月生活費支出分配的特點。

　　本節透過一個例子，顯示了資料的綜合描述方法。分析中使用了自編函數和不同的R程式套件，顯示了不同形式的輸出結果，目的是讓讀者瞭解描述性分析的思路，熟悉R的應用。實際應用時，讀者可根據自身的需要從不同角度進行分析。

資料分配特徵與描述統計量

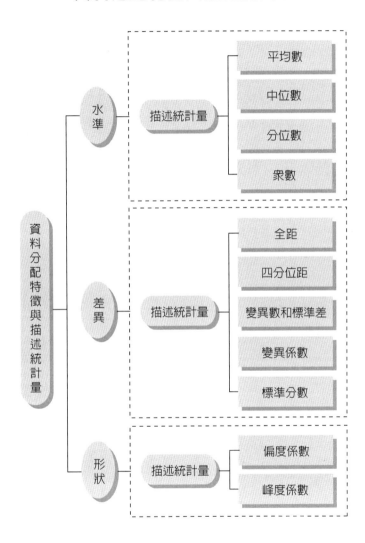

主 要 術 語

- **平均數**（mean）：一組資料相加後，除以資料的個數所得到的結果。
- **中位數**（median）：一組資料排序後處於中間位置上的數值，用M_e表示。
- **四分位數**（quartile）：一組資料排序後，處在25%和75%位置上的數值。
- **衆數**（mode）：一組資料中出現次數最多的數值，用M_o表示。
- **全距**（range）：一組資料的最大值與最小值之差。
- **四分位距**（quartile deviation）：75%位置上的四分位數與25%位置上的四分位數之差。
- **變異數**（variance）：各資料與其平均數離差平方的平均數。
- **標準差**（standard deviation）：變異數的平方根。
- **變異係數**（coefficient of variation）：一組資料的標準差與其平均數之比。
- **標準得分**（standard score）：也稱z分數或標準化值，某個資料與其平均數的離差除以標準差後的數值。

思考與練習

一、思考題

3.1 一組資料分配的數值特徵，可以從哪幾個方面進行描述？

3.2 說明平均數、中位數和眾數的特點及應用場合。

3.3 為什麼要計算變異係數？

3.4 標準分數有哪些用途？

二、練習題

3.1 隨機抽取25個網路使用者，得到他們的年齡資料如下（單位：周歲）：

19	15	29	25	24
23	21	38	22	18
30	20	19	19	16
23	27	22	34	24
41	20	31	17	23

計算網民年齡的描述統計量，並對網民年齡的分配特徵進行綜合分析。

3.2 某銀行為縮短顧客到銀行辦理業務等待的時間，準備採用兩種排隊方式進行試驗。一種是所有顧客都進入一個等待隊伍；另一種是顧客在三個業務視窗處列隊三排等待。為比較哪種排隊方式使顧客等待的時間更短，兩種排隊方式各隨機抽取9名顧客，得到第一種排隊方式的平均等待時間為7.2分鐘，標準差為1.97分鐘，第二種排隊方式的等待時間（單位：分鐘）如下：

5.5	6.6	6.7	6.8	7.1	7.3	7.4	7.8	7.8

⑴計算第二種排隊時間的平均數和標準差。

⑵比較兩種排隊方式等待時間的離散程度。

⑶如果讓你選擇一種排隊方式，你會選擇哪一種？試說明理由。

3.3 一種產品需要人工組裝，現有三種可供選擇的組裝方法。為檢定哪種方法更好，隨機抽取15個工人，讓他們分別用三種方法組裝。下面是15個工人分別用三種方法在相同的時間內組裝的產品數量（單位：個）：

方法 *A*	方法 *B*	方法 *C*
164	129	125
167	130	126
168	129	126
165	130	127
170	131	126
165	130	128
164	129	127
168	127	126
164	128	127
162	128	127
163	127	125
166	128	126
167	128	116
166	125	126
165	132	125

⑴繪製盒鬚圖觀察三種方法組裝產品數量的分配狀況。

⑵計算有關的描述統計量，分析三種方法組裝產品數量的特徵

3.4　隨機抽取50名學生，得到統計學期末考試的分數如下：

68	70	55	85	84
75	73	91	78	73
70	92	68	81	60
84	65	73	95	76
73	78	84	70	81
60	87	81	67	88
76	90	70	82	65
81	75	69	72	78
88	66	94	80	87
92	68	76	86	93

繪製直方圖和莖葉圖，計算描述統計量，對考試成績進行綜合分析。

## 第 4 章

隨機變數的機率分配

問 題 與 思 考

彩券中獎的機率有多大

　　一名打工者爲了碰運氣，半個小時花去了 1000 元人民幣，買了 500 張立即型公益彩券，結果也沒對上大獎。和他同來的小馬說，他們到北京來打工的，一個月只賺 2000 多元，本想買幾張彩券碰碰運氣，但同伴卻上了癮，非想中個大獎。

　　曾有一位富少玩彩券，讓人心驚肉跳。他全部隨機選號，一下子花去了 2 萬多元人民幣，開獎後那一期頭獎和貳獎都沒有開出。

　　對於多數人來說，彩券只是一種數字遊戲，是社會籌集閒散資金的一種方式，而不是一種投資，更不是賭博。雖然只有 7 位數，但排列組合卻可達到幾百萬之多，所以一次買彩券 20 注與 200 注的中獎機率並沒有多大的差別。有人曾做過統計，最賺錢的彩券，中彩的機率最高是 1/500 萬，有的達到 1/1000 萬，甚至更高。博彩者千萬不能貪心，不要幻想一次交易就能成爲富翁，要認眞、謹愼地對待每一次投注，切不可陷入「貪心不足，蛇吞象」的迷思。量力而行、限額投注，用極少的資金投注，用平常心等待大獎的光臨，才是眞正的幸運。中大獎的人總是少數，法國人就有這樣的諺語：「中彩的機會比空難的還少。」 學一點機率知識，你就不會跟彩券較勁。

　　當你去購買彩券時，希望自己中大獎，但能否中獎是不確定的。當你去投資股票時，預期得到較高的收益率，但你不可能確切地知道收益率。在現實生活中，有很多這類事情，能否成功具有不確定性。比如，一筆新投資盈利的可能性有多大，一項工程按期完成的可能性有多大等，這種不確定性可以用機率來度量。考慮到後幾章學習推論統計的需要，本章主要介紹幾種常用的機率分配模型以及樣本統計量的機率分配。

4-1　什麼是機率

　　明天降雨的可能性有多大？你購買一支股票明天上漲的可能性有多大？這種

對事件發生可能性大小的度量就是**機率**（probability）。比如天氣預報說：明天降雨的機率是80%，這裡的80%就是對降雨這一事件發生的可能性大小的一種數值度量。

機率是介於0和1之間的一個值。獲得一個事件發生的機率有幾種途徑。如果事件是很可能發生的，可以透過重複試驗來獲得。當試驗的次數很多時，事件A發生的機率$P(A)$可以由所觀察到的事件A發生的次數p來逼近。假定在相同條件下，重複進行n次試驗，事件A發生了m次，則事件A發生的機率可表示為：

$$P(A)=\frac{事件A發生的次數}{重複試驗次數}=\frac{m}{n}=p \tag{4.1}$$

比值m/n越大，表示事件A發生得越頻繁，也就意味著在一次試驗中事件A發生的可能性（即機率）就越大。事實上，隨著試驗次數n的增大，比值m/n將圍繞某一次數p上下波動，並且其波動的幅度將隨著試驗次數n的增大而減小，進而趨於穩定，這個穩定的次數p就是事件A的機率。比如，拋擲一枚硬幣，觀察其出現的是正面還是反面，如果定義事件$A=$出現正面，這一事件發生的機率$P(A)=1/2$。這裡的$P(A)=1/2$並非意味著拋擲多次硬幣恰好有一半結果正面朝上，而是指在連續多次的拋擲中，可以認為出現正面的次數接近一半。比值$1/2$是對拋擲一次硬幣觀察到正面朝上的可能性的度量。注意：拋擲完成後，其結果就是一個常數，要麼一定是正面，要麼一定是反面，就不是機率問題了。

儘管可以將事件的機率，設想成大量重複試驗中該事件出現次數的比例。但有些試驗是不能重複的。比如，投資500萬元開設一家餐館，那麼這家餐館將生存5年的機率就是一個未知的值，而且不可能重複試驗把這個機率估計出來。這個事件發生的機率是一個常數，但卻不知道。不過，可以用已經生存了5年的類似餐館所占的比例作為所求機率的一個近似值。在現實生活中，有很多事情都是依據它發生的可能性大小做出決策的。比如，根據自己的判斷，明天這檔股票上漲的可能性為80%，這就是一個主觀機率。主觀機率往往是基於個人所掌握的資訊、所具有的某種知識等得出的。

4-2　隨機變數的機率分配

現實生活中，有時需要研究一項試驗結果的某些取值。比如，抽查100個產品，觀察其中的不合格品數X；連續假期一個旅遊景點的遊客人數X等。這裡的X取哪些值以及X取這些值的機率又是多少，事先都是不知道的。但是，如果知道了一個隨機變數的機率分配模型，就能很容易確定一系列事件發生的機率。

4.2.1 隨機變數及其概括性量數

1. 什麼是隨機變數？

在很多領域，研究工作主要是依賴於某個樣本資料，而這些樣本資料通常由某個變數的一個或多個觀測值所組成。比如，調查500個消費者對飲料的偏好，並記錄下喜歡某一特定品牌飲料的人數X；調查一棟辦公大樓，記錄下每平方公尺的出租價格X等。這樣的一些觀察，也就是統計上所說的試驗。由於記錄某次試驗結果時事先並不知道X取哪一個值，因此稱X為**隨機變數**（random variable）。

隨機變數是用數值來描述特定試驗一切可能出現的結果，它的取值事先不能確定，具有隨機性。例如：拋一枚硬幣，其結果就是一個隨機變數X，因為在拋擲之前並不知道出現的是正面還是反面，若用數值1表示正面朝上，0表示反面朝上，則X可能取0，也可能取1。

有些隨機變數只能取有限個值，稱為**離散型隨機變數**（discrete random variable）。有些則可以取一個或多個區間中的任何值，稱為**連續型隨機變數**（continuous random variable）。將隨機變數的取值設想為數軸上的點，每次試驗結果對應一個點。如果一個隨機變數僅限於取數軸上有限個孤立的點，它就是離散型的；如果一個隨機變數是在數軸上的一個或多個區間內取任意值，那麼它就是連續型的。比如，在由500個消費者組成的樣本中，喜歡某一特定品牌飲料的人數X只能取0, 1, 2, ..., 500這些數值之一；檢查100件產品，合格品數X的取值可能為0, 1, 2, 3, ..., 100；一家餐館營業一天，顧客人數X的取值可能為0, 1, 2, 3, ...。這裡的X只能取有限的數值，所以稱X為離散型隨機變數。相反的，每平方公尺辦公大樓的出租價格X，在理論上可以取大於0到無窮多個數值中的任何一個；檢測某產品的使用壽命，產品使用的時間長度X的取值可以為$X \geq 0$；某電話使用者每次通話時間長度X的取值可以為$X > 0$，這些都是連續型隨機變數。

若$f(x)$是取非負值的函數，對於每一對常數$a < h$滿足

$$P(a \leq X \leq b) = \int_a^b f(x)dx$$

則稱$f(x)$是連續型隨機變數X的機率密度函數，易見$P(a \leq X \leq b)$是機率密度函數下的面積。

2. 隨機變數的概括性量數

與第3章介紹的平均數和變異數類似，對於隨機變數也可以用類似的量來描述其取值水準和離散程度。描述隨機變數水準的統計量稱為**期望值**（expected value），而描述其離散程度的統計量稱為變異數，它們是對隨機變數的概括性量數。

離散型隨機變數X的期望值是X所有可能取值x_i（$i=1, 2, ...$）與其相應的機率p_i（$i=1, 2, ...$）乘積之和，用μ或$E(X)$表示，即：

$$\mu = E(X) = \sum_i x_i p_i \qquad (4.2)$$

離散型隨機變數X的變異數等於$(x_i - \mu)^2$與其相應的機率p_i乘積之和，用σ^2或$D(X)$表示，即：

$$\sigma^2 = D(X) = \sum_i (x_i - \mu)^2 p_i \qquad (4.3)$$

隨機變數X的標準差等於其變異數的平方根，用σ或$\sqrt{D(X)}$表示。

例 4-1　（資料：example4_1.RData）

一家手機製造商聲稱，它們所生產的手機100個中擁有不合格品數X及相應的機率如表4-1所示。求該手機不合格品數的期望值和標準差。

表 4-1　每 100 個手機中的不合格品數及機率分配

不合格品數 ($X= x_i$)	0	1	2	3
機率（p_i）	0.75	0.12	0.08	0.05

解：根據表4-1中的資料得：

$$\mu = E(X) = \sum_i x_i p_i = 0 \times 0.75 + 1 \times 0.12 + 2 \times 0.08 + 3 \times 0.05 = 0.43$$

$$\sigma^2 = D(X) = \sum_i (x_i - \mu)^2 p_i$$

$$= (0 - 0.43)^2 \times 0.75 + (1 - 0.43)^2 \times 0.12 + (2 - 0.43)^2 \times 0.08 + (3 - 0.43)^2 \times 0.05$$

$$= 0.7051$$

相應的標準差$\sigma = 0.8397$。

計算期望值和變異數的R程式和結果，如文字框4-1所示。

文字框 4-1　計算期望值和變異數

```
# 載入和展示本例資料
> load("C:/example/ch4/example4_1.RData")
> example4_1
    不合格品數    機率
1        0        0.75
2        1        0.12
3        2        0.08
4        3        0.05


# 計算期望值
> mymean<-sum(example4_1$不合格品數*example4_1$機率)
> mymean
[1] 0.43


# 計算變異數
> myvar<-sum((example4_1$不合格品數-mymean)^2*example4_1$機率)
> myvar
[1] 0.7051


# 計算標準差
> sqrt(myvar)
[1] 0.8397023
```

對於機率密度函數為f(x)的連續型隨機變數，期望值為：

$$\mu = E(X) = \int_{-\infty}^{\infty} xf(x)dx \tag{4.4}$$

變異數為：

$$\sigma^2 = D(X) = \int_{-\infty}^{\infty} (x-\mu)^2 f(x)dx \tag{4.5}$$

▍4.2.2 隨機變數的機率分配

隨機變數取哪些值，取這些值的機率有多大，這就是隨機變數的**機率分配**（probability distribution）。常用的離散型機率分配有**二項分配**（binomial distribution）、**波瓦松分配**（Poisson distribution）和**超幾何分配**（hypergeometric distribution）等；連續型機率分配有**常態分配**（normal distribution）、**均勻分配**（uniform distribution）和**指數分配**（exponential distribution）等。本章主要介紹後面會用到的二項分配和常態分配。

1. 二項分配

離散型隨機變數X只取有限個可能的值x_1, x_2, ...，而且是以確定的機率取這些值，即$P(X=x_i)=p_i$（$i=1, 2, ...$）。因此，可以列出X的所有可能取值x_1, x_2, ...，以及取每個值的機率p_1, p_2, ...，這就是離散型隨機變數的機率分配。離散型機率分配具有以下性質：

⑴$p_i \geq 0$

⑵$\sum_i p_i = 1,\ (i = 1, 2, \cdots)$

假定知道一個離散型隨機變數的機率分配，並能用一定的公式表達出來，就能根據這一分配計算出隨機變數任意一個取值的機率。

二項分配是建立在Bernoulli（白努力）試驗的基礎上。n次Bernoulli試驗滿足下列條件：

⑴一次試驗只有兩個可能結果，即「成功」和「失敗」。這裡的「成功」是指感興趣的某種特徵。比如，產品分為「合格品」與「不合格品」，如果對「合

格品」感興趣，則「成功」就表示「合格品」。

　　(2)一次試驗「成功」的機率為p，「失敗」的機率為$q=1-p$，而且機率p對每次試驗都是相同的。

　　(3)試驗是相互獨立的，且可以重複進行n次。

　　在n次試驗中，「成功」的次數對應一個離散型隨機變數X。這樣，在n次Bernoulli試驗中，出現「成功」的次數的機率分配就是**二項分配**，記為$X\sim B$ (n, p)。n次試驗中，成功次數為x的機率可表示為：

$$P(X = x) = C_n^x p^x q^{n-x}, \ x = 0,1,2,\cdots,n \tag{4.6}$$

二項分配的期望值和變異數分別為：

$$\mu = E(X) = np, \ \sigma^2 = D(X) = npq \tag{4.7}$$

　　為觀察二項分配的特徵，可以繪製出$n=5$、p分別取0.1,0.2, … ,0.9時的二項分配Binomial (5, b) 圖。R程式和結果，如文字框4-2所示。

文字框 4-2　繪製二項分配圖

```
# 二項分配Binomial (5, b) 圖
> k=seq(.1,.9,.1)
> par(mfrow=c(3,3))
> for(i in 1:9)
barplot(dbinom(0:5,5,k[i]),xlab="x",ylab="p",ylim=c(0,.6),
main=substitute(B(5,b),list(b=k[i])))
```

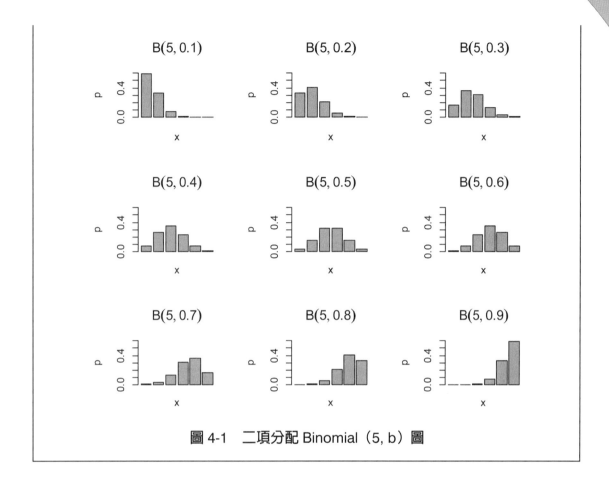

圖 4-1　二項分配 Binomial（5, b）圖

　　由圖4-1可以看出，當p=0.5時機率分配是對稱的；當p=0.1時機率分配右偏；當p=0.9時機率分配左偏。

例 4-2　已知一批產品的不良率爲 6%，從中有放回地抽取 5 個。求 5 個產品中：(1)沒有不合格品的機率；(2)恰好有 1 個不合格品的機率；(3)有 3 個及 3 個以下不合格品的機率。

　　解：抽取一個產品相當於一次試驗，因此n=5。由於是有放回地抽取，所以每次試驗是獨立的，每次抽取的不良率都是6%。設X爲抽取的不合格品數，顯然$X{\sim}B$(5, 0.06)。計算二項分配機率的R程式和結果，如文字框4-3所示。

文字框 4-3　計算二項分配的機率

```
# 計算二項分配的機率
> dbinom(0,5,0.06)                    # 沒有不合格品的機率
[1] 0.733904
> dbinom(1,5,0.06)                    # 恰好有1個不合格品的機率
[1] 0.2342247

> pbinom(3,5,0.06)                    # 有3個及3個以下不合格品的機率
[1] 0.9999383
```

注：
函數dbinom(x,size,prob)為密度函數，計算x＝某一值的機率。函數pbinom(x,size,prob)為分配函數，計算x<=某一值的機率。x>=某一值的機率為：1-(pbinom(x,size,prob))。

2.　常態分配

　　常態分配最初是由C. F. 高斯（Carl Friedrich Gauss, 1777-1855）作爲描述誤差相對次數分配的模型而提出來的，因此又稱高斯分配。令人驚訝的是，這條曲線竟然爲許多不同領域的資料的相對次數分配提供了一個恰當的模型，因而得到十分廣泛的應用。在現實生活中，有許多現象都可以由常態分配來描述，甚至當不知一個連續母體的分配時，我們總嘗試假設該母體服從常態分配來進行分析。其他一些分配（如二項分配）機率的計算也可以利用常態分配來近似，而且由常態分配還可以推導出其他一些重要的統計分配，如t分配、χ^2分配、F分配等。

　　如果隨機變數X的機率密度函數爲：

$$f(x)=\frac{1}{\sqrt{2\pi\sigma^2}}e^{-\frac{1}{2\sigma^2}(x-\mu)^2},-\infty<x<\infty \tag{4.8}$$

則稱X爲常態隨機變數，或稱X服從參數爲μ、σ^2的常態分配，記作$X\sim N(\mu,\sigma^2)$。

式（4.8）中μ是常態隨機變數X的平均數，它可爲任意實數，σ^2是X的變異數，且$\sigma>0$，π=3.1415926，e=2.71828。

由常態分配的定義可以看出，不同的μ值和不同的σ值對應於不同的常態分配，其機率密度函數所對應的曲線如圖4-2和圖4-3所示。繪製常態分配曲線的R程式和結果，如文字框4-4所示。

文字框 4-4　繪製常態曲線

```
# 平均數不同、變異數相同的常態曲線
> par(mai=c(0.7,0.7,0.1,0.1),cex=0.8)
>  curve(dnorm(x,-2,1),from=-6,to=2,xlim=c(-6,6),
ylab="f(x)",lty=1,lwd=1.5)
> abline(h=0)
> segments(-2,0,-2,0.4,lwd=1.5)
>  curve(dnorm(x,2,1),from=-2,to=6,add=TRUE,lty=2,col="blue",
lwd=1.5)
> abline(h=0)
> segments(2,0,2,0.4,col="blue",lty=2,lwd=1.5)
>  legend(x="topright",legend=c("N(-2,1)","N(2,1)"),lty=1:2,inset=0.02,
col=c("black","blue"))
```

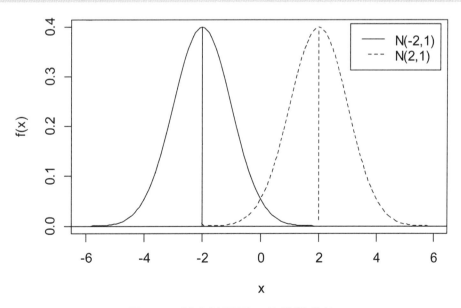

圖 4-2　對應於不同μ的常態曲線

平均數相同、變異數不同的正態曲線

```
> par(mai=c(0.7,0.7,0.1,0.1),cex=0.8)
> curve(dnorm(x,0,sqrt(1/2)),from=-3,to=3,xlim=c(-4,4),ylab="f(x)",
lty=1,col=2,lwd=1.5)
> abline(h=0)
> segments(0,0,0,0.56,col="blue",lty=2,lwd=1.5)
> curve(dnorm(x,0,1),from=-4,to=4,add=TRUE,lty=2,lwd=1.5)
> curve(dnorm(x,0,sqrt(2)),from=-4,to=4,add=TRUE,lty=3,col=4,
lwd=1.5)
> legend(x="topright",legend=c("N(0,0.5)","N(0,1)","N(0,2)"),lty=1:
3,inset=0.02,col=c(2,"black",4))
```

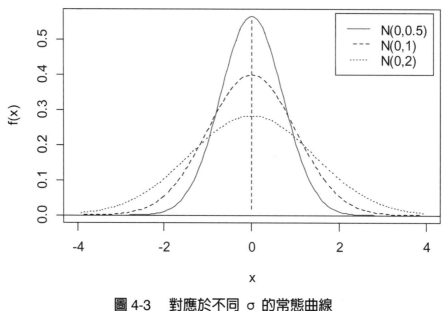

圖 4-3　　對應於不同 σ 的常態曲線

　　從圖4-2和圖4-3可以看出，常態曲線具有如下性質：

　　⑴常態曲線的圖形是關於$x=\mu$對稱的鐘形曲線，且峰值在$x=\mu$處。

　　⑵常態分配的兩個參數μ和σ一旦確定，常態分配的具體形式也就唯一確定，不同參數取值的常態分配，構成一個完整的「常態分配族」。其中平均數μ決定常態曲線的具體位置，標準差σ相同而平均數不同的常態曲線在座標軸上體現爲水平位移。標準差σ決定常態曲線的「陡峭」或「扁平」程度。σ越大，常態曲線

越扁平；σ越小，常態曲線越陡峭。

⑶當X的取值向橫軸左右兩個方向無限延伸時，常態曲線的左右兩個尾端也無限漸近橫軸，但理論上永遠不會與之相交。

⑷常態曲線之曲線下的總面積等於1。常態隨機變數在特定區間上取值的機率，由常態曲線下的面積得到。

由於常態分配是一個分配族，對於任一個服從常態分配的隨機變數，透過

$$Z = \frac{(x - \mu)}{\sigma}$$

標準化後的新隨機變數，都將服從平均數為0、標準差為1的**標準常態分配**（standard normal distribution），記為$Z\sim N(0,1)$。

標準常態分配的機率密度函數用$\varphi(x)$表示，有：

$$\varphi(x) = \frac{1}{\sqrt{2\pi}} e^{-\frac{1}{2}x^2}, -\infty < x < \infty \tag{4.9}$$

圖4-4顯示了標準常態分配的機率和給予尾部機率時，所對應的分位點（由於繪製該圖的程式冗長，這裡不再列出）。

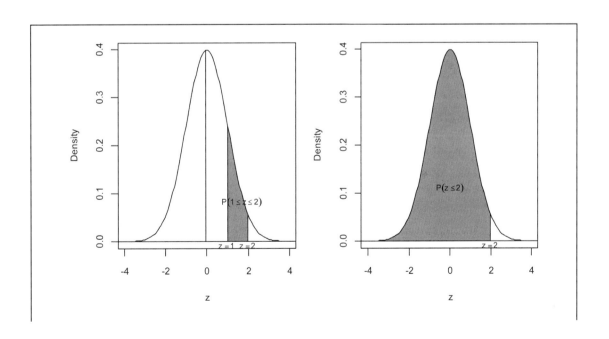

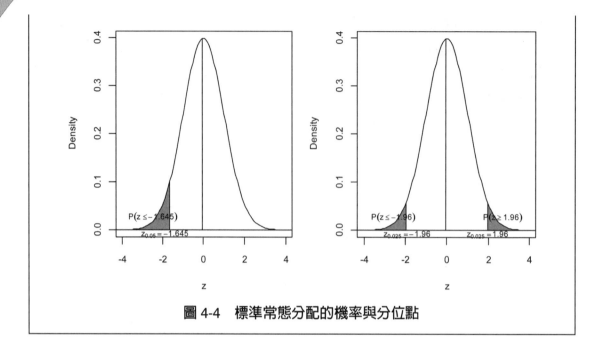

圖 4-4　標準常態分配的機率與分位點

例 4-3　計算下列機率：

(1)$X \sim N(50, 10^2)$，求$P(X \leq 40)$和$P(30 \leq X \leq 40)$。

(2)$Z \sim N(0, 1)$，求$P(Z \leq 2.5)$和$P(-1.5 \leq Z \leq 2)$。

(3)標準常態分配累積機率為0.025時的反函數值z。

解：R程式和結果，如文字框4-5所示。

文字框 4-5　計算常態分配累積機率和給予累積機率時的分位數

```
# 計算常態分配的機率
> pnorm(40,mean=50,sd=10)                            #  P(X≤40)的概率
[1] 0.1586553
> pnorm(40,mean=50,sd=10)-pnorm(30,mean=50,sd=10)    #  P(30≤X≤40)的概率
[1] 0.1359051
> pnorm(2.5,mean=0,sd=1)                             #  P(Z≤2.5)的概率
[1] 0.9937903
> pnorm(2,mean=0,sd=1)-pnorm(-1.5,mean=0,sd=1)       #  P(-1.5≤Z≤2)的概率
[1] 0.9104427
```

```
#  計算常態分配的分位數
> qnorm(0.025,mean=0,sd=1)          #  累積機率為 0.025 時的反函數值z
[1] -1.959964
```

注：
函數pnorm(x,mean,sd)為分配函數，計算x<=某一值的累積機率；x>=某一值的機率為：
1-pnorm(x,mean,sd)。函數qnorm(p,mean,sd)為分位數函數，計算給予累積機率p、平均數mean、標準差sd時的分位數。

經驗法則總結了常態分配在一些常用區間上的機率，如圖4-5所示。

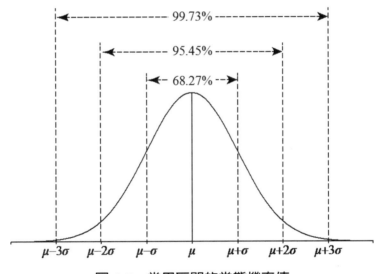

圖 4-5 常用區間的常態機率值

圖4-5顯示，常態隨機變數落入其平均數左右各1個標準差內的機率是68.27%，落入其平均數左右各2個標準差內的機率是95.45%；落入其平均數左右各3個標準差內的機率是99.73%。

▌ 4.2.3 其他幾個重要的統計分配

有些隨機變數是統計學家爲分析的需要而構造出來的。比如，把樣本平均數標準化後形成一個新的隨機變數t，樣本變異數除以母體變異數得到一個隨機變數x^2，兩個樣本變異數比形成一個隨機變數F等。這些隨機變數用t、x^2和F來命名，是因爲它們分別服從統計中的t分配、x^2分配和F分配。這些分配都是由常態分配推導而來，它們在推論統計中具有獨特的地位和用途。

1. t分配

t分配（t-distribution）的提出者是William Gosset，由於他經常用筆名「student」發表文章，用t表示樣本平均數經標準化後的新隨機變數，因此稱爲t分配，也被稱爲學生t分配（student's t）。

t分配是類似常態分配的一種對稱分配，它通常要比常態分配平坦和分散。一個特定的t分配依賴於稱之爲自由度的參數。隨著自由度的增大，t分配也逐漸趨於常態分配。繪製t分配曲線的R程式和結果，如文字框4-6所示。

文字框 4-6　繪製對應於不同自由度的 t 分配與標準常態分配曲線

```
# 不同自由度的 t 分配曲線與標準常態分配曲線的比較
>  par(mai=c(0.7,0.7,0.1,0.1),cex=0.8)
>  curve(dnorm(x,0,1),from=-3,to=3,xlim=c(-4,4),ylab="f(x)",lty=1,lwd=1.5,col=1)
>  abline(h=0)
>  segments(0,0,0,0.4,col="blue",lty=2,lwd=1.5)
>  curve(dt(x,5),from=-4,to=4,add=TRUE,lty=2,col=2,lwd=1.5)
>  curve(dt(x,2),from=-4,to=4,add=TRUE,lty=3,col=4,lwd=1.5)
>  legend(x="topright",legend=c("N(0,1)","t(5)","t(2)"),lty=1:3,inset=0.02,col=c(1,2,4))
```

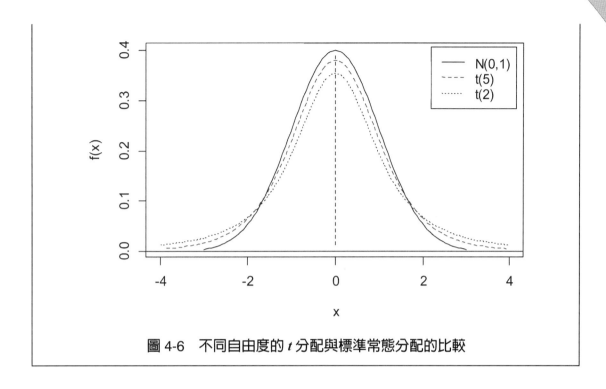

圖 4-6　不同自由度的 t 分配與標準常態分配的比較

　　當常態母體標準差未知時，在小樣本條件下對母體平均數的估計和檢定要用到 t 分配。t 分配的機率即為曲線下面積。

例 4-4　計算：(1)自由度為 10，t 值小於 -2 的機率；(2)自由度為 15，t 值大於 3 的機率；(3)自由度為 25，t 分配右尾機率為 0.025 時的 t 值。

解：R程式和結果，如文字框4-7所示。

文字框 4-7　計算 t 分配累積機率和給予累積機率時的分位數

```
# 計算 t 分配的機率
> pt(-2,df=10)              # 自由度為10，t值小於-2的機率
[1] 0.03669402


> 1-pt(3,df=15)            # 自由度為15，t值大於3的機率
[1] 0.004486369
```

```
# 計算 t 分配的分位數
> qt(0.975,df=25)            # 自由度為25，t分配右尾機率為0.025時的 t 值
[1] 2.059539
```

注：

函數 pt(x,df) 為分配函數，計算 x<=某一值的累積機率；x>=某一值的機率為1-pt(x,df)。函數 qt(p,df) 為分位數函數，計算給予累積機率 p、自由度 df 時的分位數。

2. χ^2分配

χ^2分配（chi-square distribution）是由Abbe於1863年首先提出的，後來由Hermert和K. Pearson分別於1875年和1900年推導出來。

n個獨立標準常態隨機變數平方和的分配，稱為具有n個自由度的χ^2分配，記為$\chi^2(n)$。設母體服從一般常態分配，則

$$Z = \frac{X - \mu}{\sigma} \sim N(0,\ 1)$$

令$Y=Z^2$，則Y服從自由度為1的χ^2分配，即$Y \sim \chi^2(1)$。一般而言，對於n個獨立標準常態隨機變數$Y_1, Y_2..., Y_n$，則隨機變數

$$\chi = \sum_{i=1}^{n} Y_i^2$$

的分配為具有n自由度的χ^2分配，記為$\chi \sim \chi^2(n)$。

$\chi^2(n)$分配的形狀取決於其自由度n的大小，通常為不對稱右偏分配，但隨著自由度的增大逐漸趨於對稱。繪製不同自由度χ^2分配曲線的R程式和結果，如文字框4-8所示。

文字框 4-8　繪製不同自由度的 χ^2 分配曲線

```
# 對應於不同自由度的χ²分配
> par(mfrow=c(2,3), mai=c(0.6,0.6,0.2,0.1))
> n=5000
> df=c(2,5,10,15,20,30)
```

```
> for(i in 1:6){
+ x<-rchisq(n,df[i])
+ hist(x,freq=F,col="lightblue",xlab="x",ylab="Density",
+ main=substitute(df==d,list(d=df[i])))
+ rug(jitter(x),col="gray30")
+ curve(dchisq(x,df[i]),lwd=2,col=2,add=T)
+ }
```

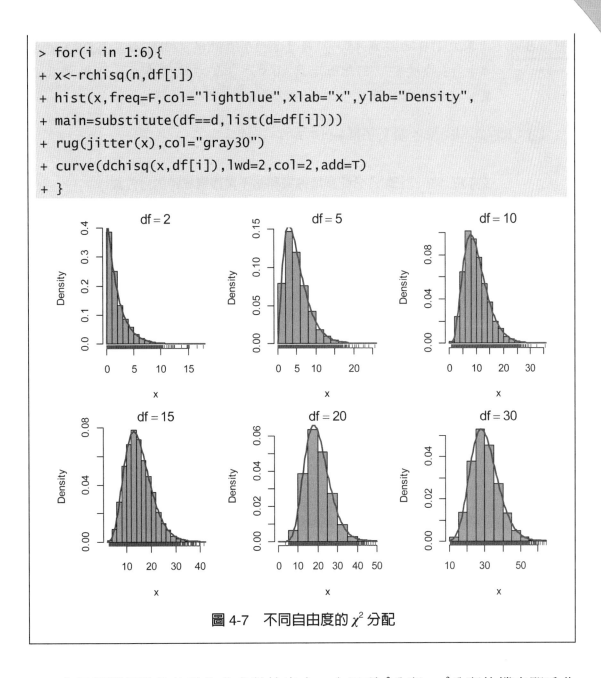

圖 4-7　不同自由度的 χ^2 分配

　　在母體變異數的估計和非參數檢定中，會用到χ^2分配。χ^2分配的機率即為曲線下面積。利用R函數，可以計算給予χ^2值和自由度df時，χ^2分配的累積機率和給予累積機率與自由度df時，相應的χ^2值。

例 4-5　計算：(1)自由度為 15，χ^2 值小於 10 的機率；(2)自由度為 25，χ^2 值大於 15 的機率；(3)自由度為 10，χ^2 分配右尾機率為 0.05 時的反函數值（在估計和檢定中，稱為臨界值）。

解：R程式和結果，如文字框4-9所示。

文字框 4-9　計算 χ^2 分配累積機率和給予累積機率時的分位數

```
# 計算χ²分配的機率
> pchisq(10,df=15)              # 自由度為15，χ²值小於10的機率
[1] 0.1802601


> 1-pchisq(15,df=25)           # 自由度為25，χ²值大於15的機率
[1] 0.9413826

# 計算χ²分配的分位數
> qchisq(0.95,df=10)           # χ²分配右尾機率為0.05時的反函數值
[1] 18.30704
```

注：
函數pchisq(x,df)為分配函數，計算x<=某一值的累積機率；x>=某一值的機率為1-pchisq(x,df)。函數qchisq(p,df)為分位數函數，計算給予累積機率p、自由度df時的分位數。

3.　F分配

F分配（F-distribution）是為紀念著名統計學家R. A. Fisher，以其姓氏的第一個字母而命名的。它是兩個χ^2分配的比。設$U \sim \chi^2(n_1)$, $V \sim \chi^2(n_2)$，且U和V相互獨立，則

$$F = \frac{U/n_1}{V/n_2}$$

服從自由度n_1和n_2的F分配，記為$F \sim F(n_1, n_2)$。

　　F分配的圖形與χ^2分配類似，其形狀取決於兩個自由度。繪製不同自由度F分配曲線的R程式和結果，如文字框4-10所示。

文字框 4-10　繪製不同自由度的 F 分配曲線

```
# 不同自由度的 F 分配曲線
> par(mai=c(0.7,0.7,0.1,0.1),cex=0.8)
> curve(df(x,10,20),from=0,to=5,xlim=c(0,5),ylab="f(x)",lty=1,lwd=
1.5,col=1)
> curve(df(x,5,10),from=0,to=5,add=TRUE,lty=2,lwd=1.5,col=2)
> curve(df(x,3,5),from=0,to=5,add=TRUE,lty=3,lwd=1.5,col=4)
> abline(h=0,v=0)
> legend(x="topright",legend=c("F(10,20)","F(5,10)","F(3,5)"),lty=
1:3,inset=0.02,col=c(1,2,4))
```

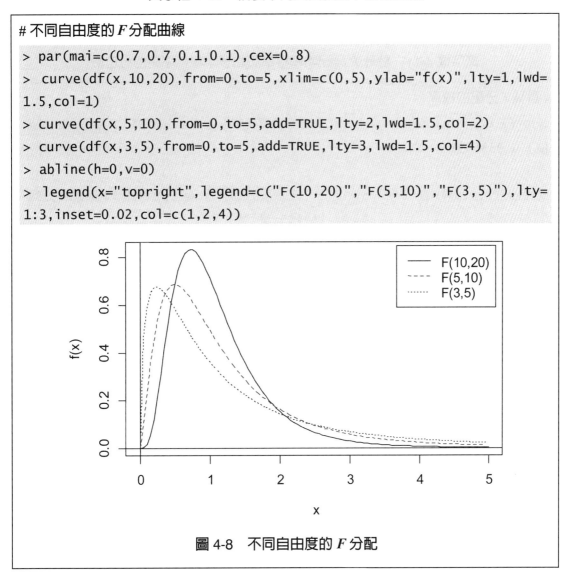

圖 4-8　不同自由度的 F 分配

　　F分配通常用於比較不同母體的變異數，是否有顯著差異。F分配的機率即為曲線下面積。利用R函數，可以計算給予F值和自由度df1和df2時，F分配的累積機率，以及給予累積機率和自由度df1、df2時的相應F值。

例 4-6　計算：(1)分子自由度為 10，分母自由度為 8，F 值小於 3 的機率；(2)分子自由度為 18，分母自由度為 15，F 值大於 2.5 的機率；(3)分子自由度為 25，分母自由度為 20，F 分配累積機率為 0.95 時的 F 值。

解：R程式和結果，如文字框4-11所示。

文字框 4-11　計算 F 分配累積機率和給予累積機率時的分位數

```
# 計算 F 分配的機率
> pf(3,df1=10,df2=8)          # 分子自由度為10，分母自由度為8，F值小於3的機率
[1] 0.9335491


> 1-pf(2.5,df1=18,df2=15)     # 分子自由度為18，分母自由度為15，F 值大於2.5的
                                機率
[1] 0.03944963


# 計算 F 分配的分位數
> qf(0.95,df1=25,df2=20)      # 分子自由度為25，分母自由度為20，分配累積機率為
                                0.95時的F值
[1] 2.07392


注：
函數pf(x,df1,df2)為分配函數，計算x<=某一值的累積機率；x>=某一值的機率為
1-pf(x,df)。函數qf(p,df1,df2)為分位數函數，計算給予累積機率p、自由度df1、df2
時的分位數。
```

4-3　樣本統計量的機率分配

你可能關心某個地區所有家庭的平均收入是多少，但你不可能去調查每個家庭的收入，而只能抽取一部分家庭作為樣本，獲得樣本家庭的收入資料，然後用樣本平均收入去推論全部家庭的平均收入。當然，你也可能去推論所有家庭收入的變異數是多少，低收入家庭的比例是多少。這就是抽樣推論問題。那麼，做出這種推論的依據是什麼？怎樣才能讓別人信服你的推論結果呢？這就必須知道用於推論的樣本統計量（如樣本平均數 $\bar{x}$、樣本比例 p、樣本變異數 s^2 等）是如何分配的。

▌4.3.1　統計量及其分配

1.　參數和統計量

如果想瞭解某個地區的人均收入狀況，由於不可能對每個人進行調查，因而也就無法知道該地區的人均收入。這裡「該地區的人均收入」就是所關心的母體**參數**（parameter），它是對母體特徵的某個概括性量數。

參數通常是不知道的，但又是我們想要瞭解的母體的某種特徵值。如果只研究一個母體，所關心的參數通常有母體平均數、母體標準差、母體比例等。在統計中，母體參數通常用希臘字母表示。比如，母體平均數用 μ（mu）表示、母體標準差用 σ（sigma）表示、母體比例用 π（pi）表示。

母體參數雖然是未知的，但可以利用樣本資訊來推論。比如，從某地區隨機抽取1000個家庭組成一個樣本，根據這1000個家庭的平均收入推論該地區所有家庭的平均收入。這裡1000個家庭的平均收入就是一個**統計量**（statistic），它是根據樣本資料計算的，用於推論母體的某些量，是對樣本特徵的某個概括性量數。顯然，統計量是樣本的函數。由於統計量的取值會因樣本不同而變化，因此樣本統計量是一個隨機變數。但在抽取一個具體的樣本時，樣本資料就是已知的，所以統計量的值總是可以計算出來的。

就一個樣本而言，關心的統計量通常有樣本平均數、樣本變異數、樣本比例等。樣本統計量通常用英文字母來表示。比如，樣本平均數用 $\bar{x}$ 表示、樣本變異數用 s^2 表示、樣本比例用 p 表示。

2. 統計量的機率分配

母體參數雖然是未知的，但它不會隨著樣本的不同而變化。相反的，樣本統計量的值卻完全依賴於所抽取的樣本。既然統計量是一個隨機變數，那麼它就有一定的機率分配。樣本統計量的機率分配也稱爲**抽樣分配**（sampling distribution），它是由樣本統計量的所有可能取值形成的相對次數分配。但由於現實中不可能將所有可能的樣本都抽出來，因此，統計量的機率分配實際上是一種理論分配。

既然統計量的取值是依據樣本而變化的，那麼，根據統計量來推論母體參數就必然具有某種不確定性。幸運的是，我們可以得到這種推論的可靠性，而度量這種可靠性的依據正是統計量的機率分配，並且我們確知這種分配的某些性質。因此，統計量的機率分配提供了該統計量長遠而穩定的資訊，它構成了推論母體參數的理論基礎。

▌ 4.3.2　樣本平均數的分配

設母體共有 N 個元素（個體），從中抽取樣本量爲 n 的隨機樣本，在有放回抽樣條件下，共有 N^n 個可能的樣本；在無放回抽樣條件下，共有 $C_N^n = \dfrac{n!}{n!(N-n)!}$ 個可能的樣本。把所有可能的樣本平均數都算出來，由這些樣本平均數形成的分配就是樣本平均數的機率分配，或稱樣本平均數的抽樣分配。但現實中不可能將所有的樣本都抽出來，因此，樣本平均數的機率分配實際上是一種理論分配。當樣本量較大時，統計學家能夠證明它近似服從常態分配。下面透過一個例子，說明樣本平均數的機率分配。

> **例 4-7**　（資料：example4_7.RData）

設一個母體含有五個元素，取值分別爲：$x_1=2$、$x_2=4$、$x_3=6$、$x_4=8$、$x_5=10$。從該母體中採取重複抽樣方法抽取樣本量爲 $n=2$ 的所有可能樣本，寫出樣本平均數 $\bar{x}$ 的機率分配。

解：母體爲均勻分配，即 x_i 取每一個值的機率都相同。母體的平均數和變異數分別爲：

$$\mu = \frac{\sum_{i=1}^{4} x_i}{N} = \frac{30}{5} = 6 \quad , \quad \sigma^2 = \frac{\sum_{i=1}^{4}(x_i - \mu)^2}{5} = \frac{40}{5} = 8$$

從母體中採取重複抽樣方法抽取容量為n=2的隨機樣本，共有5^2=25個可能的樣本。計算出每一個樣本的平均數$\bar{x}_i$，結果如表4-2所示。

表 4-2　25 個可能的樣本及其平均數

樣本序號	樣本元素 1	樣本元素 2	樣本平均數
1	2	2	2
2	2	4	3
3	2	6	4
4	2	8	5
5	2	10	6
6	4	2	3
7	4	4	4
8	4	6	5
9	4	8	6
10	4	10	7
11	6	2	4
12	6	4	5
13	6	6	6
14	6	8	7
15	6	10	8
16	8	2	5
17	8	4	6
18	8	6	7
19	8	8	8
20	8	10	9
21	10	2	6
22	10	4	7
23	10	6	8
24	10	8	9
25	10	10	10

每個樣本被抽中的機率相同，均為1/25。設樣本平均數的平均數（期望值）為$\mu_{\bar{x}}$，樣本平均數的變異數為$\sigma_{\bar{x}}^2$。根據表4-2中樣本平均數得：

$$\mu_{\bar{x}} = \frac{\sum_{1}^{25} \bar{x}}{25} = 6 \quad , \quad \sigma_{\bar{x}}^2 = \frac{\sum_{1}^{25} (\bar{x} - \mu_{\bar{x}})^2}{25} = 4$$

與母體平均數μ和母體變異數σ^2比較，不難發現

$$\mu_{\bar{x}} = \mu = 6 \quad , \quad \sigma_{\bar{x}}^2 = \frac{\sigma^2}{n} = \frac{8}{2} = 4$$

由此可見，樣本平均數的平均數（期望值）等於母體平均數，樣本平均數的變異數等於母體變異數的1/n。

繪製母體分配和樣本平均數分配圖的R程式和結果，如文字框4-12所示。

文字框 4-12　繪製母體分配和樣本平均數的分配圖

```
# 計算樣本平均數的平均數和變異數
> load("C:/example/ch4/example4_7.RData")
> n<-25
> mu<-sum(example4_7$樣本平均數)/n;mu
[1] 6
> var<-sum((example4_7$樣本平均數-6)^2)/n;var
[1] 4

# 製作樣本平均數的次數分配表
> table(example4_7$樣本平均數)

  2  3  4  5  6  7  8  9 10
  1  2  3  4  5  4  3  2  1

# 母體分配的長條圖和樣本平均數分配的直方圖
> xx<-c(2,4,6,8,10)
> barplot(table(xx),xlab="母體分配",ylab="次數",cex.axis=0.7,cex.lab=0.7)
> hist(example4_7$樣本平均數,breaks=rep(1.5:10.5,by=2),ylab="次數",xlab="樣本平均數的分配",freq=FALSE,cex.axis=0.7,cex.lab=0.7,main="")
> curve(dnorm(x,mean(example4_7$樣本平均數),sd(example4_7$樣本平均數)),add=T,col="blue",lwd=1)
```

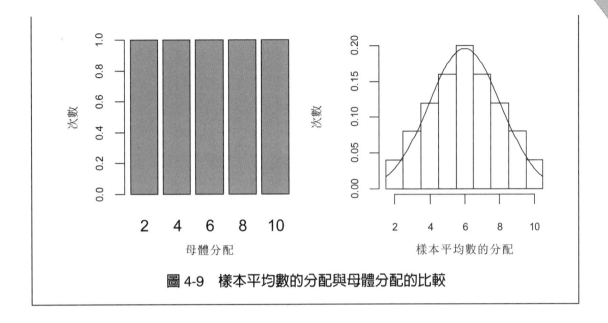

圖 4-9　樣本平均數的分配與母體分配的比較

　　透過比較母體分配和樣本平均數的分配，不難看出它們的區別。儘管母體爲均勻分配，但樣本平均數的分配在形狀上卻是近似常態分配。

　　樣本平均數的分配與抽樣所依據的母體的分配和樣本量n的大小有關。統計證明，如果母體是常態分配，無論樣本量的大小，樣本平均數的分配都近似服從常態分配。如果母體不是常態分配，就要看樣本量的大小了。隨著樣本量n的增大（通常要求$n \geq 30$），不論原來的母體是否服從常態分配，樣本平均數的機率分配都將趨於常態分配，其分配的期望值爲母體平均數μ、變異數爲母體變異數的$1/n$，這就是統計上著名的**中央極限定理**（central limit theorem）。這一定理可以表述爲：從平均數爲μ、變異數爲σ^2的母體中，抽取樣本量爲n的所有隨機樣本，當n充分大時（通常要求$n \geq 30$），樣本平均數的分配近似服從平均數爲μ、變異數爲σ^2/n的常態分配，即

$$\bar{x} \sim N\left(\mu, \frac{\sigma^2}{n} \right) 。$$

等價地有

$$\frac{\bar{x} - \mu}{\sigma / \sqrt{n}} \sim N(0, 1) 。$$

　　圖4-10可以作為中央極限定理的佐證。從0~100均勻分配的母體和指數分配的母體中，分別抽取樣本量為2、10和30的5000個樣本，樣本平均數的分配如圖4-10所示。圖中的U表示均勻分配，E表示指數分配。可以看出，隨著樣本量的增大，樣本平均數的分配逐漸趨於常態分配。

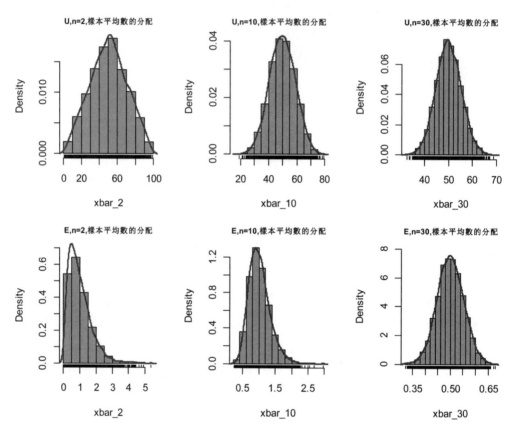

圖 4-10　隨著樣本量的增大，樣本平均數的分配趨於常態分配

　　如果母體不是常態分配，當n為小樣本時（通常$n<30$），樣本平均數的分配則不服從常態分配。樣本平均數的分配，可用圖4-11來描述。

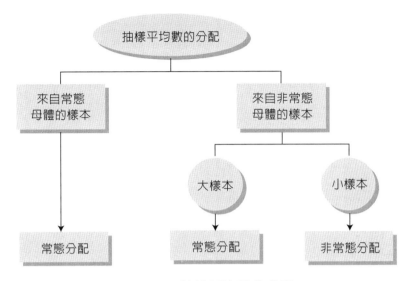

圖 4-11 抽樣平均數的分配

4.3.3 其他統計量的分配

在統計分析中，許多情形下要進行比例估計。**比例**（proportion）是指母體（或樣本）中具有某種屬性的個體與全部個體之和的比值。例如：一個班級的學生按性別分為男、女兩類，男生人數與全班總人數之比就是比例，女生人數與全班人數之比也是比例。再如，產品可分為合格品與不合格品，合格品（或不合格品）與全部產品總數之比就是比例。

設母體有N個元素，具有某種屬性的元素個數為N_0，具有另一種屬性的元素個數為N_1，母體比例用π表示，則有$\pi = N_0/N$，或$N_1/N = 1-\pi$。相應地，樣本比例用p表示，同樣有$p = n_0/n$，$n_1/n = 1-p$。

從一個母體中重複選取樣本量為n的樣本，由樣本比例的所有可能取值形成的分配就是樣本比例的機率分配。統計顯示，當樣本量很大時（通常要求$np \geq 10$和$n(1-p) \geq 10$），樣本比例分配可用常態分配近似，p的期望值$E(p)=\pi$，變異數為

$$\sigma_p^2 = \frac{\pi(1-\pi)}{n}，即$$

$$p \sim N\left(\pi, \frac{\pi(1-\pi)}{n}\right)。$$

等價地有

$$\frac{p - \pi}{\sqrt{\pi(1-\pi)\ /n}} \sim N(0,\ 1)$$

　　樣本變異數是如何分配的呢？統計證明，對於來自常態母體的簡單隨機樣本，則比值

$$\frac{(n-1)s^2}{\sigma^2}$$

服從自由度為$(n-1)$的χ^2分配，即

$$\chi^2 = \frac{(n-1)s^2}{\sigma^2} \sim \chi^2(n-1) \ 。$$

　　如果要估計兩個母體的參數，比如，兩個母體平均數之差$\mu_1 - \mu_2$、兩個母體比例之差$\pi_1 - \pi_2$、兩個母體的變異數比σ_1^2 / σ_2^2，那麼，推論這些參數的統計量分別是兩個樣本平均數之差$\bar{x}_1 - \bar{x}_2$、兩個樣本比例之差$p_1 - p_2$、兩個樣本變異數比s_1^2 / s_2^2。這些樣本統計量的分配，也有所不同。$\bar{x}_1 - \bar{x}_2$的分配，取決於兩個母體的分配和兩個樣本的樣本量大小；$p_1 - p_2$的分配在兩個大樣本情形下，近似服從常態分配，而s_1^2 / s_2^2的分配則服從F分配。

▎ 4.3.4　統計量的標準誤差

　　統計量的**標準誤差**（standard error）也稱為標準誤，它是指樣本統計量分配的標準差。標準誤差用於衡量樣本統計量的離散程度，在參數估計和假設檢定中，它是用於衡量樣本統計量與母體參數之間差距的一個重要尺度。就樣本平均數而言，樣本平均數的標準誤差用SE或$\sigma_{\bar{x}}$表示，計算公式為：

$$\sigma_{\bar{x}} = \frac{\sigma}{\sqrt{n}} \tag{4.10}$$

　　當母體標準差σ未知時，可用樣本標準差s代替計算，這時計算的標準誤差稱為**估計標準誤差**（standard error of estimation）。由於實際應用中，母體σ通常是未知時，所計算的標準誤差實際上都是估計標準誤差，因此估計標準誤差就簡稱為標準誤差（統計軟體中得到的都是估計標準誤差）。

　　相應地，樣本比例的標準誤差可表示為：

$$\sigma_p = \sqrt{\frac{\pi(1-\pi)}{n}} \qquad\qquad (4.11)$$

當母體比例的變異數$\pi(1-\pi)$未知時，可用樣本比例的變異數$p(1-p)$代替。

注意：標準誤差與第3章介紹的標準差（standard deviation）是兩個不同的概念。標準差是根據原始觀測值計算的，反映一組原始資料的離散程度。而標準誤差是根據樣本統計量計算的，反映統計量的離散程度。比如，樣本平均數的標準誤差是根據多個樣本的樣本平均數$\bar{x}$計算的，反映樣本平均數的離散程度。

隨機變數的機率分配[1]

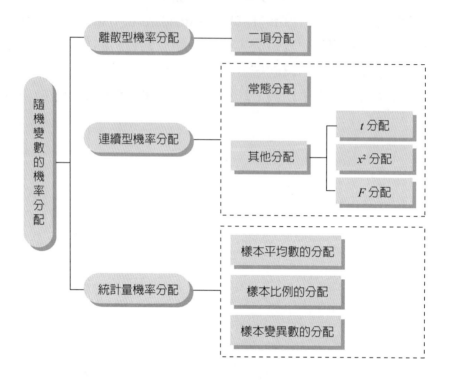

---

[1]　本分類只是針對本章所介紹的幾種隨機變數的機率分配，統計中還有很多重要的機率分配。

主 要 術 語

● **機率**（probability）：對事件發生的可能性大小的度量值。

● **隨機變數**（random variable）：事先不能確定其取值的變數。

● **離散型隨機變數**（discrete random variable）：只能取有限個值的隨機變數。

● **連續型隨機變數**（continuous random variable）：可以取一個或多個區間中任何值的隨機變數。

● **期望值**（expected value）：隨機變數的平均取值。

● **隨機變數的變異數**（variance）：隨機變數的每一取值與期望值的離差平方的期望值。

● **參數**（parameter）：對母體特徵的某個概括性量數。

● **統計量**（statistic）：對樣本特徵的某個概括性量數，是樣本的函數。

● **抽樣分配**（sampling distribution）：樣本統計量的機率分配，是由樣本統計量的所有可能取值形成的相對次數分配。

● **標準誤差**（standard error）：也稱標準誤，樣本統計量分配的標準差，用於衡量樣本統計量的離散程度。

思考與練習

一、思考題

4.1　舉例說明離散型隨機變數和連續型隨機變數。

4.2　簡述Bernoulli試驗需滿足的條件。

4.3　簡述常態分配曲線的特點。

4.4　解釋中央極限定理的涵義。

4.5　χ^2分配和F分配的圖形各有什麼特點？

4.6　解釋樣本統計量的機率分配。

4.7　什麼是統計量的標準誤差？它有什麼用途？

二、練習題

4.1　消費者協會經過調查發現，某品牌冷氣機有重要缺陷的產品數出現的機率分配如下：

X	0	1	2	3	4	5	6	7	8	9	10
P	0.041	0.130	0.209	0.223	0.178	0.114	0.061	0.028	0.011	0.004	0.001

根據上表資料計算：

⑴有2到5個（包括2個與5個在內）冷氣機出現重要缺陷的機率。

⑵只有不到2個冷氣機出現重要缺陷的機率。

⑶有超過5個冷氣機出現重要缺陷的機率。

4.2　設X是參數為$n=4$和$p=0.5$的二項隨機變數，求以下機率：

⑴$P(X = 2)$；　⑵$P(X \leq 2)$。

4.3　求標準常態分配的機率：

⑴$P(0 \leq Z \leq 1.2)$；　⑵$P(-0.48 \leq Z \leq 0)$；　⑶$P(Z \geq 1.33)$。

4.4　從平均數為200、標準差為50的母體中，抽取$n=100$的簡單隨機樣本，用樣本平均數$\bar{x}$估計母體平均數。

⑴$\bar{x}$的期望值和標準差是多少？

⑵$\bar{x}$的機率分配是什麼？

4.5　從$\pi=0.4$的母體中，抽取一個容量為500的簡單隨機樣本。

⑴p的期望值和標準差是多少？

⑵p的分配是什麼？

4.6 設一個母體含有四個元素（個體），取值分別為：$x_1=1$、$x_2=2$、$x_3=3$、$x_4=4$。從該母體中採取重複抽樣方法抽取樣本量為$n=2$的所有可能樣本，寫出樣本平均數$\bar{x}$的機率分配。

## 第 5 章

參數估計

R運用

問 題 與 思 考

科學家做出重大貢獻時的最佳年齡是多少

　　科學家在哪個年齡階段易取得重大突破？有研究發現：傑出科學家做出重大貢獻的最佳年齡區間在25～45歲之間，其最佳峰值年齡和首次貢獻的最佳成名年齡隨著時代的變化而逐漸增大。偉大的科學發現很多是由富於創造力的年輕人所提出的。下表是16世紀中葉至20世紀，十二個重大科學突破的資料。

科學發現	科學家	年分	年齡
太陽中心論	哥白尼	1543	40
天文學的基本定律	伽利略	1600	43
運動定律、微積分、萬有引力	牛頓	1665	23
電的實質	富蘭克林	1746	40
燃燒即氧化	拉瓦錫	1774	31
進化論	達爾文	1858	49
電磁理論	麥克斯威爾	1864	33
留聲機、電燈	愛迪生	1877	30
X射線	居禮夫人	1896	34
量子論	普朗克	1901	43
相對論	愛因斯坦	1905	26
量子力學的數學基礎	薛定爾	1926	39

　　如果把上述科學家看作是一個隨機樣本，根據上表資料計算，16世紀中葉到20世紀有重大突破時，科學家的平均年齡為35.92歲，95%的信賴區間為29.91歲～41.93歲之間。這一年齡區間是如何計算出來的？如何理解95%的信賴區間的涵義？本章將要介紹的參數估計，就回答這些問題。

　　參數估計是在樣本統計量機率分配的基礎上，根據樣本資訊推論所關心的母體參數。本章首先討論參數估計的基本原理，然後介紹母體參數的估計方法，最後介紹參數估計中樣本量的確定。

5-1 參數估計的基本原理

　　參數估計（parameter estimation）是用樣本統計量去估計母體的參數。比如，用樣本平均數 $\bar{x}$ 估計母體平均數 μ，用樣本比例 p 估計母體比例 π，用樣本變異數 s^2 估計母體變異數 σ^2 等。如果將母體參數用 θ 表示，用於估計參數的統計量用 $\hat{\theta}$ 表示，當用 $\hat{\theta}$ 來估計 θ 的時候，$\hat{\theta}$ 也被稱為**估計量**（estimator），根據一個具體的樣本計算出來的估計量的數值稱為**估計值**（estimate）。比如，要估計軟體行業從業人員的月平均收入，從所有從業人員中抽取一個隨機樣本，全行業從業人員的月平均收入就是參數，用 θ 表示，根據樣本計算的月平均收入 $\bar{x}$ 就是一個估計量，用 $\hat{\theta}$ 表示，假定計算出來的樣本平均收入為58000元，這個58000元就是估計量的具體數值，稱為估計值。

▌5.1.1 點估計與區間估計

　　參數估計的方法，有點估計和區間估計兩種。

1. 點估計

　　點估計（point estimate）是用估計量 $\hat{\theta}$ 的某個取值，直接作為母體參數 θ 的估計值。比如，用樣本平均數 $\bar{x}$ 直接作為母體平均數 μ 的估計值，用樣本比例 p 直接作為母體比例 π 的估計值，用樣本變異數 s^2 直接作為母體變異數 σ^2 的估計值等。比如，從軟體行業從業人員中抽出一個隨機樣本，計算的平均月收入為58000元，用58000元作為該行業從業人員月平均收入的一個估計值，這就是點估計。再比如，要估計一批產品的合格率，根據樣本計算的良率為98%，將98%直接作為這批產品良率的估計值，這也是一個點估計。

　　由於樣本是隨機抽取的，一個具體的樣本得到的估計值很可能不同於母體參數。點估計的缺陷是無法得到估計的可靠性，也無法說出點估計值與母體參數真實值接近的程度，因為一個點估計量的可靠性是由其抽樣分配的標準誤差來衡量的。因此，我們不能完全依賴於一個點估計值，而應圍繞點估計值構造出母體參數的一個區間。

2.　區間估計

假定參數是射擊靶上靶心的位置，一個點估計就相當於作一次射擊，打在靶心位置上的可能性很小，但打在靶子上的可能性就很大。用打在靶上的這個點畫出一個區域，這個區域包含靶心的可能性就很大，區間估計要尋找的正是這樣的一個區域。

區間估計（interval estimate）是在點估計的基礎上得到母體參數估計的一個估計區間，該區間通常是由樣本統計量加減**估計誤差**（estimate error）得到的。與點估計不同，進行區間估計時，根據樣本統計量的抽樣分配，可以對統計量與母體參數的接近程度得到一個機率度量。下面以母體平均數的估計為例，來說明區間估計的基本原理。

由樣本平均數的抽樣分配可知，在重複抽樣或無限母體抽樣的情形下，樣本平均數的期望值等於母體平均數，即$E(\bar{x})=\mu$，樣本平均數的標準誤差為$\sigma_{\bar{x}}=\sigma/\sqrt{n}$。由此可知，樣本平均數$\bar{x}$落在母體平均數$\mu$的兩側各1個標準誤差範圍內的機率為0.6827；落在2個標準誤差範圍內的機率為0.9545；落在3個標準誤差範圍內的機率為0.9973。實際上，可以求出樣本平均數$\bar{x}$落在母體平均數μ的兩側任何倍數的標準誤差範圍內的機率。比如，樣本平均數$\bar{x}$落在母體平均數μ的兩側1.65倍的標準誤差、1.96倍的標準誤差和2.58倍的標準誤差範圍內的機率，分別為90%、95%和99%。這意味著，約有90%、95%和99%的樣本平均數會落在μ的兩側，各1.65個標準誤差、1.96個標準誤差和2.58個標準誤差的範圍之內。

但實際估計時，情形恰好相反。$\bar{x}$是已知的，而μ是未知的，也正是將要估計的。由於$\bar{x}$與μ的距離是對稱的，如果某個$\bar{x}$落在μ的1.96個標準誤差範圍之內，反過來，μ也被包括在以$\bar{x}$為中心兩側1.96個標準誤差的範圍之內。這意味著，約有95%的樣本平均數所構造的1.96個標準誤差的區間會包括μ。舉例來說，如果抽取100個樣本來估計母體的平均數，由100個樣本平均數所構造的100個區間中，約有95個區間包含母體平均數，而另外5個區間則不包含母體平均數。圖5-1顯示了區間估計的示意圖。

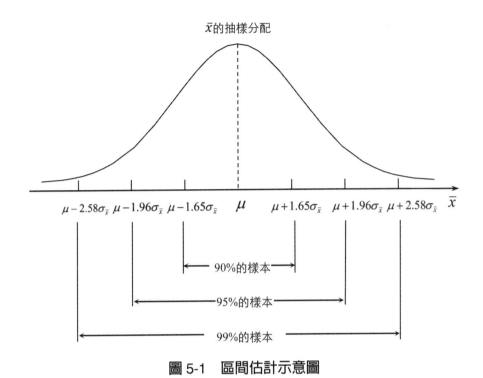

圖 5-1 區間估計示意圖

在區間估計中，由樣本估計量構造出的母體參數在一定信賴水準下的估計區間稱為信賴區間（confidence interval，縮寫為CI），其中區間的最小值稱為信賴下限，最大值稱為信賴上限。由於統計學家在某種程度上確信這個區間會包含真正的母體參數，所以給它取名為信賴區間。假定抽取100個樣本構造出100個信賴區間，這100個信賴區間中有95%的區間包含了母體參數的真值，5%則沒包含，則95%這個值被稱為**信賴水準**（confidence level）。一般而言，如果將構造信賴區間的步驟重複多次，信賴區間中包含母體參數真值的次數所占的比例稱為信賴水準，也稱為**信賴度**或**信賴係數**（confidence coefficient）。統計上，常用的信賴水準有90%、95%和99%。有關信賴區間的概念，可用圖5-2來表示。

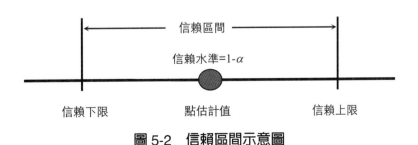

圖 5-2 信賴區間示意圖

　　從圖5-1和圖5-2不難看出，當樣本量確定時，信賴區間的寬度隨著信賴水準的增大而變寬。

　　對信賴區間的理解，需要注意以下幾點：

　　⑴如果用某種方法構造的所有區間中，有95%的區間包含母體參數的真值，5%的區間不包含母體參數的真值，那麼，用該方法構造的區間稱為信賴水準為95%的信賴區間。同樣的，其他信賴水準構造的區間也可以用類似的方式進行表述。

　　⑵母體參數的真值是固定的，而用樣本構造的區間則是不固定的，因此信賴區間是一個隨機區間，它會因樣本的不同而變化，而且不是所有的區間都包含母體參數。一個信賴區間就像是為捕獲未知參數而撒出去的網，不是所有撒出去的網都能捕獲到參數。在實際問題中，估計時往往只抽取一個樣本，此時所構造的是與該樣本相聯繫的一定信賴水準（比如95%）下的信賴區間。我們只能希望這個區間是大量包含母體參數真值的區間中的一個，但它也可能是少數幾個不包含參數真值的區間中的一個。比如，從一個平均數（μ）為50、標準誤差為5的常態母體中，抽取$n=10$的100個隨機樣本，得到的μ的100個95%的信賴區間，如圖5-3所示。

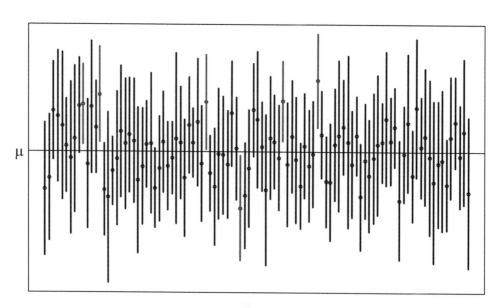

圖 5-3　重複構造出的 μ 的 100 個信賴區間，樣本量為 10，信賴水準為 95%

　　圖中每個區間中間的點表示μ的點估計，即樣本平均數x̄。可以看出100個區間中有94個區間包含母體平均數，有6個區間（用虛線表示的信賴區間）沒有包含母體平均數（注意：這仍然是95%的信賴區間。這100個信賴區間也可能都包含母體平均數，也可能有更多的區間未包含母體平均數。因為95%的信賴區間是指反覆抽取的多個樣本中包含母體參數區間的比例，而不是指任意一次抽取的100個樣本就恰好有95個區間包含母體平均數。讀者可以抽取更多的樣本進行實驗）。但是，當抽取了一個具體的樣本，用該樣本所構造的區間是一個特定的常數區間，我們無法知道這個樣本所產生的區間是否包含母體參數的真值，因為它可能是包含母體平均數的94個區間中的一個，也可能是未包含母體平均數的6個中的一個。因此，一個特定的區間總是「絕對包含」或「絕對不包含」參數的真值，不存在「以多大的機率包含母體參數」的問題。信賴水準只是告訴我們在多次估計得到的區間中，大概有多少個區間包含了參數的真值，而不是針對所抽取的這個樣本所構建的區間而言的。

　　(3)在其他條件不變時，使用一個較大的信賴水準會得到一個比較寬的信賴區間，而使用一個較大的樣本則會得到一個較準確（較窄）的區間。換言之，較寬的區間會有更大的可能性包含參數。但實際應用中，過寬的區間往往沒有實際意義。比如，天氣預報說「下一年的降雨量是0～10000mm」，雖然這很有把握，但有什麼意義呢？另一方面，要求過於準確（過窄）的區間同樣不一定有意義，因為過窄的區間雖然看上去很準確，但把握性就會降低，除非無限制增加樣本量，而現實中樣本量總是受限的。由此可見，區間估計總是要給結論留些餘地。

5.1.2 評量估計量的標準

　　用於估計母體參數θ的估計量θ̂可以有很多。比如，可以用樣本平均數作為母體平均數的估計量，也可以用樣本中位數作為母體平均數的估計量等。那麼，究竟用哪種估計量作為母體參數的估計呢？自然要用估計效果比較好的那種估計量。什麼樣的估計量才算是一個好的估計量呢？這就需要有一定的評量標準。統計學家得出了評量估計量的一些標準，主要有以下幾個：

1. 不偏性

　　不偏性（unbiasedness）是指估計量抽樣分配的期望值等於被估計的母體參數。設母體參數為θ，所選擇的估計量為θ̂，如果$E(\hat{\theta})=\theta$，則稱θ̂是θ的不偏估計量。圖5-4顯示了估計量不偏和有偏的情形。

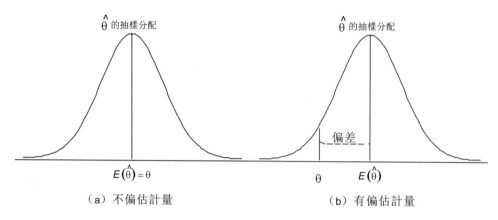

圖 5-4　不偏和有偏估計量的情形

由樣本平均數的抽樣分配可知，$E(\bar{x})=\mu$、$E(p)=\pi$、$E(s^2)=\sigma^2$，因此$\bar{x}$、p、s^2分別是母體平均數μ、母體比例π、母體變異數σ^2的不偏估計量。

2.　有效性

有效性（efficiency）是指估計量的變異數大小。一個不偏的估計量並非意味著它就非常接近被估計的母體參數，估計量與參數的接近程度是用估計量的變異數（或標準誤差）來度量的。對同一母體參數的多個不偏估計量，有更小變異數的估計量更有效。假定有兩個用於估計母體參數的不偏估計量，分別為$\hat{\theta}_1$和$\hat{\theta}_2$，它們的變異數分別為$D(\hat{\theta}_1)$和$D(\hat{\theta}_2)$，如果$\hat{\theta}_1$的變異數小於$\hat{\theta}_2$的變異數，即$D(\hat{\theta}_1)<D(\hat{\theta}_2)$，就稱$\hat{\theta}_1$是比$\hat{\theta}_2$更有效的一個估計量。在不偏估計的條件下，估計量的變異數越小，估計也就越有效。圖5-5給出了兩個不偏估計量$\hat{\theta}_1$和$\hat{\theta}_2$的抽樣分配。可以看到，$\hat{\theta}_1$的變異數比$\hat{\theta}_2$的變異數小，因此$\hat{\theta}_1$的值比$\hat{\theta}_2$的值更接近母體的參數，說明$\hat{\theta}_1$是比$\hat{\theta}_2$更有效的一個估計量。

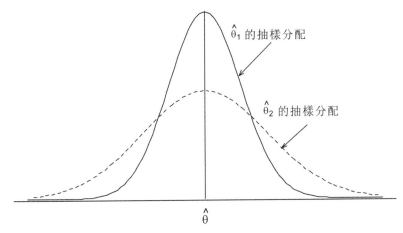

圖 5-5 兩個不偏估計量的抽樣分配

　　就不偏性和有效性兩個標準而言，實際應用時首先應考慮不偏性，在不偏性的前提下再考慮有效性。因為一個有偏的估計量即使變異數再小，也不一定比較大變異數的不偏估計量得到的估計更接近母體參數。

3. 一致性

　　一致性（consistency）是指隨著樣本量的無限增大，統計量收斂於所估母體的參數。換言之，一個大樣本得到的估計量更接近母體參數。由於樣本平均數的標準誤差 $\sigma_{\bar{x}} = \sigma / \sqrt{n}$ 與樣本量大小有關，樣本量越大，$\sigma_{\bar{x}}$ 的值就越小。因此可以說，大樣本量得到的估計量更接近於母體平均數 μ。從這個意義上說，樣本平均數是母體平均數的一個一致估計量。對於一致性，也可以用圖5-6理解它的意義。

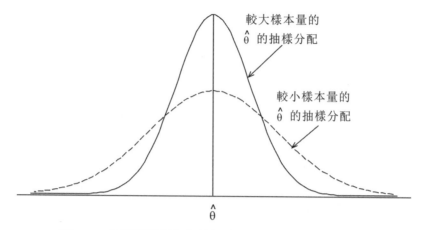

圖 5-6　兩個不同樣本量的樣本統計量的抽樣分配

5-2　母體平均數的區間估計

研究一個母體時，推論母體平均數μ的統計量就是樣本平均數$\bar{x}$。研究兩個母體時，所關心的參數主要是兩個母體平均數之差（$\mu_1 - \mu_2$），用於推論的統計量則是兩個樣本的平均數之差（$\bar{x}_1 - \bar{x}_2$）。

5.2.1　一個母體平均數的估計

在對一個母體平均數進行區間估計時，需要考慮抽取樣本的母體是否為常態分配、母體變異數是否已知、用於估計的樣本是大樣本（$n \geq 30$），還是小樣本（$n < 30$）等幾種情形。但不管哪種情形，母體平均數的信賴區間都是由樣本平均數加減**估計誤差**（error of estimate）得到的。那麼，如何計算估計誤差呢？估計誤差由兩部分組成：一是點估計量的標準誤差，它取決於樣本統計量的抽樣分配。二是估計時所要求的信賴水準為$1 - \alpha$時，統計量分配兩側面積各為$\alpha/2$時的分位數值。因此，母體平均數在$1 - \alpha$信賴水準下的信賴區間可一般性地表達為：

$$\bar{x} \pm（分位數值 \times \bar{x}的標準誤差） \tag{5.1}$$

1. 大樣本的估計

在大樣本（$n \geq 30$）情形下，由中央極限定理可知，樣本平均數$\bar{x}$近似服從期望值為μ、變異數為σ^2/n的常態分配。而樣本平均數經過標準化後，則服從標準常態分配，即

$$z = \frac{\bar{x} - \mu}{\sigma / \sqrt{n}} \sim N(0, 1) \text{。}$$

當母體標準差σ已知時，標準化時使用σ；當σ未知時，則用樣本標準差s代替。因此，可以由常態分配構建母體平均數在$1-\alpha$信賴水準下的信賴區間。

當母體變異數σ^2已知時，母體平均數μ在$1-\alpha$信賴水準下的信賴區間為：

$$\bar{x} \pm z_{\alpha/2} \frac{\sigma}{\sqrt{n}} \tag{5.2}$$

式中：$\bar{x} - z_{\alpha/2} \dfrac{\sigma}{\sqrt{n}}$ 稱為信賴下限，$\bar{x} + z_{\alpha/2} \dfrac{\sigma}{\sqrt{n}}$ 稱為信賴上限；α是事先確定的一個機率值，它是母體平均數不包括在信賴區間的機率；$1-\alpha$稱為信賴水準；$z_{\alpha/2}$是標準常態分配兩側面積各為$\alpha/2$時的z值；$z_{\alpha/2} \dfrac{\sigma}{\sqrt{n}}$ 是估計誤差。

當母體變異數σ^2未知時，式（5.2）中的σ^2可以用樣本變異數s^2代替，這時母體平均數μ在$1-\alpha$信賴水準下的信賴區間為：

$$\bar{x} \pm z_{\alpha/2} \frac{s}{\sqrt{n}} \tag{5.3}$$

例 5-1　（資料：example5_1.RData）

一家保險公司收集到由36個投保個人組成的隨機樣本，得到每個投保人的年齡（單位：周歲）資料如表5-1所示。建立投保人年齡的90%的信賴區間。

表 5-1　36 個投保人年齡的資料

23	35	39	27	36	44
36	42	46	43	31	33
42	53	45	54	47	24
34	28	39	36	44	40
39	49	38	34	48	50
34	39	45	48	45	32

解：雖然母體變異數未知，但為大樣本，可用樣本變異數來代替，用常態分配來構建信賴區間。R程式和結果，如文字框5-1所示。

文字框 5-1　計算一個母體平均數的信賴區間（大樣本）

```
# 投保人年齡的90%的信賴區間（使用 z.test 函數）
> load("C:/example/ch5/example5_1.RData")
> library(BSDA)
> z.test(example5_1$年齡,mu=0,sigma.x=sd(example5_1$年齡),conf.
level=0.90)

        One-sample z-Test


data:  example5_1$年齡
z = 30.488, p-value < 2.2e-16
alternative hypothesis: true mean is not equal to 0
90 percent confidence interval:
 37.36893 41.63107
sample estimates:
mean of x
     39.5


# 只輸出信賴區間的資訊
> z.test(example5_1$年齡,mu=0,sigma.x=sd(example5_1$年齡),conf.
level=0.90)$conf.int
[1] 37.36893 41.63107
attr(,"conf.level")
[1] 0.9
```

即投保人平均年齡的90%的信賴區間為37.36893歲至41.63107歲。

2. 小樣本的估計

在小樣本（$n<30$）情形下，對母體平均數的估計都是建立在母體服從常態分配的假定前提下[1]。如果常態母體的σ已知，樣本平均數經過標準化後仍然服從標準常態分配，此時可使用式（5.2）建立母體平均數的信賴區間。如果常態母體的σ未知，樣本平均數經過標準化後則服從自由度為$n-1$的t分配，即

$$t = \frac{\bar{x} - \mu}{s / \sqrt{n}} \sim t(n-1) \text{。}$$

這時需要使用t分配構建母體平均數的信賴區間。在$1-\alpha$信賴水準下，母體平均數的信賴區間為：

$$\bar{x} \pm t_{\alpha/2} \frac{s}{\sqrt{n}} \tag{5.4}$$

例 5-2 （資料：example5_2.RData）

一家食品生產企業以生產袋裝食品為主，按規定每袋的標準重量應為100克。為檢查每袋重量是否符合要求，企業品管部門從某天生產的一批食品中隨機抽取25袋，測得每袋重量如表5-2所示。假定食品重量服從常態分配，估計該天生產的食品平均重量的信賴區間，信賴水準為95%。

表 5-2　25 袋食品的重量

112.5	101.0	103.0	102.0	100.5
102.6	107.5	95.0	108.8	115.6
100.0	123.5	102.0	101.6	102.2
116.6	95.4	97.8	108.6	105.0
136.8	102.8	101.5	98.4	93.3

---

[1] 在估計之前首先應對母體的常態性進行檢定，可以用直方圖、莖葉圖、P-P圖或Q-Q圖進行初步評估，也可以使用shapiro檢定和K-S檢定等，具體內容見第6章。

解：母體服從常態分配但σ未知，由於是小樣本，樣本平均數經標準化後服從自由度為$n-1$的t分配，因此可按式（5.4）來建立信賴區間。R程式和結果，如文字框5-2所示。

文字框 5-2　計算一個母體平均數的信賴區間（小樣本）

```
# 食品平均重量95%的信賴區間（使用 t.test 函數）
> load("C:/example/ch5/example5_2.RData")
> t.test(example5_2,conf.level=0.95)

        One Sample t-test

data:  example5_2
t = 54.565, df = 24, p-value < 2.2e-16
alternative hypothesis: true mean is not equal to 0
95 percent confidence interval:
 101.3748 109.3452
sample estimates:
mean of x
   105.36

# 只輸出信賴區間的資訊
> t.test(example5_2)$conf.int
[1] 101.3748 109.3452
attr(,"conf.level")
[1] 0.95
```

　　即該天生產的食品平均重量95%的信賴區間為101.3748克至109.3452克。（該天生產的食品平均重量是否在101.3748克至109.3452克之間？請讀者自己思考。）

▎5.2.2　兩個母體平均數之差的估計

　　設兩個母體的平均數分別為μ_1和μ_2，從兩個母體中分別抽取樣本量為n_1和n_2的兩個隨機樣本，其樣本平均數分別為$\bar{x}_1$和$\bar{x}_2$。估計兩個母體平均數之差（μ_1-

μ_2）的點估計量顯然是兩個樣本的平均數之差（$\bar{x}_1 - \bar{x}_2$）。估計原理與一個母體平均數的區間估計類似，信賴區間仍然是點估計量±估計誤差。因此，兩個母體平均數之差（$\mu_1 - \mu_2$）在$1-\alpha$信賴水準下的信賴區間可一般地表示爲：

$$(\bar{x}_1 - \bar{x}_2) \pm \text{分位數値} \times (\bar{x}_1 - \bar{x}_2)\text{的標準誤差} \tag{5.5}$$

1. 獨立大樣本的估計

如果兩個樣本是從兩個母體中獨立地抽取的，即一個樣本中的元素與另一個樣本中的元素相互獨立，則稱爲**獨立樣本**（independent sample）。

如果兩個樣本都爲大樣本（$n_1 \geq 30$和$n_2 \geq 30$），兩個樣本平均數之差（$\bar{x}_1 - \bar{x}_2$）近似服從期望值爲（$\mu_1 - \mu_2$）、變異數爲（$\sigma_1^2 / n_1 + \sigma_2^2 / n_2$）的常態分配，而兩個樣本平均數之差經標準化後則服從標準常態分配，即：

$$z = \frac{(\bar{x}_1 - \bar{x}_2) - (\mu_1 - \mu_2)}{\sqrt{\dfrac{\sigma_1^2}{n_1} + \dfrac{\sigma_2^2}{n_2}}} \sim N(0,\ 1) \tag{5.6}$$

當兩個母體的變異數σ_1^2和σ_2^2都已知時，兩個母體平均數之差（$\mu_1 - \mu_2$）在$1-\alpha$信賴水準下的信賴區間爲：

$$(\bar{x}_1 - \bar{x}_2) \pm z_{\alpha/2} \sqrt{\frac{\sigma_1^2}{n_1} + \frac{\sigma_2^2}{n_2}} \tag{5.7}$$

當兩個母體的變異數σ_1^2和σ_2^2未知時，可用兩個樣本變異數s_1^2和s_2^2來代替，這時，兩個母體平均數之差（$\mu_1 - \mu_2$）在$1-\alpha$信賴水準下的信賴區間爲：

$$(\bar{x}_1 - \bar{x}_2) \pm z_{\alpha/2} \sqrt{\frac{s_1^2}{n_1} + \frac{s_2^2}{n_2}} \tag{5.8}$$

例 5-3

某地區教育行政單位想估計兩所高中的學生指考時的英語平均分數之差，爲此在兩所高中獨立地抽取兩個隨機樣本，計算得到的有關結果如表5-3所示。建立兩所高中指考英語平均分數之差95%的信賴區間。

表 5-3　兩個樣本的有關統計量

高中 1	高中 2
n_1=46	n_2=33
$\bar{x}_1$=126	$\bar{x}_2$=118
s_1=5.8	s_2=7.2

解：R程式和結果，如文字框5-3所示。

文字框 5-3　計算兩個母體平均數之差的信賴區間（獨立大樣本）

```
# 英語平均分數之差的95%的信賴區間
> q<-qnorm(0.975)
> LCI<-(126-118)-q*sqrt(5.8^2/46+7.2^2/33)
> LCI
[1] 5.026138
> UCI<-(126-118)+q*sqrt(5.8^2/46+7.2^2/33)
> UCI
[1] 10.97386
```

即兩所高中指考英語平均分數之差的95%的信賴區間為5.026138分至10.97386分。

2.　獨立小樣本的估計

當兩個樣本均為獨立小樣本（n_1<30和n_2<30）時，為估計兩個母體平均數之差，需要假定兩個母體都服從常態分配。當兩個母體變異數σ_1^2和σ_2^2已知時，兩個樣本平均數之差經標準化後服從標準常態分配，此時可按式（5.7）建立兩個母體平均數之差的信賴區間。當σ_1^2和σ_2^2未知時，有以下幾種情形：

⑴當兩個母體的變異數未知但相等時，即$\sigma_1^2=\sigma_2^2=\sigma^2$，需要用兩個樣本的變異數$s_1^2$和$s_2^2$來估計$\sigma^2$。這時，需要將兩個樣本的資料合併在一起，以得到$\sigma^2$的合併估計量$s_p^2$，其計算公式為：

$$s_p^2 = \frac{(n_1-1)s_1^2 + (n_2-1)s_2^2}{n_1+n_2-2} \tag{5.9}$$

這時，兩個樣本平均數之差經標準化後服從自由度為（n_1+n_2-2）的t分配，即：

$$t = \frac{(\bar{x}_1 - \bar{x}_2) - (\mu_1 - \mu_2)}{\sqrt{s_p^2\left(\frac{1}{n_1} + \frac{1}{n_2}\right)}} \sim t(n_1 + n_2 - 2) \tag{5.10}$$

因此，兩個母體平均數之差（$\mu_1 - \mu_2$）在$1-\alpha$信賴水準下的信賴區間為：

$$(\bar{x}_1 - \bar{x}_2) \pm t_{\alpha/2}(n_1 + n_2 - 2)\sqrt{s_p^2\left(\frac{1}{n_1} + \frac{1}{n_2}\right)} \tag{5.11}$$

(2)當兩個母體的變異數未知且不相等時，即$\sigma_1^2 \neq \sigma_2^2$，兩個樣本平均數之差經標準化後近似服從自由度為$v$的$t$分配，自由度$v$的計算公式為：

$$v = \frac{\left(\dfrac{s_1^2}{n_1} + \dfrac{s_2^2}{n_2}\right)^2}{\dfrac{\left(s_1^2/n_1\right)^2}{n_1 - 1} + \dfrac{\left(s_2^2/n_2\right)^2}{n_2 - 1}} \tag{5.12}$$

兩個母體平均數之差（$\mu_1 - \mu_2$）在$1-\alpha$信賴水準下的信賴區間為：

$$(\bar{x}_1 - \bar{x}_2) \pm t_{\alpha/2}(v)\sqrt{\frac{s_1^2}{n_1} + \frac{s_2^2}{n_2}} \tag{5.13}$$

例 5-4 （資料：example5_4.RData）

為估計兩種方法組裝產品所需時間的差異，分別對兩種不同的組裝方法各隨機安排12個工人，每個工人組裝一件產品所需的時間（單位：分鐘）如表5-4所示。假定兩種方法組裝產品的時間服從常態分配，以95%的信賴水準建立兩種方法組裝產品所需平均時間差值的信賴區間。

(1)假定$\sigma_1^2 = \sigma_2^2$；

(2)假定$\sigma_1^2 \neq \sigma_2^2$。

表 5-4   兩種方法組裝產品所需的時間

方法一	方法二
28.3	27.6
30.1	22.2
29.0	31.0
37.6	33.8
32.1	20.0
28.8	30.2
36.0	31.7
37.2	26.0
38.5	32.0
34.4	31.2
28.0	33.4
30.0	26.5

解：R程式和結果，如文字框5-4所示。

文字框 5-4   計算兩個母體平均數之差的信賴區間（獨立小樣本）

```
# 兩種方法組裝產品平均時差95%的信賴區間（假設變異數相等）
> load("C:/example/ch5/example5_4.RData")
> t.test(x=example5_4$方法一,y=example5_4$方法二,var.equal=TRUE)

        Two Sample t-test


data:  example5_4$方法一 and example5_4$方法二
t = 2.1556, df = 22, p-value = 0.04232
alternative hypothesis: true difference in means is not equal to 0
95 percent confidence interval:
 0.1402936 7.2597064
sample estimates:
mean of x mean of y
     32.5      28.8


# 只輸出信賴區間資訊
> t.test(x=example5_4$方法一,y=example5_4$方法二,var.equal=TRUE)
$conf.int
```

```
[1] 0.1402936 7.2597064
attr(,"conf.level")
[1] 0.95


# 平均時差95%的信賴區間（假設變異數不相等）
> t.test(x=example5_4$方法一,y=example5_4$方法二,var.equal=FALSE)
$conf.int
[1] 0.1384265  7.2615735
attr(,"conf.level")
[1] 0.95
```

　　假定$\sigma_1^2=\sigma_2^2$時，兩種方法組裝產品所需平均時間之差95%的信賴區間為0.1402936分鐘至7.2597064分鐘。假定$\sigma_1^2 \neq \sigma_2^2$時，兩種方法組裝產品所需平均時間之差95%的信賴區間為0.1384265分鐘至7.2615735分鐘。

3. 配對樣本的估計

　　在上面的例5-4中，使用的是兩個獨立樣本。但使用獨立樣本估計兩個母體平均數之差時，存在著潛在弊端。比如，在對每種方法隨機指派12個工人時，偶爾可能會使技術比較差的12個工人指派給方法一，而技術較好的12個工人指派給方法二。這種不公平的指派，可能會掩蓋兩種方法組裝產品所需時間的真正差異。

　　為解決這一問題，可以使用**配對樣本**（paired sample），即一個樣本中的資料與另一個樣本中的資料相對應，這樣的資料通常是對同一個體所作的前後兩次測量。比如，先指定12個工人用第一種方法組裝產品，然後再讓這12個工人用第二種方法組裝產品，這樣得到的兩種方法組裝產品時間的資料就是配對資料。

　　使用配對樣本進行估計時，在大樣本條件下，兩個母體平均數之差$\mu_d=\mu_1-\mu_2$在$1-\alpha$信賴水準下的信賴區間為：

$$\bar{d} \pm z_{\alpha/2} \frac{\sigma_d}{\sqrt{n}} \tag{5.14}$$

　　式中：d表示兩個配對資料的差值；$\bar{d}$表示各差值的平均數；σ_d表示各差值的標準差。當母體σ_d未知時，可用樣本差值的標準差s_d來代替。

在小樣本情形下，假定兩個母體各觀察值的配對差服從常態分配。兩個母體平均數之差$\mu_d = \mu_1 - \mu_2$在$1-\alpha$信賴水準下的信賴區間為：

$$\bar{d} \pm t_{\alpha/2}(n-1)\frac{s_d}{\sqrt{n}} \tag{5.15}$$

例 5-5　　（資料：example5_5.RData）

由10名學生組成一個隨機樣本，讓他們分別採用A和B兩套試卷進行測試，結果如表5-5所示。假定兩套試卷分數之差服從常態分配，試建立兩套試卷平均分數之差$\mu_d = \mu_1 - \mu_2$ 95%的信賴區間。

表 5-5　　10名學生兩套試卷的測試得分

學生編號	試卷 A	試卷 B
1	78	71
2	63	44
3	72	61
4	89	84
5	91	74
6	49	51
7	68	55
8	76	60
9	85	77
10	55	39

解：R程式和結果，如文字框5-5所示。

文字框 5-5　　計算兩個母體平均數之差的信賴區間（配對樣本）

```
# 兩套試卷平均分數差值95%的信賴區間
> load("C:/example/ch5/example5_5.RData")
> t.test(example5_5$試卷A,example5_5$試卷B,paired=TRUE)

        Paired t-test

data:  example5_5$試卷A and example5_5$試卷B
```

```
t = 5.3254, df = 9, p-value = 0.0004776
alternative hypothesis: true difference in means is not equal to 0
95 percent confidence interval:
 6.327308 15.672692
sample estimates:
mean of the differences
                11
```

只輸出信賴區間資訊
```
> t.test(example5_5$試卷A,example5_5$試卷B,paired=TRUE)$conf.int
[1] 6.327308 15.672692
attr(,"conf.level")
[1] 0.95
```

　　兩套試卷所產生的分數之差95%的信賴區間爲6.327308分至15.672692分。

5-3　母體比例的區間估計

　　研究一個母體時，推論母體比例π使用的統計量爲樣本比例p。研究兩個母體時，所關注的參數是兩個母體的比例之差（$\pi_1-\pi_2$），用於推論的統計量則是兩個樣本的比例之差（p_1-p_2）。

5.3.1　一個母體比例的估計

　　推論母體比例時，同樣需要考慮樣本量的大小。當樣本量非常大時，可採用傳統的估計方法。對於小樣本或中等大小的樣本，需要對樣本量和試驗成功的次數做出修正，以改進估計的區間。

1.　大樣本的估計方法

　　由樣本比例p的抽樣分配可知，當樣本量足夠大時[2]，p近似服從期望值爲$E(p)=\pi$、變異數爲$\sigma_p^2=\pi(1-\pi)/n$的常態分配。而樣本比例經標準化後則服從標

2　對於母體比例的估計，確定樣本量是否「足夠大」的一般經驗規則是：區間$p\pm2\sqrt{p(1-p)/2}$中不包含0或1；或者要求$np\geq10$和$n(1-p)\geq10$。

準常態分配，即

$$z = \frac{p - \pi}{\sqrt{\pi(1-\pi)/n}} \sim N(0,1) \, \text{。}$$

因此，可由常態分配建立母體比例的信賴區間。與母體平均數的區間估計類似，母體比例的信賴區間由π的點估計值p±估計誤差得到。π在1−α信賴水準下的信賴區間可一般地表達為：

$P \pm$（分位數值 $\times$ p 的標準誤差）　　　　　　　　　　　（5.16）

適用於大樣本的傳統方法得到的母體比例π，在1−α信賴水準下的信賴區間為：

$$p \pm z_{\alpha/2} \sqrt{\frac{p(1-p)}{n}}　　　　　　　　　　　（5.17）$$

式中：$z_{\alpha/2}$是標準常態分配兩側面積各為α／2時的z值；$z_{\alpha/2}\sqrt{\dfrac{p(1-p)}{n}}$ 是估計誤差。

例 5-6

某城市想要進行一項交通改革措施，為徵求市民對該項改革措施的意見，在成年人中隨機調查了500個市民，其中325人贊成改革措施。用95%的信賴水準估計該城市成年人口中，贊成該項改革的人數比例的信賴區間。

解：R程式和結果，如文字框5-6所示。

文字框 5-6　計算一個母體比例的信賴區間（大樣本）

```
# 贊成比例的95%的信賴區間
> n<-500
> x<-325
> p<-x/n
> q<-qnorm(0.975)
> LCI<-p-q*sqrt(p*(1-p)/n);LCT
[1] 0.6081925
```

```
> UCI<-p+q*sqrt(p*(1-p)/n);UCI
[1] 0.6918075
```

贊成比例的95%的信賴區間（使用Hmisc程式套件得到三種不同方法的區間）
```
> library(Hmisc)
> n<-500
> x<-325
> binconf(x,n,alpha=0.05,method="all")
```
	PointEst	Lower	Upper
Exact	0.65	0.6064011	0.6918131
Wilson	0.65	0.6071929	0.6905198
Asymptotic	0.65	0.6081925	0.6918075

注：
使用Hmisc程式套件中的binconf函數可以得到三種不同方法的區間，一是利用F分配計算的精確區間；二是基於得分檢定的wilson近似信賴區間；三是按式（5.17）計算的大樣本常態近似計算的信賴區間。函數格式為：
```
binconf(x,n,alpha=,method=c("wilson","exact","asymptotic","all"...)。
```
alpha=需要輸入 α 的值，注意不是$1-\alpha$。method="asymptotic"就是按式（5.17）得到的區間。

該城市成年人中，贊成該項改革的比例95%的信賴區間：大樣本的常態近似區間為（0.6081925, 0.6918075），wilson得分檢定的信賴區間為（0.6071929, 0.6905198）；利用F分配計算的精確區間為（0.6064011, 0.6918131）。

2. 任意大小樣本的估計方法

大樣本的估計方法至今仍被廣泛使用，但按該方法計算出來的信賴水準為 $1-\alpha$ 的信賴區間能夠覆蓋母體真實比例的機率通常小於 $1-\alpha$，既使大樣本也是如此（除非樣本量非常大），更不可能應用於小樣本。因此，對於任意大小的樣本，可以透過修正試驗次數（樣本量）n 和樣本比例 p 的值，讓信賴區間有所改進。

研究發現，對於任意大小的樣本，將試驗次數（樣本量）n加上4，即用$\tilde{n} = n + 4$代替n；將試驗成功的次數x加上2，即用$\tilde{p} = (x+2) / \tilde{n}$代替$p$，以此來改進信賴區間。由此得到的母體比例$\pi$在$1-\alpha$信賴水準下的信賴區間為：

$$\tilde{p} \pm z_{\alpha/2}\sqrt{\frac{\tilde{p}(1-\tilde{p})}{\tilde{n}}} \qquad\qquad (5.18)$$

該區間也稱為Agresti-Coull區間（由Alan Agresti和Brent Coull得出，以其姓氏命名）。對於任意大小的樣本，都可以使用式（5.18）來計算母體比例的信賴區間。只是在樣本較小時，偶爾會有區間下限小於0或區間上限大於1的情形發生。此時可用0代替小於0的下限，用1代替大於1的上限。對於非常大的樣本，大樣本的估計方法和任意大小樣本的估計方法結果幾乎相同，但對於小樣本或中等樣本，使用式（5.18）更合適。

例 5-7 沿用例5-6。

用95%的信賴水準估計該城市成年人中，贊成該項改革的人數比例的信賴區間。

解：R程式和結果，如文字框5-7所示。

文字框 5-7　計算一個母體比例的信賴區間（任意大小樣本）

```
# 贊成比例的95%的信賴區間
> n1<-500+4
> p1<-(325+2)/n1
> q<-qnorm(0.975)
> LCI<-p1-q*sqrt(p1*(1-p1)/n1);LCI
[1] 0.6071358
> UCI<-p1+q*sqrt(p1*(1-p1)/n1);UCI
[1] 0.6904833
```

該城市成年人中，贊成該項改革的人數比例的95%的信賴區間為60.71358%~69.04833%。

由於本例的樣本量較大，兩種方法得到的結果幾乎相同。但對於中小樣本，二者會有一定差異。因此，這裡推薦使用任意大小樣本的估計方法。

5.3.2 兩個母體比例之差的估計

對兩個母體比例之差的估計，同樣需要考慮兩個樣本量的大小。當兩個樣本量都非常大時，可採用傳統的估計方法。對於兩個小樣本或中等大小的樣本，需要對樣本量和試驗成功的次數做出修正，以改進估計的區間。

1. 兩個大樣本的估計方法

兩個母體比例之差的區間估計原理與一個母體比例的區間估計相同，（$\pi_1 - \pi_2$）的信賴區間由點估計量（$p_1 - p_2$）±估計誤差得到，即：

$$（p_1 - p_2）± 分位數 × （p_1 - p_2）的標準誤差 \tag{5.19}$$

設兩母體均服從二項分配，即 $X_1 \sim B(n_1,\ p_1)$、$X_2 \sim B(n_2,\ p_2)$。X_1 為 n_1 次獨立 Bernoulli 試驗成功的次數，p_1 為成功的機率；X_2 為 n_2 次獨立 Bernoulli 試驗成功的次數，p_2 為成功的機率。由樣本比例的抽樣分配可知，從兩個二項母體中抽出兩個獨立大樣本，兩個樣本比例之差近似服從常態分配，而兩個樣本的比例之差經標準化後則服從標準常態分配，即：

$$Z = \frac{(p_1 - p_2) - (\pi_1 - \pi_2)}{\sqrt{\dfrac{\pi_1(1 - \pi_1)}{n_1} + \dfrac{\pi_2(1 - \pi_2)}{n_2}}} \sim N(0,\ 1) \tag{5.20}$$

由於兩個母體的比例 π_1 和 π_2 未知，用樣本比例 p_1 和 p_2 代替。因此，根據常態分配建立的兩個母體比例之差（$\pi_1 - \pi_2$）在 $1 - \alpha$ 信賴水準下的信賴區間為：

$$(p_1 - p_2) \pm z_{\alpha/2} \sqrt{\frac{p_1(1 - p_1)}{n_1} + \frac{p_2(1 - p_2)}{n_2}} \tag{5.21}$$

例 5-8

在某檔電視節目的收視率調查中，隨機調查了500名女性觀眾，有225人收看了該節目；隨機調查了400名男性觀眾，有128人收看了該節目。用95%的信賴水準估計女性與男性收視率差值的信賴區間。

解：設女性收視率為p_1，男性收視率為p_2。R程式和結果，如文字框5-8所示。

文字框 5-8　計算兩個母體比例之差的信賴區間（大樣本）

```
# 女性與男性收視率差值的95%的信賴區間
> p1<-225/500;p2<-128/400
> q<-qnorm(0.975)
> LCI<-p1-p2-q*sqrt(p1*(1-p1)/500+p2*(1-p2)/400);LCI
[1] 0.06682346
> UCI<-p1-p2+q*sqrt(p1*(1-p1)/500+p2*(1-p2)/400);UCI
[1] 0.1931765
```

即女性與男性收視率差值的95%的信賴區間，為6.682346%~19.31765%。

2.　兩個任意大小樣本的估計方法

研究表明，對於兩個任意大小的樣本，只要對n_1和n_2、p_1和p_2略加修正就可以改進估計區間。具體做法是，將試驗次數（樣本量）n_1和n_2各加上2，即用$\tilde{n}_1 = n_1 + 2$代替n_1，用$\tilde{n}_2 = n_2 + 2$代替n_2；將試驗成功的次數x_1和x_2各加上1，即用$\tilde{p}_1 = (x_1+1) / \tilde{n}_1$代替$p_1$，用$\tilde{p}_2 = (x_2+1) / \tilde{n}_2$代替$p_2$，由此得到的兩個母體比例之差（$\pi_1 - \pi_2$）在$1-\alpha$信賴水準下的信賴區間為：

$$(\tilde{p}_1 - \tilde{p}_2) \pm z_{\alpha/2}\sqrt{\frac{\tilde{p}_1(1 - \tilde{p}_1)}{\tilde{n}_1} + \frac{\tilde{p}_2(1 - \tilde{p}_2)}{\tilde{n}_2}} \tag{5.22}$$

該區間也稱為Agresti-Coull區間（由Alan Agresti和Brent Coull得出，以其姓氏命名）。對於任意大小的兩個樣本，可以使用式（5.22）來計算兩個母體比例之差的信賴區間。如果有區間下限小於0或區間上限大於1的情形發生，可用0代替小於0的下限，用1代替大於1的上限。對於非常大的兩個樣本，大樣本方法和任意大小樣本方法的結果幾乎相同，但對於兩個小樣本或中等樣本，任意大小樣本方法更適用，因此推薦使用該方法。

例 5-9 沿用例 5-8。

　　用95%的信賴水準，估計女性與男性收視率差值的信賴區間。

解：設女性收視率為p_1，男性收視率為p_2。R程式和結果，如文字框5-9所示。

文字框 5-9　計算兩個母體比例之差的信賴區間（任意大小樣本）

```
# 女性與男性收視率差值的95%的信賴區間
> n1<-500+2;n2<-400+2
> p1<-(225+1)/n1;p2<-(128+1)/n2
> q<-qnorm(0.975)
> LCI<-p1-p2-q*sqrt(p1*(1-p1)/n1+p2*(1-p2)/n2);LCI
[1] 0.06624396
> UCI<-p1-p2+q*sqrt(p1*(1-p1)/n1+p2*(1-p2)/n2);UCI
[1] 0.1923634
```

　　即女性與男性收視率差值的95%的信賴區間，為6.624396%~19.23634%。

5-4　母體變異數的區間估計

　　研究一個母體時，推論母體變異數σ^2的統計量是樣本變異數s^2。研究兩個母體時，所關注的參數是兩個母體的變異數比σ_1^2 / σ_2^2，用於推論的統計量則是兩個樣本的變異數比s_1^2 / s_2^2。

5.4.1　一個母體變異數的估計

　　估計母體變異數時，首先假定母體服從常態分配。其原理與母體平均數和母體比例的區間估計不同，不再是點估計量±估計誤差。因為樣本變異數的抽樣分配服從自由度為$(n-1)$的χ^2分配，因此需要用χ^2分配構造母體變異數的信賴區間。由於χ^2分配是不對稱分配，無法由點估計值±估計誤差得到母體變異數的信賴區間。

　　若給定顯著水準α，用χ^2分配構造母體變異數σ^2的信賴區間，其原理可用圖5-7表示。

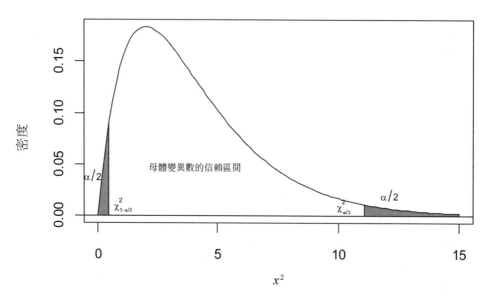

圖 5-7　母體變異數（1 − α）100% 的信賴區間

由圖5-7可以看出，建立母體變異數σ^2的信賴區間，也就是要找到一個χ^2值，使其滿足

$$\chi^2_{1-\alpha/2} \leq \chi^2 \leq \chi^2_{\alpha/2}$$

由於

$$\frac{(n-1)s^2}{\sigma^2} \sim \chi^2(n-1)$$

可用它來代替χ^2，於是有：

$$\chi^2_{1-\alpha/2} \leq \frac{(n-1)s^2}{\sigma^2} \leq \chi^2_{\alpha/2} \tag{5.23}$$

根據式（5.23）可推導出母體變異數σ^2在$1-\alpha$信賴水準下的信賴區間為：

$$\frac{(n-1)s^2}{\chi^2_{\alpha/2}} \leq \sigma^2 \leq \frac{(n-1)s^2}{\chi^2_{1-\alpha/2}} \tag{5.24}$$

例 5-10　（資料：example5_2.RData）

　　沿用例5-2。以95%的信賴水準建立該種食品重量變異數與標準差的信賴區間。

解：R程式和結果，如文字框5-10所示。

文字框 5-10　計算一個母體變異數的信賴區間

```
# 食品重量變異數95% 的信賴區間（使用 sigma.test 函數）
> load("C:/example/ch5/example5_2.RData")
> library(TeachingDemos)
> sigma.test(example5_2$食品重量,conf.level=0.95)


        One sample Chi-squared test for variance


data:   example5_2$食品重量
X-squared = 2237, df = 24, p-value < 2.2e-16
alternative hypothesis: true variance is not equal to 1
95 percent confidence interval:
  56.82897 180.38811
sample estimates:
var of example5_2$食品重量
                 93.20917


# 只輸出信賴區間的資訊
> sigma.test(example5_2$食品重量,conf.level=0.95)$conf.int
[1]   56.82897 180.38811
attr(,"conf.level")
[1] 0.95
```

　　即 $56.82897 \leq \sigma^2 \leq 180.38811$。相應地，母體標準差95%的信賴區間則為 $7.54 \leq \sigma \leq 13.43$。

5.4.2　兩個母體變異數比的估計

在實際問題中，經常會遇到比較兩個母體的變異數問題。比如，希望比較用兩種不同方法生產的產品性能的穩定性、比較不同測量工具的精確度等。

由於兩個樣本的變異數比服從$F(n_1-1,\ n_2-1)$分配，因此可用F分配構造兩個母體變異數比$\sigma_1^2\ /\ \sigma_2^2$的信賴區間，其原理可用圖5-8來表示。

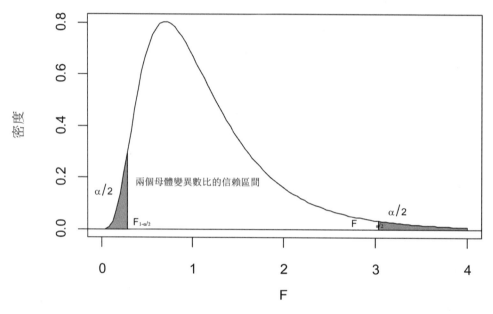

圖 5-8　變異數比的信賴區間示意圖

建立兩個母體變異數比的信賴區間，也就是要找到一個F值使其滿足。

$$F_{1-\alpha/2} \le F \le F_{\alpha/2}$$

由於

$$\frac{s_1^2}{s_2^2} \cdot \frac{\sigma_2^2}{\sigma_1^2} \sim F(n_1-1, n_2-1)$$

故可用它來代替F，於是有：

$$F_{1-\alpha/2} \le \frac{s_1^2}{s_2^2} \cdot \frac{\sigma_2^2}{\sigma_1^2} \le F_{\alpha/2} \tag{5.25}$$

根據式（5.25）可以推導出兩個母體變異數比，在$1-\alpha$信賴水準下的信賴區間為：

$$\frac{s_1^2/s_2^2}{F_{\alpha/2}} \le \frac{\sigma_1^2}{\sigma_2^2} \le \frac{s_1^2/s_2^2}{F_{1-\alpha/2}} \tag{5.26}$$

式中：$F_{\alpha/2}$和$F_{1-\alpha/2}$為分子自由度為(n_1-1)和分母自由度為(n_2-1)的F分配兩側面積為$\alpha/2$和$1-\alpha/2$的分位數。

例 5-11 （資料：example5_4.RData）

沿用例5-4。以95%的信賴水準建立兩種方法，組裝產品所需時間變異數比的信賴區間。

解：R程式和結果，如文字框5-11所示。

文字框 5-11　計算兩個母體變異數比的信賴區間

```
# 兩種方法組裝產品所需時間變異數比的信賴區間（使用 var.test 函數）
> load("C:/example/ch5/example5_4.RData")
> var.test(example5_4$方法一,example5_4$方法二,alternative="two.
sided")

        F test to compare two variances
data:  example5_4[, 1] and example5_4[, 2]
F = 0.82634, num df = 11, denom df = 11, p-value = 0.7573
alternative hypothesis: true ratio of variances is not equal to 1
95 percent confidence interval:
 0.2378836 2.8704428
sample estimates:
ratio of variances
        0.8263361
```

```
# 只輸出信賴區間的資訊
> var.test(example5_4$方法一,example5_4$方法二
,alternative="two.sided")$conf.int
[1] 0.2378836  2.8704428
attr(,"conf.level")
[1] 0.95
```

即 $0.2378836 \leq \sigma_1^2 / \sigma_2^2 \leq 2.8704428$ ，兩種方法組裝產品所需時間變異數比的 95%的信賴區間為（0.2378836, 2.8704428）。

5-5　樣本量的確定

在進行參數估計之前，首先應確定一個適當的樣本量。究竟應該抽取一個多大的樣本，來估計母體參數呢？在進行估計時，總是希望提高估計的可靠程度。但在一定的樣本量下，要提高估計的可靠程度，就需要設定較大的信賴水準以擴大信賴區間，但相應的準確性則會下降。如果想要提高估計的準確性，在不降低信賴水準的條件下，就需要增加樣本量以縮小信賴區間，但樣本量的增加也會受到許多限制。通常，樣本量的確定與可以容忍的信賴區間的寬度以及對此區間設置的信賴水準有一定關係。

▌ 5.5.1　估計母體平均數時樣本量的確定

1.　估計一個母體平均數時樣本量的確定

母體平均數的信賴區間，由樣本平均數 $\bar{x}$ 和估計誤差兩部分組成。在重複抽樣或無限母體抽樣條件下，估計誤差為 $z_{\alpha/2} \dfrac{\sigma}{\sqrt{n}}$ 。 $z_{\alpha/2}$ 的值和樣本量 n 共同確定了估計誤差的大小。一旦確定了信賴水準 $1-\alpha$ ， $z_{\alpha/2}$ 的值就確定了。對於設定的 $z_{\alpha/2}$ 的值和母體標準差 σ ，可以確定任一允許的估計誤差所需要的樣本量。令 E 代表允許的估計誤差，可以推導出所需樣本量的計算公式如下：

$$n = \frac{(z_{\alpha/2})^2 \sigma^2}{E^2} \tag{5.27}$$

式中：E值是使用者在設定的信賴水準下，可以接受的估計誤差。

如果能求出σ的具體值，就可以用上面的公式計算所需的樣本量。如果σ未知，可以用以前相同或類似的樣本的標準差來代替；也可以用試驗調查的辦法，選擇一個初始樣本，以該樣本的樣本標準差作為σ的估計值。

從式（5.27）可以看出，樣本量與信賴水準成正比，其他條件不變時，信賴水準越大，所需的樣本量也就越大；樣本量與母體變異數成正比，母體的變異數越大，所要求的樣本量也越大；樣本量與估計誤差的平方成反比，即允許的估計誤差的平方越大，所需的樣本量就越小。簡言之，要求一個很有把握或精確度很高的估計，就需要更大的樣本量。

注意：根據式（5.27）計算出的樣本量不一定是整數，通常是將樣本量取成較大的整數，也就是將小數點後面的數值一律進位成整數，如24.68取25、24.32也取25等。

例 5-12

擁有工商管理學士學位的大學畢業生年薪的標準差大約為20000元人民幣，假定想要估計年薪95%的信賴區間，允許的估計誤差不超過4000元，應抽取多大的樣本量？

解：R程式和結果，如文字框5-12所示。

文字框 5-12　計算樣本量

```
# 計算樣本量
> sd<-20000
> E<-4000
> n<-{((q<-qnorm(0.975))^2)*sd^2}/E^2;n
[1] 96.03647
```

即應抽取97人作為樣本。

2. 估計兩個母體平均數之差時樣本量的確定

在估計兩個母體平均數之差時，樣本量的確定方法與上述類似。對於設定的估計誤差和信賴水準$1-\alpha$，估計兩個母體平均數之差所需的樣本量為：

$$n_1 = n_2 = \frac{(z_{\alpha/2})^2 \cdot (\sigma_1^2 + \sigma_2^2)}{E^2} \qquad (5.28)$$

其中：n_1和n_2為來自兩個母體的樣本量；σ_1^2和σ_2^2為兩個母體的變異數。

例 5-13

一所高中的教務處想要估計實驗班和普通班，數學考試成績平均分數差值的信賴區間。要求信賴水準為95%，預先估計兩個班考試分數的變異數分別為：實驗班$\sigma_1^2=90$、普通班$\sigma_2^2=120$。如果要求估計誤差不超過5分，在兩個班應分別抽取多少名學生作為樣本？

解：R程式和結果，如文字框5-13所示。

文字框 5-13　計算樣本量

```
# 計算樣本量
> var1<-90;var2<-120
> E<-5
> n<-{(((q<-qnorm(0.975))^2)*(var1+var2)}/E^2;n
[1] 32.26825
```

即應各抽取33人作為樣本。

5.5.2　估計母體比例時樣本量的確定

1. 估計一個母體比例時樣本量的確定

與估計母體平均數時樣本量的確定方法類似，在重複抽樣或無限母體抽樣條件下，估計母體比例信賴區間的估計誤差為：

$$z_{\alpha/2}\sqrt{\frac{\pi(1-\pi)}{n}}$$

$z_{\alpha/2}$的值、母體比例π和樣本量n，共同確定了估計誤差的大小。由於母體比例的值是固定的，所以估計誤差由樣本量來確定。樣本量越大，估計誤差就越小，估計的精確度就越好。因此，對於設定的$z_{\alpha/2}$的值，可以計算出一定的允許估計誤差條件下所需要的樣本量。令E代表允許的估計誤差，可以推導估計母體比例時所需的樣本量，計算公式如下：

$$n = \frac{(z_{\alpha/2})^2 \cdot \pi(1-\pi)}{E^2} \tag{5.29}$$

式中的估計誤差E由使用者事先確定。多數情形下，E的取值一般應小於0.10。如果能夠求出π的具體值，就可以用上面的公式計算所需的樣本量。如果π未知，可以用類似的樣本比例來代替，也可以用試驗調查的辦法，選擇一個初始樣本，以該樣本的比例作爲π的估計值。當π的值無法知道時，通常取使$\pi(1-\pi)$最大的值0.5。

例 5-14

根據以往的生產資料，某種產品的合格率約爲90%，現要求估計誤差不超過5%，在求95%的信賴區間時，應抽取多少個產品作爲樣本？

解：R程式和結果，如文字框5-14所示。

文字框 5-14　計算樣本量

```
# 計算樣本量
> pi<-0.9
> E<-0.05
> n<-{(q<-qnorm(0.975)^2)*pi*(1-pi)}/E^2;n
 [1] 138.2925
```

即應抽取139個產品作爲樣本。

2. 估計兩個母體比例時樣本量的確定

對於設定的估計誤差和信賴水準$1-\alpha$，估計兩個母體比例之差所需的樣本量為：

$$n_1 = n_2 = \frac{(z_{\alpha/2})^2 \cdot \left[\pi_1(1-\pi_1) + \pi_2(1-\pi_2)\right]}{E^2} \qquad (5.30)$$

式中：n_1和n_2為來自兩個母體的樣本量，π_1和π_2為兩個母體的比例。

例 5-15

一家瓶裝飲料製造商，想要估計顧客對一種新型飲料認知的廣告效果。在廣告前和廣告後分別從市場行銷區各抽選一個消費者隨機樣本，並詢問這些消費者是否聽說過這種新型飲料。這位製造商想以95%的信賴水準估計廣告前後，知道該新型飲料消費者的比例之差。若要求估計誤差不超過10%，抽取的兩個樣本分別應為多少人（假定兩個樣本量相等，$\pi_1=\pi_2=0.5$）。

解：R程式和結果，如文字框5-15所示。

文字框 5-15　計算樣本量

```
# 計算樣本量
> pi1<-0.5;pi2<-0.5
> E<-0.1
> n<-{q<-qnorm(0.975)^2*(pi1*(1-pi1)+pi2*(1-pi2))}/E^2;n
[1] 192.0729
```

即兩個樣本應各包括193人。

本章圖解

參數估計所使用的分配

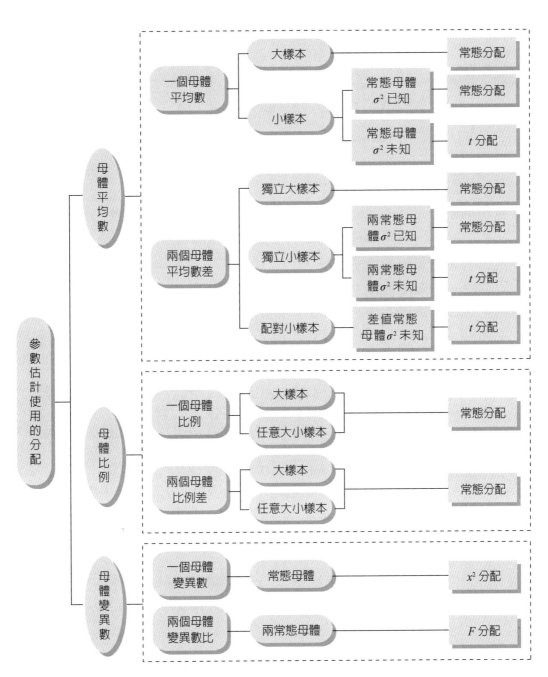

主要術語

- **估計量**（estimator）：用來估計母體參數的統計量的名稱，用 $\hat{\theta}$ 表示。

- **估計值**（estimated value）：估計母體參數時計算出來的估計量的具體數值。

- **點估計**（point estimate）：用樣本估計量 $\hat{\theta}$ 的數值，直接作為母體參數 θ 的估計值。

- **區間估計**（interval estimate）：在點估計的基礎上，得到母體參數估計的一個估計區間，該區間通常由樣本統計量加減估計誤差組成。

- **信賴區間**（confidence interval）：由樣本統計量構造出的母體參數，在一定信賴水準下的估計區間。

- **信賴水準**（confidence level）：也稱為信賴度或信賴係數（confidence coefficient），在重複構造的母體參數的多個信賴區間中，包含母體參數真值的次數所占的比例。

- **不偏性**（unbiasedness）：估計量抽樣分配的期望值等於被估計的母體參數。

- **有效性**（efficiency）：估計量的變異數大小。對同一母體參數的兩個不偏估計量，有更小變異數的估計量更有效。

- **一致性**（consistency）：隨著樣本量的增大，統計量收斂於所估母體的參數。

- **獨立樣本**（independent sample）：一個樣本中的元素與另一個樣本中的元素相互獨立。

- **配對樣本**（paired sample）：一個樣本中的資料與另一個樣本中的資料相對應。

思考與練習

一、思考題

5.1　說明區間估計的基本原理。

5.2　簡述評量估計量的標準。

5.3　解釋信賴水準的涵義。

5.4　怎樣理解信賴區間？

5.5　解釋95%的信賴區間。

5.6　$z_{\alpha/2} \dfrac{\sigma}{\sqrt{n}}$ 的涵義是什麼？

5.7　解釋獨立樣本和配對樣本的涵義。

5.8　母體比例估計的大樣本方法與任意大小樣本方法有何區別？

5.9　簡述樣本量與信賴水準、母體變異數、估計誤差的關係。

二、練習題

5.1　某速食店想要估計每位顧客午餐的平均花費金額，在為期三週的時間裡選取49名顧客組成了一個簡單隨機樣本。

⑴假定母體標準差為15元，求樣本平均數的標準誤差。

⑵在95%的信賴水準下，求估計誤差。

⑶如果樣本平均數為120元，求母體平均數 μ 的95%的信賴區間。

5.2　利用下面的資訊，構建母體平均數μ的信賴區間。

⑴母體服從常態分配，已知$\sigma=500$，$n=15$，$\bar{x}=8900$，信賴水準為95%。

⑵母體不服從常態分配，已知$\sigma=500$，$n=35$，$\bar{x}=8900$，信賴水準為95%。

⑶母體不服從常態分配，σ未知，$n=35$，$\bar{x}=8900$，$s=510$，信賴水準為90%。

⑷母體不服從常態分配，σ未知，$n=100$，$\bar{x}=8900$，$s=510$，信賴水準為95%。

5.3　某大學為瞭解學生每天上網的時間，在全校學生中隨機抽取36人，調查他們每天上網的時間，得到下面的資料（單位：小時）如下：

3.3	3.1	6.2	5.8	2.3	4.1	5.4	4.5	3.2
4.4	2.0	5.4	2.6	6.4	1.8	3.5	5.7	2.3
2.1	1.9	1.2	5.1	4.3	4.2	3.6	0.8	1.5
4.7	1.4	1.2	2.9	3.5	2.4	0.5	3.6	2.5

求該校大學生平均上網時間的信賴區間，信賴水準分別為90%、95%和99%。

5.4　某社區共有居民500戶，社區管理委員會準備採取一項新的供水設施，想瞭解居民是否贊成。採取重複抽樣方法隨機抽取50戶，其中有32戶贊成，18戶反對。

⑴估計母體中贊成新措施的戶數比例的信賴區間，信賴水準為95%。

⑵如果社區管理者預計贊成的比例能達到80%，要求估計誤差不超過10%，應抽取多少戶進行調查？

5.5　顧客到銀行辦理業務時往往需要等待一些時間，而等待時間的長短與許多因素有關，比如，銀行的業務員辦理業務的速度、顧客等待排隊的方式等。為此，某銀行準備採取兩種排隊方式進行試驗，第一種排隊方式是：所有顧客都進入一個等待隊伍；第二種排隊方式是：顧客在三個業務櫃檯處列隊三排等待。為比較哪種排隊方式使顧客等待的時間更短，銀行各隨機抽取10名顧客，他們在辦理業務時所等待的時間（單位：分鐘）如下：

| 方式一 | 6.5 | 6.6 | 6.7 | 6.8 | 7.1 | 7.3 | 7.4 | 7.7 | 7.7 | 7.7 |
| 方式二 | 4.2 | 5.4 | 5.8 | 6.2 | 6.7 | 7.7 | 7.7 | 8.5 | 9.3 | 10.0 |

⑴構建第一種排隊方式等待時間標準差的95%的信賴區間。

⑵構建第二種排隊方式等待時間標準差的95%的信賴區間。

⑶根據⑴和⑵的結果，你認為哪種排隊方式更好？

5.6　兩個常態母體的變異數σ_1^2和σ_2^2未知但相等。從兩個母體中分別抽取兩個獨立樣本，它們的平均數和標準差如下：

來自母體 1 的樣本	來自母體 2 的樣本
$n_1 = 14$	$n_2 = 7$
$\bar{x}_1 = 53.2$	$\bar{x}_2 = 43.4$
$s_1^2 = 96.8$	$s_2^2 = 102.0$

⑴求$\mu_1 - \mu_2$的95%的信賴區間。

⑵求$\mu_1 - \mu_2$的99%的信賴區間。

5.7 一家人才測評機構對隨機抽取的10名小企業的經理人，用兩種方法進行自信心測試，得到的自信心測試分數如下：

人員編號	方法 1	方法 2
1	78	71
2	63	44
3	72	61
4	89	84
5	91	74
6	49	51
7	68	55
8	76	60
9	85	77
10	55	39

構建兩種方法平均自信心得分之差$\mu_d = \mu_1 - \mu_2$的95%的信賴區間。

5.8 從兩個母體中各抽取一個$n_1 = n_2 = 250$的獨立隨機樣本，來自母體1的樣本比例為$p_1 = 40\%$，來自母體2的樣本比例為$p_2 = 30\%$。

⑴求$\pi_1 - \pi_2$的90%的信賴區間。

⑵求$\pi_1 - \pi_2$的95%的信賴區間。

5.9 生產工序的變異數是工序品質的一個重要指標。當變異數較大時，需要對工序進行改進以減小變異數。下面是兩部機器生產的袋茶重量（單位：克）的資料：

機器 1			機器 2		
3.45	3.22	3.90	3.22	3.28	3.35
3.20	2.98	3.70	3.38	3.19	3.30
3.22	3.75	3.28	3.30	3.20	3.05
3.50	3.38	3.35	3.30	3.29	3.33
2.95	3.45	3.20	3.34	3.35	3.27
3.16	3.48	3.12	3.28	3.16	3.28
3.20	3.18	3.25	3.30	3.34	3.25

計算兩個母體變異數比σ_1^2 / σ_2^2的95%的信賴區間。

5.10 某超市想要估計每個顧客，平均每次購物花費的金額。根據過去的經驗，標準差大約為120元，現要求以95%的信賴水準估計每個顧客平均購物金額的信賴區間，並要求估計誤差不超過20元，應抽取多少個顧客作為樣本？

5.11 假定兩個母體的標準差分別為：$\sigma_1=12$、$\sigma_2=15$，若要求估計誤差不超過5，相應的信賴水準為95%，假定$n_1=n_2$，估計兩個母體平均數之差$\mu_1 - \mu_2$時所需的樣本量爲多大？

5.12 假定 $n_1=n_2$，估計誤差 $E=0.05$，相應的信賴水準爲95%，估計兩個母體比例之差 $\pi_1-\pi_2$ 時所需的樣本量爲多大？

## 第 6 章

假設檢定

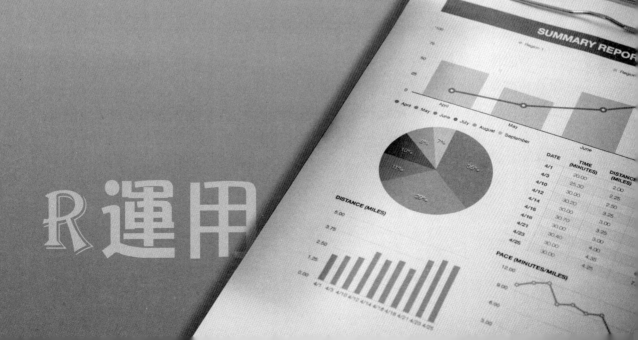

R 運用

問 題 與 思 考

你相信飲用水瓶子標籤上的說法嗎

　　產品的外包裝上都貼有標籤，標籤上通常標有該產品的性能說明、成分指標等資訊。下面是農夫山泉550ml瓶裝飲用天然水，外包裝標籤上標示的「成分標示」資訊。

每100ml含量（μg／100ml）	
鈣	≥400
鎂	≥50
鉀	≥35
鈉	≥80
偏矽酸	≥180
PH值（25℃）	7.3±0.5

　　你相信標籤上成分標示的這些數值嗎？如果相信或者對此沒有異議，那麼你就不必做任何事情，直接買來飲用就可以了；如果不相信或者對此持懷疑態度，想要驗證標籤上的說法是否正確，那麼，你可以從某個批次的瓶裝水中隨機抽取若干瓶來做檢定。這裡你該如何提出檢定的假設？如何根據樣本資訊做出決策？做出這一決策有可能犯什麼錯誤？決策的結論該如何解釋？本章的內容將提供一套標準統計檢定程式，來回答這樣的問題。

　　假設檢定是推論統計的另一項重要內容，它與參數估計類似，但角度不同。參數估計是利用樣本資訊推論未知的母體參數，而假設檢定則是先對母體提出某種假設，然後利用樣本資訊判斷這一假設是否成立。本章首先介紹假設檢定的基本原理，然後介紹母體參數（如平均數、母體比例、母體變異數）和非參數檢定方法。

6-1 假設檢定的基本原理

假設檢定的大致思路是：首先對所關心的母體提出某種假設，然後從待檢定的母體中抽取一個樣本並獲得資料，再根據樣本提供的資訊判斷假設是否成立。如果已知母體分配或能對母體分配做出檢定，而所關注的僅僅是母體的某個參數，並對參數的某個假設做檢定，稱為**參數檢定**（parameter test，或譯為「母數檢定」）；如果是對母體的其他特徵（如分配的形式）做檢定，或者是樣本資料不滿足參數檢定條件，不依賴於母體分配的形式對母體參數做檢定，這樣的檢定稱為非參數檢定（nonparametric test，或譯為「無母數檢定」）。

6.1.1 怎樣提出假設

假設（hypothesis）是對母體的某種看法。在參數檢定中，假設就是對母體參數的具體數值所作的陳述。比如，我們雖然不知道一批燈泡的平均使用壽命是多少，不知道一批產品的合格率是多少？不知道全校學生月平均生活費支出的變異數是多少，但可以事先提出一個假設值，比如，這批燈泡的平均使用壽命是8500小時、這批產品的合格率是95%、全校學生月平均生活費支出的變異數是10000等，這些陳述就是對母體參數提出的假設。

假設檢定（hypothesis test）是在對母體參數提出假設的基礎上，利用樣本資訊判斷假設是否成立的統計方法。比如，假設全校學生月平均生活費支出的平均數是5000元，然後從全校學生中抽取一個樣本，根據樣本資訊檢定月平均生活費支出是否為5000元，這就是假設檢定。

做假設檢定時，首先要提出兩種假設，即虛無假設和對立假設。

虛無假設（null hypothesis）是研究者想收集證據予以推翻的假設，用H_0表示。虛無假設所表達的涵義是指參數沒有變化、或變數之間沒有關係、或母體分配與某一個理論分配無差異，因此等號「=」總是放在虛無假設上。以母體平均數的檢定為例，設參數的假設值為μ_0，虛無假設總是寫成$H_0: \mu = \mu_0$、$H_0: \mu \geq \mu_0$或$H_0: \mu \leq \mu_0$。虛無假設最初被假設是成立的，之後根據樣本資料確定是否有足夠的證據拒絕虛無假設。

對立假設（alternative hypothesis）通常是指研究者想收集證據予以支持的假設，用H_1或H_a表示。對立假設所表達的涵義是母體參數發生了變化、或變數之間有某種關係、或母體分配與某一個理論分配有差異。以母體平均數的檢定為例，對立假設的形式總是為$H_1: \mu \neq \mu_0$、$H_1: \mu < \mu_0$或$H_1: \mu > \mu_0$。對立假設通常用於表達研究者自己傾向於支持的看法，然後就是想辦法收集證據拒絕虛無假設，以支持對立假設。

在假設檢定中，如果對立假設沒有特定的方向，並含有符號「$\neq$」，這樣的假設檢定稱為**雙側檢定**或稱**雙尾檢定**（two-tailed test）。如果對立假設具有特定的方向，並含有符號「>」或「<」，這樣的假設檢定稱為**單側檢定**或**單尾檢定**（one-tailed test）。對立假設含有「<」符號的單側檢定稱為**左側檢定**，而對立假設含有「>」符號的單側檢定稱為**右側檢定**。

在假設檢定中，確定虛無假設和對立假設十分重要，它直接關係到檢定的結論。下面透過兩個例子來說明，確定虛無假設和對立假設的大概思路。

例 6-1

一種零件的標準直徑為15cm，為對生產過程進行控制，品質監測人員定期對一臺加工機具進行檢查，確定這臺機具生產的零件是否符合標準要求。如果零件的平均直徑大於或小於15cm，表示生產過程不正常，必須進行調整。陳述用來檢定生產過程是否正常的虛無假設和對立假設。

解：設這臺機具生產的所有零件平均直徑的真值為μ。若$\mu=15$，表示生產過程正常，若$\mu >15$或$\mu <15$，表示生產過程不正常，研究者要檢定這兩種可能情形中的任何一種。因此，研究者想收集證據予以推翻的假設應該是「生產過程正常」，而想收集證據予以支持的假設是「生產過程不正常」（因為如果研究者事先認為生產過程正常，也就沒有必要進行檢定了），所以建立的虛無假設和對立假設應為：

$H_0: \mu =15$（生產過程正常）；$H_1: \mu \neq 15$（生產過程不正常）。

例 6-2

以本章開頭提出的飲用水瓶子上的標籤為例。檢定每100ml（毫升）水中，鈣的含量是否大於等於400μg（微克）。如果是消費者來做檢定，應該提出怎樣的虛無假設和對立假設？如果是生產廠家自己來做檢定，又會提出怎樣的虛無假設和對立假設？

解：設每100ml水中，鈣的含量平均數為μ。消費者做檢定的目的是想尋找證據推翻標籤中的說法，即$\mu \geq 400\mu$g（如果對標籤中的數值沒有質疑，也就沒有抽檢的必要了），而想支持的觀點則是標籤中的說法不正確，即$\mu < 400\mu$g。因此，提出的虛無假設和對立假設應為：

$H_0: \mu \geq 400$（標籤中的說法正確）；$H_1: \mu < 400$（標籤中的說法不正確）

如果是生產廠家自己做檢定，生產者自然是想辦法來支持自己的看法，也就是想尋找證據證明標籤中的說法是正確的，即$\mu > 400$，而想推翻的則是$\mu \leq 400$，因此會提出與消費者觀點不同（方向相反）的虛無假設和對立假設，即：

$H_0: \mu \leq 400$（標籤中的說法不正確）；$H_1: \mu > 400$（標籤中的說法正確）

透過上面的例子可以看出，虛無假設和對立假設是一個完備事件組，而且相互對立。這意味著，在一項檢定中，虛無假設和對立假設必有一個成立，而且只有一個成立。此外，假設的確定帶有一定的主觀色彩，因為「研究者想推翻的假設」和「研究者想支持的假設」，最終仍取決於研究者本人的意向。所以，即使是對同一個問題，由於研究目的不同，也可能提出截然不同的假設。但無論怎樣，只要假設的建立符合研究者的最終目的便是合理的。

6.1.2 怎樣做出決策

假設檢定是根據樣本資訊做出拒絕或不拒絕虛無假設的決策。這就涉及到兩個問題：一是依據什麼做出決策；二是所做的決策是否正確。

1. 兩類錯誤與顯著水準

研究者總是希望能做出正確的決策，但由於決策是建立在樣本資訊的基礎之上，而樣本又是隨機的，因而就有可能犯錯誤。

虛無假設和對立假設不能同時成立，決策的結果要麼拒絕虛無假設，要麼不拒絕虛無假設。決策時總是希望當虛無假設正確時沒有拒絕它，當虛無假設不正確時拒絕它，但實際上很難保證不犯錯誤。一種情形是，虛無假設是正確的卻拒絕了它，這時所犯的錯誤稱為**第I類錯誤**（type I error），犯第I類錯誤的機率記為α，因此也被稱為α**錯誤**。另一種情形是，虛無假設是錯誤的卻沒有拒絕它，這時所犯的錯誤稱為**第II類錯誤**（type II error），犯第II類錯誤的機率記為β，因此也稱為β錯誤。

在假設檢定中，只要做出拒絕虛無假設的決策，就有可能犯第I類錯誤，只要做出不拒絕虛無假設的決策，就有可能犯第II類錯誤。直觀上說，這兩類錯誤的機率之間存在這樣的關係：在樣本量不變的情形下，要減小β就會使α增大，而要減小α就會使β增大，兩類錯誤就像一個翹翹板。人們自然希望犯兩類錯誤的機率都盡可能小，但實際上難以做到。要使α和β同時減小的唯一辦法是增加樣本量，但樣本量的增加又會受許多因素的限制，所以人們只能在兩類錯誤的發生機率之間進行平衡，以使α和β控制在能夠接受的範圍內。一般來說，對於一個固定的樣本，如果犯第I類錯誤的代價比犯第II類錯誤的代價高，則將犯第I類錯誤的機率定得低些較為合理；反之，則可以將犯第I類錯誤的機率定得高些。那麼，檢定時先控制哪類錯誤呢？一般來說，發生哪一類錯誤的後果更嚴重，就應該首先控制哪類錯誤發生的機率。但由於犯第I類錯誤的機率可以由研究者事先控制，而犯第II類錯誤的機率則相對難以計算，因此在假設檢定中，人們往往先控制第I類錯誤的發生機率。

假設檢定中，犯第I類錯誤的機率也稱為**顯著水準**（level of significance），記為α。它是人們事先指定的犯第I類錯誤機率的最大允許值。顯著水準α越小，犯第I類錯誤的可能性自然就越小，但犯第II類錯誤的可能性則隨之增大。實際應用中，究竟確定一個多大的顯著水準值合適呢？一般情形下，人們認為犯第I類錯誤的後果更嚴重一些，因此通常會取一個較小的α值（一般要求α可以取小於或等於0.1的任何值）。著名的英國統計學家Ronald Fisher在他的研究中，把小機率的標準定為0.05，所以人們通常選擇顯著水準為0.05或比0.05更小的機率，當然也可以取其他值。實際中，常用的顯著水準有$\alpha=0.01$、$\alpha=0.05$、$\alpha=0.1$等。當選擇樣本量時，通常要求第I類錯誤機率不大於0.05，第II類錯誤機率不大於0.1。

2. 依據什麼做出決策？

提出具體的假設之後，研究者需要提供可靠的證據來支持他所關注的對立假設。在上面的例6-2中，如果你想證實產品標籤中的說法不屬實，即檢定假設$H_0: \mu \geq 400$、$H_1: \mu < 400$，抽取一個樣本得到的樣本平均數為390μg，你是否拒絕虛無假設呢？如果樣本平均數是410μg，你是否就不拒絕虛無假設呢？做出拒絕或不拒絕虛無假設的依據是什麼？傳統檢定中，決策依據的是樣本統計量，現代檢定中，人們直接根據樣本資料算出犯第I類錯誤的機率，即所謂的**P**

值（P-value）。檢定時做出決策的依據是：虛無假設成立時小機率事件不應發生，如果小機率事件發生了，就應當拒絕虛無假設。統計上，通常把$P \leq 0.1$的值統稱為小機率。

（1）用統計量決策（傳統做法）

怎樣利用樣本資訊做出決策呢？傳統方法是首先根據樣本資料計算出用於決策的**檢定統計量**（test statistic）。比如要檢定母體平均數，我們自然會想到要用樣本平均數作為判斷標準。但樣本平均數$\bar{x}$是母體平均數μ的一個點估計量，它並不能直接作為判斷的依據，只有將其標準化後，才能用於度量它與虛無假設的參數值之間的差異程度。對於母體平均數和母體比例的檢定，在虛無假設H_0為真的條件下，根據點估計量的抽樣分配可以得到**標準化檢定統計量**（standardized test statistic）：

$$標準化檢定統計量 = \frac{點估計量 - 假設值}{點估計量的 標準誤} \tag{6.1}$$

實際中使用的檢定統計量都是標準化檢定統計量，它反映了點估計量（比如樣本平均數）與假設的母體參數（比如假設的母體平均數）相比，相差多少個標準差的距離。雖然檢定統計量是一個隨機變數，隨樣本觀測結果的不同而變化，但只要已知一組特定的樣本觀測結果，檢定統計量的值也就唯一確定了。

有了檢定統計量就可以建立決策準則。根據事先設定的顯著水準α，可以在統計量的分配上找到相應的**臨界值**（critical value）。由顯著水準和相應的臨界值圍成的一個區域稱為**拒絕域**（rejection region）。如果統計量的值落在拒絕域內就拒絕虛無假設，否則就不拒絕虛無假設。拒絕域的大小與設定的顯著水準有關。當樣本量固定時，拒絕域隨α的減小而減小。顯著水準、拒絕域和臨界值的關係，可用圖6-1來表示。

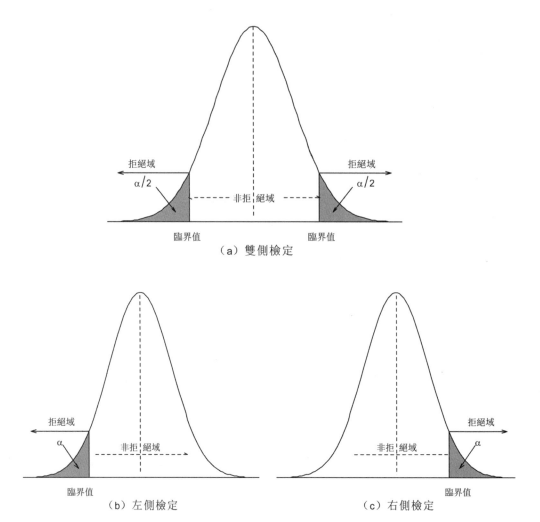

圖 6-1　顯著水準、拒絕域和臨界值

從圖6-1，可以得出利用統計量做檢定時的決策準則：

雙側檢定：｜統計量｜>臨界值，拒絕虛無假設。

左側檢定：統計量的值<-臨界值，拒絕虛無假設。

右側檢定：統計量的值>臨界值，拒絕虛無假設。

介紹傳統的統計量決策方法只是幫助理解假設檢定的原理，但不推薦使用。

（2）用P值決策（現代做法）

統計量檢定是根據事先確定顯著水準α圍成的拒絕域做出決策，不論檢定統計量的值是大還是小，只要它落入拒絕域就拒絕虛無假設，否則就不拒絕虛無假設。這樣，無論統計量落在拒絕域的什麼位置，你也只能說犯第I類錯誤的機率是α。但實際上，α是犯第I類錯誤的上限控制值，統計量落在拒絕域的不同位置，決策時所犯第I類錯誤的機率是不同的。如果能把犯第I類錯誤的真實機率算出來，就可以直接用這個機率做出決策，而不需要管什麼事先設定的顯著水準α。這個犯第I類錯誤的真實機率，就是P值。

用統計術語來說，如果虛無假設是正確的，所得到的樣本結果會像實際觀測結果那麼極端或更極端的機率稱為P值，也稱為**觀察到的顯著水準**（observed significance level）或實際顯著水準。下面的圖6-2顯示了拒絕虛無假設時的P值與設定顯著水準α的比較。

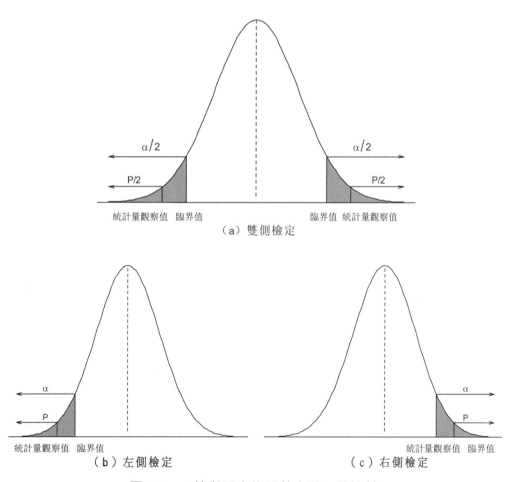

圖 6-2　P 值與設定的顯著水準 α 的比較

用P值決策的規則很簡單：如果$P<\alpha$，拒絕H_0；如果$P>\alpha$，不拒絕H_0（雙側檢定將兩側面積的總和定義為P）。利用P值進行決策，需要注意以下幾點：

⑴P值是關於資料的機率，它與虛無假設的對或錯的機率無關。具體地說，P值反映的是在母體的多個樣本中某一類資料出現的經常程度，它是當H_0正確時，得到目前這個樣本資料的機率。比如，要檢定瓶裝飲用水標籤上所標示的鈣的含量是否正確，檢定假設：$H_0: \mu \geq 400$、$H_1: \mu < 400$，假定抽出一個樣本算出的樣本平均數$\bar{x}=390\mu g$，得到的P值為0.02，這個0.02是指如果每100ml水中鈣的含量平均數真的是大於等於400μg話，那麼，從該母體中抽出一個平均數小於400μg的樣本的機率僅為0.02。如果你認為這個機率太小了，就可以拒絕虛無假設，因為如果虛無假設正確的話，幾乎不可能抓到這樣的一個樣本，既然抓到了，就表示這樣的樣本在母體中不在少數，所以虛無假設是不對的。顯然，P值越小，拒絕虛無假設的理由就越充分。

⑵究竟確定多大的P值，才使你有理由拒絕虛無假設呢？或者說，要證明虛無假設不正確，P值要多小才能令人信服呢？這要根據兩種情形來確定：①虛無假設的可信度有多高？如果虛無假設所代表的是人們多年來一直相信的看法，需要很強的證據（小的P值）才能說服他們，就應該選擇小的P值。②拒絕虛無假設的成本有多高？如果拒絕虛無假設可能會付出很高的成本，那麼就需要選擇一個更小的P值。比如，對立假設代表要花很多錢把產品包裝改換成另一種包裝，此時就要有很強的證據顯示新包裝一定會增加銷售量（因為拒絕虛無假設要花很高的成本）。一般來說，$P<0.10$代表有「一些證據」不利於H_0；$P<0.05$代表有「適度證據」不利於H_0；$P<0.01$代表有「很強證據」不利於H_0。實際上，有了P值，也就不用太關心事先設定的顯著水準α。只要在$P\leq 0.1$的範圍內，你認為這麼大的P值就算是小機率了，你就可以在這樣的P值水準上拒絕H_0。當然，統計上有幾個常用的α值作為比較標準，分別是$\alpha=0.1$、$\alpha=0.05$和$\alpha=0.01$，其中$\alpha=0.05$在多數情形下被人們使用的。

⑶P值決策優於統計量決策。與傳統的統計量決策相比，P值決策提供了更多的資訊。比如，根據事先確定的α進行決策時，只要統計量的值落在拒絕域，無論它在哪個位置，拒絕虛無假設的結論都是一樣的（只能說犯第I類錯誤的機率是α）。但實際上，統計量落在拒絕域不同的地方，實際的顯著性是不同的。比如，統計量落在臨界值附近與落在遠離臨界值的地方，實際的顯著性就有較大差異。而P值是根據實際統計量算出的顯著水準，它告訴我們實際的顯著水準是

多少。根據統計量決策，如果拒絕虛無假設，也僅僅是知道犯錯誤的可能性是α那麼大，但究竟是多少卻不知道。而P值則是算出的犯第I類錯誤的實際機率。圖6-3顯示了拒絕虛無假設時的兩個不同統計量的值及其P值，容易看統計量決策與P值決策的差異。

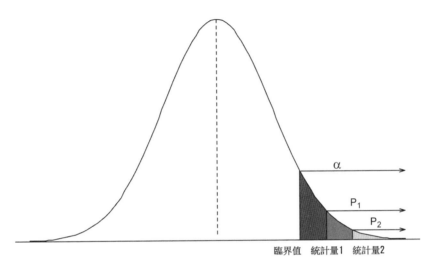

α

P_1

P_2

臨界值　統計量1　統計量2

圖 6-3　拒絕 H_0 的兩個統計量的不同顯著性

6.1.3　怎樣表述決策結果

1. 假設檢定不能證明虛無假設正確

假設檢定的目的主要是收集證據拒絕H_0，而支持你所傾向的H_1。由於假設檢定只提供不利於H_0的證據（證據的強弱取決於P值的大小），因此，當拒絕H_0時，表示樣本提供的證據證明它是錯誤的，當沒有拒絕H_0時，我們也無法證明它是正確的，因爲假設檢定的程式沒有提供它正確的證據。這與法庭上對被告的定罪類似：先假定被告是無罪的，除非你有足夠的證據證明他有罪，否則法庭就不能認定被告有罪。當證據不足時，法庭的裁決是「被告無罪」，但這時也沒有證明被告就一定是清白的。

假設檢定的結論是根據H_0做出的。我們要麼拒絕H_0，要麼不拒絕H_0。當不能拒絕H_0時，我們通常不說「接受H_0」，因爲沒有證明H_0是眞的（採用「接受」

H_0的說法，則意味著你證明了H_0是正確的）。沒有足夠的證據拒絕虛無假設並不等於你已經「證明」了虛無假設是眞的，它僅僅意味著目前還沒有足夠的證據拒絕H_0，只表示手頭上這個樣本提供的證據，還不足以拒絕它。比如，在上面的例6-2中，如果拒絕H_0，就可以說該飲用水標籤上的標示與實際不符（犯錯誤的機率爲P）。但如果沒有拒絕H_0，只能說這個樣本提供的證據還不足以證明每100ml水中鈣的含量不是400μg或400μg以下，這並非等於證明了其含量等於或超過了400μg。「不拒絕」的表述方式，實際上意味著我們沒有得出明確的結論。

此外。假設檢定中通常是先確定顯著水準α（至少在你的心目中有一個潛在的α），這就等於控制了犯第I類錯誤的機率，但犯第II類錯誤的機率β卻是不確定的。在拒絕H_0時，犯第I類錯誤的機率不超過設定的顯著水準α，當樣本結果顯示沒有充分理由拒絕H_0時，有時也難以確切知道第II類錯誤發生的機率。因此，在假設檢定中採用「不拒絕H_0」而不採用「接受H_0」的表述方法，這在多數場合下便避免了第II類錯誤發生的風險，因爲「接受H_0」所得結論可靠性將由第II類錯誤的機率β來測量，而β的控制又相對複雜，有時甚至根本無法知道β的值（除非你能確切給出β，否則就不宜表述成「接受」虛無假設）。當然，不拒絕H_0並非意味著H_0爲眞的機率很高，它只是意味著拒絕H_0需要更多的證據。

2. 統計上顯著不等於有實際意義

在假設檢定中，拒絕H_0則稱爲樣本結果是「統計上顯著的」（statistically significant）；不拒絕H_0則稱爲結果是「統計上不顯著的」。「顯著的（significant）」的涵義在這裡是指「非偶然的」，它表示這樣的樣本結果不是偶然得到的。同樣，結果是不顯著的（沒有充分證據拒絕H_0），則表示這樣的樣本結果很可能是偶然得到的。比如說，在$\alpha=0.05$的顯著水準上拒絕了H_0，表示如果H_0是對的，在5%這麼小的機率下，不可能抓到這個樣本，既然抓到了這個樣本，就說明這樣的樣本資料經常出現，不在少數，因而抓到它不是偶然的，樣本檢定結果是顯著的。而沒有拒絕H_0，在表示在5%這麼小的機率下，沒有抓到能拒絕H_0的一組樣本資料，所以不拒絕H_0，因而稱樣本檢定結果是不顯著的。

當然，在「顯著」和「不顯著」之間沒有清楚的界限，只是在P值越來越小時，我們就有越來越強的證據而已。0.049和0.051這兩個P值並沒有多少實質的差別，即使你非要把這種差別找出來（$0.051-0.049=0.002$），又有什麼實質上的意義呢？因此，在進行決策時，只能說P值越小，我們拒絕H_0的證據就越強，檢定的結果也就越顯著。但P值很小而拒絕H_0時，並不一定意味著檢定的結果就有實際意義，因為假設檢定中所說的「顯著」僅僅是「統計意義上的顯著」。也就是說，一個在統計上顯著的結論在實際中卻不見得就很重要，也不意味著就有實際意義。

6-2　母體平均數的檢定

理解了假設檢定的原理，在實際中應用它並不困難。與參數估計類似，對於母體平均數的檢定，當研究一個母體時，要檢定的主要是該母體平均數μ與某個假設值μ_0的差異是否顯著；研究兩個母體時，要檢定的主要是兩個母體平均數之差（$\mu_1 - \mu_2$）是否顯著。

6.2.1　一個母體平均數的檢定

檢定母體平均數時，採用什麼樣的檢定統計量取決於所抽取的樣本是大樣本（$n \geq 30$）還是小樣本（$n < 30$）。此外，還要考慮母體是否服從常態分配、母體變異數σ^2是否已知等幾種情形。

1.　大樣本的檢定

在大樣本的情形下，樣本平均數的抽樣分配近似服從常態分配，其標準誤差為$\sigma / \sqrt{n}$。將樣本平均數$\bar{x}$標準化後即可得到檢定統計量。由於$\bar{x}$經標準化後服從標準常態分配，因而採用常態分配的檢定統計量。設假設的母體平均數為μ_0，當母體變異數σ^2已知時，母體平均數檢定的統計量為：

$$z = \frac{\bar{x} - \mu_0}{\sigma / \sqrt{n}} \tag{6.2}$$

當母體變異數σ^2未知時，可以用樣本變異數s^2來代替，此時母體平均數檢定的統計量為：

$$z = \frac{\bar{x} - \mu_0}{s / \sqrt{n}} \tag{6.3}$$

例 6-3

　　一種罐裝飲料採用自動生產線生產，每罐標識的淨含量是330ml。為檢定每罐容量是否符合要求，品管員在某天生產的飲料中隨機抽取50罐進行檢定，測得每罐平均容量為330.5ml，標準差為2ml。取顯著水準$\alpha=0.05$，檢定該天生產的飲料容量是否符合標準要求。

解：這裡關心的是飲料容量是否符合要求，也就是μ是否為330ml，大於或小於330ml都不符合要求，因而屬於雙側檢定問題。提出的虛無假設和對立假設為：

$H_0: \mu = 330$、$H_1: \mu \neq 330$

R程式和結果，如文字框6-1所示。

文字框 6-1　一個母體平均數的檢定（大樣本）

```
# 計算檢定統計量和 p 值
> mean<-330.5
> mu<-330
> sd<-2
> n<-50
> z<-(mean-mu)/(sd/sqrt(n));z
[1] 1.767767
> p<-2*(1-pnorm(z));p
[1] 0.07709987
```

　　由於$P=0.07709987>\alpha=0.05$，不拒絕H_0，表示樣本提供的證據還不足以推翻虛無假設，因此沒有證據顯示該天生產的飲料不符合標準要求。

例 6-4　　（資料：example6_4.RData）

　　為監測空氣品質，某城市環保部門每隔幾週對空氣中的PM2.5（可吸入顆粒物）進行一次隨機測試。已知該城市過去每立方公尺空氣中PM2.5的平均數是82 $\mu g/m^3$（微克／立方公尺）。在最近一段時間的32次檢測中，每立方公尺空氣中的PM2.5數值如表6-1所示。

表 6-1　每立方公尺空氣中的 PM2.5 數值　　　　　　（單位：μg/m³）

81.6	86.6	80.0	85.8	78.6	58.3	68.7	73.2
96.6	74.9	83.0	66.6	68.6	70.9	71.7	71.6
77.3	76.1	92.2	72.4	61.7	75.6	85.5	72.5
74.0	82.5	87.0	73.2	88.5	86.9	94.9	83.0

根據最近的測量資料，當顯著水準 $\alpha=0.05$ 時，能否認為該城市每立方公尺空氣中的PM2.5平均數顯著低於過去的平均數？

解：這裡關心的是空氣中PM2.5平均數是否顯著低於過去的平均數，也就是 μ 是否小於82 μg/m³，屬於左側檢定。提出的假設為：

$H_0: \mu \geq 82$、$H_1: \mu < 82$

R程式和結果，如文字框6-2所示。

文字框 6-2　一個母體平均數的檢定（大樣本）

```
# 使用 z.test 函數進行檢定
> load("C:/example/ch6/example6_4.RData")
> library(BSDA)
> z.test(example6_4$PM2.5值,mu=82,sigma.x=sd(example6_4$PM2.5
值),alternative="less",conf.level=0.95)

        One-sample z-Test

data:  example6_4$PM2.5值
z = -2.3868, p-value = 0.008497
alternative hypothesis: true mean is less than 82
95 percent confidence interval:
       NA 80.79539
sample estimates:
mean of x
   78.125
注：
1. 函 數 z.test(x,alternative=c("two.sided","less","greater"),mu=0,
   conf.level=0.95)中，x為數值向量；檢定的方向預設為alternative="two.sided"；
```

> mu=假設值，預設為0；conf.level=信賴水準，預設為0.95。更多資訊查看幫助：??z. test。
>
> 2.由於是左側檢定，所以只顯示了信賴區間的上限。如果檢定統計量的值大於信賴區間的上限，就拒絕H_0。

　　由於P=0.008497<0.05，拒絕H_0。該城市每立方公尺空氣中的PM2.5平均數顯著低於過去的平均數。

　　上面的決策過程，可用圖6-4來表示。

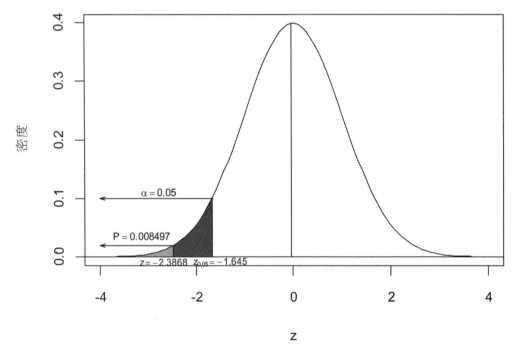

圖 6-4　例 6-4 中的拒絕域和 P 值

2.　小樣本的檢定

　　在小樣本（n<30）情形下，檢定時首先假定母體服從常態分配。檢定統計量的選擇與母體變異數是否已知有關。

　　當母體變異數σ^2已知時，即使是小樣本，樣本平均數經標準化後仍然服從標準常態分配，此時可按式（6.2）對母體平均數進行檢定。

當母體變異數σ^2未知時，需要用樣本變異數s^2代替σ^2，此時式（6.2）得到的檢定統計量不再服從標準常態分配，而是服從自由度爲$n-1$的t分配。因此需要採用t分配進行檢定，通常稱之爲「t檢定」。檢定的統計量爲：

$$t = \frac{\bar{x} - \mu_0}{s/\sqrt{n}} \qquad (6.4)$$

例 6-5 （資料：example6_5.RData）

一種建材的長度要求爲15cm，高於或低於該標準均被認爲是不合格的。建築企業在採購建材時，通常是經過招標，然後對得標供應商提供的樣品進行檢定，以決定是否採購。現對一個供應商提供的10個建材樣本進行檢測，結果如下（單位：cm）：

15.2　13.8　15.0　14.8　14.9　15.4　14.3　15.2　15.0　15.3

假定該供應商提供的建材長度服從常態分配，在0.05的顯著水準下，檢定該供應商提供的材料是否符合要求。

解：依題意建立的虛無假設和對立假設爲：

$H_0: \mu = 15$、$H_1: \mu \neq 15$

R程式和結果，如文字框6-3所示。

文字框 6-3　一個母體平均數的檢定（小樣本）

```
# 單樣本 t 檢定（使用 t.test x, mu=m）函數）
> load("C:/example/ch6/example6_5.RData")
> t.test(example6_5$建材長度,mu=15)

        One Sample t-test

data:  example6_5$建材長度
t = -0.70533, df = 9, p-value = 0.4985
alternative hypothesis: true mean is not equal to 15
95 percent confidence interval:
 14.5372 15.2428
```

```
sample estimates:
mean of x
    14.89


注：
函數t.test(x,y=NULL,alternative=c("two.sided","less","greater"),mu=0,
paired=FALSE,var.equal=FALSE,conf.level=0.95,  ...)可以實現 t 檢定。當不指
定y時為單樣本檢定，mu為檢定的平均數，預設是0。更多資訊查看幫助：?t.test。
```

由於$P=0.4985>0.05$，不拒絕H_0。沒有證據顯示該供應商提供的建材不符合要求。

圖6-5展示了一個母體平均數檢定的基本流程，作為不同情形下檢定統計量選擇的總結。

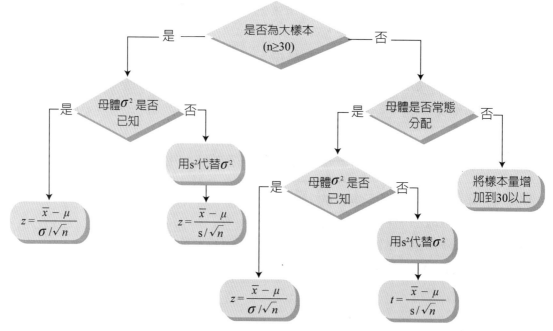

圖 6-5　一個母體平均數檢定的基本流程

6.2.2 兩個母體平均數之差的檢定

根據獲得樣本的方式不同，兩個母體平均數的檢定分為獨立樣本和配對樣本兩種情形，而且也有大樣本與小樣本之分。檢定的統計量是以兩個樣本平均數之差（$\bar{x}_1 - \bar{x}_2$）的抽樣分配為基礎構造出來的。對於大樣本和小樣本兩種情形，由於兩個樣本平均數之差經標準化後的分配不同，檢定統計量也有差異。

1. 獨立大樣本的檢定

在大樣本情形下，兩個樣本平均數之差（$\bar{x}_1 - \bar{x}_2$）的抽樣分配近似服從常態分配，而（$\bar{x}_1 - \bar{x}_2$）經過標準化後則服從標準常態分配。如果兩個母體的變異數 σ_1^2、σ_2^2 已知，採用下面的檢定統計量：

$$z = \frac{(\bar{x}_1 - \bar{x}_2) - (\mu_1 - \mu_2)}{\sqrt{\dfrac{\sigma_1^2}{n_1} + \dfrac{\sigma_2^2}{n_2}}} \tag{6.5}$$

如果兩個母體變異數 σ_1^2、σ_2^2 未知，可分別用樣本變異數 s_1^2、s_2^2 替代，此時檢定統計量為：

$$z = \frac{(\bar{x}_1 - \bar{x}_2) - (\mu_1 - \mu_2)}{\sqrt{\dfrac{s_1^2}{n_1} + \dfrac{s_2^2}{n_2}}} \tag{6.6}$$

例 6-6

為分析男女薪資是否有差異，對男女職員的平均小時薪資進行調查，獨立抽取具有同類工作經驗的男女職員的兩個隨機樣本，並記錄下兩個樣本的平均數、變異數等資料，如表6-2所示。在顯著水準0.05條件下，能否認為男性職員的平均小時薪資顯著高於女性職員？

表 6-2　男女職員薪資的有關計算結果

男性職員	女性職員
$n_1 = 44$	$n_2 = 32$
$\bar{x}_1 = 75$ 元	$\bar{x}_2 = 70$ 元
$s_1^2 = 64$	$s_2^2 = 42.25$

解：設 μ_1＝男性職員的平均小時薪資；μ_2＝女性職員的平均小時薪資。由於關心的是男性職員的平均小時薪資是否顯著高於女性，所以提出的虛無假設和對立假設為：

$H_0: \mu_1 - \mu_2 \leq 0$、$H_1: \mu_1 - \mu_2 > 0$

R程式和結果，如文字框6-4所示。

文字框 6-4　兩個母體平均數之差的檢定（獨立大樣本）

```
# 檢定男性職員的平均小時薪資是否顯著高於女性
> z<-(75-70)/sqrt(64/44+42.25/32);z
[1] 3.001578
> p<-1-pnorm(z);p
[1] 0.001342921
```

由於 P=0.001342921<0.05，拒絕 H_0，表示男性職員的平均小時薪資顯著高於女性。

2. 獨立小樣本的檢定

當兩個樣本均為獨立小樣本時，需要假定兩個母體均服從常態分配。檢定時有以下三種情形：

(1)兩個常態母體變異數 σ_1^2 和 σ_2^2 已知時，無論樣本量的大小[1]，兩個樣本平均數之差的抽樣分配都服從常態分配，這時可用上面的式（6.5）作為檢定統計量。

(2)兩個常態母體的變異數未知但相等時，即 $\sigma_1^2 = \sigma_2^2$，則需要用兩個樣本的變

---

[1]　如果兩個母體均服從常態分配且方差已知，兩個母體平均數之差的檢定無需區分樣本量大小。

異數s_1^2和s_2^2進行估計,這時需要將兩個樣本的資料合併在一起,以計算出母體變異數的合併估計量,用s_p^2表示,計算公式爲:

$$s_p^2 = \frac{(n_1-1)s_1^2 + (n_2-1)s_2^2}{n_1+n_2-2} \tag{6.7}$$

這時,兩個樣本平均數之差經標準化後服從自由度爲(n_1+n_2-2)的t分配,因而採用的檢定統計量爲:

$$t = \frac{(\bar{x}_1 - \bar{x}_2) - (\mu_1 - \mu_2)}{s_p\sqrt{\dfrac{1}{n_1} + \dfrac{1}{n_2}}} \tag{6.8}$$

(3)兩個常態母體的變異數未知且不相等時,即$\sigma_1^2 \neq \sigma_2^2$,兩個樣本平均數之差經標準化後不再服從自由度爲($n_1+n_2-2$)的$t$分配,而是近似服從自由度爲$v$的$t$分配。這時的檢定統計量爲:

$$t = \frac{(\bar{x}_1 - \bar{x}_2) - (\mu_1 - \mu_2)}{\sqrt{\dfrac{s_1^2}{n_1} + \dfrac{s_2^2}{n_2}}} \tag{6.9}$$

該統計量的自由度爲v,其計算公式爲:

$$v = \frac{\left(s_1^2/n_1 + s_2^2/n_2\right)^2}{\dfrac{\left(s_1^2/n_1\right)^2}{n_1-1} + \dfrac{\left(s_2^2/n_2\right)^2}{n_2-1}} \tag{6.10}$$

例 6-7 （資料:example6_7.RData）

甲、乙兩臺機具同時加工某種同類型的零件,已知兩臺機具加工的零件直徑均服從常態分配。爲比較兩臺機具的加工精度有無顯著差異,分別從甲、乙兩臺機具各獨立抽取10個零件,透過測量得到的資料如表6-3所示。在$\alpha=0.05$的顯著水準下,檢定兩臺機具加工的零件直徑是否有顯著差異。

表 6-3　兩臺機具加工零件的直徑　　　　　　　（單位：mm）

機具甲	機具乙
20.5	20.7
19.8	19.8
19.7	19.5
20.4	20.8
20.1	20.4
20.0	19.6
19.0	20.2
19.9	20.0
20.1	19.8
20.0	20.2

解：依題意提出如下假設：

$H_0: \mu_1 - \mu_2 = 0$、$H_1: \mu_1 - \mu_2 \neq 0$

R程式和結果，如文字框6-5所示。

文字框 6-5　兩個母體平均數之差的檢定（獨立小樣本）

```
# 假設變異數相等
> load("C:/example/ch6/example6_7.RData")
> t.test(example6_7$機具甲,example6_7$機具乙,var.equal=TRUE)

        Two Sample t-test

data:  example6_7$機具甲 and example6_7$機具乙
t = -0.78276, df = 18, p-value = 0.4439
alternative hypothesis: true difference in means is not equal to 0
95 percent confidence interval:
 -0.5526006  0.2526006
sample estimates:
mean of x mean of y
    19.95     20.10
```

```
# 假設變異數不相等
> t.test(example6_7$機具甲,example6_7$機具乙,var.equal=FALSE)
        Welch Two Sample t-test

data:  example6_7$機具甲 and example6_7$機具乙
t = -0.78276, df = 17.924, p-value = 0.444
alternative hypothesis: true difference in means is not equal to 0
95 percent confidence interval:
 -0.5527228 0.2527228
sample estimates:
mean of x mean of y
   19.95    20.10


注：
t.test(x,y,var.equal)函數中，var.equal=TRUE和var.equal=FALSE分別對應兩母
體變異數相等和不相等的假設，預設var.equal=FALSE。
```

兩種假設條件下檢定的雙尾P值均大於0.05，所以不拒絕H_0。沒有證據顯示兩臺機具加工的零件直徑有顯著差異。

3. 配對樣本的檢定

配對樣本的檢定需要假定兩個母體配對的差值服從常態分配，而且配對差值是由差值母體中隨機抽取的。對於小樣本情形，配對差值經標準化後服從自由度為$n-1$的t分配[2]，因此檢定統計量為：

$$t = \frac{\overline{d} - (\mu_1 - \mu_2)}{s_d / \sqrt{n}} \tag{6.11}$$

式中：$\overline{d}$為配對差值的平均數，s_d為配對差值的標準差。

2　對於大樣本情形，該統計量服從標準常態分配，此時可按常態分配進行檢定。

例 6-8　（資料：example6_8.RData）

　　某飲料公司研製出一款新產品，爲比較消費者對新舊產品口感的滿意程度，隨機抽選一組消費者共8人，讓每個消費者先品嘗一款飲料，然後再品嘗另一款飲料，兩款飲料的品嘗順序是隨機的，之後每個消費者要對兩款飲料分別進行評分（0～10分），評分結果如表6-4所示。取顯著水準$\alpha=0.05$，檢定消費者對兩款飲料的評分是否有顯著差異。

表6-4　8位消費者對兩款飲料的評分

消費者編號	評分	
	舊款飲料	新款飲料
1	5	6
2	4	6
3	7	7
4	3	4
5	5	3
6	8	9
7	5	7
8	6	6

解：設μ_1＝消費者對舊款飲料的平均評分，μ_2＝消費者對新款飲料的平均評分。

　　依題意建立的虛無假設與對立假設爲：

　　$H_0: \mu_1 - \mu_2 = 0$、$H_1: \mu_1 - \mu_2 \neq 0$

　　R程式和結果，如文字框6-6所示。

文字框 6-6　兩個母體平均數之差的檢定（配對樣本）

```
# 配對樣本 t 檢定
> load("C:/example/ch6/example6_8.RData")
> t.test(example6_8$舊款飲料,example6_8$新款飲料,paired=TRUE)

        Paired t-test

data:  example6_8$舊款飲料 and example6_8$新款飲料
t = -1.3572, df = 7, p-value = 0.2168
```

```
alternative hypothesis: true difference in means is not equal to 0
95 percent confidence interval:
 -1.7138923  0.4638923
sample estimates:
mean of the differences
                -0.625
```

由於雙尾檢定的$P=0.2168>0.05$，不拒絕H_0，沒有證據顯示消費者對新舊飲料的評分有顯著差異。

6-3 母體比例的檢定

6.3.1 一個母體比例的檢定

母體比例的檢定程式與母體平均數的檢定類似，本節只介紹大樣本[3]情形下的母體比例檢定方法。由於在大樣本情形下，統計量p近似服從常態分配，而樣本比例標準化後則近似服從標準常態分配，因此檢定統計量為：

$$z = \frac{p - \pi_0}{\sqrt{\dfrac{\pi_0(1-\pi_0)}{n}}} \tag{6.12}$$

例 6-9

一家電視臺的影視頻道製作人認為，某檔電視連續劇如果在黃金時段播出，收視率將會達到25%以上。經過一週的試播放後，該製作人隨機抽取了由2000人組成的一個樣本，發現有450個觀眾觀看了該檔電視劇。取顯著水準$\alpha=0.05$，檢定收視率是否達到製作人的預期。

解：製作人想支持的觀點是收視率達到25%以上，因此提出的假設為：

$H_0: \pi \le 25\%$、$H_1: \pi > 25\%$

---

3 檢定母體比例時，確定樣本量是否「足夠大」的方法，與母體比例的區間估計一樣，參見第5章。

R程式和結果，如文字框6-7所示。

文字框 6-7　一個母體比例的檢定

```
# 母體比例的檢定
> n<-2000
> p<-450/2000;p
> pi0<-0.25
> z<-(p-pi0)/sqrt(p*(1-p)/n);z
[1] -2.677398
> p<-pnorm(z);p
[1] 0.003709825
```

由於$P=0.003709825<0.05$，拒絕H_0，可以認為收視率達到了製作人的預期。

6.3.2　兩個母體比例之差的檢定

兩個母體比例之差（$\pi_1-\pi_2$）的檢定思路與一個母體比例的檢定類似，要求兩個樣本都是大樣本。當$n_1 p_1$、$n_1(1-p_1)$、$n_2 p_2$、$n_2(1-p_2)$都大於或等於10時，就可以認為是大樣本。根據兩個樣本比例之差的抽樣分配，可以得到兩個母體比例之差檢定的統計量為：

$$z = \frac{(p_1 - p_2) - (\pi_1 - \pi_2)}{\sigma_{p_1-p_2}} \quad (6.13)$$

其中：$\sigma_{p_1-p_2} = \sqrt{\dfrac{\pi_1(1-\pi_1)}{n_1} + \dfrac{\pi_2(1-\pi_2)}{n_2}}$ 是兩個樣本比例之差抽樣分配的標準差。

由於兩個母體的比例π_1和π_2是未知的，需要用兩個樣本比例p_1、p_2來估計$\sigma_{p_1-p_2}$，這時有以下兩種情形。

第一種情形是，檢定兩個母體比例之差是否相等時，即$H_0: \pi_1-\pi_2 = 0$或$H_0: \pi_1 = \pi_2$，此時$\pi_1=\pi_2=\pi$的最佳估計量是將兩個樣本合併後得到的合併比例p。設x_1表示樣本1中成功的次數，x_2表示樣本2中成功的次數，則合併後的比例為：

$$p = \frac{x_1 + x_2}{n_1 + n_2} = \frac{p_1 n_1 + p_2 n_2}{n_1 + n_2} \tag{6.14}$$

這時 $\sigma_{p_1-p_2}$ 的最佳估計量爲：

$$\sigma_{p_1-p_2} = \sqrt{\frac{p(1-p)}{n_1} + \frac{p(1-p)}{n_2}} = \sqrt{p(1-p)\left(\frac{1}{n_1} + \frac{1}{n_2}\right)} \tag{6.15}$$

將式（6.15）代入到式（6.13）中，得到兩個母體比例之差檢定的統計量爲：

$$z = \frac{p_1 - p_2}{\sqrt{p(1-p)\left(\frac{1}{n_1} + \frac{1}{n_2}\right)}} \tag{6.16}$$

第二種情形是，檢定兩個母體比例之差等於某個常數，即 H_0: $\pi_1-\pi_2=d_0$、$d_0 \neq 0$，這是可直接用兩個樣本的比例 p_1 和 p_2 作爲相應兩個母體比例 π_1 和 π_2 的估計量，從而得到兩個母體比例之差檢定的統計量爲：

$$z = \frac{(p_1 - p_2) - d_0}{\sqrt{\frac{p_1(1-p_1)}{n_1} + \frac{p_2(1-p_2)}{n_2}}} \tag{6.17}$$

例 6-10

一所大學準備採取一項學生上網收費的措施，爲瞭解男女學生對這一措施的看法是否有差異，分別抽取了200名男學生和200名女學生進行調查。其中的一個問題是：「你是否贊成採取上網收費的措施？」其中男學生表示贊成的比例爲27%，女學生表示贊成的比例爲35%。調查者認爲，男學生中表示贊成的比例顯著低於女學生。取顯著水準 $\alpha=0.05$，樣本提供的證據是否支持調查者的看法？

解：設 π_1＝男學生中表示贊成的比例，π_2＝女學生中表示贊成的比例。依題意提出如下假設：

H_0: $\pi_1-\pi_2 \geq 0$、H_1: $\pi_1-\pi_2 < 0$

R程式和結果，如文字框6-8所示。

文字框 6-8   兩個母體比例之差的檢定 （$H_0: \pi_1 - \pi_2 = 0$）

```
# 兩個母體比例之差的檢定
> n1<-200;n2<-200
> p1<-0.27;p2<-0.35
> p<-(p1*n1+p2*n2)/(n1+n2)
> z<-(p1-p2)/sqrt(p*(1-p)*(1/n1+1/n2));z
[1] -1.729755
> p<-pnorm(z);p
[1] 0.04183703
```

　　由於$P=0.04183703<0.05$，拒絕H_0，樣本提供的證據是支持調查者的看法，即男學生中表示贊成的比例顯著低於女學生。

例 6-11

　　有兩種方法生產同一種產品，方法1的生產成本較高而不良率較低，方法2的生產成本較低而不良率則較高。管理人員在選擇生產方法時，決定對兩種方法的不良率進行比較。如果方法1比方法2的不良率低8%以上，則決定採用方法1，否則就採用方法2。管理人員從方法1生產的產品中隨機抽取300個，發現有33個不合格品；從方法2生產的產品中也隨機抽取300個，發現有84個不合格品。用顯著水準$\alpha=0.01$進行檢定，管理人員應決定採用哪種方法進行生產。

　　解：設π_1＝方法1的不良率，π_2＝方法2的不良率。因為是要檢定「方法1的不良率是否比方法2低8%」（不是檢定二者的差值是否等於0），所以選擇式（6.17）作為檢定統計量。依題意提出如下假設：

　　$H_0: \pi_1 - \pi_2 \geq 8\%$、$H_1: \pi_1 - \pi_2 < 8\%$

　　R程式和結果，如文字框6-9所示。

文字框 6-9 兩個母體比例之差的檢定（$H_0: \pi_1 - \pi_2 = d_0$）

```
# 兩個母體比例之差的檢定
> n1<-300;n2<-300
> p1<-33/300;p2<-84/300
> d0<-0.08
> z<-((p1-p2)-0.08)/sqrt(p1*(1-p1)/n1+p2*(1-p2)/n2);z
[1] -7.91229
> p<-pnorm(z);p
[1] 1.26348e-15
```

由於$P= 1.26348e\text{-}15 < 0.01$，拒絕$H_0$，表示方法1的不良率顯著地低於方法2達8%，所以應採用方法1進行生產。

6-4 母體變異數的檢定

研究一個母體時，母體變異數σ^2的檢定採用χ^2統計量。研究兩個母體時，兩個母體變異數比σ_1^2 / σ_2^2的檢定採用F統計量。

6.4.1 一個母體變異數的檢定

在生產和生活的許多領域，變異數的大小是否適度是需要考慮的一個重要因素。一個變異數大的產品意味著其品質或性能不穩定。相同平均數的產品，變異數小的自然要好些。與母體變異數的區間估計類似，一個母體變異數的檢定也是使用χ^2分配。此外，母體變異數的檢定，不論樣本量n是大還是小，都要求母體服從常態分配。檢定統計量為：

$$\chi^2 = \frac{(n-1)s^2}{\sigma_0^2} \tag{6.18}$$

對於設定的顯著水準α，雙側檢定的拒絕域如圖6-6所示。對於單側檢定，拒絕域在分配一側的一側尾部。

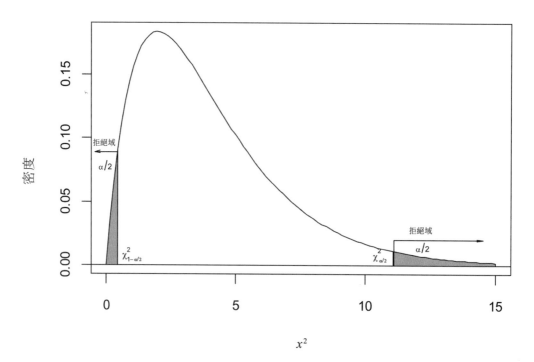

圖 6-6　顯著水準為 α 時，雙側檢定的臨界值和拒絕域

例 6-12

　　啤酒生產企業採用自動生產線罐裝啤酒，每瓶的裝填量為640ml，但由於受某些不可控因素的影響，每瓶的裝填量會有差異。此時，不僅每瓶的平均裝填量很重要，裝填量的變異數σ^2同樣很重要。如果σ^2很大，會出現裝填量太多或太少的情形，這樣，要麼生產企業不划算，要麼消費者不滿意。假定生產標準規定每瓶裝填量的變異數不應超過16ml。企業品管部門抽取了10瓶啤酒進行檢驗，得到的樣本資料如下：

632.7　634.5　630.1　640.2　636.6　644.8　640.2　647.8　639.6　643.0

以0.05的顯著水準，檢定裝填量的變異數是否符合要求。

解：依題意提出如下假設：

$H_0: \sigma^2 \le 16$、$H_1: \sigma^2 > 16$

R程式和結果，如文字框6-10所示。

文字框 6-10 一個母體變異數的檢定

\# 母體變異數的檢驗（使用 **sigma.test** 函數）

```
> load("C:/example/ch6/example6_12.RData")
> library(TeachingDemos)
> sigma.test(example6_12$裝填量,sigmasq=16,alternative="greater",
conf.level=0.95)
```

```
        One sample Chi-squared test for variance


data:  example6_12$裝填量
X-squared = 17.2, df = 9, p-value = 0.04567
alternative hypothesis: true variance is greater than 16
95 percent confidence interval:
 16.26605  Inf
sample estimates:
var of example6_12$裝填量
                30.57833
```

注：
函數sigma.test(x,sigma=,...)中，x為數值向量，sigma=假設的母體標準差。更多資訊查看幫助：??sigma.test。

由於$P=0.04567>0.05$，不拒絕H_0。樣本提供的證據還不足以推翻虛無假設，沒有證據顯示啤酒裝填量的變異數不符合要求。

6.4.2 兩個母體變異數比的檢定

比較兩個母體變異數時，通常將虛無假設與對立假設的形式表示成兩個母體變異數比值與數值1之間的比較關係。由於兩個樣本變異數比s_1^2 / s_2^2是兩個母體變異數比值σ_1^2 / σ_2^2的理想估計量，當樣本量為n_1和n_2的兩個樣本分別獨立地抽自兩個常態母體時，檢定統計量為：

$$F = \frac{s_1^2}{s_2^2} \quad \left[或F = \frac{s_2^2}{s_1^2} \right] \tag{6.19}$$

例 6-13　（資料：example6_13.RData）

　　一家房地產開發公司準備購進一批燈泡，公司打算在兩家供應商之間選擇一家購買。兩家供應商生產的燈泡平均使用壽命差別不大，價格也很相近，考慮的主要因素就是燈泡使用壽命的變異數大小。如果變異數相同，就選擇距離較近的一家供應商進貨。為此，公司管理人員對兩家供應商提供的各20個樣品進行了檢測，得到的資料（單位：小時）如表6-5所示。檢定兩家供應商燈泡使用壽命的變異數是否有顯著差異（α=0.05）。

表 6-5　兩家供應商燈泡使用壽命的樣本資料

供應商 1	供應商 2
6802	5884
5730	5871
5823	5797
5915	5957
5774	5803
5880	5862
5870	5814
5773	5885
5830	5856
5841	5940
5763	5945
5851	5803
5789	5864
5796	5851
5818	5714
5685	5943
5602	5830
5841	5858
5723	5922
5757	5866

解：將供應商1的燈泡資料作為樣本1，供應商2的燈泡資料作為樣本2。現在感興趣的是兩個母體變異數是否有顯著差異，因而為雙側檢定。建立的虛無假設與對立假設為：

$$H_0 : \frac{\sigma_1^2}{\sigma_2^2} = 1 \quad \text{、} \quad H_1 : \frac{\sigma_1^2}{\sigma_2^2} \neq 1$$

R程式和結果，如文字框6-11所示。

文字框 6-11　兩個母體變異數比的檢定

```
# 兩個母體變異數比的檢定（使用 var.test 函數）
> load("C:/example/ch6/example6_13.RData")
> var.test(example6_13[,1],example6_13[,2],alternative="two.sided")

        F test to compare two variances

data:  example6_13[, 1] and example6_13[, 2]
F = 15.279, num df = 19, denom df = 19, p-value = 1.8e-07
alternative hypothesis: true ratio of variances is not equal to 1
95 percent confidence interval:
  6.047811 38.602899
sample estimates:
ratio of variances
           15.2795


注：
函數var.test(x,y,ratio=1,alternative=c("two.sided","less","greater"),
conf.level =0.95,  ...)用於兩個母體變異數比的檢定。ratio=1為假設的兩個母體變
異數比。更多資訊查看幫助：?var.test。
```

由於$P=1.8e-07<0.05$，拒絕H_0，兩家供應商燈泡使用壽命的變異數有顯著差異。

6-5　非參數檢定

以上各節介紹的主要是參數檢定問題，這些檢定（如 t 檢定、F 檢定等）通常都是在假定母體服從常態分配或母體分配形式已知的條件下進行的，而且要求

所分析的資料是數值型的。當母體的機率分配形式未知，或者無法對母體的機率分配做出假定時，參數檢定方法往往會失效，這時可採用非參數檢定。非參數檢定方法不僅對母體的分配要求很少，對資料類型的要求也比參數檢定寬鬆。當資料不適合用參數檢定時，非參數檢定往往得出理想的結果[4]。本節主要介紹母體分配的檢定以及幾種常用的母體參數的替代檢定方法。

6.5.1 母體分配的檢定

在實際問題中，除了關心母體參數外，還會關心母體的分配，比如，母體是否服從常態分配、兩個母體的分配是否相同等。這裡只介紹檢定母體常態性的幾種方法。常態性檢定是根據樣本資料檢定母體是否服從常態分配，或者說樣本資料是否來自常態母體，檢定方法有圖示法和檢定法。圖示法主要有Q-Q圖和P-P圖，檢定法主要有Shapiro-Wilk檢定和Kolmogorov-Smirnov檢定（簡稱K-S檢定）等。

1. 常態性檢定的圖示法

判斷資料是否服從常態分配的描述性方法之一，就是畫出資料次數分配的直方圖或莖葉圖，若資料近似服從常態分配，則圖形的形狀與常態曲線應該相似。但實際中更常用的是繪製樣本資料的**常態機率圖**（normal probability plots）。常態機率圖有兩種畫法：一種稱為Q-Q圖、一種稱為P-P圖。 Q-Q圖是根據觀測值的實際分位數與理論分配（如常態分配）的分位數的符合程度繪製的，有時也稱為分位數-分位數圖。P-P圖則是根據觀測資料的累積機率與理論分配（如常態分配）的累積機率的符合程度繪製的。

例 6-14 （資料：example6_4.RData）

沿用例6-4。繪製Q-Q圖和P-P圖，檢定該城市每立方公尺空氣中的PM2.5是否服從常態分配。

解：繪製常態機率圖的R程式和結果，如文字框6-12所示。

---

[4] 當參數檢定的假定得到滿足時，檢定結果會比非參數檢定精確，此時非參數檢定沒有優勢，應採用參數檢定方法。

文字框 6-12 繪製常態機率圖

繪製Q-Q圖

```
> load("C:/example/ch6/example6_4.RData")
> par(cex=0.8,mai=c(.7,.7,.6,.1),cex.main=.8)
> qqnorm(example6_4$PM2.5值,xlab="期望常態值",ylab="觀測值",datax=TRUE)
> qqline(example6_4$PM2.5值,datax=TRUE,col="red")
```

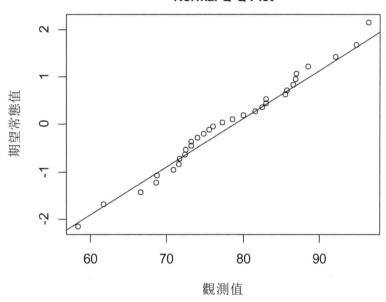

Normal Q-Q Plot

圖 6-7 PM2.5 的常態 Q-Q 圖

繪製P-P圖

```
> f<-ecdf(example6_4$PM2.5值)
> p1<-f(example6_4$PM2.5值)
> p2<-pnorm(example6_4$PM2.5值,mean(example6_4$PM2.5值),
sd(example6_4$PM2.5值))
> plot(p1,p2,xlab="觀測的累積機率",ylab="期望的累積機率")
> abline(a=0,b=1,col="red")
```

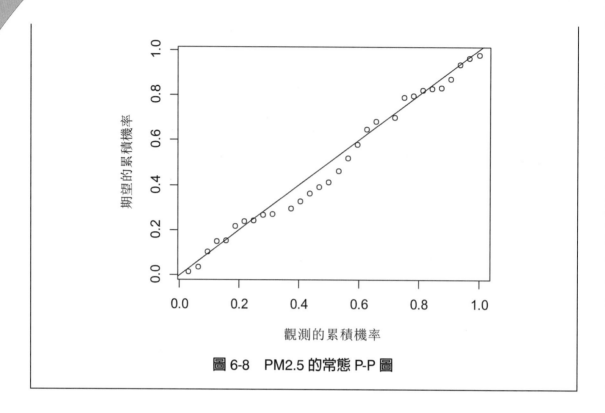

圖 6-8　PM2.5 的常態 P-P 圖

　　圖6-7和圖6-8中的直線表示理論常態分配線，各觀測點越靠近直線，且呈隨機分配，表示資料越接近常態分配。從圖6-7和圖6-8可以看出，各觀測點大致圍繞在一條直線周圍隨機分配，可以說該城市每立方公尺空氣中的PM2.5基本上服從常態分配。

　　需要注意的是，在分析常態機率圖時，最好不要用嚴格的標準去衡量資料點是否在理論直線上，只要各點近似在一條直線周圍隨機分配即可。而且當樣本量比較小時，常態機率圖中的點很少，提供的常態性資訊很有限，因此樣本量應盡可能大。

2.　Shapiro-Wilk和K-S常態性檢定

　　當樣本量較小時，常態機率圖的應用就會受到限制，這時可以使用標準的統計檢定方法。這些檢定的虛無假設是母體服從常態分配。如果檢定獲得的P值小於指定的顯著水準，則拒絕虛無假設，表示母體不服從常態分配，如果P值較大不能拒絕虛無假設時，可以認為母體滿足常態分配。常態性的檢定方法有很多，這裡只介紹常用的兩種檢定方法，即Shapiro-Wilk檢定和K-S檢定。

（1）Shapiro-Wilk檢定

Shapiro-Wilk檢定是S. Shapiro和M. Wilk於1965年提出的，該檢定是用順序統計量W來檢定分配的常態性。Shapiro-Wilk檢定的具體步驟如下：

首先，對研究的母體提出如下假設：

H_0：母體服從常態分配，H_1：母體不服從常態分配

然後，按下列公式計算檢定統計量W：

$$W = \frac{\sum a_i y_i^2}{\sum (y_i - \bar{y})^2} \tag{6.20}$$

式中：y_i為排序後的樣本資料，$\bar{y}$為樣本平均數，a_i是樣本量為n時所對應的係數。

W統計量的最大值是1，最小值是$na_1^2 / (n-1)$。統計量越大，表示資料越符合常態分配。但在非常態分配的小樣本資料中，也經常會出現較大的W值，同時，由於該統計量的分配是未知的，因此需要透過類比或者查表來估計其機率。當P值小於指定顯著水準時，表示母體不符合常態分配；或者說，樣本資料不是來自一個常態母體。

例 6-15　（資料：example6_5.RData）

沿用例6-5。用Shapiro-Wilk檢定方法檢定該供應商提供的建材長度是否服從常態分配（$\alpha=0.05$）。

解：提出假設：H_0：建材長度服從常態分配，H_1：建材長度不服從常態分配。Shapiro-Wilk常態性檢定的R程式和結果，如文字框6-13所示。

文字框 6-13　Shapiro-Wilk 常態性檢定

```
# Shapiro-Wilk常態性檢定
> load("C:/example/ch6/example6_5.RData")
> shapiro.test(example6_5$建材長度)

        Shapiro-Wilk normality test

data:  example6_5$建材長度
W = 0.85679, p-value = 0.06992
```

由於$P=0.06992>0.05$，不拒絕虛無假設，可以認為該供應商提供的建材長度服從常態分配。

（2）K-S檢定

Shapiro-Wilk檢定只適用於小樣本場合（$3 \le n \le 50$），當樣本量較大時，可使用K-S檢定。該檢定既可以用於大樣本，也可以用於小樣本。

K-S檢定是用來檢定抽取樣本所依賴的母體，是否服從某個已知的理論分配[5]。該檢定實際上是將實際次數和期望次數進行比較，檢定其擬合程度。具體說，K-S檢定是將某一變數的累積分配函數與特定的分配函數進行比較。設母體的累積分配函數為$F(x)$，已知的理論分配函數為$F_0(x)$，則檢定的虛無假設和對立假設為：

$$H_0: F(x)=F_0(x),\ H_1: F(x) \ne F_0(x)$$

虛無假設表達的是：抽取樣本所依賴的母體與指定的理論分配無顯著差異。

設各樣本觀測值在理論分配中出現的累積機率為$F_0(x)$，各樣本觀測值的實際累積機率為$S(x)$，實際累積機率與理論累積機率的差值為$D(x)$，差值序列中的最大絕對差值為：

$$D = \max(|S(x_i) - F(x_i)|) \tag{6.21}$$

由於實際累積機率為離散值，通常作以下修正：

$$D = \max\{(|S(x_i) - F(x_i)|),\ (|S(x_{i-1}) - F(x_i)|)\} \tag{6.22}$$

式（6.22）就是K-S檢定的統計量。在小樣本情形下，統計量D服從Kolmogorov分配；在大樣本情形下，則用常態分配近似，統計量為：

$$z = \sqrt{n}D \tag{6.23}$$

如果H_0成立，每次抽樣得到的D值應當不會與0偏離太遠，否則就應拒絕H_0。對於設定的顯著水準α，若檢定統計量D（或z）的機率小於α，則拒絕H_0，表示抽取樣本所依賴的母體與指定的理論分配有顯著差異。

K-S檢定要求樣本資料是連續的數值型資料，而且要求理論分配已知。比如，要檢定樣本資料是否來自$\mu=100$、$\sigma=100$的常態母體，即$X \sim N(100, 10^2)$。當母

---

[5]　該檢定的理論分配主要有常態分配（normal）、Poisson分配、均勻分配（uniform）、指數分配（exponential）等。

體平均數和變異數未知時，可以用樣本平均數$\bar{x}$和變異數s^2來代替[6]。

例 6-16　（資料：example6_5.RData）

沿用例6-5。用K-S檢定方法檢定該供應商提供的建材長度，是否服從常態分配（$\alpha=0.05$）。

解：首先，提出假設：

H_0：建材長度服從常態分配，H_1：建材長度不服從常態分配。

由於K-S檢定要求常態母體是已知的，即參數μ和變異數σ^2已知。但本例中，已知該建材的長度要求為15cm，而母體變異數σ^2並不知道，需要用樣本變異數代替，根據樣本資料得$s=0.49317565$，因此，也就是檢定該樣本資料是否來自於$X\sim N$（15, 0.49317565^2）的常態母體。也可以用樣本平均數$\bar{x}$代替母體平均數μ，用樣本變異數s^2來代替母體變異數σ^2來檢定，也就是檢定該樣本資料是否來自於$X\sim N$（14.89, 0.49317565^2）的常態母體。

K-S常態性檢定的R程式和結果，如文字框6-14所示。

文字框 6-14　K-S 常態性檢定

```
# K-S 常態性檢定（分配參數：μ=15; sd=sd(example6_5)）
> load("C:/example/ch6/example6_5.RData")
> ks.test(example6_5$建材長度,"pnorm",15,sd(example6_5$建材長度))
        One-sample Kolmogorov-Smirnov test


data:  example6_5$建材長度
D = 0.20866, p-value = 0.7766
alternative hypothesis: two-sided

# K-S常態性檢定（分配參數：μ=x̄; sd=sd(example6_5)）
> ks.test(example6_5$建材長度,"pnorm", mean(example6_5$建材長度),
  sd(example6_5$建材長度))
```

---

[6]　Lilliefor於1967年提出該方法，因此也稱為Lilliefor常態性檢定，它可以檢定樣本資料是否來自某個未知的理論母體。使用SPSS做檢定時，均用樣本均值和樣本方差來代替。

```
        One-sample Kolmogorov-Smirnov test

data:  example6_5$建材長度
D = 0.2276, p-value = 0.6782
alternative hypothesis: two-sided


注：
K-S檢定的函數為：ks.test(x,y,......)。參數x為向量或資料框架；y指定分配；$\mu$和
sd是常態分配的平均數和標準差。
```

由於$P=0.6782>0.05$，不拒絕H_0，可以認為該供應商提供的建材長度服從常態分配。

需要注意的是，由於Shapiro-Wilk檢定和K-S檢定對常態性偏離十分敏感，當樣本資料輕微偏離常態分配時，這些檢定也往往會導致拒絕虛無假設。當某些分析對常態性的要求相對寬鬆時，應謹慎使用這些檢定。

▌6.5.2　母體位置參數的檢定

母體位置參數的檢定是參數檢定的一種替代方法。當只有一個母體時，通常關心母體的某個位置參數（如中位數）是否等於某個假定值，檢定方法主要是Wilcoxon符號秩檢定。當有兩個母體時，通常關心兩個母體的位置參數是否相同。對於獨立樣本，採用Mann-Whitney檢定，對於配對樣本，則採用配對樣本的Wilcoxon符號秩檢定。

1.　母體中位數的Wilcoxon符號秩檢定

Wilcoxon符號秩檢定（Wilcoxon Signed Ranks Test）是由Frank Wilcoxon於1945年提出的，它是單樣本 t 檢定的一種替代方法，用於檢定母體中位數是否等於某個假定的值。該檢定假定樣本資料x_i（$i=1, 2, ..., n$）是來自連續對稱分配的母體。設母體真實中位數為M，假定的中位數為M_0，Wilcoxon符號秩檢定的步驟如下：

第1步：提出假設

雙側檢定：$H_0: M = M_0, H_1: M \neq M_0$；

左側檢定：H_0: $M = M_0$, H_1: $M < M_0$；

右側檢定：H_0: $M = M_0$, H_1: $M > M_0$。

第2步：計算檢定統計量。首先計算各樣本觀察值x_i（$i=1, 2, ..., n$）與假定的中位數M_0的差值$d_i=x_i-M_0$，並取絕對值$|d_i|=|x_i-M_0|$。然後將$|d_i|$排序，並找出它們的秩[7]。最小的$|d_i|$的秩為1，最大的$|d_i|$的秩為n，如果有相同的$|d_i|$則取各點秩的平均數[8]。對於正的d_i的秩和負的d_i的秩分別加總，得到正的秩的總和W^+和負的秩的總和W^-，$W^++W^-=1+2+\cdots+n=n(n+1) / 2$。這裡的$W^+$和$W^-$就是Wilcoxon符號秩檢定所定義的統計量。對於雙側檢定H_0: $M=M_0$、H_1: $M \neq M_0$，在H_0為真時，W^+與W^-的大小應該近似相等，如果二者差異較大應懷疑H_0。對於左側檢定H_0: $M=M_0$、H_1: $M<M_0$，若W^-遠遠大於W^+，表示大部分的秩為負的差值，即d_i為負的秩大，這時支持H_1。對於右側檢定H_0: $M=M_0$、H_1: $M>M_0$，若W^+遠遠大於W^-，表示大部分的秩為正的差值，即d_i為正的秩比較大，這時支持H_1。

第3步：根據P值並做出決策。若$P<\alpha$，拒絕H_0。

例 6-17 （資料：example6_5.RData）

沿用例6-5。假定樣本資料來自連續對稱分配的母體，但不知道母體的具體分配。檢定該企業生產的零件中位數是否等於15cm（$\alpha=0.05$）。

解：設零件長度的實際中位數為M，假定的中位數為M_0，依題意提出如下假設：

H_0: $M=15$、H_1: $M \neq 15$

R程式和結果，如文字框6-15所示。

文字框 6-15　母體中位數的 Wilcoxon 符號秩檢定

```
# wilcox符號秩檢定
> load("C:/example/ch6/example6_5.RData")
> wilcox.test(example6_5$建材長度,m = 15)
```

---

[7] 秩（rank）是一組資料按照從小到大的順序排列之後，每一個觀測值所在的位置。假定一組數據$x_1, x_2, \cdots, x_n$，按照從小到大的順序排列，x_i在所有觀測值中排第R_i位，那麼x_i的秩即為R_i。

[8] 樣本資料中會出現相同的觀測值時，對它們進行排序後得到的秩是相等的，這種情況被稱為資料中的結（ties）。對於結的處理，通常是以它們排序後所處位置的平均數作為它們共同的秩。當一個資料中結比較多時，某些非參數檢定中檢定統計量的分配就會受到影響，從而需要對統計量進行修正。統計軟體都可以自動完成這一工作。

```
            Wilcoxon signed rank test with continuity correction

data:  example6_5$建材長度
V = 17, p-value = 0.9439
alternative hypothesis: true location is not equal to 15

注：
wilcox.test(x,  ...)函數中，參數m為假定的中位數，alternative =c("two.
sided", "less","greater")指定對立假設的方向，預設為alternative="two.
side"。
```

　　文字框6-15提出的檢定統計量（負的秩和）為17，檢定的$P=0.9439>0.05$，不拒絕H_0。沒有證據顯示該企業生產的零件，實際中位數與15cm有顯著差異。

2.　兩個獨立樣本的Mann-Whitney檢定

　　Mann-Whitney檢定也稱為**Mann-Whitney U檢定**（Mann-Whitney U test），或稱為**Wilcoxon秩和檢定**，它是由Henry B. Mann和D. R. Whitney於1947年提出的。該檢定是獨立樣本 t 檢定的一種替代方法，但它不需要諸如母體服從常態分配且變異數相等之類的假設，唯一的要求是兩個獨立隨機樣本的資料至少是有序類別資料。

　　設X、Y是兩個連續的母體，其累積分配函數為F_x和F_y，從兩個母體中分別抽取兩個獨立的隨機樣本$(x_1, x_2, \cdots, x_m)$和$(y_1, y_2, \cdots, y_n)$，如果要檢定兩個母體是否相同，可提出如下假設：

　　H_0：兩個母體相同，H_1：兩個母體不相同。

　　當Mann-Whitney檢定拒絕H_0時，可以得出兩個母體不同的結論，但並不能證實它們究竟在哪些方面是不同的，兩個母體可能有不同的平均數、不同的變異數，或者不同的分配形式。

　　Mann-Whitney檢定也可以用於判斷兩個母體在中心位置上是否相同，也就是考察母體X的中位數M_x和母體Y的中位數M_y是否相等，因此也可提出如下形式的假設：

　　$H_0: M_x - M_y$、$H_1: M_x \neq M_y$

如果H_0為眞，那麼將m個x和n個y的資料混合在一起，並從小到大排列，這$m+n=N$個資料能夠看作是來自於相同母體的一個隨機樣本。若大部分的x大於y，或大部分的y大於x，則不能證明這$n+m=N$個資料是來自同一個母體，因此應拒絕H_0。

Mann-Whitney檢定的具體步驟如下：

第1步：首先把兩組資料混合在一起，得到$n+m=N$個資料，將N個資料按從小到大排列，並找出它們的秩。最小的資料秩為1，第二個最小的資料秩為2，依此類推，最大的資料秩為N，若兩個資料相同，取其秩的平均數。

第2步：分別對樣本$(x_1, x_2, \cdots, x_m)$和$(y_1, y_2, \cdots, y_n)$的秩求出平均秩，得到兩個平均秩$\overline{W}_x$和$\overline{W}_y$，並對$\overline{W}_x$和$\overline{W}_y$的差距進行比較：如果$\overline{W}_x$和$\overline{W}_y$差距較大，意味著一組樣本的秩普遍偏小，另一組樣本的秩普遍偏大，此時H_0很有可能不成立。

第3步：計算樣本$(x_1, x_2, \cdots, x_m)$中每個秩大於樣本$(y_1, y_2, \cdots, y_n)$中每個秩的個數U_{yx}，以及樣本$(y_1, y_2, \cdots, y_n)$中每個秩大於樣本$(x_1, x_2, \cdots, x_m)$中每個秩的個數U_{xy}，並對U_{yx}和U_{xy}進行比較：如果U_{yx}和U_{xy}相差較大，則H_0就有可能不成立。

第4步，根據U_{yx}和U_{xy}計算Wilcoxon W統計量和Mann-Whitney U統計量。先分別求出兩個樣本的秩和，設樣本$(x_1, x_2, \cdots, x_m)$的秩和為W_x，樣本$(y_1, y_2, \cdots, y_n)$的秩和為W_y，若$m<n$，檢定統計量$W=W_y$；若$m>n$，檢定統計量$W=W_x$；若$m=n$，檢定統計量W為第一個變數值所在樣本組的W值。Mann-Whitney U統計量定義為：

$$U=W-k(k+1)/2 \tag{6.24}$$

k為W對應樣本組的樣本資料個數。

在小樣本情形下，U統計量服從Mann-Whitney分配。在大樣本情形下，U近似服從常態分配，檢定統計量為：

$$z = \frac{U - nm/2}{\sqrt{mn(m+n+1)/12}} \tag{6.25}$$

第5步：計算出統計量的P值並做出決策，若$P<\alpha$，則拒絕H_0。

例 6-18 （資料：example6_7.RData）

沿用例6-7。假定不知道兩臺機具加工的零件直徑服從何種分配，檢定兩臺機具加工的零件直徑是否相同（$\alpha=0.05$）。

解：將機具甲作一個母體X，機具乙作另一個母體Y，要檢定機具甲和機具乙加工的零件直徑是否相同，就是檢定兩個母體的位置參數是否相等。因此提出如下假設：

$H_0 : M_甲 = M_乙$、$H_1 : M_甲 \neq M_乙$

首先將兩組資料混合在一起，得到10+10＝20個資料，將20個資料按從小到大排列，並找出它們的秩。然後計算檢定統計量，並根據P值做出決策。R程式和結果，如文字框6-16所示。

文字框 6-16　兩個獨立樣本的 Mann-Whitney 檢定

```
# 兩個獨立樣本的Mann-Whitney檢定
> load("C:/example/ch6/example6_7.RData")
> attach(example6_7)
> wilcox.test(機具甲,機具乙)

        Wilcoxon rank sum test with continuity correction

data:  機具甲 and 機具乙
W = 43.5, p-value = 0.6488
alternative hypothesis: true location shift is not equal to 0

注：
函數wilcox.test(x, y ,...)中的x和y是兩個樣本。paired=TRUE表示進行配對檢定，
預設paired=FALSE。
```

文字框6-16提出的統計量$W=43.5$，$P=0.6488>0.05$，不拒絕H_0，沒有證據顯示兩臺機具加工的零件直徑有顯著差異。

3. 兩個配對樣本的Wilcoxon符號秩檢定

Wilcoxon符號秩檢定是配對樣本 t 檢定的一種替代方法，該檢定只要求兩個樣本的資料之差服從對稱分配。

設X、Y是兩個連續的母體，且具有對稱分配，從兩個母體分別隨機抽取n個觀察值，組成n個數對 (x_1, y_1)，(x_2, y_2)，$\cdots$，(x_n, y_n)，每個數對的差記為

$d_i=x_i-y_i$。若X、Y是具有相同分配的母體，則有$P(d_i>0)=P(d_i<0)$，即$x_i>y_i$的機率與$x_i<y_i$的機率相等，這也意味著差值d_i的中位數等於0。用M_d表示差值d_i的中位數，如果關心兩個母體的分配是否相同，或者說兩個母體的中位數是否相同時，可以建立如下假設：

H_0: $M_d=0$（兩個母體相同）、H_1: $M_d \neq 0$（兩個母體不相同）

Wilcoxon符號秩檢定的步驟如下：

第1步：首先計算各數對的差值$d_i=x_i-y_i$，並將d_i取絕對值$|d_i|=|x_i-y_i|$；然後將$|d_i|$排序，並找出它們的秩。最小的$|d_i|$秩為1，最大的$|d_i|$秩為n，如果有相同的$|d_i|$則取各點秩的平均數。

第2步：計算檢定統計量。對於正的d_i的秩和負的d_i的秩分別加總，得到正秩的總和W^+和負秩的總和W^-。Wilcoxon符號秩檢定所定義的統計量是W^+和W^-中的較小者，即$W=\min(W^+, W^-)$。對於雙側檢定H_0: $M_d=0$、H_0: $M_d \neq 0$，在H_0為真時，W^+與W^-的大小應該近似相等，如果二者差異較大應懷疑H_0。

在小樣本情形下，檢定統計量$W=\min(W^+, W^-)$服從Wilcoxon符號秩分配。在大樣本情形下，統計量W近似服從常態分配，檢定統計量為：

$$z = \frac{W - n(n+1)/4}{\sqrt{n(n+1)(2n+1)/24}} \qquad (6.26)$$

n為配對的個數。

第3步：計算統計量的P值，並做出決策。若$P<\alpha$，則拒絕H_0。

例 6-19　（資料：example6_8.RData）

沿用例6-8。檢定消費者對兩種飲料的評分，是否有顯著差異（$\alpha=0.05$）。

解：R程式和結果，如文字框6-17所示。

文字框 6-17　配對樣本的 Wilcoxon 符號秩檢定

```
# 配對樣本的Wilcoxon符號秩檢定
> load("C:/example/ch6/example6_8.RData")
> attach(example6_8)
> wilcox.test(舊款飲料,新款飲料,paired=TRUE)
```

```
      Wilcoxon signed rank test with continuity correction

data: 舊款飲料 and 新款飲料
V = 5, p-value = 0.2837
alternative hypothesis: true location shift is not equal to 0
```

　　文字框6-17提出的統計量（負的秩和）為5，$P=0.2837>0.05$，不拒絕H_0，沒有證據顯示消費者對新舊飲料的評分有顯著差異。

　　最後需要說明的是，當參數檢定的假定得不到滿足時，非參數檢定是一種有效的替代方法，而且往往會得到比較滿意的結果。但非參數檢定不是利用樣本值，而是資料的秩，這樣就損失了大量的資訊，結果不夠精確。幸運的是，在電腦技術快速發展的今天，已經產生了大量的置換檢定方法，這些方法不僅對母體沒有任何要求，而且會得出比傳統檢定方法（包括非參數檢定方法）更精確的結果。

本章圖解

假設檢定的內容框架

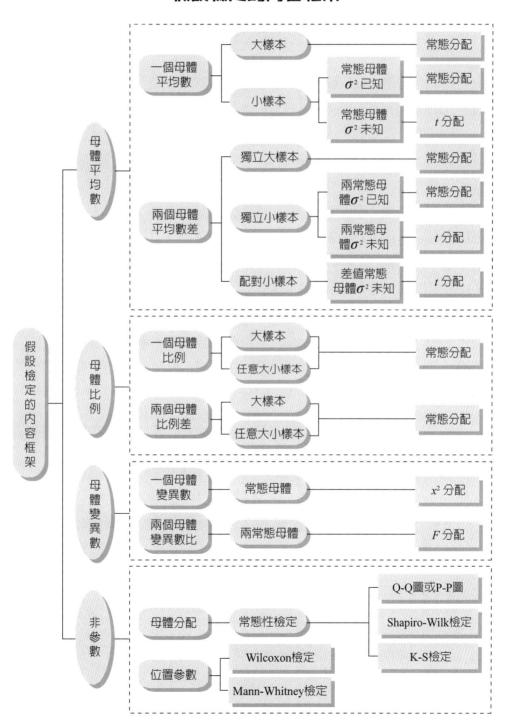

主要術語

- **假設**（hypothesis）：對母體的某種看法。在參數檢定中，假設是對母體參數的具體數值所作的陳述。
- **假設檢定**（hypothesis test）：利用樣本提供的資訊，判斷假設是否成立的統計方法。
- **虛無假設**（null hypothesis）：又稱零假設，研究者想收集證據予以推翻的假設，用H_0表示，它所表達的是參數沒有變化、或變數之間沒有關係、或母體分配與某一個理論分配無差異。
- **對立假設**（alternative hypothesis）：研究者想收集證據予以支持的假設，用H_1或H_a表示，它所表達的是母體參數發生了變化、或變數之間存在某種關係、或母體分配與某一個理論分配有差異。
- **第I類錯誤**（type I error）：虛無假設正確時，拒絕虛無假設所犯的錯誤，犯第I類錯誤的機率記為α。
- **第II類錯誤**（type II error）：虛無假設錯誤時，沒有拒絕虛無假設所犯的錯誤，犯第II類錯誤的機率記為β。
- **顯著水準**（level of significance）：犯第I類錯誤的機率，記為α。
- **拒絕域**（rejection region）：由顯著水準和相應的臨界值圍成的拒絕虛無假設的區域。
- **檢定統計量**（test statistic）：根據樣本觀測結果計算的對虛無假設做出決策的某個統計量。
- **P值**（P-value）：犯第I類錯誤的真實機率，也稱為觀察到的顯著水準（observed significance level）。它是指虛無假設是正確的，所得到的樣本結果會像實際觀測結果那麼極端或更極端的機率。

思考與練習

一、思考題

6.1 解釋虛無假設和對立假設的涵義。

6.2 什麼是標準化檢定統計量？為什麼要對統計量進行標準化？

6.3 如何理解顯著水準？

6.4 第I類錯誤和第II類錯誤分別是指什麼？它們發生的機率大小之間，存在怎樣的關係？

6.5 什麼是P值？利用P值進行檢定和利用統計量進行檢定有什麼不同？

6.6 在假設檢定中，為什麼採取「不拒絕虛無假設」而不採取「接受虛無假設」的表述方式？

6.7 為什麼說假設檢定不能證明虛無假設正確？

6.8 如何理解「統計上的顯著性」？

6.9 非參數檢定的適用場合是什麼？

6.10 檢定資料常態性的方法有哪些？

6.11 Shapiro-Wilk檢定和K-S檢定有何異同？

二、練習題

6.1 一項包括了200個家庭的調查顯示，每個家庭每天看電視的平均時間為7.25小時，標準差為2.5小時。據報導，10年前每天每個家庭看電視的平均時間是6.70小時。取顯著水準$\alpha=0.01$，這個調查能否證明「如今每個家庭每天收看電視的平均時間增加了」？

6.2 一種機具加工的零件尺寸絕對平均誤差為1.35mm。生產廠家準備採用一種新的機具進行加工以期進一步降低誤差。為檢定新機具加工的零件平均誤差與舊機具相比是否有顯著降低，從新機具生產的零件中隨機抽取50個進行檢定。50個零件尺寸的絕對誤差資料（單位：mm）如下。

1.26	1.19	1.31	0.97	1.81
1.13	0.96	1.06	1.00	0.94
0.98	1.10	1.12	1.03	1.16
1.12	1.12	0.95	1.02	1.13

1.23	0.74	1.50	0.50	0.59
0.99	1.45	1.24	1.01	2.03
1.98	1.97	0.91	1.22	1.06
1.11	1.54	1.08	1.10	1.64
1.70	2.37	1.38	1.60	1.26
1.17	1.12	1.23	0.82	0.86

⑴繪製Q-Q圖，檢定零件尺寸的絕對誤差是否服從常態分配。

⑵檢定新機具加工的零件尺寸的平均誤差與舊機具相比，是否有顯著降低（$\alpha=0.01$）。

6.3　安裝在一種聯合收割機的金屬板的平均重量為25公斤。對某企業生產的20塊金屬板進行測量，得到的重量資料如下：

22.6	26.6	23.1	23.5
27.0	25.3	28.6	24.5
26.2	30.4	27.4	24.9
25.8	23.2	26.9	26.1
22.2	28.1	24.2	23.6

⑴採用Shapiro-Wilk檢定和K-S檢定兩種方法，檢定該企業生產的金屬板重量是否服從常態分配（$\alpha=0.05$）。

⑵如果金屬板的重量服從常態分配，檢定該企業生產的金屬板是否符合要求（$\alpha=0.05$）。

6.4　對消費者的一項調查顯示，17%的人早餐飲料是牛奶。某城市的牛奶生產商認為，該城市的人早餐飲用牛奶的比例更高。為驗證這一說法，生產商隨機抽取550人的一個隨機樣本，其中115人早餐飲用牛奶。檢定該生產商的說法是否屬實（$\alpha=0.05$）。

6.5　某生產線是按照兩種操作平均裝配時間之差為5分鐘而設計的，兩種裝配操作的獨立樣本產生如下結果：

操作 A	操作 B
$n_1=100$	$n_2=50$
$\bar{x}_1=14.8$	$\bar{x}_2=10.4$
$s_1=0.8$	$s_2=0.6$

取$\alpha=0.02$，檢定平均裝配時間之差是否等於5分鐘。

6.6　某市場研究機構用一組被調查者樣本，來為某特定商品的潛在購買力打分數。樣本中，每個人都分別在看過該產品的新的電視廣告之前與之後打分數。潛在購買力的分數為0～10分，分數越高表示潛在購買力越高。虛無假設認為「看後」平均得分小於或等於「看前」平均得分，拒絕該假設就表示廣告提高了平均潛在購買力得分。取$\alpha=0.05$的顯著水準，用下列資料檢定該假設，並對該廣告給予評價。

個體	購買力得分		個體	購買力得分	
	看後	看前		看後	看前
1	6	5	5	3	5
2	6	4	6	9	8
3	7	7	7	7	5
4	4	3	8	6	6

6.7 某企業為比較兩種方法對員工培訓的效果，採用方法1對15名員工進行培訓，採用方法2對另外15名員工進行培訓。培訓後的測試分數如下：

方法1			方法2		
56	51	45	59	57	53
47	52	43	52	56	65
42	53	52	53	55	53
50	42	48	54	64	57
47	44	44	58	60	55

在$\alpha=0.05$顯著水準下，檢定兩種方法的培訓效果是否有顯著差異。

(1)假定變異數相等；

(2)假定變異數不相等。

6.8 為研究小企業經理們是否認為他們獲得了成功，在隨機抽取 100個小企業的女性經理中，認為自己成功的人數為24人；而在對95個男性經理的調查中，認為自己成功的人數為39人。在$\alpha=0.05$的顯著水準下，檢定男女經理認為自己成功的人數比例是否有顯著差異。

6.9 為比較新舊兩種肥料對產量的影響，以便決定是否採用新肥料。研究者選擇了面積相等、土壤等條件相同的40塊田地，分別施用新舊兩種肥料，得到的產量資料如下：

舊肥料					新肥料				
109	101	97	98	100	105	109	110	118	109
98	98	94	99	104	113	111	111	99	112
103	88	108	102	106	106	117	99	107	119
97	105	102	104	101	110	111	103	110	119

取顯著水準$\alpha=0.05$，檢定：

⑴新肥料獲得的平均產量是否顯著地高於舊肥料。

⑵兩種肥料產量的變異數是否有顯著差異。

6.10 生產工序中的變異數是工序品質的一個重要指標，通常較大的變異數就意味著要透過尋找減小工序變異數的途徑來改進工序。某雜誌上刊載了兩部機器生產的袋茶重量的資料（單位：克）如下，檢定這兩部機器生產的袋茶重量的變異數是否存在顯著差異（$\alpha=0.05$）。

機器 1	2.95	3.45	3.50	3.75	3.48	3.26	3.33	3.20
	3.16	3.20	3.22	3.38	3.90	3.36	3.25	3.28
	3.20	3.22	2.98	3.45	3.70	3.34	3.18	3.12
機器 2	3.22	3.30	3.34	3.28	3.29	3.25	3.30	3.27
	3.38	3.34	3.35	3.19	3.35	3.05	3.36	3.28
	3.30	3.28	3.30	3.20	3.16	3.33	3.26	3.35

6.11 為瞭解一種節能燈泡的使用壽命，隨機抽取了8個燈泡，測得其使用壽命（單位：小時）如下：

　3250　3500　2850　3700　3010　2910　2980　3420

採用Wilcoxon符號秩檢定該種節能燈泡之使用壽命的中位數是否等於3000小時（$\alpha=0.05$）。

6.12 某種品牌的彩色電視在兩個城市銷售，在A城市和B城市各有8個商場銷售。下表是各商場一年的銷售量（單位：臺）。採用Mann-Whitney檢定，分析兩個城市的銷售量是否有顯著差異（$\alpha=0.05$）。

商場序號	A 城市	B 城市
1	545	560
2	489	551
3	505	535
4	585	479
5	539	476
6	449	545
7	512	602
8	498	495

6.13 為分析股票的每股盈餘狀況，在某證券市場上隨機抽取10支股票，得到上年度和本年度的每股盈餘資料如下表。採用Wilcoxon符號秩檢定分析：本年度與上年度相比，每股盈餘是否有顯著提高（$\alpha=0.05$）。

股票代碼	上年度每股盈餘（元）	本年度每股盈餘（元）
1	0.12	0.26

股票代碼	上年度每股盈餘（元）	本年度每股盈餘（元）
2	0.95	0.87
3	0.20	0.24
4	0.02	0.12
5	0.05	0.13
6	0.56	0.51
7	0.31	0.35
8	0.25	0.42
9	0.16	0.37
10	0.06	0.05

類別變數分析

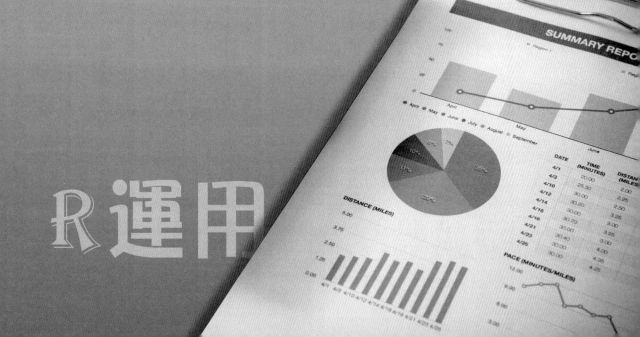

問 題 與 思 考

網購滿意度與地區有關係嗎

　　網路購物因其便捷和價格便宜等優勢被越來越多的人採用。為提高競爭力以爭取更多的客戶，購物網站需要在網購的各個環節做好工作，包括商品的價格與品質、配送速度與商品的完好程度、行銷模式與促銷方式等。為此，一家購物網站對在本網站購物的客戶做了一項調查。調查的客戶來自北部、中部、南部三個地區共500人，調查內容涵蓋網購的各個環節以及對本購物網站滿意度的整體評價等。下面是對本購物網站的整體滿意度評價結果。

滿意度	地區			
	北部	中部	南部	合計
滿意	126	158	35	319
不滿意	34	82	65	181
合計	160	240	100	500

　　這裡涉及兩個類別變數，一個是滿意度，一個是地區。根據上面的資料，你認為滿意度與地區有關係嗎？如何來檢定兩個類別變數之間是否存在關係呢？如果有關係，關係強度有多大？學完本章內容就很容易解決這樣的問題。

　　在分析實際問題時，常常遇到類別變數，如性別、產品的品牌、消費者的偏好等。類別變數的觀測結果是各個類別，對這些類別觀測次數的描述性分析主要是計算比例、比率等統計量，而推論性分析則是根據各類別的次數利用 χ^2 分配進行檢定，因此也稱為 χ^2 檢定，內容包括 χ^2 適合度檢定和 χ^2 獨立性檢定等。

7-1　一個類別變數的適合度檢定

　　當只研究一個類別變數時，可利用 χ^2 檢定來判斷各類別的觀察次數與某一期望次數或理論次數是否一致。比如，各月分的產品銷售額是否符合均勻分配、不同地區的離婚率是否有顯著差異等,這就是χ^2**適合度檢定**(goodness of fit test)。該檢定是利用χ^2統計量來判斷某個類別變數中,各類別的觀察次數與期望次數或理論次數是否一致,它也可用於判斷各類別的觀察次數分配是否符合某一理論分配,如Poisson分配或常態分配等。

7.1.1 期望次數相等

為更好地理解適合度檢定,還是先從一個例子開始。

例 7-1 (資料:example7_1.RData)

為研究消費者對不同類型的飲料是否有明顯偏好,一家調查公司隨機調查了2000個消費者對4種類型飲料的偏好情況,得到不同類型飲料的偏好資料如表7-1所示。

表 7-1 2000 個消費者對不同類型飲料的偏好資料

飲料類型	人數
碳酸飲料	525
礦泉水	550
果汁	470
其他	455
合計	2000

表7-1中的飲料類型是類別變數,共有4個類別值,每個類別的偏好人數稱為**觀察次數**(observed frequency),即各類別的實際次數。如果消費者對各類型飲料沒有明顯偏好,則各類別的觀察次數應該相等或近似相等,也就是不同類型飲料的消費者人數都是500(2000/4)人,這就是類別的**期望次數**(expected frequency)或理論次數。如果調查者想分析消費者對不同類型飲料的偏好是否有顯著差異,實際上也就是檢定觀察次數與期望次數是否一致,因此,適合度檢定也稱為**同質性檢定**(test of homogeneity)。該檢定使用的是χ^2統計量,它是由英國統計學家Karl Pearson於1900年所提出的,因此,適合度檢定所使用的統計量也稱為Pearson χ^2。其計算公式為:

$$\chi^2 = \sum \frac{(f_o - f_e)^2}{f_e} \tag{7.1}$$

式中：f_o為觀察次數，f_e為期望次數，該統計量服從自由度為$k-1$的χ^2分配，k為類別個數。

如果統計量χ^2等於0，表示觀察次數與期望次數完全一致；如果顯著不等於0，則表示觀察次數與期望次數之間存在顯著差異。χ^2值越大，差異就越顯著。

下面來檢定消費者對不同類型飲料的偏好，是否有顯著差異（$\alpha=0.05$）。

解：具體步驟如下：

第1步：提出假設。

H_0：觀察次數與期望次數無顯著差異（無顯著偏好）

H_1：觀察次數與期望次數有顯著差異（有顯著偏好）

第2步：計算檢定統計量χ^2。如果消費者對不同類型飲料的偏好無顯著差異，意味著各期望次數相等，即不同類型飲料的期望次數均為500。統計量χ^2的計算過程，如表7-2所示。

表 7-2　計算例 7-1 的 χ^2 統計量

飲料類型	觀察次數 f_o	期望次數 f_e	$(f_o - f_e)^2 / f_e$
碳酸飲料	525	500	1.25
礦泉水	550	500	5.00
果汁	470	500	1.80
其他	455	500	4.05
合計	2000	2000	12.10

第3步：做出決策。$\chi^2=12.10$，自由度為$4-1=3$，由R函數得P值（右尾機率）為0.007048，由於$P<\alpha$，拒絕H_0，表示消費者對不同類型飲料的偏好有顯著差異。

期望次數相等時，適合度檢定的R程式和結果，如文字框7-1所示。

文字框 7-1　期望次數相等時的適合度檢定

```
# 載入並顯示本例資料
> load("C:/example/ch7/example7_1.RData")
> example7_1
     飲料類型    人數
1    碳酸飲料    525
2    礦泉水      550
3    果汁        470
4    其他        455

# 期望次數相等時的適合度檢定
> chisq.test(example7_1$人數)

        Chi-squared test for given probabilities

data:  example7_1$人數
X-squared = 12.1, df = 3, p-value = 0.007048
```

注：
 chisq.test()函數預設期望次數相等。

文字框7-1給出的$P=0.007048<0.05$，拒絕H_0，表示消費者對不同類型飲料的偏好有顯著差異。

7.1.2　期望次數不等

在例7-1中，各類別的期望次數是相等的。當各類別的期望次數不相等時，也可以進行適合度檢定，這就需要先計算出各類別的期望次數。

例 7-2 ▶ （資料：example7_2.RData）

一項社會學研究認爲，離婚率的高低與受教育程度有關，而且由於社會經濟發展程度及生活方式等因素的影響，不同地區也有一定差異。在對北部地區離婚家庭的樣本研究中發現，離婚家庭中，受教育程度爲小學及以下的家庭所占的比例為20%、初中家庭為35%、高中家庭為25%、大學家庭為12%、研究生家庭占8%。在對南部地區260個離婚家庭的調查中，不同受教育程度的離婚家庭分配如表7-3所示。檢定南部地區不同受教育程度的離婚家庭數與期望次數是否一致（$\alpha=0.05$）。

表 7-3　南部地區不同受教育程度的離婚家庭分配　　（單位：個）

受教育程度	離婚家庭數
小學及以下	30
初中	110
高中	80
大學	25
研究生	15
合計	260

解：第1步：提出假設。這裡將北部地區的調查比例作為期望比例。所關心的問題是南部地區不同受教育程度的離婚家庭數與它的期望次數是否一致。因此提出的假設為：

H_0：不同受教育程度的離婚家庭數與期望次數無顯著差異

H_1：不同受教育程度的離婚家庭數與期望次數有顯著差異

　　第2步：計算期望次數和檢定統計量。雖然期望比例是已知的，但期望次數需要計算。如果南部地區不同受教育程度的離婚家庭數與期望的一樣，那麼，在260個離婚家庭中，不同受教育程度的離婚家庭數所占的比例與北部地區的期望比例應該一致。因此，用期望比例乘以總的觀察次數（樣本量）即得期望次數。計算結果如表7-4所示。

表 7-4　南部地區不同受教育程度離婚家庭的期望次數

受教育程度	觀察次數	期望比例 %	期望次數 = 期望比例 × 樣本量
小學及以下	30	20	0.20×260=52.0
初中	110	35	0.35×260=91.0
高中	80	25	0.25×260=65.0
大學	25	12	0.12×260=31.2
研究生	15	8	0.08×260=20.8
合計	260	100	300

有了期望次數，就可以計算檢定的χ^2統計量了，結果如表7-5所示。

表 7-5　南部地區不同受教育程度離婚家庭的適合度檢定

受教育程度	觀察次數 f_o	期望次數 f_e	$(f_o - f_e)^2 / f_e$
小學及以下	30	52.0	9.3077
初中	110	91.0	3.9670
高中	80	65.0	3.4615
大學	25	31.2	1.2321
研究生	15	20.8	1.6173
合計	260	260	19.5856

第3步：做出決策。χ^2=19.5856，自由度為5－1=4，根據R函數得P值（右尾機率）為0.0006028，由於P值小於0.05，拒絕H_0，表示南部地區不同受教育程度的離婚家庭數與期望次數有顯著差異。

期望次數不相等時，適合度檢定的R程式和結果，如文字框7-2所示。

文字框 7-2　期望次數不相等時的適合度檢定

```
# 載入並顯示本例資料
> load("C:/example/ch7/example7_2.RData")
> example7_2

    受教育程度  離婚家庭數  期望比例
1    小學及以下        30      0.20
2        初中        110      0.35
3        高中         80      0.25
4        大學         25      0.12
5       研究生         15      0.08


# 期望次數不相等時的適合度檢定
> chisq.test(example7_2$離婚家庭數，p=example7_2$期望比例)
        Chi-squared test for given probabilities

data:  example7_2$離婚家庭數
X-squared = 19.586, df = 4, p-value = 0.0006028
```

> 注：
> chisq.test（x,p,...）中，p可以設定期望次數。

文字框7-2給出的檢定統計量及其顯著水準，與上面的計算結果一致。

7-2 兩個類別變數的獨立性檢定

對於兩個類別變數的推論分析，主要是檢定兩個變數是否獨立，這就是χ^2獨立性檢定（test of independence）。

▌7.2.1 列聯表與χ^2獨立性檢定

如果研究的是兩個類別變數，每個變數有多個類別，通常將兩個變數多個類別的次數用交叉表的形式表示出來。其中一個變數放在列（row）的位置，稱為列變數，其類別數（列數）用r表示；另一個變數放在行（column）的位置，稱為行變數，其類別數（行數）用c表示。這種由兩個或兩個以上類別變數交叉分類的次數分配表，就是列聯表。一個由r列和c行組成的列聯表，也稱為$r \times c$列聯表。例如：本章開頭的案例中，列變數「滿意度」有2個類別，行變數「地區」有3個類別，這就是一個2×3列聯表。

對列聯表中的兩個類別變數進行分析，通常是判斷兩個變數是否獨立。該檢定的虛無假設是：兩個變數獨立（無關），如果虛無假設被拒絕，則說明兩個變數不獨立，或者說兩個變數相關。χ^2獨立性檢定的統計量為：

$$\chi^2 = \sum \sum \frac{(f_o - f_e)^2}{f_e} \qquad (7.2)$$

式中：f_o為觀察次數，f_e為期望次數，期望次數的計算公式見式（7.4）。該統計量服從自由度為$(r-1) \times (c-1)$的χ^2分配，r為列數、c為行數。

下面通過一個例子，顯示χ^2獨立性檢定的具體過程。

例 7-3　　（資料：example7_3.RData）

　　利用本章開頭關於網購客戶滿意度的調查資料，檢定客戶滿意度與地區是否獨立（α=0.05）。

解：第1步：提出假設。

H_0：滿意度與地區獨立

H_1：滿意度與地區不獨立

第2步：計算期望次數和檢定統計量。

　　要計算出檢定統計量，關鍵是計算出期望次數。如果兩個變數獨立，兩個變數各類別交叉項的機率可根據獨立事件的機率乘法公式求得。

　　設給定儲存格所在列的合計次數為RT，所在行的合計次數為CT，任意給定儲存格（比如第i列第j行的儲存格r_ic_j）的機率為：

$$P(r_ic_j) = P(r_i) \times P(c_j) = \left(\frac{RT}{n}\right) \times \left(\frac{CT}{n}\right) \tag{7.3}$$

　　用式（7.3）乘以總觀察次數（即樣本量n），可以得到任意儲存格的期望次數為：

$$f_e = \left(\frac{RT}{n}\right) \times \left(\frac{CT}{n}\right) \times n \tag{7.4}$$

　　比如，第1個儲存格的期望次數為：

$$f_1 = \left(\frac{319}{500}\right) \times \left(\frac{160}{500}\right) \times 500 = 102.08$$

　　按上述步驟計算的各儲存格的期望次數，如表7-6所示。

表7-6　滿意度與地區的儲存格期望次數計算表

滿意度	地區			合計
	北部	中部	南部	
滿意	126 (102.08)	158 (153.12)	35 (63.80)	319
不滿意	34 (57.92)	82 (86.88)	65 (36.20)	181
合計	160	240	100	500

注：表中括弧內的數值是期望次數。

將每個儲存格的$(f_o - f_e)^2 / f_e$加起來，即可得到依式（7.2）計算的χ^2統計量：

$$\chi^2 = \frac{(126 - 102.08)^2}{102.08} + \frac{(158 - 153.12)^2}{153.12} + \frac{(35 - 63.80)^2}{63.80}$$

$$+ \frac{(34 - 57.92)^2}{57.92} + \frac{(82 - 86.88)^2}{86.88} + \frac{(65 - 36.20)^2}{36.20}$$

$$= 51.827$$

第3步：做出決策。$\chi^2 = 51.827$，自由度為$(2-1) \times (3-1) = 2$，由R函數得$P = 5.572e - 12$（右尾機率），由於$P < 0.05$，拒絕H_0，滿意度與地區不獨立，或者說，滿意度與地區有關。

列聯表獨立性檢定的R程式和結果，如文字框7-3所示。

文字框 7-3 兩個類別變數的獨立性檢定

```
# 載入並顯示本例資料
> load("C:/example/ch7/example7_3.RData")
> head(example7_3)

    滿意度   地區
1    滿意   北部
2    滿意   北部
3    滿意   北部
4    滿意   北部
5    滿意   北部
6    滿意   北部


# 製作列聯表
> count<-table(example7_3);count

        地區
滿意度  北部  南部  中部
不滿意   34    65    82
  滿意  126    35   158
```

列聯表的立性檢定

```
> chisq.test(count)

        Pearson's Chi-squared test


data:  count
X-squared = 51.827, df = 2, p-value = 5.572e-12
```

注：

1. 上面列出了原始資料和列聯表。檢定時首先把原始資料轉換成列聯表資料，然後進行卡方獨立性檢驗。

2. 如果資料本身就是列聯表，可以在 R 中以矩陣形式輸入資料，然後做檢驗，得到的結果相同。本例檢定的代碼為：

```
x<-c(34,65,82,126,35,158);matrix7_3<-matrix(x,nr=2,nc=3,byrow=TR
UE,dimnames=list(c("不滿意","滿意"),c("東部","中部","西部")));chisq.
test(matrix7_3)。
```

文字框7-3顯示的卡方（χ-squared）統計量及P值，與手工計算結果相同。

7.2.2　應用χ^2檢定的注意事項

在應用χ^2檢定時，要求樣本量應足夠大，特別是每個儲存格的期望次數不能太小，否則應用χ^2檢定可能會得出錯誤結論。從χ^2統計量的公式可以看出，期望次數f_e在公式的分母上，如果某個儲存格的期望次數過小，χ^2統計量的值就會變大，從而導致拒絕虛無假設。因此，應用χ^2檢定時對儲存格的期望次數有以下要求。

1.如果僅有兩個儲存格，儲存格的最小期望次數不應小於5，否則不能進行χ^2檢定。

2.儲存格有兩個以上時，期望次數小於5的儲存格不能超過總細格數的20%，否則不能進行χ^2檢定。如果出現期望次數小於5的儲存格超過20%，可以採取合併類別的辦法來解決這一問題。在上面的各例子中，每個儲存格的期望次數均大於5。因此，可以進行χ^2檢定。

7-3　兩個類別變數的相關性量數

如果χ^2獨立性檢定拒絕了虛無假設，則表示兩個變數不獨立，這意味著他們之間存在一定的相關。這時，可以進一步度量它們之間的關聯程度，使用的統計量主要有φ係數（φ coefficient）、**Cramer's V係數**（Cramer's V coefficient）、**列聯係數**（contingency coefficient）等，這些係數的計算均以χ^2統計量的值為基礎。

7.3.1　φ係數和Cramer's V係數

1.　φ係數

φ係數主要用於2×2列聯表的相關性度量。計算公式為：

$$\varphi = \sqrt{\frac{\chi^2}{n}} \tag{7.5}$$

式中：χ^2是依式（7.2）計算出的χ^2值，n為列聯表的總次數，即樣本量。

對於2×2列聯表，φ係數的取值範圍在0~1之間。φ越接近1，表示兩個變數之間的關係越強；φ越接近0，表示關係越弱。但是，當列聯表的列數或行數大於2時，φ係數會隨著列數或行數增加而變大，而且沒有上限。這時，φ係數的涵義不易解釋。

例如：根據例7-3的計算結果，得到滿意度與地區之間的φ係數為：

$$\varphi = \sqrt{\frac{\chi^2}{n}} = \sqrt{\frac{51.8266}{500}} = 0.321952$$

滿意度與地區之間的相關係數為0.321952，表示兩者之間有一定的關係。

2.　Cramer's V係數

Cramer's V係數是由Cramer提出來的。計算公式為：

$$V = \sqrt{\frac{\chi^2}{n \times \min[(r-1),(c-1)]}} \tag{7.6}$$

式中：χ^2是依式（7.2）計算出的χ^2值，n為列聯表的總次數，即樣本量，r為列數，c為行數，$\min[(r-1), (c-1)]$表示$(r-1)$和$(c-1)$中較小的一個。

Cramer's V係數的取值範圍總是在0~1之間。當兩個變數獨立時，$V=0$；當兩個變數完全相關時，$V=1$。如果列聯表的列數或行數中有一個為2，Cramer's V係數就等於φ係數。例如：根據例7-3的計算結果，得到滿意度與地區之間的Cramer's V係數為：

$$V = \sqrt{\frac{\chi^2}{n \times (2-1)}} = \sqrt{\frac{51.8266}{500 \times 1}} = 0.321952$$

結果與φ係數一致。

7.3.2 列聯係數

列聯係數主要用於大於2×2列聯表的相關性度量，用C表示。計算公式為：

$$C = \sqrt{\frac{\chi^2}{\chi^2 + n}} \tag{7.7}$$

從式（7.7）可以看出，列聯係數不可能大於或等於1。當兩個變數獨立時，$C=0$，但即使兩個變數完全相關，列聯係數也不可能等於1。因此，解釋列聯係數的涵義不夠方便。例如：根據例7-3的計算結果，得到滿意度與地區之間的列聯係數為：

$$C = \sqrt{\frac{51.8266}{51.8266 + 500}} = 0.306461$$

三個係數均顯示滿意度與地區之間，存在一定的相關性。

計算列聯表相關性量數的R程式和結果，如文字框7-4所示。

文字框 7-4　計算兩個類別變數的相關性量數

```
# 計算列聯表的相關性量數
> load("C:/example/ch7/example7_3.RData")
> count<-table(example7_3)
> library(vcd)
> assocstats(count)
```

	X^2	df	P(> X^2)
Likelihood Ratio	51.326	2	7.1559e-12
Pearson	51.827	2	5.5718e-12

Phi-Coefficient　　　: NA
Contingency Coeff . : 0.306
Cramer's V　　　　: 0.322

注：

如果資料已載入R並生成了列聯表，前兩列程式可以省略。由於 φ 係數只用於2 × 2列聯表的相關性度量，所以R輸出結果為NA。

類別變數分析方法

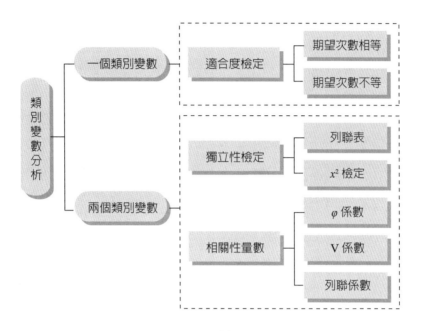

主 要 術 語

- **χ^2適合度檢定**（goodness of fit test）：利用χ^2統計量，判斷某個類別變數的觀察次數與某一期望次數或理論次數是否一致。
- **χ^2獨立性檢定**（test of independence）：利用χ^2統計量，判斷兩個類別變數是否獨立。
- **φ係數**（φ coefficient）：度量兩個類別變數之間相關程度的統計量，主要用於2×2列聯表。
- **Cramer's V係數**（Cramer's V coefficient）：度量兩個類別變數之間相關程度的統計量，可用於$r \times c$列聯表。
- **列聯係數**（contingency coefficient）：度量兩個類別變數之間相關程度的統計量，主要用於大於的2×2列聯表。

思考與練習

一、思考題

7.1 解釋χ^2適合度檢定和獨立性檢定的用途。

7.2 舉出幾個可以用列聯表表示的類別變數的例子。

7.3 應用χ^2檢定應注意哪些問題？

7.4 度量兩個類別變數相關性的統計量有哪些？它們有什麼不同？

二、練習題

7.1 一家食品生產企業想瞭解過去一年中各月分的銷售量是否符合均勻分配，以便更好地安排生產。企業的市場銷售部門調查了過去一年中每個月的銷售量（單位：箱），得到如下資料：

月分	銷售量
1 月	1660
2 月	1600
3 月	1560
4 月	1490
5 月	1380
6 月	1620
7 月	1580
8 月	1680
9 月	1550
10 月	1370
11 月	1410
12 月	1610

檢定各月分的銷售量是否符合均勻分配（$\alpha=0.05$）。

7.2 為研究大學生的蹺課情況，一個研究小組做了一次調查，得到男女學生蹺課情況的匯總表如下：

是否蹺課	男	女
蹺過課	34	38
未蹺過課	28	50

檢定是否蹺課與學生性別是否獨立（$\alpha=0.05$）。

7.3　為研究上市公司對其股價波動的關注程度，一家研究機構對在主機板、中小板和創業板上市的190家公司進行了調查，得到如下資料：

上市公司的類型	關注	不關注
主機板企業	50	70
中小板企業	30	15
創業板企業	20	5

檢定上市公司的類型與對股價波動的關注程度是否獨立（$\alpha=0.05$）。

7.4　一家汽車企業的銷售部門對北部地區、中部地區和南部地區的400個消費者作了抽樣調查，得到如下資料：

汽車價格	北部地區	南部地區	中部地區
10 萬元以下	20	40	40
10-20 萬元	50	50	60
20-30 萬元	30	20	20
30 萬元以上	40	10	20

檢定地區與汽車價格是否獨立（$\alpha=0.05$）。

7.5　計算7.3題中，上市公司的類型與對股價波動的關注程度兩個變數之間的φ係數、Cramer's V係數和列聯係數，並分析其相關程度。

7.6　計算7.4題中，地區與汽車價格兩個變數之間的φ係數、Cramer's V係數和列聯係數，並分析其相關程度。

## 第 8 章

變異數分析

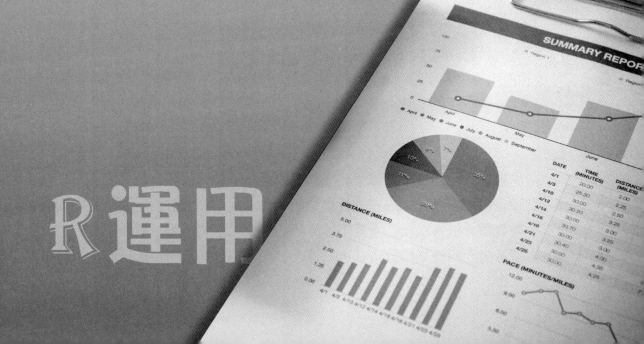

問題與思考

超市位置和競爭者數量對銷售額有影響嗎

　　超市銷售額的多少受多種因子影響，比如，所處的位置、同類位置中競爭者的多少、商品的價格和品質、周邊居民的數量等。為研究超市所處的位置和同業競爭者數量對銷售額的影響，一家研究機構將超市位置按住宅區、商業區和辦公大樓分成三類，並在不同位置分別隨機抽取三家超市，同時將競爭者數量按0個、1個、2個和3個及以上分成四類，獲得的銷售額資料（單位：萬元）如下：

		競爭者數量			
		0個	1個	2個	3個及以上
超市位置	住宅區	271	298	449	433
		316	256	485	431
		227	308	505	536
	商業區	416	281	592	473
		311	318	484	418
		456	400	514	393
	辦公大樓	188	230	294	249
		300	178	287	278
		338	264	264	325

　　如何分析超市位置和競爭者數量對銷售額的影響？超市位置之間或者不同數量的競爭者之間銷售額有差異嗎？這裡涉及兩類變數：一是超市位置和競爭者數量，這是兩個類別變數；二是銷售額，這是一個數值變數。分析類別變數對數值變數的影響，就是本章將要介紹的變異數分析方法。

　　變異數分析是20世紀20年代發展起來的一種統計方法，它的基本原理是由英國統計學家Ronald A. Fisher在進行實驗設計時，為解釋實驗資料而首先引入的。目前，變異數分析方法被廣泛應用於分析心理學、生物學、工程和醫藥的實驗資料。本章首先介紹變異數分析基本原理，然後介紹只涉及一個依變數的單因子獨立樣本和二因子獨立樣本的變異數分析方法。

8-1 變異數分析的基本原理

8.1.1 什麼是變異數分析

變異數分析（analysis of variance，縮寫為ANOVA）是分析類別自變數對數值依變數影響的一種統計方法。自變數對依變數的影響，也稱為自變數**效果**（effect）。由於影響效果的大小表現在依變數的誤差裡有多少是由於自變數造成的，因此，變異數分析是透過對資料誤差的分析來檢定這種效果是否顯著。為便於理解有關概念，先看一個簡單的例子。

例 8-1 （資料：example8_1.RData）

為分析小麥品種對產量的影響，一家研究機構挑選了3個小麥品種：品種1、品種2、品種3，然後選擇條件和面積相同的30個地塊，每個品種在10個地塊上試種，實驗獲得的產量資料如表8-1所示。

表 8-1　3個小麥品種的產量實驗資料　　　　　（單位：kg）

品種 1	品種 2	品種 3
81	71	76
82	72	79
79	72	77
81	66	76
78	72	78
89	77	89
92	81	87
87	77	84
85	73	87
86	79	87

在表8-1中，「小麥品種」是類別變數，稱為實驗的**因子**（factor，或譯為「因素」），品種1、品種2、品種3是因子的3個不同數值，稱為**處理**

（treatment）或**水準**（level）。這裡的「地塊」就是接受處理的物件或實體，稱**爲實驗單元**（experiment unit）。產量則是依變數，每個地塊上獲得的產量就是樣本觀察值。分析小麥品種對產量影響的統計方法，就是變異數分析。

8.1.2　誤差分解

怎樣分析小麥品種對產量是否有顯著影響呢？由於品種對產量的影響效果體現在產量數值的誤差裡，因此，分析時首先應從資料誤差的分析入手。變異數分析的基本原理，就是透過對資料誤差的分析來判斷類別自變數（小麥品種）對數值依變數（產量）的影響效果是否顯著。

怎樣分析資料的誤差呢？從表8-1可以看出，每個品種（每種處理）各有10個實驗資料，這些資料實際上是從每個品種的產量母體中抽出來的一個隨機樣本，即每個品種各抽取一個樣本量爲10的隨機樣本，共獲得三個樣本的30個實驗資料。可以看出，這30個產量資料是不同的，我們把反映全部觀測資料的誤差稱**爲總誤差**（total error）。本例中，總誤差反映了全部30個觀測資料誤差的大小。

總誤差可能是由於不同處理（小麥的不同品種）造成的，也可能是由於其他隨機因子（如抽樣的隨機性）造成的。由不同處理造成的誤差，稱**爲處理誤差**（treatment error）或稱**爲處理效果**（treatment effect）。本例中，處理誤差反映了不同小麥品種對產量的影響。由於處理誤差是來自於不同的處理之間，有時也稱**爲組間誤差**（between-group error）。由其他隨機因子對觀測資料造成的誤差稱**爲隨機誤差**（random error），也簡稱**爲誤差**（error）。本例中，隨機誤差反映了除品種外其他隨機因子對產量的影響。由於隨機誤差主要存在於每種處理的內部（當然也可能存在於不同處理之間），因此，有時也稱**爲組內誤差**（within-group error）。

在統計中，資料的誤差通常用**平方和**（sum of squares）表示，記爲SS。反映全部資料總誤差大小的平方和稱**爲總平方和**（sum of squares for total），記爲SST。例如：所抽取的全部30個地塊的產量之間的誤差平方和就是總平方和，它反映了全部產量的總離散程度。反映處理誤差大小的平方和稱**爲處理平方和**（treatment sum of squares），也稱**爲組間平方和**（between-group sum of squares），記爲SSA（注：這裡把因子記爲A）。例如：不同品種之間產量的誤差平方和就是處理平方和。反映隨機誤差大小的平方和稱**爲誤差平方和**（sum of squares of error），也稱**爲組內平方和**（within-group sum of squares），記為SSE。這樣，全部資料的總誤差平方和被分解成兩部分：一部分是處理平方和SSA，另一部分是誤差平方和SSE。很顯然，這三個誤差平方和的關係為：SST=SSA+SSE。

　　資料誤差的來源及其分解過程，可用圖8-1來表示。

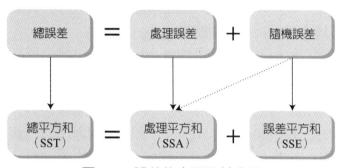

圖 8-1　誤差的來源及其分解

　　變異數分析就是要分析資料的總誤差中，處理誤差是否顯著存在。如果處理（小麥品種）對觀測資料（產量）沒有顯著影響，意味著處理誤差不顯著。這時，每種處理所對應的母體平均數（μ_i）應該相等。如果處理誤差顯著存在，每種處理所對應的母體平均數（μ_i）至少有一對不相等。因此，就例8-1而言，設3個品種產量的平均數分別為μ_1、μ_2、μ_3，分析品種對產量的影響也就是要檢定下面的假設：

H_0: $\mu_1=\mu_2=\mu_3$（品種對產量的影響顯著）

H_1: μ_1、μ_2、μ_3不全相等（品種對產量的影響不顯著）

8-2　單因子變異數分析

　　只考慮一個因子對觀測資料影響的變異數分析，稱為**單因子變異數分析**（one-way analysis of variance）。比如，在例8-1中，只考慮小麥品種對產量的影響就屬於單因子變異數分析。

8.2.1　數學模型

　　設因子A有 I 個處理（比如小麥品種有「品種1」、「品種2」、「品種3」三個處理），單因子變異數分析可用下面的線性模型來表示：

$$y_{ij}=\mu_i+\varepsilon_{ij} \tag{8.1}$$

式中：y_{ij}表示第i（$i=1, 2, \cdots, I$）個處理中的第j個觀察值；μ_i表示第i個處理的平均觀察值；ε_{ij}表示第i個處理中的第j個觀察值的隨機誤差。例如：在表8-1中，品種1（第1個處理）的第1個觀察值81（y_{11}），可表示爲品種1的平均產量（μ_1）加上隨機誤差（ε_{11}）；品種2（第2個處理）的第1個觀察值71（y_{21}），可表示爲品種2的平均產量（μ_2）加上隨機誤差（ε_{21}）等。

對於公式（8.1），通常假定ε_{ij}是期望值爲0、變異數相等的常態隨機變數，即$\varepsilon \sim N（0, \sigma^2）$，這意味著無論$i$的數值是多少，$\varepsilon_{ij}$均服從期望值爲0、變異數爲某個假定值的常態分配，$\varepsilon_{ij}$所對應的就是上面提到的隨機誤差。同時，爲了能夠對觀察值（產量）進行預測，假定$E(y)=\mu_i$，即第i個處理的各觀察值都等於該處理的平均數。比如，品種1的各產量的預測值就是品種1的產量的平均數。

設全部觀測資料的總平均數爲μ，第i個處理效果用第i個處理平均數μ_i與總平均數之差（$\mu_i-\mu$）表示，記爲α_i，即$\alpha_i=\mu_i-\mu$。這樣，第i個處理平均數被分解成$\mu_i=\mu+\alpha_i$，公式（8.1）可以表達成下面的形式：

$$y_{ij}=\mu+\alpha_i+\varepsilon_{ij} \tag{8.2}$$

其中，μ表示不考慮因子（小麥品種）的影響時觀察值（產量）的總平均數，它是模型的常數項（截距）；α_i表示處理爲i（$i=1, 2, \cdots, I$）時對觀察值的附加效果。比如，小麥品種爲品種1時對平均產量的影響。α_i所對應的就是處理誤差，比如，假定$\alpha_i=10$，它表示品種1的平均產量比總平均產量高出10kg。如果三個品種的平均產量無顯著差異，則表示品種對產量沒有附加效果，應當有$\alpha_1=\alpha_2=\alpha_3=0$；如果三個品種的平均產量有顯著差異，則表示品種對產量有附加效果，此時α_1、α_2、α_3中，至少有一個不等於0。因此，要檢定小麥品種對產量是否有顯著影響，也就是檢定如下假設：

$H_0: \alpha_1=\alpha_2=\alpha_3=0$（品種對產量的影響不顯著）

$H_1: \alpha_1,\alpha_2,\alpha_3$至少有一個不等於0（品種對產量的影響顯著）

在單因子變異數分析中，上述檢定也可等價地表示爲：

$H_0: \mu_1=\mu_2=\mu_3=0$；$H_1: \mu_1, \mu_2, \mu_3$不全相等。

8.2.2 效果檢定

設因子A有I個處理，單因子變異數分析要檢定的假設[1]爲：

H_0: $\alpha_i=0$（$i=1, 2, \cdots, I$）（處理效果不顯著）

H_1: α_i至少有一個不等於0（處理效果顯著）

爲獲得上述檢定的統計量，首先需要計算處理平方和SSA、誤差平方和SSE，然後將各平方和除以相應的自由度df，以消除觀測資料多少對平方和大小的影響，其結果稱爲**均方**（mean square），也稱爲**變異數**（variance）。最後，將處理均方（MSA）除以誤差均方（MSE），即得到用於檢定處理效果的統計量F。這一計算過程可以用變異數分析表的形式來表示。表7-2中顯示了單因子變異數分析表的一般形式。

表 8-2　單因子變異數分析表

誤差來源	平方和 SS	自由度 df	均方 MS	檢定統計量 F
處理效果	$SSA = \sum_{i=1}^{I} n_i(\overline{y}_i - \overline{\overline{y}})^2$	$I-1$	$MSA = \dfrac{SSA}{I-1}$	$\dfrac{SSA}{MSE}$
誤差	$SSE = \sum_{i=1}^{I}\sum_{j=1}^{n_i}(y_{ij} - \overline{y}_i)^2$	$n-1$	$MSE = \dfrac{SSE}{n-I}$	
總效果	$SST = \sum_{i=1}^{I}\sum_{j=1}^{n_i}(y_{ij} - \overline{\overline{y}})^2$	$n-1$		

表8-2中：

n爲依變數觀察值的個數，本例$n=30$；

n_i是第i個處理的樣本量，本例三個處理的樣本量相等，均爲10；

$\overline{y}_i = \dfrac{1}{n_i}\sum_{j=1}^{n_i} y_{ij}$（$i=1, 2, \cdots, I$；$j=1, 2, \cdots, J$）是對應於第$i$個處理的樣本平均數；

$\overline{y} = \dfrac{1}{n}\sum_{i=1}^{I}\sum_{j=1}^{n_i} y_{ij}$ 是所有樣本資料的總平均數。

---

[1] 等價地表示爲：H_0: $\mu_1 = \mu_2 = \cdots = \mu_I$；$H_1$: $\mu_1, \mu_2, \cdots, \mu_I$不全相等。

　　根據P值作出決策：$P<\alpha$，若拒絕H_0，α_i（$i=1, 2, \cdots, I$）不全為0，表示處理效果顯著（因子對觀察值有顯著影響）。

例 8-2 　　（資料：example8_2.RData）

　　沿用例8-1。檢定小麥品種對產量的影響是否顯著（$\alpha=0.05$）。

解：由於只有小麥品種一個因子，所以採用式（8.2）顯示的單因子變異數分析模型。

　　設小麥品種對產量的影響效果，分別為α_1（品種1）、α_2（品種2）、α_3（品種3）。提出的檢定假設為：

H_0: $\alpha_1=\alpha_2=\alpha_3=0$（小麥品種對產量的影響不顯著）

H_1: $\alpha_1, \alpha_2, \alpha_3$至少有一個不等於0（小麥品種對產量的影響顯著）

　　為使用R做變異數分析，需要將表8-1顯示的短格式資料（example8_1）轉為長格式資料，並存為example8_2。R程式和結果，如文字框8-1所示。

文字框 8-1　將短格式資料轉為長格式資料

```
# 將表8-1的短格式資料轉為長格式資料，並顯示前6列
> load("C:/example/ch8/example8_1.RData")
> example8_1<-cbind(example8_1,id=factor(1:10))
> library(reshape)
> example8_2<-melt(example8_1,id.vars=c("id"),variable_name="品種")
> example8_2<-rename(example8_2,c(id="地塊",value="產量"))
> save(example8_2,file="C:/example/ch8/example8_2.RData")
> head(example8_2)
```

	地塊	品種	產量
1	1	品種 1	81
2	2	品種 1	82
3	3	品種 1	79
4	4	品種 1	81
5	5	品種 1	78
6	6	品種 1	89

為便於理解變異數分析的結果，先對樣本資料做一些描述性分析。首先繪製三個品種產量的盒鬚圖，並計算各樣本的平均數與標準差，觀察不同品種產量之間的差異。R程式和結果，如文字框8-2所示。

文字框 8-2　樣本資料的描述性分析

```
# 繪製三個品種產量的盒鬚圖
> load("C:/example/ch8/example8_2.RData")
> boxplot(產量~品種,data=example8_2,col="gold",main="",ylab="產量",
xlab="品種")
```

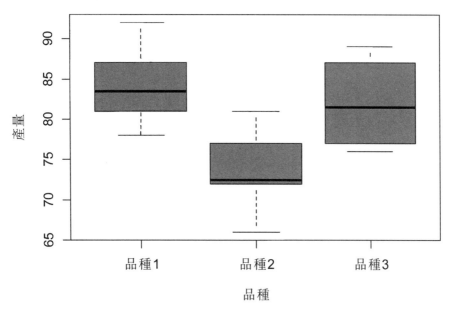

圖 8-2　三個品種產量的盒鬚圖

```
# 計算描述統計量
> my_summary<-function(x){with(x,data.frame("平均數"=mean(產量),"標準
差"=sd(產量),n=length(產量)))}
> library(plyr)
> ddply(example8_2,.(品種),my_summary)
```

	品種	平均數	標準差	n
1	品種 1	84	4.546061	10
2	品種 2	74	4.447221	10
3	品種 3	82	5.270463	10

　　從圖8-2可看出，品種2的產量明顯低於品種1和品種3，而品種1和品種3的產量差異似乎不大。從三個品種產量的平均數，可見不同品種產量的差異。但要想知道不同品種之間的產量差異是否顯著，還需要做變異數分析。R程式和結果，如文字框8-3所示。

文字框 8-3　變異數分析

 # 變異數分析表

```
> attach(example8_2)
> model_1w<-aov(產量~品種)
> summary(model_1w)
```

	Df	Sum Sq	Mean Sq	F value	Pr(>F)	
品種	2	560	280.00	12.31	0.000158	***
Residuals	27	614	22.74			

```
---
Signif.   codes:   0 '***' 0.001 '**' 0.01 '*' 0.05 '.' 0.1 ' ' 1
```

 # 變異數分析模型的參數估計

```
> model_1w$coefficients
```

(Intercept)	品種品種 2	品種 3
84	-10	-2

注：
單因子變異數分析模型的R運算式為：y~A，其中y為依變數，A為因子。

　　文字框8-3顯示了品種效果和隨機誤差效果的平方和（Sum Sq）、自由度（Df）、均方（Mean Sq）、檢定統計量值（F value）、檢定的P值（Pr(>F)）。由於$P=0.000158<0.05$，拒絕H_0，表示α_i（$i=1, 2, 3$）至少有一個不等於0，這意味著品種對產量的影響效果顯著。

　　從變異數分析模型的參數估計結果可知，截距（intercept）是模型$y_{ij}=\mu+\alpha_i+\varepsilon_{ij}$中的常數項$\mu$，它表示不考慮「品種」這一因子影響時產量總平均數為84kg，這實際上就是品種1（參照的基礎水準）的平均產量。由於三個品種一共有三個參數，在估計模型的參數時，需要將因子的某一個處理（本例為品種1）作為參照水準，這相當於強迫$\alpha_1=0$，而另外兩個參數（品種2和品種3）的估計值實際上是與參照水準相比較的結果。比如，品種2的參數$\alpha_2 = 74 - 84 = -10$，表示品種2對產量的附加效果，即平均產量與參照標準為品種1的平均產量相比低10kg；品種3的參數$\alpha_3 = 82 - 84 = -2$，表示品種3對產量的附加效果，即平均產量與參照標準為品種1的平均產量相比低2kg。

此外，還可以繪製各樣本產量的平均數圖來觀察各樣本之間的差異，R程式和結果，如文字框8-4所示。

文字框 8-4　繪製平均數圖

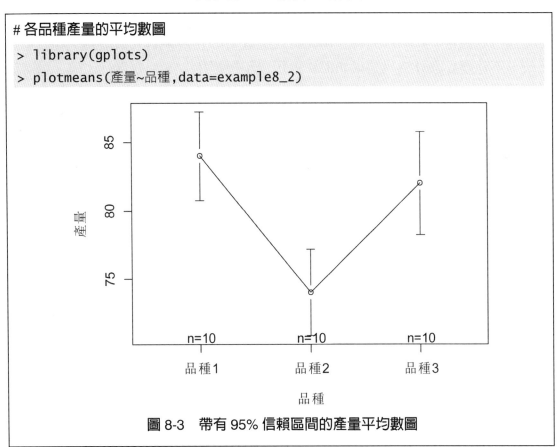

圖 8-3　帶有 95% 信賴區間的產量平均數圖

8.2.3　多重比較

例8-2的檢定結果顯示，品種對產量有顯著影響，但這一檢定並未告訴我們究竟哪些品種之間的產量差異顯著。為進一步分析這種差異到底出現在哪些品種之間，設品種1產量的平均數為μ_1，品種2產量的平均數為μ_2，品種3產量的平均數為μ_3，也就是要找出μ_1與μ_2、μ_1與μ_3、μ_2與μ_3之間究竟是哪兩個平均數不相等，這種對平均數之間的配對檢定就是變異數分析中的**多重比較**（multiple comparison）。

多重比較的方法有許多種，每種方法的適用場合不完全一樣。這裡只介紹常用的兩種方法。

1. Fisher的 LSD方法

LSD是**最小顯著差異**（least significant difference）的縮寫，該檢定方法由統計學家Fisher提出，因此也稱為Fisher的最小顯著差異方法，簡稱LSD方法。該方法的適用場合是：如果研究者在事先就已經計畫好要對某對或某幾對平均數進行比較，不管變異數分析的結果如何（拒絕或不拒絕H_0），都要進行比較，這時適合採用LSD方法。比如，在例8-1中，假定在分析之前就計畫好要對品種1和品種3進行比較，看看這兩個品種的產量之間是否有顯著差異，這種情形下就適合採用LSD方法進行比較。

LSD方法的具體步驟如下：

第1步：提出假設：$H_0: \mu_i = \mu_j$，$H_1: \mu_i \neq \mu_j$。

如果H_0成立，統計量

$$t_{ij} = \frac{\overline{y}_i - \overline{y}_j}{\sqrt{MSE\left(\dfrac{1}{n_i} + \dfrac{1}{n_j}\right)}} \tag{8.3}$$

服從自由度為$(n-I)$的t分配。

式中：$\overline{y}_i$和$\overline{y}_j$分別是第i個樣本和第j個樣本的平均數；n_i和n_j分別是第i個樣本和第j個樣本的樣本量；MSE是變異數分析得到的誤差均方。

第2步：計算$\overline{y}_i$和$\overline{y}_j$的絕對差值，即$|\overline{y}_i - \overline{y}_j|$。

第3步：計算LSD，其公式為：

$$LSD = t_{\alpha/2}(n-I)\sqrt{MSE\left(\dfrac{1}{n_i} + \dfrac{1}{n_j}\right)} \tag{8.4}$$

式中：$t_{\alpha/2}$是自由度為$(n-I)$時t分配的臨界值；$t_{\alpha/2}(n-I)\sqrt{MSE\left(\dfrac{1}{n_i} + \dfrac{1}{n_j}\right)}$被稱為最小顯著差異。

第4步：做出決策。如果$|\bar{y}_i - \bar{y}_j| > $LSD，拒絕$H_0$，表示第$i$個處理和第$j$個處理的平均數之間差異顯著。也可以利用式（8.4）計算出統計量的P值做上述檢定，若$P < \alpha$，拒絕H_0。

LSD方法不僅可以檢定$\mu_i - \mu_j = 0$的虛無假設，還可以計算$\mu_i - \mu_j$的信賴區間。給定顯著水準α，$\mu_i - \mu_j$在$1 - \alpha$信賴水準下的信賴區間為$(\bar{y}_i - \bar{y}_j) \pm $LSD，即

$$(\bar{y}_i - \bar{y}_j) \pm t_{\alpha/2}(n - I)\sqrt{MSE\left(\frac{1}{n_i} + \frac{1}{n_j}\right)} \tag{8.5}$$

而對於第i個處理，其母體平均數μ_i在$1 - \alpha$信賴水準下的信賴區間為：

$$\bar{y}_i \pm t_{\alpha/2}(n - I)\sqrt{\frac{MSE}{n_i}} \tag{8.6}$$

例 8-3　（資料：example8_2.RData）

沿用例8-2。假定在試驗之前就已經計畫好要對品種1和品種3進行比較，用LSD方法比較這兩個品種的產量之間是否有顯著差異（$\alpha = 0.05$），並計算品種1和品種3產量差值的95%的信賴區間。

解：第1步：提出如下假設：$H_0: \mu_1 = \mu_3$，$H_1: \mu_1 \neq \mu_3$。

第2步：計算$\bar{y}_1$和$\bar{y}_3$的絕對差值：$|\bar{y}_1 - \bar{y}_3| = |84 - 82| = 2$

第3步：計算LSD。由R函數qt(0.025, 27)得$t_{\alpha/2}(30 - 3) = 2.051831$，LSD為：

$$LSD = 2.051831 \times \sqrt{22.74074 \times \left(\frac{1}{10} + \frac{1}{10}\right)} = 4.375813$$

第4步：做出決策。由於$|\bar{y}_1 - \bar{y}_3| = 2 < 4.3758$，不拒絕$H_0$，表示品種1與品種3的產量之間差異不顯著。

品種1和品種3產量平均數差值的95%的信賴區間為：

$$(84 - 82) \pm \sqrt{22.74074 \times \left(\frac{1}{10} + \frac{1}{10}\right)} = 2 \pm 4.375813$$

即（$-2.3758, 6.3758$）。

LSD多重比較的R程式和結果，如文字框8-5所示。

文字框 8-5　多重比較的 LSD 方法

```
# 多重比較的LSD方法
> library(agricolae)
> model_1w<-aov(產量~品種,data=example8_2)
> LSD<-LSD.test(model_1w,"品種");LSD
$statistics
```

	Mean	CV	MS error	LSD
	80	5.960907	22.74074	4.375813

```
$parameters
```

Df	ntr	t.value	alpha	test	name.t
27	3	2.051831	0.05	Fisher-LSD	品種

```
$means
```

	產量	std	r	LCL	UCL	Min	Max
品種 1	84	4.546061	10	80.90583	87.09417	78	92
品種 2	74	4.447221	10	70.90583	77.09417	66	81
品種 3	82	5.270463	10	78.90583	85.09417	76	89

```
$comparison
NULL


$groups
```

	trt	means	M
1	品種 1	84	a
2	品種 3	82	a
3	品種 2	74	b

```
> library(DescTools)
> PostHocTest(model_1w,method="lsd")
  Posthoc multiple comparisons of means : Fisher LSD
```

```
95% family-wise confidence level


$`品種`

                diff       lwr.ci       upr.ci        pval
品種 2- 品種 1   -10     -14.375816    -5.624187       7e-05       ***
品種 3- 品種 1    -2      -6.375813     2.375813     0.35666
品種 3- 品種 2     8       3.624187    12.375813     0.00085       ***


---
Signif. codes:  0 '***' 0.001 '**' 0.01 '*' 0.05 '.' 0.1 ' ' 1
```

　　文字框8-5顯示的LSD為4.375813。還顯示了每個品種產量平均數的95%的信賴區間。比如，品種1 的產量平均數的95%的信賴區間為：

$$84 \pm 2.051831 \times \sqrt{\frac{22.74074}{10}} = 84 \pm 3.094168$$

即（80.90583, 87.09417）。

　　在\$groups中，如果兩種處理之間有相同的字母，就表示它們的平均數沒有顯著差異；如果有不同的字母，就表示它們的平均數有顯著差異。比如品種1與品種3相同有字母「a」，因此兩個品種的平均產量間沒有顯著差異（平均數差異絕對值2，也小於LSD=4.375813）。品種1與品種2、品種3與品種2具有不同字母（品種2的字母為「b」），因此品種1與品種2、品種3與品種2之間的平均產量有顯著差異。

　　也可以計算出統計量的P值做上述檢定，若$P<\alpha$，拒絕H_0。例如：根據式（8.3）計算的檢定統計量為：

$$t_{13} = \frac{84 - 82}{\sqrt{22.74074 \times \left(\frac{1}{10} + \frac{1}{10}\right)}} = 0.93780534$$

統計量的P值為：

$P(t>0.93780534)=1-P(t<0.93780534)=0.17832914$。

由於是雙側檢定，需要將上述P值乘以2，即

$P=2\times0.17832914=0.35665828$。

由於$P>0.05$，不拒絕H_0，品種1和品種3的平均產量之間差異不顯著。

文字框8-5的後半部分顯示了各品種間平均數差值及其95%的信賴區間，同時顯示了顯著性檢定的P值。

2. Tukey-Kramer的HSD方法

HSD是**眞實顯著差異**（honestly significant difference）的縮寫，因此也被稱爲眞實顯著差異方法。該檢定方法是由Jone W. Tukey於1953年提出的，因此也被稱爲Tukey的HSD方法。由於Tukey的HSD方法要求各處理的樣本量相同，當各處理的樣本量不相同時，該方法就不再適用。20世紀50年代中期，C. Y. Kramer對Tukey的HSD方法做了一些修正，從而使其適用於樣本量不同的情形。修正後的HSD檢定稱爲Tukey-Kramer方法，簡稱爲Tukey-Kramer的HSD方法。該方法的適用場合是：研究者事先並未計畫進行多重比較，只是在變異數分析拒絕虛無假設後，才需要對任意兩個處理的平均數進行比較，這時採用HSD方法比較合適。

HSD方法依據的不是t分配，而是**學生化全距分配**（studentized range distribution）。該分配有兩個參數，它們分別爲I和$(N-I)$。HSD方法用自由度爲I和$(N-I)$的學生化全距分配的$(1-\alpha)$分位數作爲臨界值，記爲$q_\alpha(I, N-I)$。

HSD方法考慮三個數值，即處理個數、均方誤差MSE和樣本量。利用這三個值和一個臨界值q確定出一個臨界差異，該臨界差異是判斷兩個處理的平均數存在顯著差異所必須達到的差異。因此，只要計算出HSD，就可以將兩個處理的平均數之差的絕對值與HSD進行比較，從而確定兩個處理的平均數是否存在顯著差異。HSD的計算公式爲：

$$HSD = q_\alpha(I, N-I)\sqrt{\frac{MSE}{2}\left(\frac{1}{n_i}+\frac{1}{n_j}\right)} \tag{8.7}$$

式中，I是處理的個數（也就是樣本平均數的個數）；N是所有樣本觀察值的個數；n_i和n_j分別是第i個樣本和第j個樣本的樣本量；α是給定的顯著水準，$(N-I)$是MSE的自由度；$q_\alpha(I, N-I)$是學生化全距的臨界值〔使用R的qtukey $(1-\alpha, I, N-I)$函數可獲得該臨界值〕。

當各處理的樣本量相同時，即$n_i=n_j=n$，$\sqrt{\frac{MSE}{2}\left(\frac{1}{n}+\frac{1}{n}\right)}=\sqrt{\frac{MSE}{n}}$，式（8.7）

簡化爲：

$$HSD = q_\alpha(I, N-I)\sqrt{\frac{MSE}{n}} \qquad (8.8)$$

式（8.8）被簡稱爲Tukey的HSD方法。

HSD方法也可以得到$\mu_i-\mu_j$的信賴區間。設定顯著水準α、$\mu_i-\mu_j$在$1-\alpha$信賴水準下的信賴區間爲$(\bar{y}_i-\bar{y}_j)\pm HSD$，即

$$(\bar{y}_i-\bar{y}_j)\pm q_\alpha(I, N-I)\sqrt{\frac{MSE}{2}\left(\frac{1}{n_i}+\frac{1}{n_j}\right)} \qquad (8.9)$$

例 8-4 （資料：example8_2.RData）

沿用例8-2。假定在試驗之前並未計畫要對任何品種之間的差異進行比較，若變異數分析結果拒絕虛無假設，用HSD方法對不同品種的產量平均數做多重比較（$\alpha=0.05$）。

解：首先提出假設：$H_0: \mu_i=\mu_j$，$H_1: \mu_i \neq \mu_j$。

然後計算出HSD。由R函數qtukey(0.95, 3, 27)得到的臨界值爲3.506426，計算的HSD爲：

$$HSD = 3.506426 \times \sqrt{\frac{22.74074}{2}\times\left(\frac{1}{10}+\frac{1}{10}\right)}=5.287702$$

再計算出各處理的樣本平均數差的絕對差值$|\bar{y}_i-\bar{y}_j|$，並與HSD進行比較做出決策，若$|\bar{y}_i-\bar{y}_j|>$HSD，拒絕H_0。

$|\bar{y}_1-\bar{y}_2|=|84-74|=10>5.287702$，拒絕$H_0$，品種1和品種2的產量之間差異顯著。

$|\bar{y}_1-\bar{y}_3|=|84-82|=2<5.287702$，不拒絕$H_0$，品種1和品種3的產量之間差異不顯著。

$|\bar{y}_2-\bar{y}_3|=|74-82|=8>5.287702$，拒絕$H_0$，品種2和品種3的產量之間差異顯著。

HSD多重比較R的程式和結果，如文字框8-6所示。

文字框 8-6　多重比較的 HSD 方法

多重比較的**HSD**方法

```
> TukeyHSD(model_1w)
```

Tukey multiple comparisons of means

95% family-wise confidence level

Fit: aov(formula = 產量 ~ 品種, data = example8_1)

$`品種`

	diff	lwr	upr	p adj
品種 2- 品種 1	-10	-15.287702	-4.712298	0.0002017
品種 3- 品種 1	-2	-7.287702	3.287702	0.6215828
品種 3- 品種 2	8	2.712298	13.287702	0.0023770

繪製配對差值信賴區間的比較圖

```
> plot(TukeyHSD(model_1w))
```

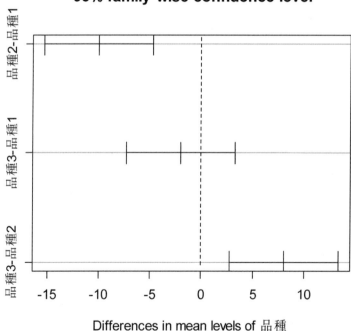

圖 8-4　平均數配對差值的 95% 的信賴區間比較

由文字框8-6顯示的P值可知，品種3和品種1之間的差異不顯著，而品種1和品種2、品種3和品種2之間的差異均顯著。文字框8-6還顯示了$\bar{\mu}_i-\bar{\mu}_j$差值的95%的信賴區間。圖8-4是各配對差值的95%的信賴區間比較圖。

8-3 二因子變異數分析

考慮兩個類別自變數對數值型依變數影響的變異數分析，爲二**因子變異數分析**（two-way analysis of variance）。分析時有兩種情形：一是只考慮兩個因子對依變數的單獨影響，即**主效果**（main effect），這時的變異數分析稱爲只考慮主效果的二因子變異數分析，或稱爲**無重複二因子分析**（two-factor without replication）；二是除了兩個因子的主效果外，還考慮兩個因子的搭配對依變數產生的**交互效果**（interaction），這時的變異數分析稱爲考慮交互效果的二因子變異數分析，或稱爲**可重複二因子分析**（two-factor with replication）。

8.3.1 數學模型

設因子A有I個處理，因子B有J個處理。兩個因子共有$I \times J$種不同的處理組合。如果每種處理組合只測得一個觀察值，則有IJ個觀察值，這樣的測量屬於無重複測量（無重複實驗）。如果每種處理組合測得多個觀察值，這樣的測量就是重複測量（重複實驗）。如果每種處理組合重複測量的次數相同時，我們將重複次數記爲K，這時兩個因子的IJ種不同處理組合，共有IJK個觀察值。

如果只考慮主效果，而不考慮交互效果，兩個因子的每種組合可以只測得一個觀察值，即$K=1$。但要考慮交互效果時，每種組合就必須是重複測量多個觀察值，一般要求每種處理的重複次數K不小於2。

爲便於表述，我們引進下列記號：

$\bar{\mu}_{i\cdot}$：因子A的第i個處理的平均數（$i=1, 2, \cdots, I$）。

$\bar{\mu}_{\cdot j}$：因子B的第j個處理的平均數（$j=1, 2, \cdots, J$）。

μ：總平均數，它是所有處理平均數μ_{ij}的平均。

α_i：因子A的效果。它衡量的是因子A的第i個處理平均數與總平均數的差異程度，即$\alpha_i=\bar{\mu}_{i\cdot}-\mu$。

β_j：因子B的效果。它衡量的是因子B的第j個處理平均數與總平均數的差異程度，即$\beta_j=\bar{\mu}_{\cdot j}-\mu$。

γ_{ij}：因子A的第 i 個處理和因子B的第 j 個處理搭配，產生的交互效果。它衡量的是因子A的第 i 個處理和因子B的第 j 個處理搭配（共有 IJ 個），對依變數產生的效果。

ε_{ijk}：誤差。隨機因子對依變數的影響。

這樣，對於任何一個觀察值 y_{ijk} 都可以表達成下面的線性組合，即：

$$y_{ijk}=\mu+\alpha_i+\beta_j+\gamma_{ij}+\varepsilon_{ijk} \quad (k=1,2,\cdots,K) \tag{8.10}$$

式（8.10）中：

y_{ijk} 表示因子A的第 i 個處理和因子B的第 j 個處理組合的第 k 個觀察值；

μ 表示不考慮「因子A」和「因子B」影響時觀察值總平均數，它是模型的常數項（截距）；

α_i 表示因子A的處理為 i 時，對觀測資料的附加效果，它所對應的就是因子A的處理誤差；

β_j 表示因子B的處理為 j 時，對觀測資料的附加效果，它所對應的就是因子B的處理誤差；

γ_{ij} 表示因子A的第 i 個處理和因子B的第 j 個處理搭配，產生的交互效果；

ε_{ijk} 表示因子A的第 i 個處理和因子B的第 j 個處理組合中的第 k 個觀察值的隨機誤差，同時假定 ε_{ijk} 服從平均數為0、變異數為常數的常態分配。

式（8.10）就是考慮交互效果時，二因子變異數分析的數學模型。

當交互效果 γ_{ij} 為0時，式（8.10）變為：

$$y_{ijk}=\mu+\alpha_i+\beta_j+\varepsilon_{ijk} \tag{8.11}$$

式（8.11）就是只考慮主效果時，二因子變異數分析的數學模型，顯然它是考慮交互效果的變異數分析模型的一個特例。

8.3.2　主效果分析

對於因子A的 I 個處理和因子B的 J 個處理，要檢定因子A和因子B對依變數的影響效果，也就是檢定下面的假設：

檢定因子A的假設：

H_0: $\alpha_i=0$ （$i=1, 2, \cdots, I$）（因子A的處理效果不顯著）

H_1: α_i 至少有一個不等於0 （因子A的處理效果顯著）

檢定因子B的假設：

$H_0: \beta_j=0$（$j=1, 2, \cdots, J$）（因子B的處理效果不顯著）

$H_1: \beta_j$至少有一個不等於0　　（因子B的處理效果顯著）

各因子的效果用誤差來表示。檢定上述假設時，與式（8.11）對應的誤差分解過程如圖8-5所示。

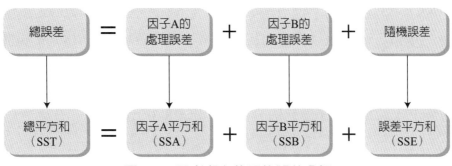

圖 8-5　只考慮主效果的誤差分解

根據上述誤差分解原理，可以建構用於檢定因子A和因子B主效果的統計量F_A和F_B。設：

y_{ijk}表示因子A的第i個處理和因子B的第j個處理組合的第k個觀察值；

$\bar{y}_{i.}$為因子A的第i個處理的樣本平均數；

$\bar{y}_{ij}$為對應於因子A的第i個處理和因子B的第j個處理組合的樣本平均數；

$\bar{\bar{y}}$為全部IJK個觀察值的總平均數；

各平方和的計算公式如下：

總平方和：

$$SST = \sum_{i=1}^{I} \sum_{j=1}^{J} \sum_{k=1}^{K} (y_{ijk} - \bar{\bar{y}})^2$$

因子A的平方和：

$$SSA = JK \sum_{i=1}^{I} (\bar{y}_{i.} - \bar{\bar{y}})^2$$

因子B的平方和：

$$SSB = IK \sum_{j=1}^{J} (\bar{y}_{.j} - \bar{\bar{y}})^2$$

交互效果平方和：

$$SSAB = K \sum_{i=1}^{I} \sum_{j=1}^{J} (\bar{y}_{ij} - \bar{y}_{i.} - \bar{y}_{.j} + \bar{\bar{y}})^2$$

誤差平方和：

SSE=SST−SSA−SSB−SSAB

將各平方和（SS）除以相應的自由度df，得到各均方（MS），再將各處理均方（MSA和MSB）分別除以誤差均方（MSE），即得到用於檢定因子A和因子B主效果的統計量F_A和F_B。

只考慮主效果的二因子變異數分析表，如表8-3所示。

表 8-3　只考慮主效果的二因子變異數分析表

誤差來源	平方和 *SS*	自由度 *df*	均方 *MS*	檢定統計量 *F*
因子 A 的處理效果	SSA	$I-1$	$MSA = \dfrac{SSA}{I-1}$	$F_A = \dfrac{MSA}{MSE}$
因子 B 的處理效果	SSB	$J-1$	$MSB = \dfrac{SSB}{J-1}$	$F_B = \dfrac{MSB}{MSE}$
誤差	SSE	$IJK-I-J+1$	$MSE = \dfrac{SSE}{IJK-I-J+1}$	
總效果	SST	$IJK-1$		

注：如果兩個因子的每種處理組合只測得一個觀察值，即$k-1$時，則誤差平方和SSE的自由度為：$df=IJ-I-J+1=(I-1)(J-1)$。總平方和SST的自由度為 $IJ-1$。

例 8-5　（資料：example8_5.RData）

假定在例8-2中，除了考慮品種對產量的影響外，還考慮施肥方式對產量的影響。設有甲、乙兩種施肥方式，這樣三個小麥品種和兩種施肥方式的搭配共有3×2=6種組合。如果選擇30個地塊進行實驗，每一種搭配可以做5次實驗，也就是每個品種的樣本量為5，即相當於每個品種重複做了5次實驗。實驗取得的資料如表8-4所示。檢定小麥品種和施肥方式對產量的影響是否顯著($\alpha=0.05$)。

表 8-4　小麥品種和施肥方式的實驗資料

	品種 1	品種 2	品種 3
甲	81	71	76
	82	72	79
	79	72	77
	81	66	76
	78	72	78
乙	89	77	89
	92	81	87
	87	77	84
	85	73	87
	86	79	87

解：設小麥品種為因子A，施肥方式為因子B。由於不考慮交互效果，所以採用式（8.11）：

$$y_{ijk} = \mu + \alpha_i + \beta_j + \varepsilon_{ijk} \quad (i=1, 2, 3 ; j=1, 2 ; k=1, 2, 3, 4, 5)$$

y_{ijk} 表示第 i 個品種和第 j 個施肥方式組合的第 k 個觀察值，比如，$y_{123}=87$是品種1和施肥方式乙組合的第3個觀察值。μ 表示不考慮「品種」和「施肥方式」兩個因子影響時產量總平均數，它是模型的常數項（截距）。α_i表示品種為i（$i=1$, 2, 3）時對產量的附加效果，即品種為 i 時對平均產量的影響值，α_i所對應的就是品種的處理誤差。β_j表示施肥方式為j（$j=1$, 2）時對產量的附加效果，即施肥方式為j時對平均產量的影響值，β_j所對應的就是施肥方式的處理誤差。ε_{ijk}表示第 i 個品種和第j個施肥方式組合中的第k（$k=1$, 2, 3, 4, 5）個觀察值的隨機誤差。

設品種對產量的附加效果分別為α_1（品種1）、α_2（品種2）和α_3（品種3）；施肥方式對產量的附加效果分別為β_1（施肥方式甲）、β_2（施肥方式乙）。檢定小麥品種效果的假設為：

H_0: $\alpha_1=\alpha_2=\alpha_3=0$（品種對產量的影響不顯著）

H_1: $\alpha_1, \alpha_2, \alpha_3$至少有一個不等於0（品種對產量的影響顯著）

檢定施肥方式效果的假設為：

H_0: $\beta_1=\beta_2=0$（施肥方式對產量的影響不顯著）

H_1: $\beta_1, \beta_2=0$至少一個不等於0（施肥方式對產量的影響顯著）

首先，繪製按不同品種和不同施肥方式分組的盒鬚圖，並計算按品種和施肥方式交叉分類的平均數和標準差，描述品種和施肥方式對產量的影響。R程式和結果，如文字框8-7所示。

文字框 8-7　樣本資料的描述性分析

 # 載入本例資料並顯示前 6 列

```
> load("C:/example/ch8/example8_5.RData")
> head(example8_5)
```

	品種	施肥方式	產量
1	品種1	甲	81
2	品種1	甲	82
3	品種1	甲	79
4	品種1	甲	81
5	品種1	甲	78
6	品種1	乙	89

 # 繪製品種和施肥方式的盒鬚圖

```
> attach(example8_5)
> boxplot(產量~品種+施肥方式,col=c("gold","green","red"),ylab="產量
",xlab="品種與施肥方式",data=example8_5)
```

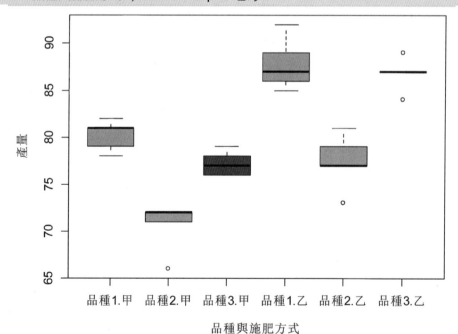

圖 8-6　不同施肥方式下，各品種產量的盒鬚圖

按品種和施肥方式交叉分類計算平均數和標準差

```
> library(reshape)
> library(agricolae)
> mystats<-function(x)(c(n=length(x),mean=mean(x),sd=sd(x)))
> dfm<-melt(example8_5,measure.vars="產量",id.vars=c("品種","施肥方式"))
> cast(dfm,品種+施肥方式+variable~.,mystats)
```

	品種	施肥方式	variable	n	mean	sd
1	品種1	甲	產量	5	80.2	1.643168
2	品種1	乙	產量	5	87.8	2.774887
3	品種2	甲	產量	5	70.6	2.607681
4	品種2	乙	產量	5	77.4	2.966479
5	品種3	甲	產量	5	77.2	1.303840
6	品種3	乙	產量	5	86.8	1.788854

　　從圖8-6可以看出，無論是哪種施肥方式，品種2的產量都較低，品種1和品種3 的產量差異不大；施肥方式甲的產量較施肥方式乙低。但它們對產量的影響是否顯著，還需要進一步做變異數分析。從分組計算的平均數，也可以得到與盒鬚圖相同的結論。變異數分析的R程式和結果，如文字框8-8所示。

文字框 8-8　主效果變異數分析

主效果變異數分析表

```
> model_2wm<-aov(產量~品種+施肥方式)
> summary(model_2wm)
```

	Df	Sum Sq	Mean Sq	F value	Pr(>F)	
品種	2	560	280.0	54.33	5.18e-10	***
施肥方式	1	480	480.0	93.13	4.42e-10	***
Residuals	26	134	5.2			

Signif. codes:　0 '***' 0.001 '**' 0.01 '*' 0.05 '.' 0.1 ' ' 1

主效果變異數分析模型的參數估計

```
> model_2wm$coefficients
```

(Intercept)	品種 2	品種 3	施肥方式乙
80	-10	-2	8

注：
A和B兩個因子主效果變異數分析模型的R運算式為：y~A+B。

由文字框8-8顯示的變異數分析表可知，檢定品種和施肥方式兩個因子的P值（Pr(>F)）均接近於0，表示兩個因子的各個處理對產量均有顯著影響。

文字框8-8中的截距（intercept）是模型$y_{ijk}=\mu+\alpha_i+\beta_j+\varepsilon_{ijk}$中的常數項$\mu$，它表示不考慮「品種」和「施肥方式」影響時產量的平均數為80kg。接下來是對品種的影響效果α_i和施肥方式的影響效果β_j的估計（有條件的估計）。由於三個品種共有三個參數，在估計模型的參數時，將第一個水準（本例為品種1）作為參照水準，這相當於強迫$\alpha_1=0$，而另外兩個參數（品種2和品種3）的估計值，實際上就是與參照水準相比較的結果。比如，品種2的參數$\alpha_2=-10$，表示品種2對產量的附加效果；施肥方式的參數$\beta_1=8$，表示施肥方式為「乙」時對產量的附加效果（施肥方式甲作為參照水準）等。

8.3.3　交互效果分析

如果除了考慮小麥品種和施肥方式兩個因子的主效果外，還考慮兩個因子搭配對產量的交互作用[2]，則變異數分析的模型為式（8.10）。

對於因子A的I個處理和因子B的J個處理，要檢定因子A的效果、因子B的效果、兩個因子的交互效果，也就是檢定下面的假設：

檢定因子A的假設：

H_0: $\alpha_i=0$（$i=1, 2, \cdots, I$）（因子A的處理效果不顯著）

H_1: α_i至少有一個不等於0 （因子A的處理效果顯著）

檢定因子B的假設：

H_0: $\beta_j=0$（$j=1, 2, \cdots, J$）（因子B的處理效果不顯著）

H_1: β_j至少有一個不等於0（因子B的處理效果顯著）

---

[2] 如果每種因子的組合只有一個觀察值，則無法分析交互作用（例8-5的資料中，品種與施肥方式的每個組合有五個觀察值）。

檢定交互效果的假設：

$H_0: \gamma_{ij}=0$（交互效果不顯著）

$H_1: \gamma_{ij}$至少有一個不等於0（交互效果顯著）

檢定上述假設時，與式（8.10）對應的總誤差分解過程，可用圖8-7表示。

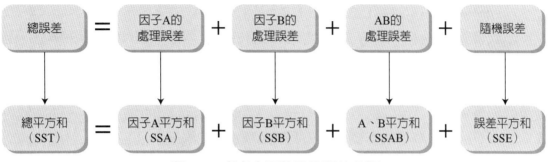

圖 8-7　考慮交互效果的誤差分解

根據上述誤差分解原理，可以構建用於檢定的統計量F_A、F_B、F_{AB}。其原理與只考慮主效果的二因子變異數分析類似，其分析過程可用表8-5顯示的變異數分析表來表示。

表 8-5　考慮交互效果的二因子變異數分析表

誤差來源	平方和 SS	自由度 df	均方 MS	檢定統計量 F
因子 A 的處理效果	SSA	$I-1$	$MSA = \dfrac{SSA}{I-1}$	$F_A = \dfrac{MSA}{MSE}$
因子 B 的處理效果	SSB	$J-1$	$MSB = \dfrac{SSB}{J-1}$	$F_B = \dfrac{MSB}{MSE}$
A、B 的交互效果	SSAB	$(I-1)(J-1)$	$MSAB = \dfrac{SSAB}{(I-1)(J-1)}$	$F_{AB} = \dfrac{MSAB}{MSE}$
誤差	SSE	$IJ(K-1)$	$MSE = \dfrac{SSE}{IJ(K-1)}$	
總效果	SST	$IJK-1$		

例 8-6 （資料：example8_5.RData）

沿用例8-5。檢定小麥品種、施肥方式及其交互效果，對產量的影響是否顯著（α=0.05）。

解：由於考慮交互效果，所以採用式（8.10）：

$$y_{ijk}=\mu+\alpha_i+\beta_j+\gamma_{ij}+\varepsilon_{ijk}\ (i=1, 2, 3\ ;j=1, 2\ ;k=1, 2, 3, 4, 5)$$

y_{ijk}表示第i個品種和第j個施肥方式組合的第k個觀察值；μ表示不考慮「品種」、「施肥方式」和「交互效果」影響時產量總平均數，它是模型的常數項（截距）；α_i表示品種為i（i=1, 2, 3）時對產量的附加效果，即品種為i時對平均產量的影響值；β_j表示施肥方式為j（j=1, 2）時，對產量的附加效果，即施肥方式為j時，對平均產量的影響值；γ_{ij}表示品種為i和施肥方式為j時，對產量的交互效果；ε_{ijk}表示第i個品種和第j個施肥方式組合中的第k（k=1, 2, 3, 4, 5）個觀察值的隨機誤差。

設品種對產量的附加效果分別為α_1（品種1）、α_2（品種2）和α_3（品種3）；施肥方式對產量的附加效果分別為β_1（方式甲）、β_2（方式乙）；交互效果為γ_{ij}。

檢定品種效果的假設為：

H_0: $\alpha_1=\alpha_2=\alpha_3=0$（品種對產量的影響不顯著）

H_1: $\alpha_1, \alpha_2, \alpha_3$至少有一個不等於0（品種對產量的影響顯著）

檢定施肥方式效果的假設為：

H_0: $\beta_1=\beta_2=0$（施肥方式對產量的影響不顯著）

H_1: $\beta_1, \beta_2=0$至少一個不等於0（施肥方式對產量的影響顯著）

檢定交互效果的假設：

H_0: $\gamma_{ij}=0$（i=1, 2, 3；j=1, 2）（交互效果不顯著）

H_1: γ_{ij}至少有一個不等於0（交互效果顯著）

交互效果變異數分析的R程式和結果，如文字框8-9所示。

文字框 8-9　交互效果的變異數分析

```
# 交互效果變異數分析表
> load("C:/example/ch8/example8_5.RData")
> model_2wi<-aov(產量~品種 + 施肥方式 + 品種:施肥方式,data=example8_5)
> summary(model_2wi)
```

	Df	Sum Sq	Mean Sq	F value	Pr(>F)	
品種	2	560.0	280.0	54.37	1.22e-09	***
施肥方式	1	480.0	480.0	93.20	9.73e-10	***
品種：施肥方式	2	10.4	5.2	1.01	0.379	
Residuals	24	123.6	5.1			

```
---
Signif. codes:   0 '***' 0.001 '**' 0.01 '*' 0.05 '.' 0.1 ' ' 1
```

```
# 交互效果變異數分析模型的參數估計
> model_2wi$coefficients
```

(Intercept)	品種 2	品種 3
80.2	-9.6	-3.0
施肥方式乙	品種 2: 施肥方式乙	品種 3: 施肥方式乙
7.6	-0.8	2.0

注：A和B兩個因子交互效果變異數分析模型的R運算式為：y~A+B+A:B或y~A*B。

文字框8-9中的變異數分析表顯示，檢定產量和施肥方式的顯著水準平均小於0.05，表示兩個因子對產量的影響均顯著，而檢定交互效果的顯著水準為0.379，大於0.05，表示交互效果對產量的影響不顯著。

繪製主效果和交互效果圖的R程式和結果，如文字框8-10所示。

文字框 8-10　繪製主效果和交互效果圖

```
# 品種和施肥方式的主效果和交互效果圖
> library(HH)
> interaction2wt(產量~施肥方式+品種,data=example8_5)
```

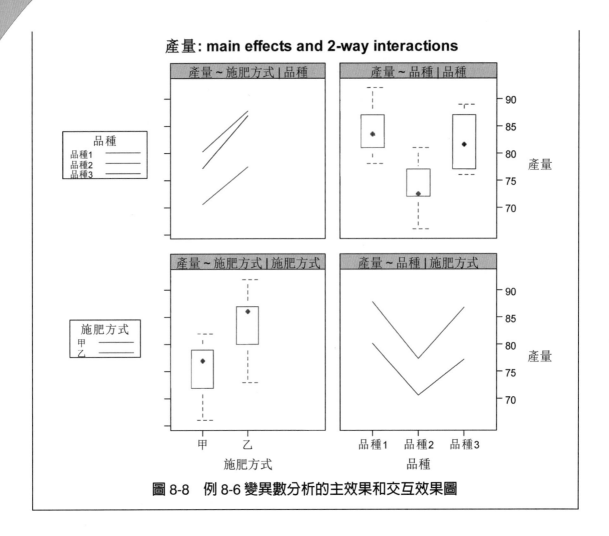

圖 8-8　例 8-6 變異數分析的主效果和交互效果圖

　　圖8-8中的盒鬚圖反映了每個因子的主效果，可觀察品種和施肥方式對產量是否有影響；折線圖反映了兩個因子的交互效果。由於圖中的各條折線基本上是平行的，表示兩個因子間無明顯的交互效果（無交互效果時，一個因子各處理間平均數的差異不會隨另一個因子處理的變化而變化，各條折線是平行的。如果各條線明顯不平行或之間有交叉，則意味著兩個因子的各處理間存在交互效果。）

　　為比較主效果變異數分析模型和交互效果變異數分析模型是否有顯著差異，可採用R中的anova函數比較兩個模型。文字框8-11顯示了比較主效果模型（model_2wm）和交互效果模型（model_2wi）的R程式和結果。

文字框 8-11　主效果模型和交互效果模型的比較

```
# 用anova函數比較模型model_2wm和model_2wi
> model_2wm<-lm(產量~品種+施肥方式,data=example8_5)
> model_2wi<-lm(產量~品種+施肥方式+品種:施肥方式,data=example8_5)
> anova(model_2wm,model_2wi)
```
Analysis of Variance Table

Model 1: 產量 ~ 品種 + 施肥方式

Model 2: 產量 ~ 品種 + 施肥方式 + 品種:施肥方式

	Res.Df	RSS	Df	Sum of Sq	F	Pr(>F)
1	26	134.0				
2	24	123.6	2	10.4	1.0097	0.3793

注：

用anova比較模型時，一個模型必須包含在另一個模型中；也就是說，較小的模型中的所有項必須出現在較大的模型中。比如在本例中，Model 1: 產量 ~ 品種 + 施肥方式，Model 2: 產量 ~ 品種 + 施肥方式 + 品種:施肥方式。Model 1中的所有項都包含在Model 2中。

　　該檢定的虛無假設是兩個模型無顯著差異。R顯示了兩個模型的殘差平方和（RSS）、交互效果平方和（Sum of Sq）、檢定統計量（F）及其相應的P值。由於P=0.3793，不拒絕虛無假設，沒有證據表示兩個模型有顯著差異。這也從另一個角度佐證了交互效果不顯著。從簡化分析的角度看，就本例而言，採用主效果模型比較合適。

　　需要注意的是，有兩個實驗因子時，考慮交互效果的變異數分析與分別對兩個因子做單因子變異數分析是不同的。兩個單因子變異數分析實際上是假定兩個因子間不存在交互效果，當兩個因子間存在交互效果時可能會得出錯誤結論。因此，當有兩個因子時，首先考慮使用有交互效果的變異數分析模型，當交互效果不顯著時，再考慮使用主效果的變異數分析模型，或者考慮使用兩個因子的單因子變異數分析模型。

8-4 變異數分析的假定及其檢定

在變異數分析模型中，假定誤差項 ε 是期望值為0、變異數相等的常態獨立隨機變數，這些假定實際上也就是對依變數 y 的假定。在做變異數分析之前，應首先對這些假定進行檢定，考察資料是否適合做變異數分析。

8.4.1 常態性檢定

常態性（normality）假定要求每個處理所對應的母體都應服從常態分配（檢定常態性的方法見第6章），即對於任意一個處理，其觀察值是來自常態分配母體的簡單隨機樣本。

例如：在例8-1中，要求每個品種的產量必須服從常態分配；在例8-5中，還要求每種施肥方式的產量也必須服從常態分配。

例 8-7

沿用例8-1。分別用Q-Q圖和檢定方法，檢定各品種小麥產量是否服從常態分配（$\alpha=0.05$）。

解：首先，繪製Q-Q圖來檢定小麥產量是否服從常態分配。當每個處理的樣本量足夠大時，可以對每個樣本繪製常態機率圖來檢查每個處理對應的母體是否服從常態分配。但是，當每個處理的樣本量比較小時，常態機率圖中的點很少，提供的常態性資訊有限。這時，可以將每個處理的樣本資料合併繪製成一個常態機率圖來檢定常態性。R程式和結果，如文字框8-12所示。

文字框 8-12　用 Q-Q 圖檢定常態性

每個品種產量資料的常態Q-Q圖（資料：**example8_1**）

```
> load("C:/example/ch8/example8_1.RData")
> par(mfrow=c(1,3))
> qqnorm(example8_1$品種1,xlab="期望常態值",ylab="觀察值",
datax=TRUE,main="品種1的Q-Q圖")
> qqline(example8_1$品種1,datax=TRUE)
> qqnorm(example8_1$品種2,xlab="期望常態值",ylab="觀察值",
datax=TRUE,main="品種2的Q-Q圖")
> qqline(example8_1$品種2,datax=TRUE)
> qqnorm(example8_1$品種3,xlab="期望常態值",ylab="觀察值",
datax=TRUE,main="品種3的Q-Q圖")
> qqline(example8_1$品種3,datax=TRUE)
```

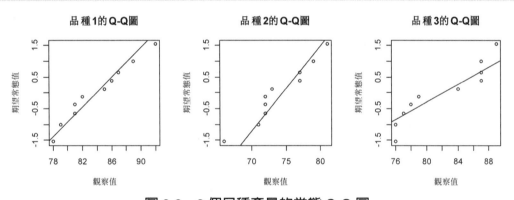

圖 8-9　3 個品種產量的常態 Q-Q 圖

3個品種產量資料合併後的常態Q-Q圖（資料：**example8_2**）

```
> load("C:/example/ch8/example8_2.RData")
> par(cex=.8,mai=c(.7,.7,.1,.1))
> qqnorm(example8_2$產量,xlab="期望常態值",ylab="觀察值",
data=TRUE,main="")
> qqline(example8_2$產量,datax=TRUE,col="red",lwd=2)
> op<-par(fig=c(.08,.5,.5,.98),new=TRUE)
> hist(example8_2$產量,xlab="產量",ylab="",freq=FALSE,col="lightblue",
cex.axis=0.7,cex.lab=0.7,main="")
> lines(density(example8_2$產量),col="red",lwd=2)
> box()
```

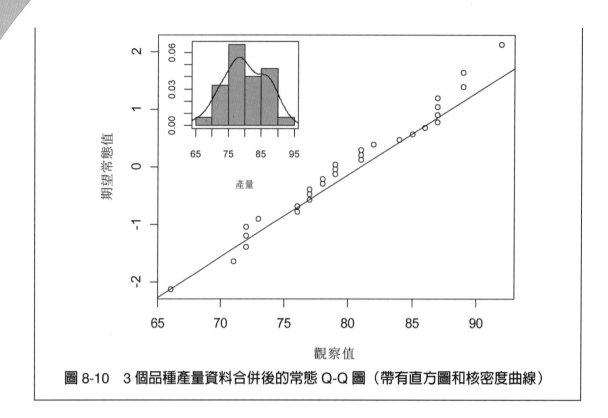

圖 8-10　3 個品種產量資料合併後的常態 Q-Q 圖（帶有直方圖和核密度曲線）

由於圖8-9對每個品種繪製的常態機率圖只有10個資料點，很難提供常態性的證據。但從3個品種的產量資料合併後繪製的Q-Q圖（圖8-10）可以看出，小麥產量基本上服從常態分配。

其次，分別採用Shapiro-Wilk檢定和K-S檢定方法，檢定小麥產量是否服從常態分配，R程式和結果如文字框8-13所示。

文字框 8-13　Shapiro-Wilk 和 K-S 常態性檢定

```
# Shapiro-Wilk常態性檢定（資料：example8_2）
> load("C:/example/ch8/example8_2.RData")
> shapiro.test(example8_2$產量)

        Shapiro-Wilk normality test

data:  example8_1$產量
W = 0.97299, p-value = 0.6237
```

K-S常態性檢定

```
> ks.test(example8_2$產量,"pnorm",mean(example8_2$產
量),sd(example8_2$產量))
        One-sample Kolmogorov-Smirnov test

data:  example8_1$產量
D = 0.097706, p-value = 0.9369
alternative hypothesis: two-sided
```

　　兩種檢定方法均有$P>0.05$，不拒絕H_0，可以認為小麥產量服從常態分配。需要注意的是，由於Shapiro-Wilk檢定對常態性偏離十分敏感，當樣本資料輕微偏離常態分配時，也往往會導致拒絕虛無假設。而變異數分析對常態性的要求相對比較寬鬆，當常態性略微不滿足時，對分析結果的影響不是很大。因此，實際中應謹慎使用這些檢定。

8.4.2 變異數同質性檢定

　　變異數同質性（homogeneity variance）假定要求各處理的母體變異數σ^2必須相等。比如，在例8-2中，要求各個品種產量的變異數都相同；在例8-5中，要求每個品種的產量和每種施肥方式的產量都服從常態分配。檢定變異數同質性可以使用圖示的方法，也可以使用標準的統計檢定。

1. 圖示法

　　檢定變異數同質性的圖形有盒鬚圖和殘差圖等。比如，繪製出每個樣本資料的盒鬚圖觀察各樣本資料的離散程度，如果各樣本盒鬚圖的離散程度大致相等，那麼變異數同質性的假定就可能是滿足的。圖8-8中顯示了三個品種和兩種施肥方式產量的盒鬚圖，容易看出，盒鬚圖中均沒有離異值，離散程度也沒有很大的差異，說明三個品種的產量和兩種施肥方式的產量都可能滿足同質性。

　　檢定變異數同質性的另一種圖示方法，是繪製殘差圖。**殘差**（residual）是實際觀察值與預測值的差值，殘差除以殘差的標準差稱為**標準化殘差**（standardized residual）。R程式和結果，如文字框8-14所示。

文字框 8-14　用殘差圖檢定變異數同質性

 # 例8-2變異數分析的殘差圖和殘差的Q-Q（資料：example8_2）

```
> load("C:/example/ch8/example8_2.RData")
> model_1w<-aov(產量~品種,data=example8_2)
> par(mfrow=c(1,2),mai=c(0.5,0.5,0.2,0.1),cex=0.6,cex.main=0.7)
> plot(model_1w,which=1);plot(model_1w,which=2)
```

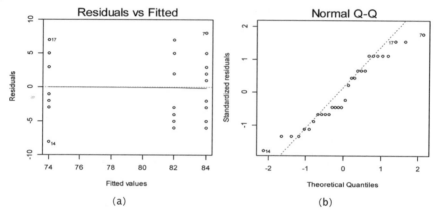

圖 8-11　例 8-2 變異數分析模型的殘差圖和標準化殘差的 Q-Q 圖

 # 例8-5變異數分析的殘差圖和殘差的Q-Q（資料：example8_5）

```
> load("C:/example/ch8/example8_5.RData")
> model_2wi<-aov(產量~品種 + 施肥方式 + 品種:施肥方式,data=example8_5)
> par(mfrow=c(1,2),mai=c(0.5,0.5,0.2,0.1),cex=0.6,cex.main=0.7)
> plot(model_2wi,which=1);plot(model_2wi,which=2)
```

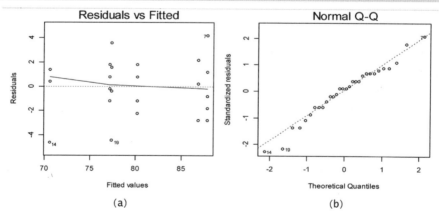

圖 8-12　例 8-5 變異數分析模型的殘差圖和標準化殘差的 Q-Q 圖

> 注：
> plot(model) 會顯示四個圖，這裡設定參數which=1和which=2僅輸出所需的兩個圖。

　　圖8-11（a）是殘差圖，圖中的橫座標是模型的擬合值，縱座標是預測殘差。可以看出，三個品種的殘差都沒有離異值，擬合值和殘差的散點圖隨機分配在一個水準帶之內，而且其離散程度也基本上一樣，這表示滿足變異數同質性的假定。此外，該圖也可以用於評價變異數分析模型的擬合效果。如果模型擬合的很好，那麼擬合值與殘差值的觀測點就應該在一條水平線附近波動。從圖8-11（a）可以看出，產量與品種之間的線性關係假定成立，表示所選的變異數分析模型是合理的。

　　圖8-11（b）是標準化殘差的常態Q-Q圖，該圖的作用與圖8-10類似，可用於檢定關於殘差常態性的假定是否成立。從該圖可以看出，各個點基本上在直線周圍分布，沒有固定模式。因此，在產量與品種的線性模型中，關於ε常態性的假定基本上成立。圖8-12的解讀類似，容易看出不同品種和不同施肥方式的產量基本上都滿足變異數同質性。

2. 檢定法

　　當各處理的樣本量較小時，利用圖示方法很難發現離散程度的差異。這時可以使用標準的統計檢定方法。

　　對於自變數的I個處理，變異數同質性檢定的假設是：

$H_0 = \sigma_1^2 = \sigma_2^2 = \cdots = \sigma_I^2$

$H_1 = \sigma_1^2, \sigma_2^2, \cdots, \sigma_I^2$至少兩個變異數不同

（1）Bartlett變異數同質性檢定

　　如果所有I個母體都近似常態分配，則可以使用Bartlett變異數同質性檢定。當各樣本量相等時，該檢定的統計量為：

$$B = \frac{(n-1)\left[I \ln \overline{s}^2 - \sum \ln s_i^2\right]}{1 + \dfrac{I+1}{3I(n-1)}} \tag{8.12}$$

式中，$n=n_1=n_2=\cdots=n_I$；s_i^2是第i個樣本的變異數；$\overline{s}^2 = \dfrac{\sum s_i^2}{I}$，即$I$個樣本變異數的平均；$\ln x=x$的自然對數。

當各樣本量不相等時，該檢定的統計量為：

$$B = \frac{\left[\sum(n_i-1)\right]\ln\overline{s}^2 - \sum(n_i-1)\ln s_i^2}{1+\dfrac{1}{3(n-1)}\left\{\sum\dfrac{1}{(n_i-1)} - \dfrac{1}{\sum(n_i-1)}\right\}} \qquad (8.13)$$

式中，n_i為第i個樣本的樣本量；s_i^2是第i個樣本的變異數；$\overline{s}^2 = \dfrac{\sum(n_i-1)s_i^2}{\sum(n_i-1)}$，即$I$個樣本變異數的加權平均；$\ln x=x$的自然對數。

在虛無假設成立的情形下，上述統計量服從自由度為$(I-1)$的χ^2分配。若$B>\chi_\alpha^2$，或$P<\alpha$，拒絕H_0，表示各母體的變異數不相等。

例 8-8　（資料：example8_5）

沿用例8-6。用Bartlett變異數同質性檢定方法，檢定不同品種的產量和不同施肥方式的產量，是否滿足變異數同質性（$\alpha=0.05$）。

解：Bartlett變異數同質性檢定的R程式和結果，如文字框8-15所示。

文字框 8-15　Bartlett 變異數同質性檢定

```
# 不同品種產量的Bartlett變異數同質性檢定
> load("C:/example/ch8/example8_5.RData")
> bartlett.test(產量~品種,data=example8_5)
        Bartlett test of homogeneity of variances

data:  產量 by 品種
Bartlett's K-squared = 0.30152, df = 2, p-value = 0.8601

# 不同施肥方式產量的Bartlett變異數同質性檢定
> bartlett.test(產量~施肥方式,data=example8_5)
        Bartlett test of homogeneity of variances
```

```
data:  產量 by 施肥方式
Bartlett's K-squared = 0.42431, df = 1, p-value = 0.5148
```

由於P值均大於0.05，不拒絕H_0，可以認為不同品種的產量和不同施肥方式的產量，均滿足變異數同質性。

（2）Levene變異數同質性檢定

如果所有I個母體均不服從常態分配，則可以使用Levene變異數同質性檢定，簡稱**Levene檢定**（Levene's test），它是由H. Levene於1960年提出的。Levene變異數同質性檢定是被人們廣泛使用的檢定方法，該方法既可以用於常態母體，也可以用於非常態母體。該檢定的統計量為：

$$F = \frac{MSA}{MSE} \sim F(I-1, n-1) \tag{8.14}$$

式中，MSA和MSE是對依變數實施$y_i' = |y_i - \text{Med}_i|$的變換[3]後，進行變異數分析得到的處理均方和殘差均方；Med_i為第i個處理的y的中位數。

如果$F > F_\alpha$，或$P < \alpha$，則拒絕H_0，表示各母體的變異數不相等。

例 8-9 （資料：example8_5）

沿用例8-6。用Levene變異數同質性檢定方法，檢定不同品種的產量和不同施肥方式的產量是否滿足變異數同質性（$\alpha = 0.05$）。

解：以三個品種的產量為例，說明計算過程。三個品種產量的中位數分別為：$\text{Med}_1 = 83.5$、$\text{Med}_2 = 72.5$、$\text{Med}_3 = 81.5$。對每個品種的產量分別減去其中位數後取絕對值，再進行變異數分析，得到的MSA=5.2、MSE=5.596296。由式（8.14）得到的統計量為：

$$F = \frac{5.2}{5.596296} = 0.929186$$

相應的$P = 0.407138$，不拒絕H_0，可以認為小麥產量滿足變異數同質性。

---

[3] 也可以使用第i個處理的y的平均數$\bar{y}_i$進行變換，即$y_i' = |y_i - \bar{y}_i|$。SPSS使用的是平均數變換，R預設使用中位數變換（也可以設定為平均數）。

Levene變異數同質性檢定的R程式和結果，如文字框8-16所示。

文字框 8-16　Levene 變異數同質性檢定

 # 不同品種產量的Levene變異數同質性檢定

```
> load("C:/example/ch8/example8_5.RData")
> library(car)
> leveneTest(產量~品種,data=example8_5)
```

Levene's Test for Homogeneity of Variance (center = median)

	Df	F value	Pr(>F)
group	2	0.9292	0.4071
	27		

 # 不同施肥方式產量的Levene變異數同質性檢定

```
> leveneTest(產量~施肥方式,data=example8_5)
```

Levene's Test for Homogeneity of Variance (center = median)

	Df	F value	Pr(>F)
group	1	0.2323	0.6336
	28		

由於P值均大於0.05，不拒絕H_0，可以認為各個品種的產量和不同施肥方式的產量滿足變異數同質性。

最後需要提醒的是，在變異數分析中，對變異數同質性的要求相對比較寬鬆，當變異數略有不同質時，對分析結果的影響不是很大。特別是當各處理的樣本量相同時，變異數分析對不等變異數是穩健的。

除常態性和變異數同質性假定外，變異數分析中還有一個重要的假定，即**獨立性**（independence）。該假定要求每個樣本資料是來自不同處理的獨立樣本。比如，在例8-6中，三個品種的產量資料是來自三個不同品種產量母體的三個獨立樣本，兩種施肥方式的產量是來自兩種施肥方式產量母體的兩個獨立樣本。變異數分析對獨立性的要求比較嚴格，若該假設得不到滿足時，變異數分析的結果往往會受到較大影響。獨立性可在實驗設計之前予以確定，不需要檢定。因為在獲取資料之前，試驗的安排是否獨立，研究者本身是清楚的。

8-5 單因子變異數分析之非參數方法

　　上面介紹的變異數分析，也稱為參數變異數分析。當常態性和變異數同質性的假定得到滿足時，上述方法會得到較好的結果。但當這些假定得不到滿足時，參數變異數分析可能會失效。這時可採用非參數變異數分析方法。本節主要介紹單因子變異數分析的Kruskal-Wallis檢定方法。

　　Kruskal-Wallis檢定（Kruskal-Wallis test）是由William H. Kruskal 和W. Allen-Wallis於1952年提出的，它是用於檢定多個母體是否相同的一種非參數檢定方法。由於該檢定事先不需要對母體做出任何假定，因此，當變異數分析的假設不能滿足時，可使用Kruskal-Wallis檢定作為單因子變異數分析的替代方法。該檢定可用於順序資料，也可用於數值型資料。

　　設有 I 個母體（處理），要研究 I 個母體是否相同，可提出如下假設：

　　H_0：所有母體都相同，H_1：並非所有母體都相同

　　如果在研究母體是否相同時，側重於考察位置參數，比如中位數，上述假設等價於 I 個母體的中位數都相等。設 I 個母體的中位數分別為 M_1, $M_2 \cdots$, M_I，上述假設可以寫為：

　　H_0：$M_1 = M_2 = \cdots = M_I$，H_1：M_1, M_2, $\cdots$, M_I 不全相同

　　為檢定上述假設，從每個母體中抽出一個樣本，共有 I 個獨立樣本，各樣本的樣本量分別為 n_1, n_2, $\cdots$, n_I。將所有樣本資料合併成一個單一的樣本，則全部觀察值的總數為 $N = n_1 + n_2 + \cdots + n_I$。按從小到大排列樣本值，可以找出每個觀察值的秩，從1到 N，對於 N 個觀察值來說，平均的秩為：

$$N \text{個資料的平均秩} = \frac{1 + 2 + \cdots + N}{N} = \frac{N+1}{2}$$

　　對於含有 n_i 個觀察值的第 i 個樣本來說，設實際的秩的總和為 R_i，秩的總和的期望值應為 $n_i(N+1)/2$，那麼第 i 個樣本實際秩和與期望秩和的差值為 $R_i - n_i(N+1)/2$。如果 H_0 為真，對於所有觀察值混合成的一個隨機樣本來說，秩的次序應該在 I 個樣本之間均勻分配；也就是說，$R_i - n_i(N+1)/2$ 的差值應該很小，否則，應懷疑 H_0。

　　Kruskal-Wallis檢定的具體步驟為：

　　第1步：將所有樣本的觀察值混合在一起，找出每個觀察值在 N 個資料中的秩。

第2步：計算檢定統計量。Kruskal-Wallis檢定的統計量是建立在實際秩和與期望秩和差值$R_i - n_i(N+1)/2$的基礎上，計算公式為：

$$H = \frac{12}{N(N+1)} \sum_{i=1}^{I} \frac{R_i^2}{n_i} - 3(N+1) \tag{8.15}$$

第3步：計算出統計量的P值並做出決策。當每個樣本的樣本量均大於等於5時，檢定統計量H的抽樣分配近似自由度為$k-1$的χ^2分配。若$P<\alpha$，則拒絕H_0，表示I個母體不全相同。

例 8-10　（資料：example8_2.RData）

沿用例8-1。檢定不同小麥品種對產量的影響是否顯著（$\alpha=0.05$）。

解：首先提出如下假設：

H_0：三個品種的產量相同；H_1：三個品種的產量不全相同

Kruskal-Wallis檢定的R程式和結果，如文字框8-17所示。

文字框 8-17　Kruskal-Wallis 檢定

```
# Kruskal-Wallis檢定
> load("C:/example/ch8/example8_2.RData")
> attach(example8_2)
> kruskal.test(產量~品種)

        Kruskal-Wallis rank sum test


data:  產量 by 品種
Kruskal-Wallis chi-squared = 13.532, df = 2, p-value = 0.001152


注：
使用coin程式套件中的kruskal_test(y~A)函數，可以得到相同的結果。
```

文字框8-17顯示的檢定統計量$H=13.532$，$P=0.001152<0.05$，拒絕H_0，表示三個品種的產量之間有顯著差異。

本章圖解

變異數分析過程

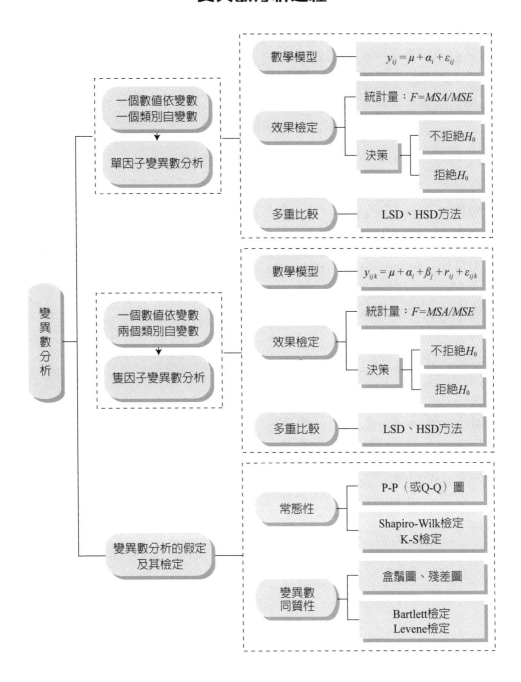

主要術語

- **變異數分析**（analysis of variance）：縮寫為ANOVA，分析類別自變數對數值依變數影響的一種統計方法。
- **單因子變異數分析**（one-way analysis of variance）：研究一個類別自變數對數值依變數影響的變異數分析。
- **二因子變異數分析**（two-way analysis of variance）：研究兩個類別自變數對數值依變數影響的變異數分析。
- **因子**（factor）：實驗的物件，類別自變數的另一種稱謂。
- **處理**（treatment）：也稱水準，因子的不同數值。
- **處理誤差**（treatment error）：因子的不同處理造成的觀測資料的誤差。
- **隨機誤差**（random error）：簡稱為誤差（error），由於隨機因子造成的觀測資料的誤差。
- **總平方和**（sum of squares for total）：反映全部觀測資料誤差大小的平方和，記為SST。
- **處理平方和**（treatment sum of squares）：反映處理誤差大小的平方和，記為SSA。
- **誤差平方和**（sum of squares of error）：反映隨機誤差大小的平方和，記為SSE。
- **均方**（mean square）：也稱變異數（variance），平方和除以相應的自由度的結果，記為MS。
- **主效果**（main effect）：因子對依變數的單獨影響。
- **交互效果**（interaction）：一個因子和另一個因子聯合產生的對依變數的附加效果。
- **實驗單元**（experiment unit）：接受「處理」的物件或實體。

思考與練習

一、思考題

8.1　什麼是變異數分析？它研究的是什麼？

8.2　簡述誤差分解的基本原理。

8.3　解釋總誤差、處理誤差和隨機誤差。

8.4　解釋總平方和、處理平方和、誤差平方和。

8.5　解釋主效果和交互效果。

8.6　對於兩個因子分別作單因子變異數分析與做二因子變異數分析有何區別？

8.7　多重比較的 LSD方法和HSD方法有何不同？

8.8　變異數分析中有哪些假定？

8.9　Bartlett變異數同質性檢定和Levene變異數同質性檢定的適用場合是什麼？

二、練習

8.1　一家牛奶公司有4臺機器裝塡牛奶，每桶的容量爲4L。下面是從4臺機器中抽取的裝塡量樣本資料：

機器 1	機器 2	機器 3	機器 4
4.05	3.99	3.97	4.00
4.01	4.02	3.98	4.02
4.02	4.01	3.97	3.99
4.04	3.99	3.95	4.01
	4.00	4.00	
	4.00		

(1)取顯著水準$\alpha=0.01$，檢定機器對裝塡量是否有顯著影響。

(2)採用HSD方法比較哪些機器的塡裝量之間存在顯著差異（$\alpha=0.05$）。

(3)對該變異數分析的常態性和變異數同質性進行檢定。

8.2　一家管理諮詢公司爲不同的客戶進行人力資源管理講座。每次講座的內容基本上一樣，但講座的聽課者有時是高階管理者，有時是中階管理者，有時是低階管理者。該諮詢公司認爲，不同層次的管理者對講座的滿意度是不同的。對聽完講座後隨機抽取的不同層次管理者的滿意度評分如下（評分標準是從1～10，10代表非常滿意）：

高階管理者	中階管理者	低階管理者
7	8	5
7	9	6
8	8	5
7	10	7
9	9	4
8	10	8

⑴取$\alpha=0.05$，檢定管理者的水準不同是否會導致評分的顯著差異。

⑵採用HSD方法，比較哪類管理者的評分之間存在差異（$\alpha=0.05$）。

⑶對該變異數分析的常態性和變異數同質性進行檢定。

⑷假定不同層次管理者的滿意度評分不滿足變異數分析的假定，採用 Kruskal-Wallis檢定進行分析。

8.3 某家電製造公司準備購進一批5# 電池，現有A、B、C三個電池生產企業願意供貨。為比較它們生產的電池品質，從每個企業各隨機抽取5個電池，經實驗得其使用壽命（單位：小時）資料如下：

實驗號	電池生產企業		
	A	*B*	*C*
1	50	32	45
2	50	28	42
3	43	30	38
4	40	34	48
5	39	26	40

分析三個企業生產的電池平均壽命之間有無顯著差異（$\alpha=0.05$）。如果有差異，用HSD方法檢定哪些企業之間有差異。

8.4 有五個不同品種的種子和四個不同的施肥方案，在二十塊同樣面積的土地上分別採用五個種子和四個施肥方案搭配進行實驗，取得的產量資料如下表：

品種	施肥方案			
	1	2	3	4
1	12.0	9.5	10.4	9.7
2	13.7	11.5	12.4	9.6
3	14.3	12.3	11.4	11.1
4	14.2	14.0	12.5	12.0
5	13.0	14.0	13.1	11.4

檢定不同品種和施肥方案對產量的影響是否顯著（$\alpha=0.05$）。

8.5 城市道路交通管理部門為研究不同路段和不同時間段對行車時間的影響，讓一名交通警察分別在三個路段和高峰期與非高峰期親自駕車進行實驗，透過實驗共獲得三十個行車時間（單位：分鐘）資料。分析路段、時段以及路段和時段的交互作用對行車時間的影響（$\alpha=0.05$）。

		路段		
		路段 1	路段 2	路段 3
時段	高峰期	36.5	28.1	32.4
		34.1	29.9	33.0
		37.2	32.2	36.2
		35.6	31.5	35.5
		38.0	30.1	35.1
	非高峰期	30.6	27.6	31.8
		27.9	24.3	28.0
		32.4	22.0	26.7
		31.8	25.4	29.3
		27.3	21.7	25.6

8.6 為檢定廣告媒體和廣告方案對產品銷售量的影響，一家行銷公司做了一項實驗，考察三種廣告方案和兩種廣告媒體，獲得的銷售量資料如下：

		廣告媒體	
		報紙	電視
廣告方案	A	8	12
		12	8
	B	22	26
		14	30
	C	10	18
		18	14

檢定廣告方案、廣告媒體及其交互作用對銷售量的影響是否顯著（$\alpha=0.05$）。

第 **9** 章

一元線性迴歸

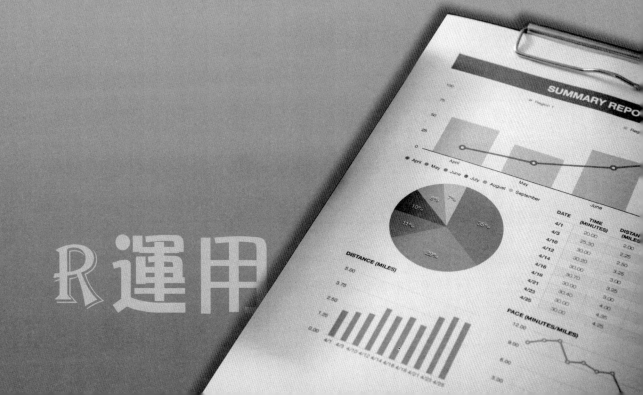

R 運用

問 題 與 思 考

GDP與消費水準有關係嗎

GDP（國內生產總值的英文縮寫）是按當年市場價格計算的一個國家或地區所有常住單位，在一定時期內生產活動的最終成果。GDP反映了一個國家或地區的經濟活動總量，是衡量經濟發展水準的一個重要指標。對於一個地區來說，GDP也稱爲地區生產總值或地區GDP。下面是中國31個地區，2011年的GDP和居民消費水準資料（部分）。

地區	地區生產總值（億元）	居民消費水準（元）
北京市	16251.93	27760
天津市	11307.28	20624
河北省	24515.76	9551
山西省	11237.55	9746
內蒙古自治區	14359.88	13264
遼寧省	22226.70	15635
吉林省	10568.83	10811
黑龍江省	12582.00	10634
上海市	19195.69	35439
江蘇省	49110.27	17167
浙江省	32318.85	21346
安徽省	15300.65	10055
……	……	……

根據上面的資料，怎樣判斷GDP與居民消費水準之間是否有關係呢？如果有，又是什麼樣的關係？二者之間的關係強度如何？能否利用它們之間的關係建立一個模型，用GDP來預測居民消費水準？本章內容就將回答這些問題。

研究某些實際問題時往往涉及到多個變數。在這些變數中，有一個變數是研究中特別關注的，稱爲依變數，而其他變數則看成是影響這一變數的因素，稱爲自變數。假定依變數與自變數之間有某種關係，並把這種關係用適當的數學模型表達出來，那麼，就可以利用這一模型根據設定的自變數來預測依變數，這就是迴歸要解決的問題。在迴歸分析中，只涉及一個自變數時稱爲一元迴歸；涉及多個自變數時則稱爲多元迴歸。如果依變數與自變數之間是線性關係，則稱爲線性迴歸（linear regression）；如果依變數與自變數之間是非線性關係，則稱爲非線性迴歸（nonlinear regression）。

9-1 變數間的關係

建立迴歸模型時，首先需要弄清楚變數之間的關係，然後依據變數間的關係建立適當的模型。分析變數之間關係需要解決下面的問題：⑴變數之間是否有關係？⑵如果有，它們之間是什麼樣的關係？⑶變數之間的關係強度如何？⑷樣本所反映的變數之間的關係，能否代表母體變數之間的關係？

9.1.1 確定變數之間的關係

身高與體重有關係嗎？一個人的收入水準與他的受教育程度有關係嗎？產品的銷售額與廣告支出有關係嗎？如果有，又是什麼樣的關係？如何來度量它們之間的關係強度？

從統計角度看，變數間的關係大體上分爲兩種類型，即函數關係和相關關係。函數關係是人們比較熟悉的。設有兩個變數x和y，變數y隨變數x一起變化，並完全依賴於x，當x取某個值時，y依確定的關係取相應的值，則稱y是x的函數，記爲$y=f(x)$。

在實際問題中，有些變數間的關係並不像函數關係那麼簡單。例如：家庭收入與家庭支出這兩個變數之間就不存在完全確定的關係。也就是說，收入水準相同的家庭，它們的支出往往不同，而支出相同的家庭，它們的收入水準也可能不同。這意味著家庭支出並不能完全由家庭收入一個因素所決定，還有消費水準、銀行利率等其他因素的影響。正由於影響一個變數的因素有多個，才造成了它們間關係的不確定性。變數之間這種不確定的關係，稱爲**相關關係**（correlation）。

相關關係的特點是：一個變數的取值不能由另一個變數唯一確定。當變數x取某個值時，變數y的取值可能有多個；或者說，當x取某個固定的值時，y的取值對應著一個分配。

例如：身高（x）與體重（y）的關係就屬於相關關係。一般來說，身材較高的人，其體重一般也較重。但實際情形並非完全是如此，因爲體重並非完全由身高一個因素所決定，還有飲食習慣等其他許多因素的影響。這意味著身高相同的人，體重的取值可能有多個，即身高取某個值時，體重的取值則對應著一個分配。

再比如，產品的銷售收入（x）與廣告支出（y）的關係也是相關關係。銷售收入相同的企業，它們的廣告支出也可能不同；而廣告支出相同的企業，它們的銷售收入也可能不同。因爲銷售收入雖然與廣告支出有關係，但它並不是由廣告支出一個因素決定的，還有產品的產量、需求量、銷售價格等諸多因素的影響。因此，當廣告支出取某個值時，銷售收入的取值則對應著一個分配。

9.1.2　相關關係的描述

描述相關關係的一個常用工具就是**散布圖**（scatter diagram）。對於兩個變數x和y，散布圖是在二維座標中畫出它們的n個數據點（x_i, y_i），並透過n個點的分配、形狀等判斷兩個變數之間有沒有關係、有什麼樣的關係及關係的大致強度等。圖9-1是用R模擬的不同形態的散布圖。

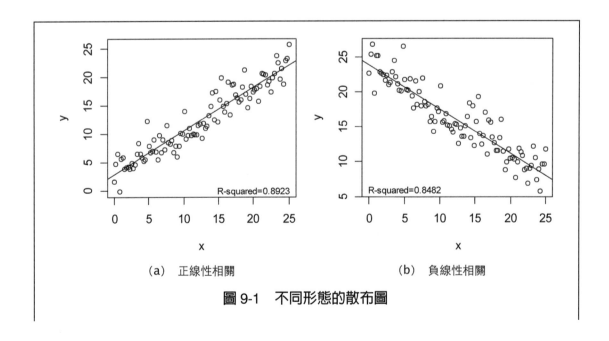

(a)　正線性相關　　　　　　　　(b)　負線性相關

圖 9-1　不同形態的散布圖

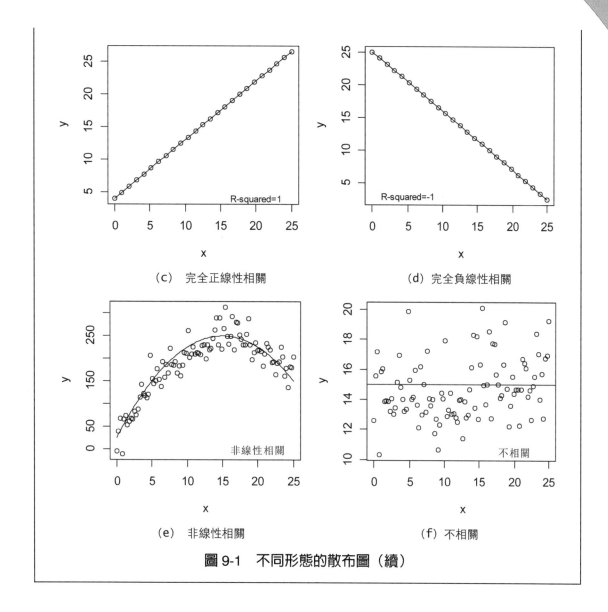

（c）完全正線性相關　　　　　　　　（d）完全負線性相關

（e）非線性相關　　　　　　　　　（f）不相關

圖 9-1　不同形態的散布圖（續）

　　從圖9-1可以看出，圖（a）和圖（b）是典型的線性相關關係形態，兩個變數的觀察值分配在一條直線周圍。圖（a）顯示一個變數的數值增加，另一個變數的數值也隨之增加，因而稱為正線性相關。圖（b）顯示一個變數的數值增加，另一個變數的數值則隨之減少，因而稱為負線性相關。圖（c）和圖（d）顯示兩個變數的觀察值完全落在直線上，稱為完全線性相關（這實際上就是函數關係），其中圖（c）稱為完全正相關，圖（d）稱為完全負相關。圖（e）顯示兩個變數之間是非線性關係。圖（f）的觀察值很分散，無任何規律，表示變數之間沒有相關關係。

例 9-1　　（資料：example9_1.RData）

　　為研究銷售收入與廣告支出之間的關係，隨機抽取20家醫藥生產企業，得到它們的銷售收入和廣告支出資料，如表9-1所示。繪製散布圖描述銷售收入與廣告支出之的關係。

表 9-1　20家醫藥生產企業的銷售收入和廣告支出　　　（單位：萬元）

企業編號	銷售收入	廣告支出
1	4597.5	338.6
2	6611.0	811.0
3	7349.3	723.5
4	5525.7	514.0
5	4675.9	426.4
6	4418.6	426.3
7	5845.4	679.0
8	7313.0	847.3
9	5035.4	470.9
10	4322.6	393.8
11	6389.5	701.0
12	4152.2	294.0
13	5544.8	442.6
14	6095.1	635.0
15	3626.2	260.5
16	3745.4	305.0
17	5121.8	624.7
18	5674.5	600.0
19	4256.6	299.6
20	5803.7	646.0

解：繪製散布圖的R程式和結果，如文字框9-1所示。

文字框 9-1 繪製銷售收入與廣告支出的散布圖

```
# 帶有盒鬚圖、擬合直線、擬合曲線的散布圖
> load("C:/example/ch9/example9_1.RData")
> library(car)
> scatterplot(銷售收入~廣告支出,data=example9_1,spread=FALSE,pch=19,xl
ab="廣告支出",ylab="銷售收入",cex.lab=0.8)
```

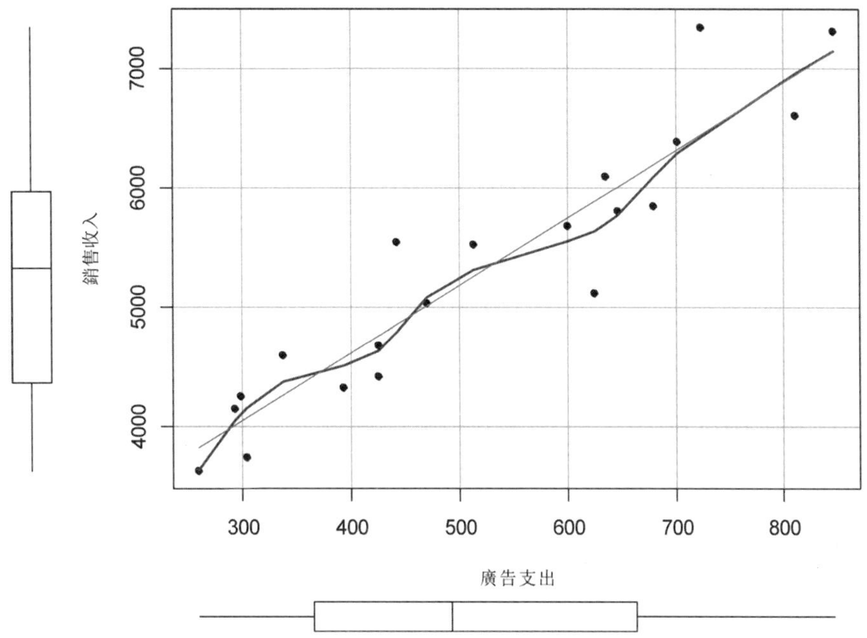

圖 9-2 帶有盒鬚圖、擬合直線、擬合曲線的銷售收入與廣告支出的散布圖

從圖9-2可以看出，隨著廣告支出的增加，銷售收入也隨之增加，二者的數據點分配在一條直線周圍，因而具有正的線性相關關係。兩個盒鬚圖顯示銷售收入和廣告支出基本上為對稱分配。從擬合的曲線看，非線性特徵不明顯，顯示兩個變數為線性關係。

9.1.3 關係強度的度量

散布圖可以判斷兩個變數之間有無相關關係，並對關係形態做出大致描述，但要準確度量變數間的關係強度，則需要計算相關係數。

1. 相關係數

相關係數（correlation coefficient）是度量兩個變數之間線性關係強度的統計量。樣本相關係數記爲r，計算公式爲：

$$r = \frac{\sum(x-\bar{x})(y-\bar{y})}{\sqrt{\sum(x-\bar{x})^2 \cdot \sum(y-\bar{y})^2}}$$ （9.1）

按式（9.1）計算的相關係數也稱爲**Pearson相關係數**[1]（Pearson's correlation coefficient）。

計算相關係數時，假定兩個變數之間是線性關係，而且兩個變數都是隨機變數，且服從一個聯合的雙變數常態分配[2]。此外，樣本資料中不應有極端值，否則會對相關係數的值有較大影響。

相關係數r具有如下性質：

⑴r的取值範圍在-1和$+1$之間，即$-1 \le r \le 1$。$r > 0$，表示x與y之間爲正線性相關；$r < 0$，表示x與y之間爲負線性相關；$|r| = 1$，表示x與y之間爲完全相關，其中$r = +1$，表示x與y之間爲完全正線性相關；$r = -1$，表示x與y之間爲完全負線性相關；$r = 0$，表示x與y之間不存在線性相關。

⑵r具有對稱性。x與y之間的相關係數r_{xy}和y與x之間的相關係數r_{yx}相等，即$r_{xy} = r_{yx}$。

⑶r數值的大小與x和y的原點及尺度無關。改變x和y的資料原點或計量尺度，並不改變r數值的大小。比如，將$x+5$和$y \div 2$後計算的r數值與根據x和y計算的r數值相同。

⑷r僅僅是x與y之間線性關係的一種度量，它不能用於描述非線性關係。這意味著，$r = 0$只表示兩個變數之間不存在線性相關，並不表示變數之間沒有任何關係，比如它們之間可能存在非線性關係。當變數之間的非線性相關程度較強時，就可能會導致$r = 0$。因此，當$r = 0$或很小時，不能輕易得出兩個變數之間沒有關係的結論，而應結合散布圖做出合理解釋。

⑸r雖然是兩個變數之間線性關係的一種度量，卻不一定意味著x與y一定有因果關係。

---

[1] 相關和迴歸的概念是1877-1888年間由Francis Galton提出的。但眞正使其理論系統化的是Karl Pearson，爲紀念他的貢獻將相關係數也稱爲Pearson相關係數。

[2] 注意：並不是簡單地要求兩個變數各自服從常態分配。

瞭解相關係數的性質，有助於對其實際意義的解釋。根據實際資料計算出的 r，其取值一般在 $-1 < r < 1$ 之間。$|r| \to 1$ 表示兩個變數之間的線性關係強；$|r| \to 0$ 表示兩個變數之間的線性關係弱。對於一個具體的 r 取值，根據經驗可將相關程度分為以下幾種情形：$|r| \geq 0.8$ 時，可視為高度相關；$0.5 \leq |r| < 0.8$ 時，可視為中度相關；$0.3 \leq |r| < 0.5$ 時，視為低度相關；當 $|r| < 0.3$ 時，表示兩個變數之間的相關程度極弱，可視為不相關。但這種解釋必須建立在對相關係數的顯著性檢定基礎之上。

2. 相關係數的檢定

一般情形下，母體相關係數 ρ 是未知的，通常是根據樣本相關係數 r 作為 ρ 的近似估計值。由於 r 是根據樣本資料計算的，它受樣本波動的影響，抽取的樣本不同，r 的取值也就不同，因此 r 是一個隨機變數。能否用樣本相關係數表示母體的相關程度呢？這就需要考察樣本相關係數的可靠性，也就是進行顯著性檢定。

相關係數的顯著性檢定通常採用R. A. Fisher提出的 t 檢定，該檢定可用於小樣本，也可用於大樣本。檢定的具體步驟如下：

第1步：提出假設

H_0: $\rho = 0$（兩個變數的線性關係不顯著）

H_1: $\rho \neq 0$（兩個變數的線性關係顯著）

第2步：計算檢定統計量

$$t = \frac{r\sqrt{n-2}}{\sqrt{1-r^2}} \sim t(n-2) \tag{9.2}$$

第3步：進行決策。求出統計量的 P 值，如果 $P < \alpha$，拒絕 H_0，表示母體的兩個變數之間線性關係顯著。

例 9-2 （資料：example9_1.RData）

沿用例9-1。計算銷售收入與廣告支出的相關係數，並檢定相關係數的顯著性（$\alpha = 0.05$）。

解：相關分析的R程式和結果，如文字框9-2所示。

文字框 9-2　相關係數的計算和檢定

```
# 計算相關係數
> load("C:/example/ch9/example9_1.RData")
> cor(example9_1[,2],example9_1[,3])
 [1] 0.937114

# 檢定相關係數
> library(psych)
> cor.test(example9_1[,2],example9_1[,3])
        Pearson's product-moment correlation

data:  example9_1[, 2] and example9_1[, 3]
t = 11.391, df = 18, p-value = 1.161e-09
alternative hypothesis: true correlation is not equal to 0
95 percent confidence interval:
 0.8450142 0.9752189
sample estimates:
     cor
0.937114
```

　　文字框9-2輸出的相關係數為0.937114，95%的信賴區間為（0.8450142，0.9752189），檢定統計量t=11.3913，P=1.161e-09，顯示銷售收入與廣告支出之間的線性關係顯著。

9-2　一元線性迴歸模型的估計和檢定

　　迴歸分析（regression analysis）是重點考察一個特定的變數（依變數），而把其他變數（自變數）看作是影響這一變數的因素，並透過適當的數學模型將變數間的關係表達出來，進而透過一個或幾個自變數的取值來預測依變數的取值。迴歸建模的大致思路如下：

　　第一步：確定變數間的關係。

第二步：確定依變數和自變數，並建立變數間的關係模型。

第三步：對模型進行評估和檢定。

第四步：利用迴歸方程進行預測。

第五步：對迴歸模型進行診斷。

9.2.1　一元線性迴歸模型

1.　迴歸模型

進行迴歸分析時，首先需要確定出依變數和自變數。**依變數**（dependent variable）是被預測或被解釋的變數，用y表示。**自變數**（independent variable）是用來預測或用來解釋依變數的一個或多個變數，用x表示。例如：在分析廣告支出對銷售收入的影響時，目的是要預測一定廣告支出條件下的銷售收入是多少，因此，銷售收入是被預測的變數，稱為依變數，而用來預測銷售收入的廣告支出就是自變數。

當迴歸中只涉及一個自變數時稱為一元迴歸，若y與x之間為線性關係時稱為一元線性迴歸。對於具有線性關係的兩個變數，可以用一個線性方程表示它們之間的關係。描述依變數y如何依賴於自變數x和誤差項ε的方程，稱為**迴歸模型**（regression model）。一元線性迴歸模型可表示為：

$$y=\beta_0+\beta_1 x+\varepsilon \tag{9.3}$$

式中，β_0和β_1為模型的參數。

由式（9.3）可以看出，在一元線性迴歸模型中，y是x的線性函數（$\beta_0+\beta_1 x$部分）加上誤差項ε。$\beta_0+\beta_1 x$反映了由於x的變化而引起的y的線性變化；ε被稱為是誤差項的隨機變數，它是除了x以外的其他隨機因素對y的影響，是不能由x和y之間的線性關係所解釋的y的誤差。

建立一元線性迴歸模型時，首先假定依變數y與自變數x之間具有線性關係，而且自變數x的取值是事先設定的（即假定x是非隨機變數），而y則是隨機變數。這意味著，對於任何一個設定的x值，y的取值都對應著一個分配，因此，$E(y)=\beta_0+\beta_1 x$代表一條直線。但由於單個的數據點是從y的分配中抽出來的，可能不在這條直線上，因此，必須包含一個誤差項ε來描述模型的數據點。對於誤差項ε需要做出以下假定：

⑴常態性。ε是一個服從常態分配的隨機變數，且期望值爲0，即$E(\varepsilon)=0$。這意味著在式（9.3）中，由於β_0和β_1都是常數，所以有$E(\beta_0)=\beta_0$，$E(\beta_1)=\beta_1$。因此對於一個設定的x值，y的期望值爲$E(y)=\beta_0+\beta_1x$。這一假定實際上等於假定模型的形式爲一條直線。

⑵變異數同質性。對於所有的x值，ε的變異數σ^2都相同。這意味著對於一個設定的x值，y的變異數也都等於σ^2。

⑶獨立性。對於一設定的x值，它所對應的ε與其他x值所對應的ε不相關。因此，對於一個設定的x值，它所對應的y值與其他x值所對應的y值也不相關。這表示，在x取某個設定值的情形下，y的變化由誤差項ε的變異數σ^2來決定。當σ^2較小時，y的觀察值非常靠近直線；當σ^2較大時，y的觀察值將偏離直線。而且對於任何一個設定的x值，y都服從期望值$E(y)=\beta_0+\beta_1x$、變異數爲σ^2的常態分配，且對於不同的x都具有相同變異數。

2. 估計的迴歸方程

迴歸模型中的參數β_0和β_1是未知的，需要利用樣本資料去估計它們。當用樣本統計量$\hat{\beta}_0$和$\hat{\beta}_1$估計模型中的參數β_0和β_1時，就得到了**估計的迴歸方程**（estimated regression equation），它是根據樣本資料求出的迴歸模型的估計。對於一元線性迴歸，估計的迴歸方程爲：

$$\hat{y} = \hat{\beta}_0 + \hat{\beta}_1 x \tag{9.4}$$

式中，$\hat{\beta}_0$是估計的迴歸直線在y軸上的截距；$\hat{\beta}_1$是直線的斜率，也稱爲**迴歸係數**（regression coefficient），它表示x每改變一個單位時，y的平均改變數。

▌9.2.2 參數的最小平方估計

對於x和y的n對觀察值，用於描述其關係的直線有多條，究竟用哪條直線來代表兩個變數之間的關係呢？我們自然會想到距離各觀察值最近的那條直線，用它來代表x與y之間的關係與實際資料的誤差比其他任何直線都小。德國科學家Karl Gauss（1777-1855）提出用最小化圖（見圖9-3）中垂直方向的離差平方和來估計參數β_0和β_1，據此確定參數的方法稱爲**最小平方法**（method of least squares），或稱**最小二乘法**，它是使依變數的觀察值y_i與估計值$\hat{y}_i$之間的離差平方和達到最小來估計β_0和β_1，因此也稱爲參數的**最小平方估計**（least squares estimation）。最小平方法的涵義，可用圖9-3表示。

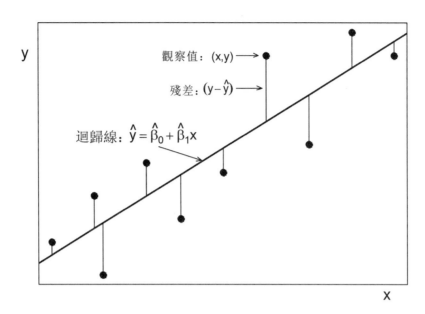

圖 9-3　最小平方法示意圖

　　用最小平方法擬合的直線具有一些優良的性質。首先，根據最小平方法得到的迴歸直線能使離差平方和達到最小，雖然這並不能保證它就是擬合資料的最佳直線[3]，但這畢竟是一條與資料擬合良好的直線應有的性質。其次，由最小平方法求得的迴歸直線可知β_0和β_1的估計量的抽樣分配，並且在一定條件下，β_0和β_1的最小平方估計量具有性質$E(\hat{\beta}_0)=\beta_0$、$E(\hat{\beta}_1)=\beta_1$，而且與其他估計量相比，其抽樣分配具有較小的變異數。正是基於上述性質，最小平方法被廣泛用於迴歸模型參數的估計。

　　根據最小平方法有：

$$\sum(y_i - \hat{y}_i)^2 = \sum(y_i - \hat{\beta}_0 - \hat{\beta}_1 x_i)^2 = \min \qquad (9.5)$$

　　令$Q=\Sigma(y_i-\hat{y}_i)^2$，在設定樣本資料後，$Q$是$\hat{\beta}_0$和$\hat{\beta}_1$的函數，且最小值總是存在。根據微積分的極值定理，對Q求相應於$\hat{\beta}_0$和$\hat{\beta}_1$的偏導數，並令其等於0，便可求出$\hat{\beta}_0$和$\hat{\beta}_1$，即：

---

[3]　許多別的擬合直線，也具有這種性質。

$$\begin{cases} \left.\dfrac{\partial Q}{\partial \beta_0}\right|_{\beta_0=\hat{\beta}_0} = -2\sum_{i=1}^{n}(y_i - \hat{\beta}_0 - \hat{\beta}_1 x_i) = 0 \\[3mm] \left.\dfrac{\partial Q}{\partial \beta_1}\right|_{\beta_1=\hat{\beta}_1} = -2\sum_{i=1}^{n} x_i(y_i - \hat{\beta}_0 - \hat{\beta}_1 x_i) = 0 \end{cases} \qquad (9.6)$$

解上述方程組得：

$$\begin{cases} \hat{\beta}_1 = \dfrac{\sum (x_i - \overline{x})(y_i - \overline{y})}{\sum (x_i - \overline{x})^2} \\[3mm] \hat{\beta}_0 = \overline{y} - \hat{\beta}_1 \overline{x} \end{cases} \qquad (9.7)$$

由式（9.7）可知，當$x=\overline{x}$時，$\hat{y}=\overline{y}$，即迴歸直線$\hat{y}=\hat{\beta}_0+\hat{\beta}_1 x$經過點$(\overline{x},\overline{y})$。

例 9-3 （資料：example9_1.RData）

沿用例9-1。求銷售收入（依變數y）與廣告支出（自變數x）的估計的迴歸方程。

解：迴歸分析的R程式和結果，如文字框9-3所示。

文字框 9-3　一元線性迴歸分析

```
# 迴歸模型的擬合
> load("C:/example/ch9/example9_1.RData")
> model<-lm(銷售收入~廣告支出,data=example9_1)
> summary(model)
```

Call:

lm(formula = 銷售收入 ~ 廣告支出, data = example9_1)

Residuals:

Min	1Q	Median	3Q	Max
-766.30	-273.85	-26.79	174.73	900.66

Coefficients:

	Estimate	Std. Error	t value	Pr(>|t|)	
(Intercept)	2343.8916	274.4825	8.539	9.56e-08	***
廣告支出	5.6735	0.4981	11.391	1.16e-09	***

Signif. codes: 0 '***' 0.001 '**' 0.01 '*' 0.05 '.' 0.1 ' ' 1

Residual standard error: 394 on 18 degrees of freedom

Multiple R-squared: 0.8782, Adjusted R-squared: 0.8714

F-statistic: 129.8 on 1 and 18 DF, p-value: 1.161e-09

計算迴歸係數的信賴區間

```
> confint(model,level=0.95)
```

	2.5%	97.5 %
(Intercept)	1767.225152	2920.558006
廣告支出	4.627092	6.719825

輸出變異數分析表

```
> anova(model)
```

Analysis of Variance Table

Response: 銷售收入

	Df	Sum Sq	Mean Sq	F value	Pr(>F)	
廣告支出	1	20139304	20139304	129.76	1.161e-09	***
Residuals	18	2793629	155202			***

Signif. codes: 0 '***' 0.001 '**' 0.01 '*' 0.05 '.' 0.1 ' ' 1

繪製擬合圖（圖中的數字為樣本編號）

```
> load("C:/example/ch9/example9_1.RData")
> attach(example9_1)
> model<-lm(銷售收入~廣告支出,data=example9_1)
> par(cex=.8,mai=c(.7,.7,.1,.1))
> plot(銷售收入~廣告支出,data=example9_1)
```

```
> text(銷售收入~廣告支出,labels=企業編號,cex=.6,adj=c(-0.6,.25),col=4)
> abline(model,col=2,lwd=2)
> n=nrow(example9_1)
> for(i in 1:n){segments(example9_1[i,3],example9_1[i,2],example9_1
[i,3],model$fitted[i])}
> mtext(expression(hat(y)==2343.8916+5.6735%*%廣告支出),cex
=0.7,side=1,line=-6,adj=0.75)
> arrows(600,4900,550,5350,code=2,angle=15,length=0.08)
```

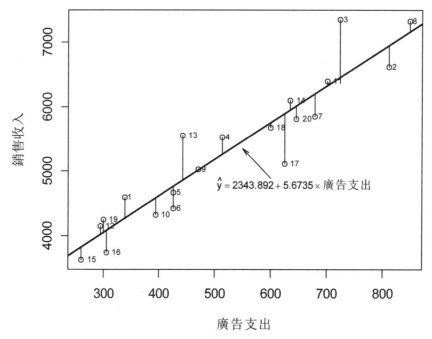

圖 9-4　銷售收入與廣告支出的迴歸擬合圖

注：

lm(銷售收入~廣告支出)為線性迴歸運算式，~左側為依變數，右側為自變數，有多個自變數時用+連接。anova()函數可以得到一個迴歸模型的變異數分析表，也可以比較多個模型的變異數分析表。confint(object,level=0.95)中，object為迴歸分析lm的結果，level指定信賴水準。

由文字框9-3的輸出結果可知，銷售收入與廣告支出的估計方程為：

$\hat{y}=2343.8916+5.6735\times$廣告支出

將廣告支出的各個取值代入上述估計方程，可以得到銷售收入的各個估計值$\hat{y}_i$。迴歸係數$\hat{\beta}_1$=5.6735，表示廣告支出每變動（增加或減少）1萬元，銷售收入平均變動（增加或減少）5.6735萬元。截距$\hat{\beta}_0$=2343.8916，表示廣告支出為0時，銷售收入的平均數。不過，在迴歸分析中，對截距$\hat{\beta}_0$通常不作實際意義上的解釋，除非x取0有實際意義。

文字框9-3輸出的其他結果，將在後面陸續介紹。

9.2.3 模型的適合度

迴歸直線$\hat{y}=\hat{\beta}_0+\hat{\beta}_1 x_i$在一定程度上描述了變數$x$與$y$之間的關係，根據這一方程，可用自變數$x$的取值來預測依變數$y$的取值。但預測的精準度將取決於迴歸直線對觀察資料的擬合程度。可以想像，如果各觀察資料的散點都落在這一直線上，那麼這條直線就是對資料的完全擬合，直線充分代表了各個點，此時用x來估計y是沒有誤差的。各觀察點越是緊密圍繞直線，直線對觀察資料的擬合程度就越好；反之，則越差。迴歸直線與各觀察值的接近程度，稱為迴歸直線對資料的**適合度**（goodness of fit）。評價適合度的一個重要統計量就是**決定係數**（coefficient of determination）。

1. 決定係數

決定係數是對迴歸模型適合度的度量。為理解它的涵義，需要考察依變數y取值的誤差。

依變數y的取值是不同的，y取值的這種波動稱為誤差。誤差的產生來自於兩個方面：一是由於自變數x的取值不同造成的；二是x以外的其他隨機因素的影響。對一個具體的觀察值來說，誤差的大小可以用實際觀察值y_i與其平均數$\bar{y}$之差（$y_i-\bar{y}$）來表示，如圖9-5所示。而n次觀察值的總誤差可由這些離差的平方和來表示，稱為**總平方和**（total sum of squares），記為SST，即SST=$(y_i-\bar{y})^2$。

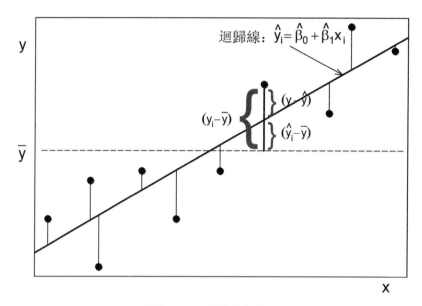

圖9-5　誤差分解圖

從圖9-5可以看出，每個觀察值的誤差都可以分解爲兩部分：$y_i - \bar{y} = (y_i - \hat{y}_i) + (\hat{y}_i - \bar{y})$，兩邊平方並對所有$n$個點求和有：

$$\sum (y_i - \bar{y})^2 = \sum (y_i - \hat{y}_i)^2 + \sum (\hat{y}_i - \bar{y})^2 + 2\sum (y_i - \hat{y}_i)(\hat{y}_i - \bar{y}) \qquad (9.8)$$

可以證明，$\sum (y_i - \hat{y}_i)(\hat{y}_i - \bar{y}) = 0$，因此有：

$$\sum (y_i - \bar{y})^2 = \sum (y_i - \hat{y}_i)^2 + \sum (\hat{y}_i - \bar{y})^2 \qquad (9.9)$$

式（9.9）的左邊爲總平方和SST，它被分解爲兩部分：其中$\sum (\hat{y}_i - \bar{y})^2$是迴歸值$\hat{y}_i$與平均數$\bar{y}$的離差平方和，根據估計的迴歸方程，估計值$\hat{y}_i = \hat{\beta}_0 + \hat{\beta}_{1xi}$，因此可以把$(\hat{y}_i - \bar{y})$看作是由於自變數$x$的變化引起的$y$的變化，而其平方和$\sum (\hat{y}_i - \bar{y})^2$則反映了$y$的總誤差中由於$x$的變化引起的$y$的變化部分，它是可以由迴歸直線來解釋的$y_i$的誤差部分，稱爲**迴歸平方和**（regression sum of squares），記爲SSR。另一部分$\sum (y_i - \hat{y}_i)^2$是實際觀察值與迴歸值的離差平方和，它是除了x對y的線性影響之外的其他隨機因素對y的影響，是不能由迴歸直線來解釋的y_i的誤差部分，稱爲**殘差平方和**（residual sum of squares），記爲SSE。三個平方和的關係爲：

總平方和（SST）＝迴歸平方和（SSR）＋殘差平方和（SSE） (9.10)

從圖9-5可以直接地看出，迴歸直線擬合的好壞取決於迴歸平方和SSR占總平方和SST的比例SSR/SST的大小。各觀察值越是靠近直線，SSR/SST越大，直線擬合得越好。迴歸平方和占總平方和的比例稱爲決定係數，記爲R^2，其計算公式爲：

$$R^2 = \frac{SSR}{SST} = \frac{\sum(\hat{y}_i - \overline{y})^2}{\sum(y_i - \overline{y})^2} \tag{9.11}$$

決定係數R^2度量了迴歸直線對觀察資料的擬合程度。若所有觀察值都落在直線上，殘差平方和SSE=0，R^2=1，擬合是完全的；如果y的變化與x無關，此時$\hat{y}=\overline{y}$，則R^2=0。可見R^2的取值範圍是[0, 1]。R^2越接近於1，迴歸直線的擬合程度就越好；R^2越接近於0，迴歸直線的擬合程度就越差。

在一元線性迴歸中，相關係數r是決定係數的平方根。這一結論有助於進一步理解相關係數的涵義。實際上，相關係數r也從另一個角度表示了迴歸直線的適合度。$|r|$越接近1，表示迴歸直線對觀察資料的擬合程度就越高。但用r解釋迴歸直線的適合度需要慎重，因爲r的值總是大於R^2的值（除非r=0或$|r|$=1）。比如，當r=0.5時，表面上看似乎有一半的相關了，但R^2=0.25，這表示自變數x只能解釋依變數y總誤差的25%。r=0.7才能解釋近一半的誤差，r<0.3意味只有很少一部分誤差可由迴歸直線來解釋。

文字框9-3顯示的決定係數（multiple R-squared）R^2=0.8782=87.82%，其實際意義是：在銷售收入取值的總誤差中，有87.82%可以由銷售收入與廣告支出之間的線性關係來解釋，可見迴歸方程的擬合程度較高。

2. 估計標準誤差

估計標準誤差（standard error of estimate）是殘差平方和的均方根，即殘差的標準差（residual standard error），用S_e來表示。其計算公式爲：

$$S_e = \sqrt{\frac{\sum(y_i - \hat{y}_i)^2}{n-k-1}} = \sqrt{\frac{SSE}{n-k-1}} \tag{9.12}$$

式中，k爲自變數的個數，在一元線性迴歸中，$n-k-1=n-2$。

S_e是度量各觀察值在直線周圍分散程度的一個統計量，它反映了實際觀察值y_i與迴歸估計值$\hat{y}_i$之間的差異程度。S_e也是對誤差項ε的標準差σ的估計，它可以看作是在排除了x對y的線性影響後，y隨機波動大小的一個估計量。從實際意義看，S_e反映了用估計的迴歸方程預測依變數y時產生的預測誤差大小。各觀察值越靠近直線，迴歸直線對各觀察值的代表性就越好，S_e就會越小，根據迴歸方程進行預測也就越準確；若各觀察值全部落在直線上，則S_e=0，此時用自變數來預測依變數是沒有誤差的。可見S_e也從另一個角度，顯示了迴歸直線的適合度。

文字框9-3給出的標準誤差（residual standard error）S_e=394。其實際意義是：用廣告支出來預測銷售收入時，平均的預測誤差為394萬元。

▎9.2.4　模型的顯著性檢定

在建立迴歸模型之前，已經假定x與y是線性關係，但這種假定是否成立，需要檢定後才能證實。迴歸分析中的顯著性檢定，主要包括線性關係檢定和迴歸係數檢定。

1.　線性關係檢定

線性關係檢定簡稱為F檢定，它是檢定依變數y和自變數x之間的線性關係是否顯著，或者說，它們之間能否用一個線性模型$y=\beta_0+\beta_1 x+\varepsilon$來表示。檢定統計量的構造是以迴歸平方和（SSR）以及殘差平方和（SSE）為基礎的。將SSR除以其相應自由度（SSR的自由度是自變數的個數k，一元線性迴歸中自由度為1）後的結果，稱為**迴歸均方**（mean square），記為MSR；將SSE除以其相應自由度（SSE的自由度為$n-k-1$，一元線性迴歸中自由度為$n-2$）後的結果，稱為殘差均方，記為MSE。如果虛無假設成立（$H_0: \beta_1=0$，兩個變數之間的線性關係不顯著），則比值MSR/MSE的抽樣分配服從分子自由度為k、分母自由度為$n-k-1$的F分配，即：

$$F = \frac{SSR/k}{SSE/n-k-1} = \frac{MSR}{MSE} \sim F(k, n-k-1) \tag{9.13}$$

當H_0成立時，MSR/MSE的值應接近1，如果H_0不成立，MSR/MSE的值將變得無窮大。因此，較大的MSR/MSE值將導致拒絕H_0，此時就可以斷定x與y之間的線性關係顯著。線性關係檢定的具體步驟如下：

第1步：提出假設

$H_0: \beta_1=0$（兩個變數之間的線性關係不顯著）

$H_1: \beta_1 \neq 0$（兩個變數之間的線性關係顯著）

第2步：計算檢定統計量F。

第3步：做出決策。確定顯著水準α，並根據分子自由度$df_1=k$和分母自由度$df_2=n-k-1$求出統計量的P值，若$P<\alpha$，則拒絕H_0，表示兩個變數之間的線性關係顯著。

文字框9-3給出的檢定統計量（F-statistic）$F=129.8$，$P=1.61e-09$，接近於0，拒絕H_0，表示銷售收入與廣告支出之間的線性關係顯著。

除了使用F檢定外，還可以利用殘差圖來分析線性關係假定，這一問題將在9.4節中介紹。

2.　迴歸係數的檢定和推論

迴歸係數檢定簡稱為t檢定，它用於檢定自變數對依變數的影響是否顯著。在一元線性迴歸中，由於只有一個自變數，所以迴歸係數檢定與線性關係檢定是等價的（在多元線性迴歸中這兩種檢定不再等價）。其檢定假設為：

$H_0: \beta_1=0$（自變數對依變數的影響不顯著）

$H_1: \beta_1 \neq 0$（自變數對依變數的影響顯著）

檢定統計量的構造是以迴歸係數β_1的抽樣分配為基礎的[4]。統計證明，$\hat{\beta}_1$服從常態分配，期望值為$E(\hat{\beta}_1)=\beta_1$，標準差的估計量為：

$$S_{\hat{\beta}_1} = \frac{S_e}{\sqrt{\sum x_i^2 - \frac{1}{n}\left(\sum x_i\right)^2}} \qquad (9.14)$$

將迴歸係數標準化，就可以得到用於檢定迴歸係數β_1的統計量t。在H_0成立的條件下，$\hat{\beta}_1 - \beta_1 = \hat{\beta}_1$，因此檢定統計量為：

$$t = \frac{\hat{\beta}_1}{S_{\hat{\beta}_1}} \sim t(n-2) \qquad (9.15)$$

確定顯著水準α，並根據自由度$df=n-2$計算出統計量的P值，若$P<\alpha$，則拒絕H_0，表示x對y的影響顯著。

---

[4]　迴歸方程$\hat{y}_i=\hat{\beta}_0+\hat{\beta}_1 x_i$是根據樣本資料計算的。當抽取不同的樣本時，就會得出不同的估計方程。實際上，$\hat{\beta}_0$和$\hat{\beta}_1$是根據最小平方法得到的用於估計參數β_0和β_1的統計量，它們都是隨機變數，也都有自己的分配。

　　文字框9-3給出的檢定統計量t=11.391，顯著水準P=1.16e-09，接近於0，拒絕H_0，表示廣告支出是影響銷售收入的一個顯著因素。

　　除了對迴歸係數進行檢定外，還可以對其進行區間估計。在$1-\alpha$信賴水準下，迴歸係數β_1的信賴區間為：

$$\hat{\beta}_1 \pm t_{\alpha/2}(n-2)\frac{S_e}{\sqrt{\sum_{i=1}^{n}(x_i-\bar{x})^2}} \qquad (9.16)$$

迴歸模型中常數項的信賴區間為：

$$\hat{\beta}_0 \pm t_{\alpha/2}(n-2)S_e\sqrt{\frac{1}{n}+\frac{\bar{x}}{\sum_{i=1}^{n}(x_i-\bar{x})^2}} \qquad (9.17)$$

　　文字框9-3給出的β_1的95%的信賴區間為（4.627092, 6.719825），β_0的95%的信賴區間為（1767.225152, 2920.558006）。其中β_1的信賴區間表示：廣告支出每變動1萬元，銷售收入的平均變動量在4.627092萬元到6.719825萬元之間。

9-3　利用迴歸方程進行預測

　　迴歸分析的主要目的之一，是根據所建立的迴歸方程用設定的自變數來預測依變數。如果對於x的一個設定值x_0，求出y的一個預測值$\hat{y}_0$，就是點估計。在點估計的基礎上，可以求出y的一個估計區間。估計區間有兩種類型：平均數的信賴區間和個別值的預測區間。

9.3.1　平均數的信賴區間

　　平均數的信賴區間是對x的一個設定值x_0，求出的y的平均數的估計區間。比如，在例9-3中，根據銷售收入與廣告支出的估計迴歸方程$\hat{y}$=2343.892+5.673x，求出廣告支出為600萬元時，銷售收入平均數的估計區間，這個區間就是依變數的信賴區間。

　　設x_0為自變數x的一個設定值，$E(y_0)$為設定x_0時，依變數y的期望值。當$x=x_0$時，$\hat{y}_0=\hat{\beta}_0+\hat{\beta}_1x_0$就是$E(y_0)$的點估計值。一般來說，不能期望點估計值$\hat{y}_0$精確地等於$E(y_0)$，因此要用$\hat{y}_0$推論$E(\hat{y}_0)$的區間。根據參數估計原理，$y$的平均數的信賴區間等於點估計值±估計誤差，即$\hat{y}_0 \pm E$。$E$是由所要求的信賴水準的分位數值和點估計量（$\hat{y}_0$）的標準誤差構成的。用$S_{\hat{y}0}$表示$\hat{y}_0$的標準差的估計量，統計證明，求$y$的平均數的信賴區間時，$S_{\hat{y}0}$的計算公式爲：

$$s_{\hat{y}_0} = s_e \sqrt{\frac{1}{n} + \frac{(x_0 - \bar{x})^2}{\sum\limits_{i=1}^{n}(x_i - \bar{x})^2}} \qquad (9.18)$$

因此，對於設定的x_0，平均數$E(y_0)$在$1-\alpha$信賴水準下的信賴區間爲：

$$\hat{y}_0 \pm t_{\alpha/2} s_e \sqrt{\frac{1}{n} + \frac{(x_0 - \bar{x})^2}{\sum\limits_{i=1}^{n}(x_i - \bar{x})^2}} \qquad (9.19)$$

當$x_0 = \bar{x}$時，$\hat{y}_0$的標準差的估計量最小，此時有：$s_{\bar{y}_0} = s_e \sqrt{1/n}$。這就是說，當$x_0 = \bar{x}$時，估計是最準確的。$x_0$偏離$\bar{x}$越遠，$y$的平均數的信賴區間就變得越寬，估計的效果也就越不好。

9.3.2 個別值的預測區間

個別值的**預測區間**（prediction interval）是對x的一個設定值x_0，求出y的一個個別值的估計區間。比如，在例9-3中，如果不是想估計廣告支出爲600萬元時銷售收入平均數的區間，而只是想估計廣告支出爲600萬元的那家企業（編號爲18的那家企業）銷售收入的區間，這個區間就是個別值的預測區間。

與信賴區間類似，y的個別值的預測區間等於點估計值±估計誤差，即$\hat{y}_0 \pm E$。E是由所要求的信賴水準的分位數值和點估計量（$\hat{y}_0$）的標準誤差構成的。用s_{ind}表示估計y的一個個別值時$\hat{y}_0$的標準差的估計量，統計證明，s_{ind}的計算公式爲：

$$s_{ind} = s_e \sqrt{1 + \frac{1}{n} + \frac{(x_0 - \bar{x})^2}{\sum\limits_{i=1}^{n}(x_i - \bar{x})^2}} \qquad (9.20)$$

因此，對於設定的x_0，y的一個個別值y_0在$1-\alpha$信賴水準下的預測區間爲：

$$\hat{y}_0 \pm t_{\alpha/2} s_e \sqrt{1 + \frac{1}{n} + \frac{(x_0 - \bar{x})^2}{\sum_{i=1}^{n} (x_i - \bar{x})^2}} \qquad (9.21)$$

與式（9.18）相比，式（9.20）的根號內多了數值1。因此，即使是對同一個 x_0，這兩個區間的寬度也是不一樣的，預測區間要比信賴區間寬一些。這兩個區間的示意圖，如圖9-6所示。

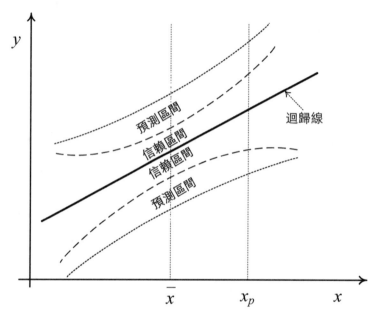

圖 9-6   信賴區間和預測區間示意圖

從圖9-6可以看出，兩個區間的寬度不一樣，y的個別值的預測區間要寬一些。二者的差別顯示，估計y的平均數比預測y的一個個別值更準確一些。同樣，當$x_0=\bar{x}$時，兩個區間都是最準確的。

例 9-4   （資料：example9_1.RData）

沿用例9-1。求20家企業銷售收入95%的信賴區間和預測區間，以及$x_0=500$時銷售收入的點預測值、信賴區間和預測區間。

解：R程式和結果，如文字框9-4所示。

文字框 9-4　計算依變數的信賴區間和預測區間

```
# 計算點預測值（pre_model）、信賴區間（con_int）和預測區間（pre_int）
> load("C:/example/ch9/example9_1.RData")
> model<-lm(銷售收入~廣告支出,data=example9_1)
> x0<-example9_1$廣告支出
> pre_model<-predict(model)
>con_int<-predict(model,data.frame(廣告支出=x0),interval="confidence",
level=0.95)
>pre_int<-predict(model,data.frame(廣告支出=x0),interval="prediction
",level=0.95)
>pre<-data.frame(銷售收入=example9_1$銷售收入,點預測值=pre_model,信賴下
限=con_int[,2],信賴上限=con_int[,3],預測下限=pre_int[,2],預測上限=pre_
int[,3])
> pre
```

	銷售收入	點預測值	信賴下限	信賴上限	預測下限	預測上限
1	4597.5	4264.925	3998.348	4531.501	3395.383	5134.467
2	6611.0	6945.066	6590.492	7299.641	6044.643	7845.490
3	7349.3	6448.639	6168.060	6729.217	5574.703	7322.575
4	5525.7	5260.049	5074.789	5445.310	4411.897	6108.201
5	4675.9	4763.054	4552.697	4973.412	3909.069	5617.039
6	4418.6	4762.487	4552.080	4972.894	3908.490	5616.484
7	5845.4	6196.170	5948.675	6443.664	5332.287	7060.053
8	7313.0	7151.013	6763.533	7538.493	6237.130	8064.896
9	5035.4	5015.523	4822.893	5208.154	4165.731	5865.315
10	4322.6	4578.100	4349.549	4806.650	3719.452	5436.747
11	6389.5	6320.986	6057.644	6584.328	5452.430	7189.542
12	4152.2	4011.888	3709.980	4313.796	3130.873	4892.904
13	5544.8	4854.964	4652.116	5057.813	4002.798	5707.131
14	6095.1	5946.538	5726.896	6166.179	5090.218	6802.857
15	3626.2	3821.828	3491.525	4152.130	2930.682	4712.973
16	3745.4	4074.296	3781.397	4367.196	3196.327	4952.266
17	5121.8	5888.101	5674.071	6102.132	5033.204	6742.998
18	5674.5	5747.967	5545.680	5950.254	4895.934	6600.000
19	4256.6	4043.660	3746.360	4340.960	3164.212	4923.107
20	5803.7	6008.946	5782.898	6234.994	5150.961	6866.931

繪製信賴區間和預測區間圖

```
> model<-lm(銷售收入~廣告支出,data=example9_1)
> x0<-seq(min(example9_1$廣告支出),max(example9_1$廣告支出))
>con_int<-predict(model,data.frame(廣告支出=x0),interval="confidence",
level=0.95)
>pre_int<-predict(model,data.frame(廣告支出=x0),interval="prediction
",level=0.95)
> par(cex=.8,mai=c(.7,.7,.1,.1))
> n=nrow(example9_1)
> plot(銷售收入~廣告支出,data=example9_1)
> abline(model,lwd=2)
> for(i in 1:n){segments(example9_1[i,3],example9_1[i,2],example9_
1[i,3],model$fitted[i])}
> lines(x0,con_int[,2],lty=5,lwd=2,col="blue")
> lines(x0,con_int[,3],lty=5,lwd=2,col="blue")
> lines(x0,pre_int[,2],lty=6,lwd=2,col="red")
> lines(x0,pre_int[,3],lty=6,lwd=2,col="red")
> legend(x="topleft",legend=c("迴歸線","信賴區間","預測區間"),lty=c(1,5
,6),col=c(1,4,2),lwd=2,cex=0.8)
```

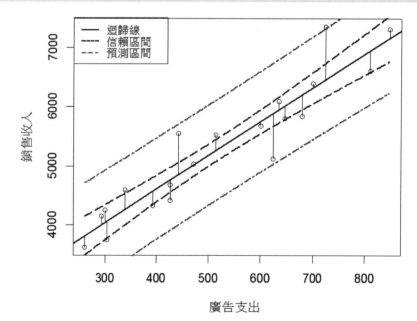

圖 9-7　20 家企業銷售收入 95% 的信賴區間和預測區間

```
# 計算x0=500時銷售收入的點預測值、信賴區間和預測區間（新值預測）
> x0<- data.frame(廣告支出=500)
> predict(model,newdata=x0)

        1
5180.621

> predict(model,data.frame(廣告支出=500),interval="confidence",lev
el=0.95)

        fit         lwr         upr
1   5180.621    4994.127    5367.115

> predict(model,data.frame(廣告支出=500),interval="prediction",lev
el=0.95)

        fit         lwr         upr
1   5180.621    4332.199    6029.043
```

注：
`predict()`函數可以對迴歸模型進行預測，指定參數`interval`可以得到信賴區間（`interval="confidence"`）和預測區間（`interval="prediction"`），`level`為信賴水準。fit=點預測值；`lci`和`uci`為信賴區間上下限；`lpi`和`upi`為預測區間上下限。

　　圖9-7中的點是銷售收入與廣告支出的散布圖，中間的實線是擬合的迴歸直線，其兩側的虛線是銷售收入平均數的95%的信賴區間；最外面的兩條虛線是銷售收入個別值的95%的預測區間。

9-4　迴歸模型的診斷

　　在迴歸模型$y=\beta_0+\beta_1 x+\varepsilon$中，首先假定$y$與$x$之間是線性關係，同時假定$\varepsilon$是期望值為0、變異數相等且服從常態分配的獨立隨機變數。判斷模型假定是否成立的過程，就是迴歸模型的診斷。模型診斷除了可以使用一些檢定方法（如利用F檢定判斷線性關係假定）外，也可以透過**殘差分析**（residual analysis）來完成。殘差分析的主要手段，是繪製**殘差圖**（residual plot）。

9.4.1　殘差與殘差圖

　　首先介紹**殘差**（residual）的涵義及對殘差圖的解讀。殘差是依變數的觀察值y_i與根據迴歸方程求出的估計值$\hat{y}_i$之差，用e表示，它反映了用估計的迴歸方程預測y_i而引起的誤差。第i個觀察值的殘差可表示為：

$$e_i = y_i - \hat{y}_i \tag{9.22}$$

　　殘差除以它的標準差後的結果，稱為**標準化殘差**（standardized residual），用z_e表示。第i個觀察值的標準化殘差可表示為：

$$z_{e_i} = \frac{e_i}{s_e} = \frac{y_i - \hat{y}_i}{s_e} \tag{9.23}$$

　　式中，s_e是殘差的標準差的估計。

　　計算例9-3的迴歸預測值（pre）、殘差（res）和標準化殘差（zre）的R程式和結果，如文字框9-5所示。

文字框 9-5　計算殘差和標準化殘差

```
# 計算例9-3的殘差（res）和標準化殘差（zre），並顯示銷售收入和預測值（pre）
> load("C:/example/ch9/example9_1.RData")
> model<-lm(銷售收入~廣告支出,data=example9_1)
> pre<-fitted(model)
> res<-residuals(model)
> zre<-model$residuals/(sqrt(deviance(model)/df.residual(model)))
> mysummary<-data.frame(銷售收入=example9_1$銷售收入,點預測值=pre,殘差
=res,標準化殘差=zre)
> mysummary
```

	銷售收入	點預測值	殘差	標準化殘差
1	4597.5	4264.925	332.57536	0.8441934
2	6611.0	6945.066	-334.06646	-0.8479784
3	7349.3	6448.639	900.66117	2.2861954
4	5525.7	5260.049	265.65073	0.6743151
5	4675.9	4763.054	-87.15430	-0.2212283
6	4418.6	4762.487	-343.88696	-0.8729063
7	5845.4	6196.170	-350.76993	-0.8903777

8	7313.0	7151.013	161.98700	0.4111801
9	5035.4	5015.523	19.87679	0.0504543
10	4322.6	4578.100	-255.49955	-0.6485479
11	6389.5	6320.986	68.51398	0.1739126
12	4152.2	4011.888	140.31161	0.3561603
13	5544.8	4854.964	689.83567	1.7510460
14	6095.1	5946.538	148.56225	0.3771033
15	3626.2	3821.828	-195.62753	-0.4965716
16	3745.4	4074.296	-328.89643	-0.8348550
17	5121.8	5888.101	-766.30113	-1.9451423
18	5674.5	5747.967	-73.46670	-0.1864844
19	4256.6	4043.660	212.94024	0.5405174
20	5803.7	6008.946	-205.24580	-0.5209861

　　檢定誤差項ε的假定是否成立，可以透過殘差圖分析來完成。常用的殘差圖有關於x的殘差圖、標準化殘差圖等。關於x的殘差圖是用橫軸表示自變數x的值，縱軸表示對應的殘差e，每個x_i的值與對應的殘差e_i用圖中的一個點來表示。

　　為解讀殘差圖，先考察一下殘差圖的形態及其所反映的資訊。圖9-8顯示了幾種不同形態的殘差圖。

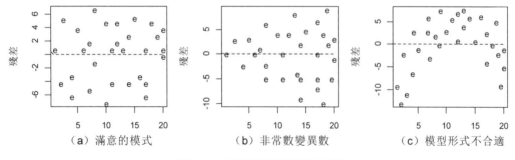

圖 9-8　不同形態的殘差圖

　　若關於ε等變異數的假定成立，且描述變數y與x之間關係的迴歸模型是合理的，那麼殘差圖中的所有點都應以平均數0為中心隨機分配在一條水平帶中間，如圖9-8（a）所示。但如果對所有的x值，ε的變異數是不同的，例如：對於較大的x值，相應的殘差也較大（或對於較大的x值相應的殘差較小），如圖9-8（b）所示，這就意味著違背了ε變異數相等的假設，稱之為**異質變異**

（heteroscedasticity）。如果殘差圖如圖9-8（c）所示，顯示所選擇的迴歸模型不合理，這時應考慮非線性迴歸模型。

▍9.4.2 檢定模型假定

1. 檢定線性關係

檢定依變數與自變數之間爲線性關係的假定，除了可以透過F檢定外，還可以繪製**成分殘差圖**（component plus residual plot）來分析。繪製例9-3成分殘差圖的R程式和結果，如文字框9-6所示。

文字框 9-6　繪製成分殘差圖

```
# 成分殘差圖
> load("C:/example/ch9/example9_1.RData")
> library(car)
> crPlots(model)
```

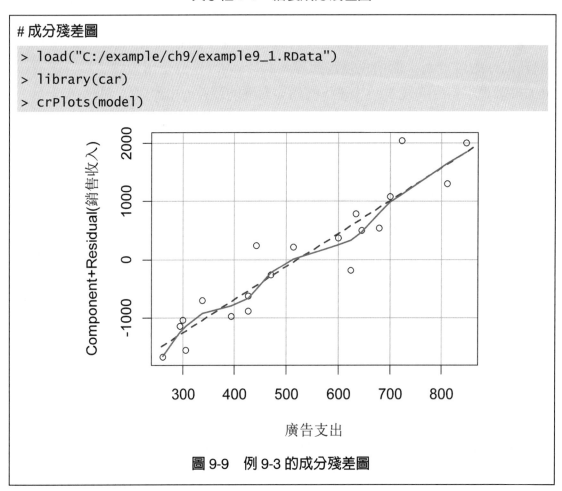

圖 9-9　例 9-3 的成分殘差圖

　　圖9-9中的橫座標是自變數的實際觀察值，縱座標是依變數與殘差之和。從圖9-8擬合的曲線可以看出，銷售收入與廣告支出之間沒有明顯的非線性模式，顯示二者之間的線性關係假定成立。如果有明顯的非線性關係，就需要考慮建立非線性模型。

2. 檢定常態性

　　檢定殘差的常態性假定除了使用Shapiro-Wilk檢定和K-S檢定外，也可以透過殘差的Q-Q圖來完成。利用R的plot(model)函數可以得到模型診斷的多個圖形，其中包括Q-Q圖。例9-3模型診斷的R程式和結果，如文字框9-7所示。

文字框 9-7　模型診斷

```
# 迴歸模型的診斷圖
> par(mfrow=c(2,2),cex=0.8,cex.main=0.7)
> plot(model)
```

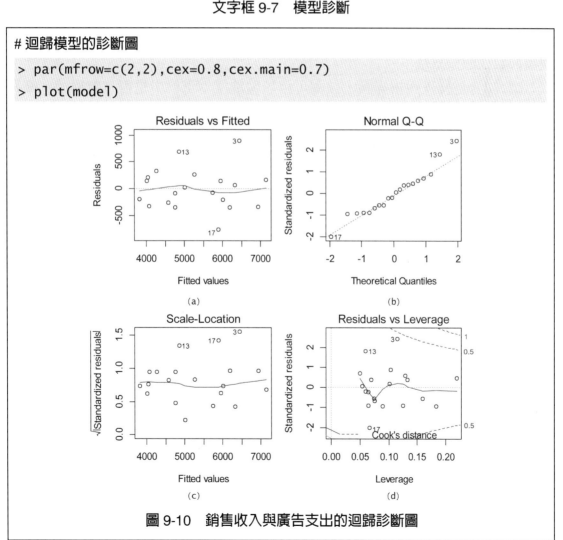

圖 9-10　銷售收入與廣告支出的迴歸診斷圖

圖9-10（b）是標準化殘差的常態Q-Q圖，該圖可用於檢定殘差的常態性假定。從圖（b）可以看出，各個點基本上在直線周圍隨機分配，沒有固定模式。因此，在銷售收入與廣告支出的線性模型中，關於ε常態性的假定基本成立。

圖9-10（a）是殘差值與擬合值圖，該圖與上面的圖9-9作用類似，可用於判斷依變數與自變數之間的線性關係假定是否成立。如果依變數與自變數之間為線性關係，那麼殘差值與擬合（預測）值之間就沒有任何系統關係。從圖（a）可以看出，各殘差值基本上在0軸水平線附近隨機波動，圖中的曲線與殘差的0軸水平線沒什麼差異，也接近於直線。因此，銷售收入與廣告支出之間的線性關係假定成立。

圖（c）是位置尺度圖，該圖與下面的圖9-11功能類似，可用於判於殘差變異數同質性的假定是否成立。如果ε滿足變異數同質性，各個點則在水平線周圍隨機分配。從圖（c）可以看出，在銷售收入與廣告支出的線性模型中，關於ε變異數同質性的假定基本成立。

圖（d）是殘差與槓桿圖，該圖可用於鑑別樣本資料中是否有離異值、高槓桿值點和強影響點。強影響點可以透過Cook距離來識別，由於這些內容超出了本書的範圍，有興趣的讀者可進一步閱讀迴歸方面的書籍。

3. 檢定變異數同質性

變異數同質性的檢定可以利用「ncvTest」函數來完成，也可以繪製散布—水準圖（spread level plot）來分析，該圖繪製出帶有最佳擬合曲線的散布圖。變異數同質性檢定的R程式和結果，如文字框9-8所示。

文字框 9-8　變異數同質性檢定

```
# 檢定變異數同質性
> load("C:/example/ch9/example9_1.RData")
> library(car)
> ncvTest(model)
Non-constant Variance Score Test
Variance formula: ~ fitted.values
Chisquare = 1.126441    Df = 1    p = 0.2885358
```

繪製散布-水準圖

```
> spreadLevelPlot(model)
```

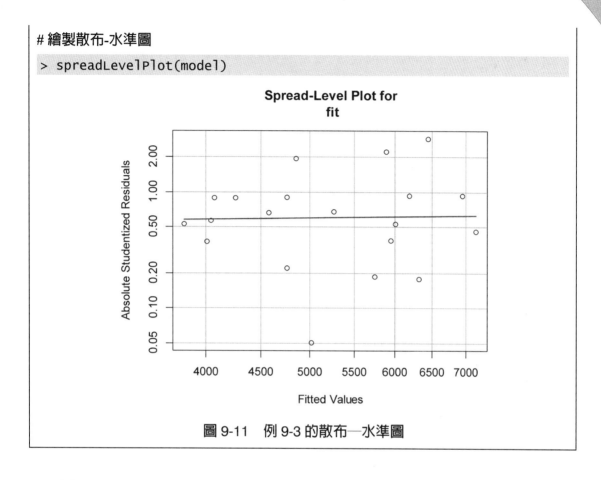

圖 9-11 例 9-3 的散布─水準圖

變異數同質性檢定的虛無假設為誤差項滿足變異數同質性，檢定的 $P=0.2885358$，不拒絕虛無假設，可以認為例9-3建立的迴歸模型滿足變異數同質性。圖9-11的橫座標是擬合值，縱座標是標準化殘差的絕對值，圖中的線為最佳擬合曲線。從該圖可以看出，擬合曲線接近於水平直線，沒有非線性特徵，而且各個點在該線周圍隨機分配，顯示本例建立的線性模型滿足變異數同質性的假定。如果違背該假設，圖中的線將會呈現出非水平的曲線。

4. 檢定獨立性

判斷殘差是否獨立的有效方法，是根據蒐集自變數和依變數資料時的先驗知識。就橫斷性資料的迴歸來說，利用先驗知識就可以判斷殘差是否獨立。但對於時間序列資料，後期的資料往往與前期的資料有一定關係，因而殘差會呈現出一定的自相關，此時就需要進行檢定。

判斷殘差之間是否存在自相關的方法之一，就是使用Durbin-Watson檢定，簡稱D-W檢定。該檢定的虛無假設為殘差無自相關，檢定統計量為：

$$d = \frac{\sum_{t=1}^{n}(e_t - e_{t-1})^2}{\sum_{t=1}^{n}e_t^2} \tag{9.24}$$

式中，e_t為第t期殘差，e_{t-1}為第$t-1$期殘差，n為觀察值的個數。

D-W檢定的R程式和結果，如文字框9-9所示。

文字框 9-9　D-W 檢定

```
# 檢定殘差獨立性
> load("C:/example/ch9/example9_1.RData")
> library(car)
> set.seed(123)
> durbinWatsonTest(model)
 lag Autocorrelation D-W Statistic p-value
  1        0.1330482      1.679232   0.552
 Alternative hypothesis: rho != 0
```

注：
該P值由自助法（模擬）得出，這裡設定了亂數種子set.seed(123)，使用相同的種子可以再現本例的結果。否則，每次運行程式會得出不同的結果。

檢定的P值等於0.552，不拒絕虛無假設，顯示殘差無自相關。

一元線性迴歸的建模過程

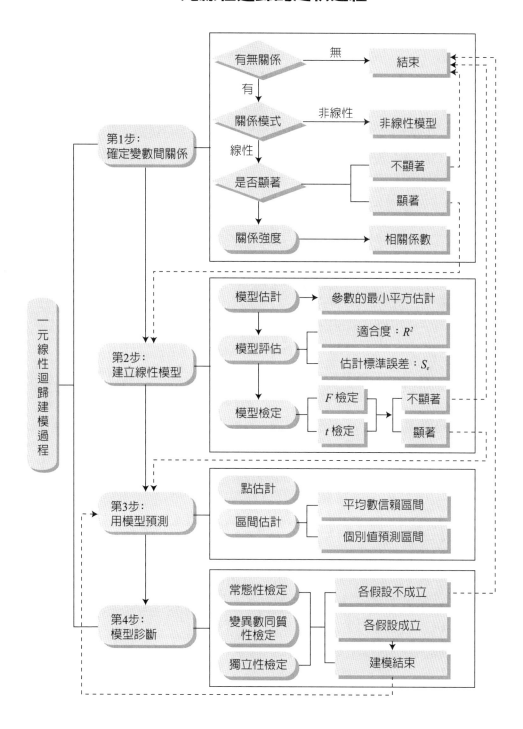

主要術語

- **相關關係**（correlation）：兩個變數之間存在的一種不確定的數量關係，一個變數的取值不能由另一個變數唯一確定。

- **相關係數**（correlation coefficient）：也稱為Pearson相關係數（Pearson's correlation coefficient），度量兩個變數之間線性關係強度的統計量，記為r。

- **依變數**（dependent variable）：被預測或被解釋的變數，用y表示。

- **自變數**（independent variable）：用來預測依變數的一個或多個變數，用x表示。

- **迴歸模型**（regression model）：描述依變數y如何依賴於自變數x和誤差項的方程。一元線性迴歸模型表示為$y=\beta_0+\beta_1 x+\varepsilon$。

- **估計的迴歸方程**（estimated regression equation）：根據樣本資料求出的迴歸模型的估計。一元線性迴歸的估計方程為$\hat{y}=\hat{\beta}_0+\hat{\beta}_1 x$。

- **決定係數**（coefficient of determination）：迴歸平方和占總平方和的比例，用R^2表示，是對迴歸方程適合度的度量。

- **估計標準誤差**（standard error of estimate）：殘差均方（MSE）的平方根，用s_e表示，它是殘差的標準差，是誤差項ε的標準差σ的估計。

- **平均數的信賴區間**（confidence interval）：對於自變數的一個設定值x_0，求出的依變數y的平均數的估計區間。

- **個別值的預測區間**（prediction interval）：對於自變數的一個設定值x_0，求出的依變數y的一個個別值的估計區間。

- **殘差**（residual）：依變數的觀察值y_i與根據估計的迴歸方程求出的估計值$\hat{y}_i$之差，用e表示。

- **標準化殘差**（standardized residual）：殘差除以它的標準差後的結果。

思考與練習

一、思考題

9.1　相關分析主要解決哪些問題？

9.2　簡述相關係數的性質。

9.3　簡述一元線性迴歸建模的基本步驟。

9.4　解釋迴歸模型和估計的迴歸方程的涵義。

9.5　一元線性迴歸模型中有哪些基本的假定？

9.6　簡述參數最小平方估計的基本原理。

9.7　解釋決定係數的涵義和作用。

9.8　在迴歸分析中，F檢定和t檢定各有什麼用途？

9.9　什麼是平均數的信賴區間和個別值的預測區間？二者有何區別？

9.10　簡要解釋殘差分析的作用。

二、練習題

9.1　下面是中國31個地區2013年的GDP和居民消費水準資料。

地區	居民消費水準	人均 *GDP*
北京市	33337	94648
天津市	26261	100105
河北省	11557	38909
山西省	12078	34984
內蒙古自治區	17168	67836
遼寧省	20156	61996
吉林省	13676	47428
黑龍江省	12978	37697
上海市	39223	90993
江蘇省	23585	75354
浙江省	24771	68805
安徽省	11618	32001
福建省	17115	58145
江西省	11910	31930
山東省	16728	56885
河南省	11782	34211

地區	居民消費水準	人均 *GDP*
湖北省	13912	42826
湖南省	12920	36943
廣東省	23739	58833
廣西壯族自治區	11710	30741
海南省	11712	35663
重慶市	15270	43223
四川省	12485	32617
貴州省	9541	23151
雲南省	11224	25322
西藏自治區	6275	26326
陝西省	13206	43117
甘肅省	9616	24539
青海省	12070	36875
寧夏回族自治區	13537	39613
新疆維吾爾自治區	11401	37553

⑴繪製散布圖，判斷人均GDP與居民消費水準之間的關係，並計算相關係數分析其關係強度。

⑵以居民消費水準為依變數、人均GDP為自變數建立迴歸模型，並對迴歸模型進行綜合評估。

9.2 從某一行業中隨機抽取12家企業，得到產量與生產費用資料如下：

企業編號	產量（臺）	生產費用（萬元）	企業編號	產量（臺）	生產費用（萬元）
1	40	130	7	84	165
2	42	150	8	100	170
3	50	155	9	116	167
4	55	140	10	125	180
5	65	150	11	130	175
6	78	154	12	140	185

⑴繪製產量與生產費用的散布圖，判斷二者之間的關係形態。

⑵計算產量與生產費用之間的線性相關係數，並對相關係數的顯著性進行檢定（$\alpha=0.05$），並解釋二者之間的關係強度。

9.3 隨機抽取10家航空公司，對其最近一年的航班準點率和顧客投訴次數進行調查，所得資料如下：

航空公司編號	航班準點率（%）	投訴次數（次）
1	81.8	21
2	76.6	58
3	76.6	85
4	75.7	68

航空公司編號	航班準點率（%）	投訴次數（次）
5	73.8	74
6	72.2	93
7	71.2	72
8	70.8	122
9	91.4	18
10	68.5	125

(1)用航班準點率作自變數，顧客投訴次數作依變數，求出估計的迴歸方程，並解釋迴歸係數的意義。

(2)檢定迴歸係數的顯著性（$\alpha=0.05$）。

(3)如果航班準點率為80%，估計顧客的投訴次數。

9.4 隨機抽取7家超市，得到其廣告費支出和銷售額資料如下：

超市	廣告費支出（萬元）	銷售額（萬元）
A	1	19
B	2	32
C	4	44
D	6	40
E	10	52
F	14	53
G	20	54

用廣告費支出作自變數x，銷售額為依變數y建立迴歸模型，並對模型進行診斷和評價。

## 第 10 章

多元線性迴歸

R運用

問題與思考

逾期放款受哪些因素影響

　　為分析影響逾期放款的因素，以便更好地控制逾期放款，一家商業銀行在所屬的多家分行中隨機抽取10家，得到逾期放款、貸款餘額、累計應收貸款、貸款項目個數、固定資產投資等有關資料如下：

逾期放款 (億元)	貸款餘額 （億元）	累計應收貸款 （億元）	貸款項目個數 （個）	固定資產投資 （億元）
6.3	188.0	10.7	19	82.0
4.7	95.8	10.2	12	22.8
9.3	214.7	19.5	21	71.5
4.2	31.2	5.2	3	10.5
3.1	122.4	13.7	19	28.5
14.0	200.4	30.1	20	52.1
4.1	87.8	12.1	16	72.6
5.5	147.2	14.2	25	85.0
5.0	189.6	15.7	28	125.4
11.7	278.5	18.6	36	155.0

　　在這五個變數中，有一個是特別關注的依變數，即逾期放款，其餘四個自變數看作是影響逾期放款的因素。如果要用四個自變數來預測逾期放款，就需要建立一個多元線性迴歸模型。建立這一模型的假定有哪些？模型擬合的好嗎？逾期放款與四個自變數之間的線性關係顯著嗎？每個自變數都是影響逾期放款的顯著因素嗎？如果四個自變數之間顯著相關，對模型有哪些影響？這些都是多元線性迴歸要解決的問題。

　　本章將討論涉及兩個與兩個以上自變數的迴歸問題，即多元迴歸，而且主要介紹多元線性迴歸。

　　討論重點放在R輸出結果的解釋及其應用上。

10-1　多元線性迴歸模型

在許多實際問題中，影響依變數的因素往往有多個，這種一個依變數同多個自變數的迴歸就是**多元迴歸**（multiple regression）。當依變數與各自變數之間爲線性關係時，稱爲**多元線性迴歸**（multiple linear regression）。多元線性迴歸分析的原理同一元線性迴歸基本相同，但計算和分析的內容上要複雜得多，因此需借助於統計軟體來完成。多元線性迴歸建模的大致思路如下：

第一步：確定所關注的依變數y和影響依變數的k個自變數。

第二步：假定依變數y與k個自變數之間爲線性關係，並建立線性關係模型。

第三步：對模型進行評估和檢定。

第四步：判別模型中是否存在多重共線性，如果存在，進行處理。

第五步：利用迴歸方程進行預測。

第六步：對迴歸模型進行診斷。

10.1.1　迴歸模型與迴歸方程

設依變數爲y，k個自變數分別爲$x_1, x_2, \cdots, x_k$，描述依變數y如何依賴於自變數$x_1, x_2, \cdots, x_k$和誤差項ε的方程稱爲**多元線性迴歸模型**（multiple linear regression model）。其一般形式可表示爲：

$$y = \beta_0 + \beta_1 x_1 + \beta_2 x_2 + \cdots + \beta_k x_k + \varepsilon \tag{10.1}$$

式中，$\beta_0, \beta_1, \beta_2, \cdots, \beta_k$是模型的參數，$\varepsilon$是誤差項。

式（10.1）表示，y是$x_1, x_2, \cdots, x_k$的線性函數（$\beta_0 + \beta_1 x_1 + \beta_2 x_2 + \cdots + \beta_k x_k$部分）加上誤差項$\varepsilon$。誤差項反映了除$x_1, x_2, \cdots, x_k$對$y$的線性關係之外的隨機因素對$y$的影響，是不能由$x_1, x_2, \cdots, x_k$與$y$之間的線性關係所解釋的$y$的誤差。

在多元線性迴歸模型中，對誤差項ε同樣有三個基本假定：

⑴常態性。ε是一個服從常態分配的隨機變數，且期望值爲0，即$E(\varepsilon)=0$。這意味著對於設定的$x_1, x_2, \cdots, x_k$的值，y的期望值爲$E(y)=\beta_0 + \beta_1 x_1 + \beta_2 x_2 + \cdots + \beta_k x_k$。

⑵變異數同質性。對於自變數$x_1, x_2, \cdots, x_k$的所有值，ε的變異數σ^2都相同。

⑶獨立性。對於自變數$x_1, x_2, \cdots, x_k$一組設定值，它所對應的ε與$x_1, x_2, \cdots, x_k$任意一組其他值所對應的ε不相關。同樣，對於設定的$x_1, x_2, \cdots, x_k$的值，依變數y也是一個服從常態分配的隨機變數。

依據迴歸模型的假定有：

$$E(y)=\beta_0+\beta_1 x_1+\beta_2 x_2+\cdots+\beta_k x_k \tag{10.2}$$

式（10.2）稱為**多元線性迴歸方程**（multiple linear regression equation），它描述了依變數y的期望值與自變數$x_1, x_2, \cdots, x_k$之間的關係。

一元線性迴歸在二維座標中的圖像是一條直線，但多元線性迴歸的圖像就很難畫出來。為了對式（10.2）的迴歸方程有個清楚瞭解，可考慮含有兩個自變數的二元線性迴歸方程，其形式為：

$$E(y)=\beta_0+\beta_1 x_1+\beta_2 x_2$$

在三維空間中，可以將這個方程的圖像畫出來。二元線性迴歸方程的圖像是三維空間中的一個平面，如圖10-1所示。

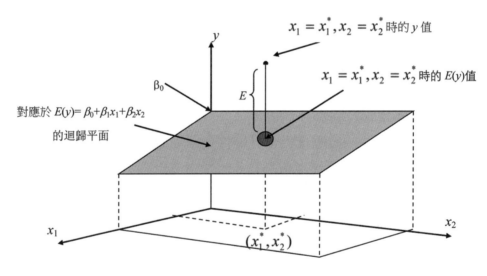

圖 10-1　二元線性迴歸方程的圖示

迴歸模型中的參數$\beta_0, \beta_1, \beta_2, \cdots, \beta_k$是未知的，需要利用樣本資料去估計。當用樣本統計量$\hat{\beta}_0, \hat{\beta}_1, \hat{\beta}_2, \cdots, \hat{\beta}_k$去估計模型中的參數$\hat{\beta}_0, \hat{\beta}_1, \hat{\beta}_2, \cdots, \hat{\beta}_k$時，就得到了**估計的多元線性迴歸方程**（estimated multiple linear regression equation），其一般形式為：

$$\hat{y} = \hat{\beta}_0 + \hat{\beta}_1 x_1 + \hat{\beta}_2 x_2 + \cdots \hat{\beta}_k x_k \tag{10.3}$$

式中，$\hat{\beta}_0, \hat{\beta}_1, \hat{\beta}_2, \cdots, \hat{\beta}_k$是參數$\beta_0, \beta_1, \beta_2, \cdots, \beta_k$的估計量，$\hat{y}$是依變數$y$的估計

量。其中的 $\hat{\beta}_1$, $\hat{\beta}_2$, $\cdots$, $\hat{\beta}_k$ 稱爲偏迴歸係數。$\hat{\beta}_1$ 表示當 x_2, x_3, $\cdots$, x_k 不變時，x_1 每改變一個單位依變數 y 的平均改變數；$\hat{\beta}_2$ 表示當 x_1, x_3, $\cdots$, x_k 不變時，x_2 每改變一個單位依變數 y 的平均改變數，其餘偏迴歸係數的涵義類似。

10.1.2 參數的最小平方估計

多元線性迴歸模型中的參數 β_0, β_1, β_2, $\cdots$, β_k 仍然用最小平方法來估計，也就是使殘差平方和最小，即：

$$Q = \sum (y_i - \hat{y}_i)^2 = \sum (y_i - \hat{\beta}_0 - \hat{\beta}_1 x_1 - \cdots - \hat{\beta}_k x_k)^2 = \min \qquad (10.4)$$

由此得到求解 $\hat{\beta}_0$, $\hat{\beta}_1$, $\hat{\beta}_2$, $\cdots$, $\hat{\beta}_k$ 的標準方程組爲：

$$\begin{cases} \left. \dfrac{\partial Q}{\partial \beta_0} \right|_{\beta_0 = \hat{\beta}_0} = 0 \\[2mm] \left. \dfrac{\partial Q}{\partial \beta_i} \right|_{\beta_i = \hat{\beta}_i} = 0 \quad (i = 1, 2, \cdots, k) \end{cases} \qquad (10.5)$$

例 10-1 （資料：example10_1.RData）

餐館的營業額受多種因素影響，比如客流量、價格、交通便捷程度、服務水準、同業競爭者的數量等。爲分析營業額的影響因素，一家市場調查公司在某城市隨機抽取25家餐館，調查得到的有關資料如表10-1所示。其中：

y=日均營業額（萬元）

x_1=周邊居民人數（萬人）

x_2=用餐平均支出（元/人）

x_3=周邊居民月平均收入（元）

x_4=周邊餐館數（個）

x_5=距市中心距離（km）

表 10-1 25 家餐館的調查資料

餐館編號	y	x_1	x_2	x_3	x_4	x_5
1	53.2	163.0	168.6	6004	5	6.5
2	18.5	14.5	22.5	209	11	16.0
3	11.3	88.2	109.4	1919	10	18.2
4	84.7	151.6	277.0	7287	7	10.0
5	7.3	79.1	17.4	5311	15	17.5
6	17.9	60.4	93.0	6109	8	3.6
7	2.5	53.2	21.5	4057	17	18.5
8	27.3	108.5	114.5	4161	3	4.0
9	5.9	48.7	61.3	2166	10	11.6
10	23.9	142.8	129.8	11125	9	14.2
11	69.4	214.7	159.4	13937	2	2.5
12	20.6	65.6	91.0	4000	18	12.0
13	1.9	13.2	6.1	2841	14	12.8
14	3.0	60.9	60.3	1273	26	7.8
15	7.3	21.2	51.1	2404	34	2.7
16	46.2	114.3	73.6	6109	12	3.2
17	78.8	299.5	171.7	15571	4	7.6
18	11.1	78.9	38.8	4228	11	11.0
19	8.6	90.0	105.3	3772	15	28.4
20	48.9	160.3	161.5	6451	5	6.2
21	22.1	84.0	122.6	3275	9	10.8
22	11.1	78.9	38.8	4228	10	33.7
23	8.6	90.0	105.3	3772	14	16.5
24	48.9	160.3	161.5	6451	6	9.3
25	22.1	84.0	122.6	3275	10	11.6

建立多元線性迴歸模型，並解釋各迴歸係數的涵義。

解：首先用散布圖考察一下上述6個變數兩兩之間的關係，比如，依變數與哪些自變數之間的關係較強，與哪些自變數之間的關係較弱。

繪製多個變數相關圖的R程式和結果，如文字框10-1所示（讀者也可以繪製矩陣散布圖進行分析）。

文字框 10-1　繪製多個變數的相關圖

```
# 6個變數之間的相關圖
> load("C:/example/ch10/example10_1.RData")
> library(corrgram)
>corrgram(example10_1[2:7],order=TRUE,lower.panel=panel.
shade,upper.panel=panel.pie,text.panel=panel.txt)
```

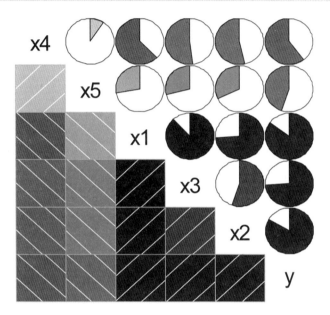

圖 10-2　6 個變數之間的相關圖

　　圖10-2由6個變數的相關係數矩陣所繪製。對角線下方的各方形圖中，藍色和從左下角指向右上角的斜線表示兩個變數爲正相關，而紅色和從左上角指向右下角的斜線表示兩個變數爲負相關。顏色越深，表示兩個變數相關性越強。可以看出，y（日均營業額）與x_1（周邊居民人數）、x_2（用餐平均支出）、x_3（周邊居民月平均收入）之間爲正相關，而與x_4（周邊餐館數）、x_5（距市中心距離）之間爲負相關（讀者可以自行解釋6個變數兩兩之間的關係）。

　　對角線上方的各圓形圖顯示的資訊與方形圖類似。藍色表示正相關，紅色表示負相關，但關係的強弱則由被填充的圓形圖塊的大小來表示。正相關從12點處開始順時針方向填充圓形圖，負相關則逆時針方向填充圓形圖。

　　多元線性迴歸的R程式和結果，如文字框10-2所示。

文字框 10-2　多元線性迴歸分析

建立多元線性迴歸模型

```
> load("C:/example/ch10/example10_1.RData")
> model1<-lm(y~x1+x2+x3+x4+x5,data=example10_1)
> summary(model1)
```

Call:

lm(formula = y ~ x1 + x2 + x3 + x4 + x5, data = example10_1)

Residuals:

Min	1Q	Median	3Q	Max
-16.7204	-6.0600	0.7152	3.2144	21.4805

Coefficients:

	Estimate	Std. Error	t value	Pr(>|t|)	
(Intercept)	4.2604768	10.4679833	0.407	0.68856	
x1	0.1273254	0.0959790	1.327	0.20037	
x2	0.1605660	0.0556834	2.884	0.00952	**
x3	0.0007636	0.0013556	0.563	0.57982	
x4	-0.3331990	0.3986248	-0.836	0.41362	
x5	-0.5746462	0.3087506	-1.861	0.07826	

Signif. codes: 0 '***' 0.001 '**' 0.01 '*' 0.05 '.' 0.1 ' ' 1

Residual standard error: 10.65 on 19 degrees of freedom

Multiple R-squared: 0.8518,   Adjusted R-squared: 0.8128

F-statistic: 21.84 on 5 and 19 DF, p-value: 2.835e-07

計算迴歸係數的信賴區間

```
> confint(model1,level=0.95)
```

	2.5%	97.5%
(Intercept)	-17.649264072	26.170217667
x1	-0.073561002	0.328211809
x2	0.044019355	0.277112598
x3	-0.002073719	0.003600932

x4	-1.167530271	0.501132297
x5	-1.220868586	0.071576251

輸出變異數分析表

```
> anova(model1)
```

Analysis of Variance Table

Response: y

	Df	Sum Sq	Mean Sq	F value	Pr(>|F|)	
x1	1	10508.9	10508.9	92.7389	9.625e-09	***
x2	1	1347.1	1347.1	11.8878	0.002696	**
x3	1	85.4	85.4	0.7539	0.396074	
x4	1	40.5	40.5	0.3573	0.557082	
x5	1	392.5	392.5	3.4641	0.078262	
Residuals	19	2153.0	113.3			

Signif. codes: 0 '***' 0.001 '**' 0.01 '*' 0.05 '.' 0.1 ' ' 1

注：

在多元線性迴歸中，R輸出的變異數分析表將迴歸平方和分解到每一個自變數，並對其顯著性做檢定。這樣可以觀察每一個自變數對依變數誤差（總平方和）的貢獻。從檢定結果看，x1、x2和x5對y的總誤差平方和貢獻顯著，x3和x4的貢獻不顯著。將每一個自變數的平方和相加即可得到總迴歸平方和，將其除以總自由度（自變數個數，本例為5）即可得到總迴歸均方，再將總迴歸均方除以殘差均方得到檢定統計量F的值為21.84。R在summary(model1)中，輸出了F值及其檢定的P值。

　　根據文字框10-2的輸出結果，得到的多元線性迴歸方程為：

$$\hat{y}=4.2604768+0.1273254x_1+0.1605660x_2+0.0007636x_3$$
$$-0.3331990x_4-0.5746462x_5$$

各迴歸係數的實際意義為：

　　$\hat{\beta}_1=0.1273254$表示，在用餐平均支出、周邊居民月平均收入、周邊餐館數和距市中心距離不變的條件下，周邊居民人數每變動1萬人，日均營業額平均變動0.1273254萬元。

$\hat{\beta}_2$=0.160566表示，在周邊居民人數、周邊居民月平均收入、周邊餐館數和距市中心距離不變的條件下，用餐平均支出每變動1元，日均營業額平均變動0.160566萬元。

$\hat{\beta}_3$=0.0007636表示，在周邊居民人數、用餐平均支出、周邊餐館數和距市中心距離不變的條件下，周邊居民月平均收入每變動1元，日均營業額平均變動0.0007636萬元。

$\hat{\beta}_4$=－0.333199表示，在周邊居民人數、用餐平均支出、周邊居民月平均收入和距市中心距離不變的條件下，周邊餐館數每變動1個，日均營業額平均變動－0.333199萬元。

$\hat{\beta}_5$=－0.5746462表示，在周邊居民人數、用餐平均支出、周邊居民月平均收入和周邊餐館數不變的條件下，距市中心距離每變動1km，日均營業額平均變動－0.5746462萬元。

文字框10-2還列出了各迴歸係數的信賴區間[1]。比如，β_1的95%的信賴區間為（－0.073561002, 0.328211809），它的涵義是：在用餐平均支出、周邊居民月平均收入、周邊餐館數和距市中心距離不變的條件下，周邊居民人數每變動1萬人，日均營業額的平均變動在－0.073561002萬元到0.328211809萬元之間。其他幾個迴歸係數信賴區間的涵義類似。

10-2　適合度和顯著性檢定

▌10.2.1　模型的適合度

多元線性迴歸模型的適合度，可以用多重決定係數來評估。

1.　多重決定係數

在多元線性迴歸中，依變數的總誤差平方和SST=$\Sigma(y_i-\bar{y})^2$同樣被分解成兩部分：迴歸平方和SSR=$\Sigma(\hat{y_i}-\bar{y})^2$與殘差平方和SSE=$\Sigma(y_i-\hat{y_i})^2$，顯然有：SST=SSR+SSE。

---

[1]　迴歸係數β_i在$(1-\alpha)$信賴水準下的信賴區間為：$\hat{\beta}_i\pm t_{\alpha/2}(n-k-1)s_{\beta_i}$。

多重決定係數（multiple coefficient of determination）是多元線性迴歸中迴歸平方和占總平方和的比例，計算公式為：

$$R^2 = \frac{SSR}{SST}$$ 　　　　　　（10.6）

R^2度量了多元線性迴歸模型的適合度，它表示在依變數y的總誤差中被多個自變數共同所解釋的比例。

在多元線性迴歸中，由於自變數個數的增加，將影響到依變數中被估計迴歸方程所解釋的誤差數量。當增加自變數時，會使預測誤差變小，從而減少殘差平方和SSE。當SSE變小時，SSR就會變大，從而使R^2變大。如果模型中增加一個自變數，即使這個自變數在統計上並不顯著，R^2也會變大。因此，為避免增加自變數而高估R^2，統計學家使用樣本量n和自變數的個數k去調整R^2，計算出**調整的多重決定係數**（adjusted multiple coefficient of determination），記為R_a^2，其計算公式為：

$$R_a^2 = 1 - (1 - R^2) \times \frac{n-1}{n-k-1}$$ 　　　　　　（10.7）

R_a^2的解釋與R^2類似，不同的是R_a^2同時考慮了樣本量（n）和模型中自變數的個數（k）的影響，這就使得R_a^2的值始終小於R^2，而且R_a^2的值不會由於模型中自變數個數的增加而越來越接近1。因此，在多元線性迴歸分析中，通常用調整的多重決定係數來評估迴歸模型的適合度。

R^2的平方根稱為多重相關係數，也稱為複相關係數，它度量了依變數同k個自變數的整體相關程度。

根據文字框10-2的輸出結果，多重決定係數（multiple R-squared）$R^2 = 0.8518 = 85.18\%$。調整的多重決定係數（adjusted R-squared）$R_a^2 = 0.8128 = 81.28\%$，其意義與R^2相同，它表示在用樣本量和模型中自變數的個數進行調整後，在日均營業額取值的總誤差中，被周邊居民人數、用餐平均支出、周邊居民月平均收入、周邊餐館數和距市中心距離這五個自變數所解釋的比例為81.28%。

2. 估計標準誤差

多元線性迴歸中的估計標準誤差是其殘差平方和的平方根，即殘差的標準誤差，它是多元迴歸模型中誤差項ε變異數σ^2的一個估計量。計算公式為：

$$S_e = \sqrt{\frac{\sum (y_i - \hat{y}_i)^2}{n-k-1}} = \sqrt{\frac{SSE}{n-k-1}} \tag{10.8}$$

式中，k為自變數的個數。

由於S_e是預測誤差的標準差的估計量，因此，其涵義可解釋為：根據自變數$x_1, x_2, \cdots, x_k$來預測依變數y時的平均預測誤差。

根據文字框10-2的輸出結果，估計標準誤差S_e=10.65。其涵義是：根據所建立的多元線性迴歸方程，用周邊居民人數、用餐平均支出、周邊居民月平均收入、周邊餐館數和距市中心距離這五個自變數預測日均營業額時，平均的預測誤差為10.65萬元。

▌10.2.2 模型的顯著性檢定

在一元線性迴歸中，由於只有一個自變數，F檢定（線性關係檢定）與t檢定（迴歸係數檢定）是等價的。在多元迴歸中，這兩種檢定不再等價。F檢定主要是檢定依變數同多個自變數的整體線性關係是否顯著。在k個自變數中，只要有一個自變數同依變數的線性關係顯著，F檢定就顯著，但這不一定意味著每個自變數同依變數的關係都顯著。t檢定則是對每個迴歸係數分別進行單獨的檢定，以判斷每個自變數對依變數的影響是否顯著。

1. 線性關係檢定

線性關係檢定是檢定依變數y與k個自變數之間的關係是否顯著，也稱為整體顯著性檢定。檢定的具體步驟為：

第1步：提出假設

$H_0: \beta_1 = \beta_2 = \cdots = \beta_k = 0$

$H_1: \beta^1, \beta_2, \cdots, \beta_k$至少有一個不等於0

第2步：計算檢定統計量F

$$F = \frac{SSR/k}{SSE/(n-k-1)} \sim F(k, n-k-1) \tag{10.9}$$

第3步：做出決策。設定顯著水準α，根據分子自由度k，分母自由度

$(n-k-1)$計算出統計量的P值。若$P<\alpha$，拒絕H_0，表示y與k個自變數之間的線性關係顯著。

2. 迴歸係數檢定

要判斷每個自變數對依變數的影響是否都顯著，需要對各迴歸係數β_i分別進行t檢定，具體步驟如下：

第1步：提出假設。對於任意參數β_i $(i=1, 2, \cdots, k)$，有

$H_0: \beta_i=0$，$H_1: \beta_i \neq 0$

第2步：計算檢定統計量 t

$$t_i = \frac{\hat{\beta}_i}{s_{\hat{\beta}_i}} \sim t(n-k-1) \qquad (10.10)$$

其中：$s_{\hat{\beta}_i}$是迴歸係數 $\hat{\beta}_i$ 的抽樣分配的標準差。

第3步：做出決策。設定顯著水準α，根據自由度$(n-k-1)$計算出統計量的P值。若$P<\alpha$，則拒絕H_0，表示迴歸係數 β_i 顯著。

例 10-2 （資料：example10_1.RData）

沿用例10-1。對迴歸模型的線性關係和迴歸係數分別進行顯著性檢定（$\alpha=0.05$）。

解：檢定線性關係提出的假設如下：

$H_0: \beta_1=\beta_2=\beta_3=\beta_4=\beta_5=0$

$H_1: \beta_1, \beta_2, \beta_3, \beta_4, \beta_5$至少有一個不等於0

根據文字框10-2輸出的結果，$F=1.84$，顯著水準$P=2.853e\text{-}07$接近於0，拒絕H_0。表示日均營業額與周邊居民人數、用餐平均支出、周邊居民月平均收入、周邊餐館數和距市中心距離之間的線性關係顯著。

檢定迴歸係數提出的假設如下，對於任意參數β_i $(i=1, 2, 3, 4, 5)$：

$H_0: \beta_i=0, H_1: \beta_i \neq 0$

根據文字框10-2輸出的結果，$t_1=1.327$、$t_2=2.884$、$t_3=0.563$、$t_4=-0.836$、$t_5=-1.861$，相應的顯著水準P分別為0.20037、0.00952、0.57982、0.41362、0.07826。只有β_2所對應的顯著水準小於0.05，而其餘四個係數所對應的顯著性水

準平均大於0.05。這表示在影響日均營業額的五個自變數中，只有用餐平均支出的影響是顯著的，而其餘四個自變數均不顯著。

當然，得出上述結論還需要有其他證據。因為這四個變數沒有透過檢定，也可能是由其他原因所造成的。比如，五個自變數之間存在高度相關時，就有可能造成某一個或幾個迴歸係數通不過檢定，但這並不一定意味著沒透過檢定的那些自變數對依變數的影響就不顯著。實際上，單獨做每個自變數與日均營業額的一元線性迴歸，各迴歸係數檢定的顯著水準（P值）均接近於0，結果都是顯著的（請讀者自己去驗證）。自變數之間相關造成的這種問題，在統計上稱為多重共線性。這一問題將在10.3節討論。

10.2.3　模型診斷

與一元迴歸類似，仍然可以用殘差圖來診斷模型的各項假定。繪製殘差圖的R程式和結果，如文字框10-3所示。

文字框 10-3　用殘差圖診斷模型

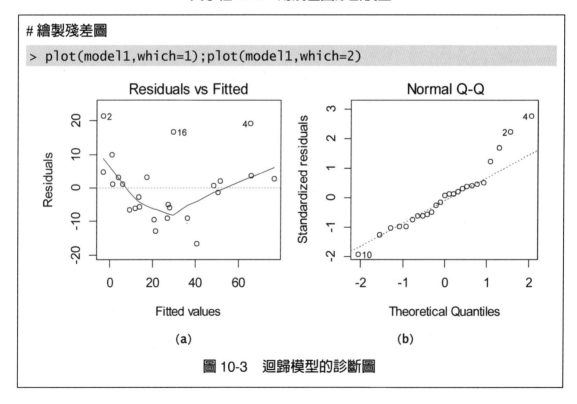

圖 10-3　迴歸模型的診斷圖

從圖10-3（a）可以看出，殘差具有某種曲線關係，圖中的第2個點、第4個點和第16個點明顯具有較大的殘差。圖10-3（b）也表示殘差的常態性假定有存在問題，其中第2個點和第4個點的影響較大。這意味著上述多元線性迴歸模型有可能遺漏了一些重要的迴歸項。因此可以考慮在模型中加上一些新的建模項，比如二次項，重新建立迴歸模型[2]。也可以考慮將有較大殘差的變數值點剔除，再進行迴歸，看看對模型是否有顯著改善。比如，去掉第2和第4這兩個點，再建立迴歸模型。R程式和結果，如文字框10-4所示。

文字框 10-4　去掉第 2 和第 4 個點後的迴歸

```
# 去掉第2個點和第4個點後的迴歸
> newmodel1<-lm(y~x1+x2+x3+x4+x5,data=example10_1[-c(2,4),])
> summary(newmodel1)
```
Call:

lm(formula = y ~ x1 + x2 + x3 + x4 + x5, data = example10_1[-c(2,4),])

Residuals:

Min	1Q	Median	3Q	Max
-10.7788	-4.4404	0.7701	4.5470	13.0666

Coefficients:

	Estimate	Std. Error	t value	Pr(>| t |)	
(Intercept)	6.935e+00	8.211e+00	0.845	0.41000	
x1	2.588e-01	7.370e-02	3.511	0.00268	**
x2	2.314e-02	5.768e-02	0.401	0.69331	
x3	6.481e-05	9.743e-04	0.067	0.94774	
x4	-2.572e-01	2.849e-01	-0.903	0.37922	
x5	-7.479e-01	2.171e-01	-3.446	0.00309	**

Signif. codes: 0 '***' 0.001 '**' 0.01 '*' 0.05 '.' 0.1 ' ' 1

Residual standard error: 7.252 on 17 degrees of freedom

---

[2] 這一問題的討論超出了本書範圍，進一步的內容請參閱更專業的迴歸書籍。

```
Multiple R-squared:  0.9184,  Adjusted R-squared:  0.8944
F-statistic: 38.28 on 5 and 17 DF,  p-value: 1.143e-08
```

 # 去掉第2個點和第4個點後的迴歸診斷

```
> plot(newmodel1,which=1);plot(newmodel1,which=2)
```

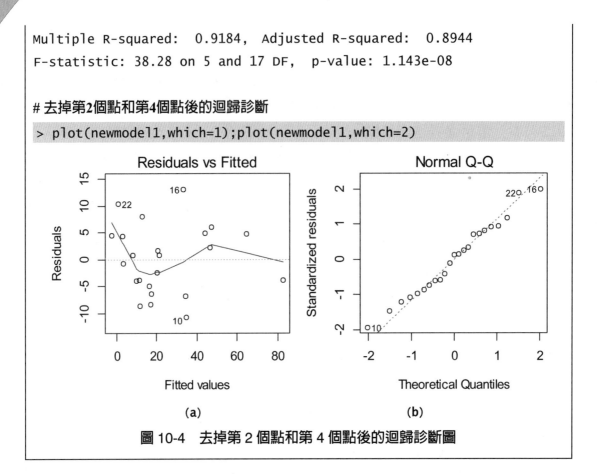

圖 10-4　去掉第 2 個點和第 4 個點後的迴歸診斷圖

　　比較圖10-3可以發現，圖10-4（a）顯示線性假定得到了一定程度上的滿足。圖10-4（b）顯示常態性也得到了較好的滿足。總之，去掉對模型影響較大的幾個點後，模型得到了一定改善。

10-3　多重共線性及其處理

　　當迴歸模型中使用兩個或兩個以上自變數時，這些自變數往往會提供多餘的資訊。也就是說，這些自變數之間彼此相關。比如，在例10-1所建立的迴歸模型中，使用了五個自變數，雖然它們對預測日均營業額都有作用，但由於這五個自變數之間可能存在相關關係，在預測中所提供的資訊就是重複的。當迴歸模型中兩個或兩個以上的自變數彼此相關時，稱為迴歸模型中存在**多重共線性**（multicollinearity）。

▊ 10.3.1 多重共線性及其識別

在有些問題中，所使用的自變數之間存在相關是很平常的事，但是在迴歸分析中存在多重共線性將會產生某些問題。

1. 多重共線性所產生的問題

多重共線性會給迴歸分析帶來以下問題：

首先，變數之間高度相關時，可能會使迴歸的結果造成混亂，甚至會把分析引入歧途。比如，在例10-1的迴歸中，F檢定顯示日均營業額與五個自變數之間的線性關係顯著，而 t 檢定顯示只有β_2顯著，而其他四個迴歸係數均不顯著。這種檢定結果看起來矛盾，但實際上並不然。因為 F 檢定顯示線性關係顯著時，只是說明日均營業額至少同五個自變數中的一個線性關係顯著，並非意味著同每個自變數的線性關係都顯著。事實上，五個自變數在預測日均營業額時可能都有貢獻（讀者可就五個自變數分別進行一元線性迴歸驗證），只不過是一些自變數的貢獻與另一些自變數的貢獻相互重疊了。

其次，多重共線性可能對參數估計值的正負號產生影響，特別是β_i的正負號有可能同預期的正負號相反，甚至會導致對迴歸係數的錯誤估計。因此，當存在多重共線性時，對迴歸係數的解釋需要慎重。

2. 多重共線性的識別和處理

識別多重共線性的方法有多種，有些已超出本書的範圍。這裡只介紹幾種簡單的識別方法。

⑴對模型中，各對自變數之間的相關係數進行檢定。如果有一個或多個相關係數是顯著的，就表示模型中所使用的自變數之間顯著相關，因而可能存在多重共線性。例如：根據例10-1的資料，計算各自變數之間的相關係數並做檢定，R程式和結果，如文字框10-5所示。

文字框 10-5　自變數之間的相關係數及其檢定

```
# 計算相關係數矩陣並做檢定
> load("C:/example/ch10/example10_1.RData")
> library(psych)
> corr.test(example10_1[3:7],use="complete")
```

Call:corr.test(x = example10_1[3:7], use = "complete")

Correlation matrix

	x1	x2	x3	x4	x5
x1	1.00	0.74	0.88	-0.62	-0.28
x2	0.74	1.00	0.55	-0.54	-0.32
x3	0.88	0.55	1.00	-0.52	-0.29
x4	-0.62	-0.54	-0.52	1.00	0.10
x5	-0.28	-0.32	-0.29	0.10	1.00

Sample Size

[1] 25

Probability values (Entries above the diagonal are adjusted for multiple tests.)

	x1	x2	x3	x4	x5
x1	0.00	0.00	0.00	0.01	0.47
x2	0.00	0.00	0.03	0.03	0.46
x3	0.00	0.00	0.00	0.04	0.47
x4	0.00	0.01	0.01	0.00	0.65
x5	0.18	0.12	0.16	0.65	0.00

To see confidence intervals of the correlations, print with the short=FALSE option.

　　檢定的 P 值顯示，這五個自變數中，只有 x_5（距市中心距離）與其他四個自變數之間的關係不顯著，而其他四個自變數兩兩之間均顯著相關。因此，例10-1所建立的多元線性迴歸模型中可能存在多重共線性。

　　(2)考察各迴歸係數的顯著性。當模型的 F 檢定顯著時，多個迴歸係數的 t 檢定卻不顯著，表示模型中可能存在多重共線性。本例的迴歸結果就出現了這種情形。

　　(3)分析迴歸係數的正負號。如果迴歸係數的正負號與預期的相反，表示模型中可能存在多重共線性。本例中未出現這種情形。

　　(4)用容忍度（tolerance）和變異數膨脹因子（variance inflation factor，縮寫為VIF）來識別共線性。某個自變數的容忍度等於1減去該自變數為依變數，而其餘$k-1$個自變數為預測變數時所得到的線性迴歸模型的決定係數，即$1-R_i^2$。容忍度越小，多重共線性越嚴重。通常認為容忍度小於0.1時，存在嚴重多重共線性。變異數膨脹因子等於容忍度的倒數，即$VIF = \dfrac{1}{1-R_i^2}$。顯然，VIF越大多重共線性越嚴重。一般認為VIF大於10（如果嚴格一些，也可以將VIF大於5作為標準），則視為存在嚴重共線性。

　　計算容忍度和VIF的R程式和結果，如文字框10-6所示。

文字框 10-6　計算容忍度和 VIF

```
# 計算容忍度和VIF
> model1<-lm(y~x1+x2+x3+x4+x5,data=example10_1)
> library(car)
> vif(model1)

       x1         x2         x3         x4         x5
8.233159   2.629940   5.184365   1.702361   1.174053


> 1/vif(model1)

        x1          x2          x3          x4          x5
0.1214601   0.3802368   0.1928877   0.5874195   0.8517500
```

（注：car程式套件中的vif函數容忍度是vif的倒數。）

　　從文字框10-6得出的結果看，容忍度均大於0.1，VIF均小於10，這說明本例建立的迴歸模型共線性並不嚴重。但如果用VIF大於5作為標準，本例中對應於x_1和x_3的VIF大於5，也可以認為這兩個變數存在多重共線性。

　　一旦發現模型中存在多重共線性，就應採取某種解決措施[3]。至於採取什麼方法來解決，要看多重共線性的嚴重程度。比如，可以將一個或多個相關的自變數從模型中剔除，使保留的自變數盡可能不相關。如果要在模型中保留所有的自

---

[3] 處理多重共線性問題有很多辦法，感興趣的讀者可參考迴歸方面的書籍。

變數，那就應該避免對單個參數β_i進行t檢定，並且對依變數y的推論限定在自變數樣本值的範圍內。

當自變數間存在多重共線性時，如果在建立模型之前就有選擇地確定進入模型的自變數，也可以避免多重共線性問題。

▍10.3.2　變數選擇與逐步迴歸

在建立多元線性迴歸模型時，不要試圖引入更多的自變數，除非確實有必要。究竟哪些自變數應該引入模型呢？變數選擇的方法主要有**向前選擇**（forward selection）、**向後剔除**（backward elimination）、**逐步迴歸**（stepwise regression）等。

1.　向前選擇

向前選擇法是從模型中沒有自變數開始，然後按下面的步驟選擇自變數來擬合模型。

首先，分別擬合依變數y對k個自變數（$x_1, x_2, \cdots, x_k$）的一元線性迴歸模型，共有k個，然後找出F統計量的值最大的（或P值最小的）模型及其自變數x_i，並將該自變數首先引入模型（如果所有模型均無統計上的顯著性，則運算過程終止，沒有模型被擬合）。

其次，在模型已經引入x_i的基礎上，再分別擬合引入模型外的$k-1$個自變數（$x_1, \cdots, x_{i-1}, x_{i+1}, \cdots, x_k$）的迴歸模型，即自變數組合為$x_i+x_1, \ldots, x_i+x_{i-1}, x_i+x_{i+1}, \cdots, x_i+x_k$的$k-1$個迴歸模型。然後再分別考察這$k-1$個模型，挑選出$F$統計量的值最大的（或$P$值最小的）含有兩個自變數的模型，並將$F$值最大的（或$P$值最小的）那個自變數$x_j$引入模型。如果除了$x_i$之外的$k-1$個自變數中，沒有一個是統計上顯著的，則運算過程終止。如此反覆進行，直至模型外的自變數均無統計顯著性為止。

向前選擇法的特點是：只要某個自變數被增加到模型中，這個變數就一定會保留在模型中。

2.　向後剔除

與向前選擇法相反，向後剔除的基本過程如下：

首先，擬合依變數對所有k個自變數的迴歸模型。然後考察p（$p<k$）個去掉一個自變數的模型（這些模型中的每一個都有$k-1$個自變數），使模型的SSE值減小最少的自變數（F統計量的值最小或其P值最大）被挑選出來，並從模型中剔除。

其次，考察$p-1$個去掉一個自變數的模型（這些模型中的每一個都有$k-2$個自變數），使模型的SSE值減小最少的自變數被挑選出來並從模型中剔除。如此反覆進行，直至剔除一個自變數不會使SSE顯著減小爲止。這時，模型中所剩的自變數都是顯著的。

向後剔除法的特點是：只要某個自變數被從模型中剔除，這個變數就不會再進入模型中。

3. 逐步迴歸

逐步迴歸是避免多重共線性的另一種有效方法[4]，它將上述兩種方法結合起來篩選自變數。前兩步與向前選擇法相同。不過在新增加一個自變數後，它會對模型中所有的變數重新進行考察，看看有沒有可能剔除某個自變數。如果在新增加一個自變數後，前面增加的某個自變數對模型的貢獻變得不顯著，這個變數就會被剔除。按此方法不停地增加變數並考慮剔除以前增加的變數的可能性，直至增加變數已經不能導致SSE顯著減少（這個過程可透過F檢定來完成）。

逐步迴歸法的特點是：在前面步驟中增加的自變數，在後面的步驟中有可能被剔除；而在前面步驟中剔除的自變數，在後面的步驟中也可能重新進入到模型中。

利用逐步迴歸選擇自變數的標準不同，得到的最終模型也就不同。R中的逐步迴歸以**赤池資訊準則AIC**（Akaike's information criterion）爲選擇標準，選擇使AIC最小的變數建立模型。赤池資訊準則也簡稱爲AIC準則，它由日本學者赤池於1973年提出，除應用於線性模型的變數篩選外，還被應用於時間序列自迴歸模型階數的確定。

AIC由兩部分組成，一部分反映模型的擬合精度，另一部分反映模型中參數的個數，即模型的繁簡程度。AIC的值越小，表示擬合的模型精度越高而且又簡

---

[4] 除了逐步迴歸外，脊迴歸（ridge regression）是一種專門用於多重共線性資料分析的迴歸方法。它實際上是一種改良的最小平方法，通過放棄最小平方法的無偏性，以損失部分資訊、降低精確度爲代價來尋求效果稍差但迴歸係數更符合實際的迴歸方程。當然，由於多重共線性關係，有些重要的解釋變數也可能無法進入到分析中。

潔。當用最小平方法擬合模型時，計算公式為：

$$\text{AIC} = n\ln\left(\frac{SSE}{n}\right) + 2p \qquad (10.11)$$

式中，n為樣本量，p為模型中參數的個數（包括常數項）。

例 10-3　（資料：example10_1.RData）

　　沿用例10-1。用逐步迴歸方法建立日均營業額（y）與周邊居民人數（x_1）、用餐平均支出（x_2）、周邊居民月平均收入（x_3）、周邊餐館數（x_4）和距市中心距離（x_5）的迴歸模型。

解：逐步迴歸的R程式和結果，如文字框10-7所示。

文字框 10-7　逐步迴歸

```
# 逐步迴歸
> load("C:/example/ch10/example10_1.RData")
> model1<-lm(y~x1+x2+x3+x4+x5,data=example10_1)
> model2<-step(model1)
```

Start: AIC=123.39

y ~ x1 + x2 + x3 + x4 + x5

	Df	Sum of Sq	RSS	AIC
- x3	1	35.96	2189.0	121.81
- x4	1	79.17	2232.2	122.30
\<none\>			2153.0	123.39
- x1	1	199.42	2352.4	123.61
- x5	1	392.54	2545.6	125.58
- x2	1	942.22	3095.2	130.47

Step: AIC=121.81

y ~ x1 + x2 + x4 + x5

	Df	Sum of Sq	RSS	AIC
- x4	1	78.22	2267.2	120.69
\<none>			2189.0	121.81
- x5	1	445.69	2634.7	124.44
- x2	1	925.88	3114.9	128.63
- x1	1	1133.27	3322.3	130.24

Step: AIC=120.69

y ~ x1 + x2 + x5

	Df	Sum of Sq	RSS	AIC
\<none>			2267.2	120.69
- x5	1	404.28	2671.5	122.79
- x2	1	1050.90	3318.1	128.21
- x1	1	1661.83	3929.0	132.43

注：

從逐步迴歸結果可以看到，選擇全部自變數時AIC=123.39。去掉變數x3後AIC=121.81，去掉變數x4後AIC=120.69等。在最後一步中去掉三個變數中的任何一個，都會增大模型的AIC值，所以運行停止得到最後的模型。最後，在模型中保留了x1、x2和x5三個變數。

擬合逐步迴歸模型

```
> model2<-lm(y~x1+x2+x5,data=example10_1)
> summary(model2)
```

Call:

lm(formula = y ~ x1 + x2 + x5, data = example10_1)

Residuals:

Min	IQ	Median	3Q	Max
-14.027	-5.361	-1.560	2.304	23.001

Coefficients:

	Estimate	Std. Error	t value	Pr(>|t|)	
(Intercept)	-1.68928	6.25242	-0.270	0.78966	
x1	0.19022	0.04848	3.923	0.00078	***
x2	0.15763	0.05052	3.120	0.00518	**
x5	-0.56979	0.29445	-1.935	0.06656	*

Signif. codes: 0 '***' 0.001 '**' 0.01 '*' 0.05 '.' 0.1 ' ' 1

Residual standard error: 10.39 on 21 degrees of freedom

Multiple R-squared: 0.8439,　Adjusted R-squared: 0.8216

F-statistic: 37.85 on 3 and 21 DF, p-value: 1.187e-08

逐步迴歸的變異數分析表

```
> anova(mode12)
```

Analysis of Variance Table

Response: y

	Df	Sum Sq	Mean Sq	F value	Pr(>F)	
x1	1	10508.9	10508.9	97.3392	2.452e-09	***
x2	1	1347.1	1347.1	12.4775	0.001976	**
x5	1	404.3	404.3	3.7447	0.066558	.
Residuals	21	2267.2	108.0			

Signif. codes: 0 '***' 0.001 '**' 0.01 '*' 0.05 '.' 0.1 ' ' 1

根據文字框10-7的逐步迴歸結果，得到最終的估計方程為：

$\hat{y}=-1.68928+0.19022x_1+0.15763x_2-0.56979x_5$

最後，再對逐步迴歸建立的模型進行診斷，看看這一模型是否滿足各種假定。繪製模型診斷圖的R程式和結果，如文字框10-8所示。

文字框 10-8　繪製逐步迴歸的模型診斷圖

```
# 逐步迴歸模型的診斷
> plot(model2,which=1);plot(model2,which=2)
```

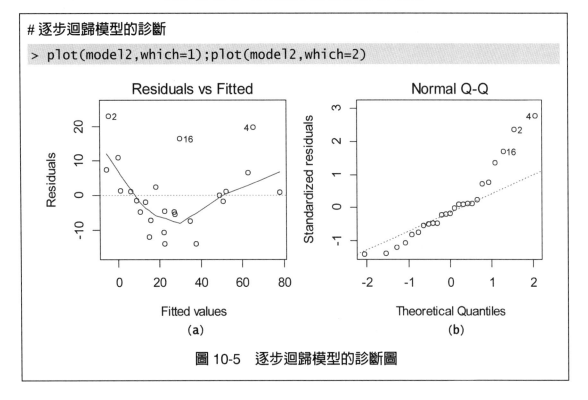

圖 10-5　逐步迴歸模型的診斷圖

　　從圖10-5（a）可以看出，殘差具有某種曲線關係，這意味著可能需要在模型中加上一個二次項。圖10-5（b）也顯示殘差的常態性假定有存在問題。因此，從迴歸診斷結果看，經逐步迴歸建立的多元線性迴歸模型仍有進一步改進的餘地。這說明雖然經逐步迴歸解決了模型中的共線性問題，但並非意味著這個模型就是一個好的模型。如果在模型中加入一些新項，比如考慮加入二次項，也許會對模型的改善有所幫助。有興趣的讀者可以自己去嘗試。

10-4　相對重要性和模型比較

　　在實際建模時，通常會關心兩個問題：一是哪些自變數對預測更重要？二是所建立的模型是否包含了建模時所必需的自變數？

10.4.1　自變數的相對重要性

　　哪些自變數對依變數的預測相對來說更重要，哪些相對來說不重要，瞭解這一問題對建模會有一定參考價值。如果各自變數之間獨立，那麼根據自變數與依變數之間的相關係數大小就可以對重要性做出排序，相關係數大的顯然更重要。但實際問題中，各自變數之間往往有一定的相關性，這就會使評估變得複雜很多。評估自變數相對重要性的方法之一，就是比較**標準化迴歸係數**（standardized regression coefficient）。

　　標準化迴歸係數是將依變數和所有自變數都標準化後進行迴歸，得到的迴歸係數。計算標準化迴歸係數時，首先將依變數和各個自變數進行標準化[5]處理，然後根據標準化後的值進行迴歸，得到的方程稱爲**標準化迴歸方程**（standardized regression equation），該方程中的迴歸係數就是標準化迴歸係數，用$\bar{\beta}$表示。標準化迴歸係數$\bar{\beta}_i$的涵義是：在其他自變數取值不變的條件下，自變數x_i（這裡是指原始資料）每變動一個標準差，依變數平均變動$\bar{\beta}_i$個標準差。顯然，$\bar{\beta}_i$的絕對值越大，說明該自變數x_i對依變數的影響就越大，相對於其他自變數而言，它對依變數的預測也就越重要。

例 10-4 （資料：example10_1.RData）

　　沿用例10-1。計算標準化迴歸係數，分析各自變數對預測日均營業額的相對重要性。

解：計算標準化迴歸係數的R程式和結果，如文字框10-9所示。

文字框 10-9　計算標準化迴歸係數

```
# 計算例10-1的標準化迴歸係數
> load("C:/example/ch10/example10_1.RData")
> model1<-lm(y~x1+x2+x3+x4+x5,data=example10_1)
> library(lm.beta)
> model1.beta<-lm.beta(model1)
> summary(model1.beta)
Call:
lm(formula = y ~ x1 + x2 + x3 + x4 + x5, data = example10_1)
```

---

[5]　標準化的計算公式爲$z_i=(x_i-\bar{x})/s$，見第3章。

Residuals:

Min	IQ	Median	3Q	Max
-16.7204	-6.0600	0.7152	3.2144	21.4805

Coefficients:

	Estimate	Standardized	Std. Error	t value	Pr(>| t |)	
(Intercept)	4.2604768	0.0000000	10.4679833	0.407	0.68856	
x1	0.1273254	0.3361822	0.0959790	1.327	0.20037	
x2	0.1605660	0.4130034	0.0556834	2.884	0.00952	**
x3	0.0007636	0.1132753	0.0013556	0.563	0.57982	
x4	-0.3331990	-0.0963203	0.3986248	-0.836	0.41362	
x5	0.5746462	-0.1781104	0.3087506	-1.861	0.07826.	.

Signif. codes: 0 '***' 0.001 '**' 0.01 '*' 0.05 '.' 0.1 ' ' 1

Residual standard error: 10.65 on 19 degrees of freedom

Multiple R-squared: 0.8518,   Adjusted R-squared: 0.8128

F-statistic: 21.84 on 5 and 19 DF, p-value: 2.835e-07

　　文字框10-9列出的各標準化迴歸係數為：$\bar{\beta}_1 = 0.3361822$、$\bar{\beta}_2 = 0.4130034$、$\bar{\beta}_3 = 0.1132753$、$\bar{\beta}_4 = -0.0963203$、$\bar{\beta}_5 = -0.1781104$。$x_1$的標準化迴歸係數 $\bar{\beta}_1 = 0.3361822$表示：在其他自變數不變的條件下，周邊居民人數每改變一個標準差，日均營業額平均改變0.3361822個標準差。其他係數的涵義類似。

　　按標準化迴歸係數的絕對值大小排序為：$\bar{\beta}_2 > \bar{\beta}_1 > \bar{\beta}_5 > \bar{\beta}_3 > \bar{\beta}_4$。可見在五個自變數中，用餐平均支出（$x_2$）是預測日均營業額的最重要變數，而周邊餐館個數（$x_4$）則是最不重要的變數。

▌10.4.2　模型比較

　　在多元線性迴歸建模中，總是希望所建立的模型能最好地擬合資料，同時又不希望模型包含一些不必要的自變數。如果一個模型包含建模所需的必要自變數就足以很好地擬合資料，而將多餘的自變數剔除，避免給建模或模型的解釋帶來不必要的麻煩，這樣的模型就是我們要尋找的最佳模型。

透過逐步迴歸方法可以將不必要（有共線性）的自變數剔除。但問題是逐步迴歸得到的模型是否很好地擬合了資料（雖然共線性問題不存在了），或者說，它是否就比使用所有自變數的模型好，這就需要將二者進行比較才能得出結論。為此我們引進以下概念。

在迴歸模型中，如果一個模型包含另一個模型的所有項，並且至少有一個額外項，稱這兩個模型是**巢套模型**（nested model）。這裡的所有項是指包含全部自變數$x_1, x_2, \cdots, x_k$，或者還包含自變數的二次項如$x_i x_j$以及x_i^2等。假定只有兩個自變數x_1和x_2，模型如下：

模型1：$E(y)=\beta_0+\beta_1 x_1+\beta_2 x_2$

模型2：$E(y)=\beta_0+\beta_1 x_1+\beta_2 x_2+\beta_3 x_1 x_2+\beta_4 x_1^2$

模型2包含了模型1的所有項，並且多了兩個附加項。模型1被巢套在模型2裡，這兩個模型就是巢套模型。

在巢套模型中，包含所有項的模型稱為**完全模型**（full model），或簡稱全模型。而相對完全模型較簡單的模型，稱為**簡化模型**（reduced model）。比如模型2就是完全模型，模型1就是簡化模型。

現在的問題是：完全模型是否就比簡化模型提供了更多的預測資訊？這一問題等價於要求完全模型中的β_3和β_4至少有一個不等於0。也就是需要檢定下面的假設：

H_0: $\beta_3=\beta_4=0$（模型中的二次項不會對y的預測提供資訊）

H_1: β_3和β_4至少有一個不等於0（模型中至少有一個二次項對y的預測提供資訊）

進行上述檢定的步驟是：首先，用最小平方法擬合簡化模型，並計算相應的殘差平方和（SSE_R）；其次，擬合完全模型，並計算出它的殘差平方和（SSE_F）；然後計算出二者的差值（$\text{SSE}_R-\text{SSE}_F$）進行比較。如果二次項對模型有貢獻，那麼$\text{SSE}_F$應該比$\text{SSE}_R$小很多。二者相差越大，說明完全模型比簡化模型提供了越多的資訊。上述檢定一般性地表達如下，設：

簡化模型：

$$E(y)=\beta_0+\beta_1 x_1+\beta_2 x_2+\cdots+\beta_g x_g \tag{10.12}$$

完全模型：

$$E(y)=\beta_0+\beta_1 x_1+\beta_2 x_2+\cdots+\beta_g x_g+\beta_{g+1} x_{g+1}+\beta_k x_k \tag{10.13}$$

檢定假設：

$H_0: \beta_{g+1}=\beta_{g+2}=\beta_k=0$

$H_1: \beta_{g+1}, \beta_{g+2}, \beta_k$至少一個不為0

檢定統計量：

$$F = \frac{(SSE_R - SSE_F)/(k-g)}{SSE_F/(n-k-1)} \sim F(k-g, n-k-1) \tag{10.14}$$

完全模型中的參數個數（包含常數項）為$(k+1)$，簡化模型中的參數個數為$(g+1)$。如果檢定的P值很小，就拒絕H_0，表示完全模型比簡化模型的擬合效果要好；如果P值較大，不拒絕H_0，表示簡化模型和完全模型的擬合效果一樣好。由於建模時將更多的自變數引入模型，不僅增加了建模的複雜性，也可能造成解釋上的困難。因此，當不能拒絕H_0時，就考慮採用簡化模型。

例 10-5　（資料：example10_1.RData）

利用例10-1和例10-3的迴歸結果，對兩個模型進行比較（$\alpha=0.05$）。

解：例10-1是使用全部五個自變數建立的模型，可以把它看作是完全模型。例10-3是經逐步迴歸剔除了兩個自變數，使用x_1、x_2和x_5（相應的迴歸係數為β_1、β_2和β_5）三個自變數建立的模型，這裡把它看作是簡化模型。現在利用模型比較方法來說明逐步迴歸模型的效果，是否與使用全部自變數的模型效果有差異。如果沒有差異，說明逐步迴歸模型預測效果並不差，依據建模的簡約原則，自然會選擇逐步迴歸模型。如果二者差異顯著，可以考慮使用含有五個自變數的迴歸模型（或者嘗試建立其他模型，比如，增加二次項等）。

提出假設：

$H_0: \beta_3=\beta_4=0$　（x_3和x_4不會對y的預測提供資訊）

$H_1: \beta_3, \beta_4$至少一個不為0（x_3和x_4至少有一個對y的預測提供資訊）

根據上面的迴歸結果可知，$SSE_R=2267.2$、$SSE_F=2153.0$。由此計算的統計量為[6]：

---

[6]　由於R輸出的SSE保留結果有限，手工計算的F統計量與R的輸出結果有差異。

$$F = \frac{(2267.2 - 2153.0)/(5-3)}{2153.0/(25-5-1)} = 0.504659$$

由R函數得$P=0.611579>0.05$，不拒絕H_0，逐步回歸模型與含有五個自變數的回歸模型無顯著差異。

這一檢定過程可以由R的anova函數來完成。R程式和結果，如文字框10-10所示。

文字框 10-10　迴歸模型的比較

```
# 逐步迴歸模型與含所有5個自變數的迴歸模型的比較
> load("C:/example/ch10/example10_1.RData")
> model1<-lm(y~x1+x2+x3+x4+x5,data=example10_1)
> model2<-lm(y~x1+x2+x5,data=example10_1)
> anova(model2,model1)
```

Analysis of Variance Table

Model 1: y ~ x1 + x2 + x5
Model 2: y ~ x1 + x2 + x3 + x4 + x5

	Res.Df	RSS	Df	Sum of Sq	F	Pr(>F)
1	21	2267.2				
2	19	2153.0	2	114.17	0.5038	0.6121

文字框10-10顯示了兩個模型的殘差平方和（RSS）、交互效果平方和（Sum of Sq）、檢定統計量（F）及其相應的P值。由於$P=0.6121$，不拒絕H_0，沒有證據顯示兩個模型有顯著差異。由此可見，就本例而言，用所有五個自變數建立迴歸模型與逐步迴歸選擇的三個自變數建立模型，預測效果其實差異不大。從迴歸建模的簡約原則看，應該選擇逐步迴歸保留的三個自變數建立模型比較合適，以避免增加自變數給迴歸帶來的複雜性和解釋上的困難。但如果檢定結果拒絕H_0，則需要考慮用五個自變數建立迴歸模型或建立其他模型。

用anova 做模型比較時，要求模型必須是巢套的，否則不能比較。用AIC準則也可以比較模型，而且它不要求模型必須是巢套的。AIC值越小，說明模型用較少的參數（或自變數）就獲得了足夠的擬合度，因而模型將被優先選擇。用AIC進行模型比較的R程式和結果，如文字框10-11所示。

文字框 10-11　用 AIC 比較模型

```
# 用AIC準則比較逐步迴歸模型與含所有5個自變數的迴歸模型
> model1<-lm(y~x1+x2+x3+x4+x5,data=example10_1)
> model2<-lm(y~x1+x2+x5,data=example10_1)
> AIC(model2,model1)
```

	df	AIC
model2	5	193.6325
model1	7	196.3408

文字框10-11輸出的結果顯示，逐步迴歸模型的AIC更小，意味著它比包含全部五個自變數的模型更好。

10-5　利用迴歸方程進行預測

建立多元線性迴歸模型後，可根據設定的k個自變數，求出依變數y的平均數的信賴區間和個別值的預測區間。由於信賴區間和預測區間的計算公式複雜，這裡不再列出，利用R很容易得到預測結果。

例 10-6　（資料：example10_1.RData）

沿用例10-1。利用逐步迴歸得到的迴歸方程$\hat{y}=-1.6839+0.1902x_1+0.1576x_2-0.5698x_5$，求日均營業額95%的信賴區間和預測區間，以及$x_1=50$、$x_2=100$、$x_5=10$時，日均營業額的點預測值、信賴區間和預測區間。

解：文字框10-12顯示了R程式和結果，其中包括逐步迴歸模型的點預測值（pre）、殘差（res）、標準化殘差（zre）、信賴區間（lci和uci）、預測區間（lpi和upi）。

文字框 10-12　計算逐步迴歸的預測值及其殘差

```
# 計算逐步迴歸的信賴區間和預測區間
> load("C:/example/ch10/example10_1.RData")
> model2<-lm(y~x1+x2+x5,data=example10_1)
> x<-example10_1[,c(3,4,7)]
> pre<-predict(model2)
> res<-residuals(model2)
> zre<-rstandard(model2)
> con_int<-predict(model2,x,interval="confidence",level=0.95)
> pre_int<-predict(model2,x,interval="prediction",level=0.95)
> mysummary<-data.frame(營業額=example10_1$y, 點預測值=pre, 殘差=res,
標準化殘差=zre,信賴下限=con_int[,2],信賴上限=con_int[,3],預測下限=pre_
int[,2],預測上限=pre_int[,3])
> round(mysummary,3)
```

	營業額	點預測值	殘差	標準化殘差	信賴下限	信賴上限	預測下限	預測上限
1	53.2	52.189	1.011	0.102	45.457	58.921	29.557	74.822
2	18.5	-4.501	23.001	2.359	-11.969	2.967	-27.363	18.361
3	11.3	21.963	-10.663	-1.072	15.685	28.240	-0.539	44.464
4	84.7	65.114	19.586	2.766	49.300	80.928	38.337	91.891
5	7.3	6.128	1.172	0.122	-2.283	14.540	-17.059	29.316
6	17.9	22.408	-4.508	-0.466	14.581	30.235	-0.574	45.390
7	2.5	1.278	1.222	0.125	-6.113	8.670	-21.559	24.116
8	27.3	34.719	-7.419	-0.747	28.400	41.038	12.206	57.232
9	5.9	10.628	-4.728	-0.472	4.904	16.351	-11.726	32.981
10	23.9	37.843	-13.943	-1.390	32.193	43.493	15.509	60.178
11	69.4	62.852	6.548	0.709	52.939	72.766	39.079	86.626
12	20.6	18.296	2.304	0.229	13.036	23.556	-3.943	40.535
13	1.9	-5.510	7.410	0.771	-13.694	2.674	-28.616	17.596
14	3.0	14.956	-11.956	-1.202	8.687	21.224	-7.543	37.455
15	7.3	8.860	-1.560	-0.169	-1.050	18.770	-14.913	32.632
16	46.2	29.831	16.369	1.699	21.745	37.917	6.759	52.903
17	78.8	78.016	0.784	0.112	62.105	93.927	51.182	104.850
18	11.1	13.167	-2.067	-0.209	6.420	19.915	-9.470	35.805
19	8.6	15.847	-7.247	-0.815	4.670	27.024	-8.481	40.175
20	48.9	50.727	-1.827	-0.184	44.205	57.250	28.156	73.299
21	22.1	27.461	-5.361	-0.536	21.671	33.251	5.090	49.831

22	11.1	0.233	10.867	1.354	-13.486	13.953	-25.362	25.829
23	8.6	22.627	-14.027	-1.395	17.181	28.073	0.344	44.911
24	48.9	48.961	-0.061	-0.006	42.722	55.200	26.470	71.452
25	22.1	27.005	-4.905	-0.490	21.220	32.790	4.636	49.374

求x1=50, x2=100, x5=10時，日均營業額的點預測值、信賴區間和預測區間（新值預測）

```
> model2<-lm(y~x1+x2+x5,data=example10_1)
> x0<-data.frame(x1=50,x2=100,x5=10)
> predict(model2,newdata=x0)
        1
 17.88685
```

```
>predict(model2,data.frame(x1=50,x2=100,x5=10),interval="confidence",
level=0.95)
        fit       lwr       upr
1   17.88685   10.98784   24.78585
```

```
>predict(model2,data.frame(x1=50,x2=100,x5=10),interval="prediction
",level=0.95)
        fit       lwr       upr
1   17.88685   -4.795935   40.56963
```

10-6　虛擬變數迴歸

前面介紹的迴歸自變數都是數值型的。但實際問題中，有時需要利用類別自變數來處理問題，比如，性別（男、女）、貸款企業的類型（家電、醫藥、其他）。由於這些類別變數的取值本身是用文字來描述的，要把它們放進迴歸模型中，必須先將文字用代碼來表示，這種代碼化的類別自變數稱為**虛擬變數**（dummy variable）或稱**啞變數**。在迴歸模型中使用虛擬變數時，稱為虛擬變數迴歸或稱啞變數迴歸。

10.6.1 在模型中引入虛擬變數

如何將虛擬變數引入迴歸模型中呢？當類別自變數只有兩個水準（取值）時，比如，性別（男、女），可在迴歸中引入一個虛擬變數；當類別自變數有兩個以上水準時，比如，服務企業的類型（零售業、旅遊業、航空業等），需要在迴歸模型中引進一個以上的虛擬變數。一般而言，如果類別自變數有k個水準，需要在迴歸模型中引進$k-1$個虛擬變數。對於有k個水準的類別自變數，引進的虛擬變數表示為：

$$x_1 = \begin{cases} 1 & \text{水準1} \\ 0 & \text{其他水準} \end{cases}, \quad x_2 = \begin{cases} 1 & \text{水準2} \\ 0 & \text{其他水準} \end{cases}, \quad \cdots, \quad x_{k-1} = \begin{cases} 1 & \text{水準}k-1 \\ 0 & \text{其他水準} \end{cases}$$

下面透過一個例子，說明如何引進虛擬變數。

例 10-7

為研究考試分數與性別之間的關係，隨機抽取10名學生，得到統計學的考試分數如表10-11所示。

表 10-11　10名學生的統計學考試分數

考試分數（y）	性別	性別（x）
96	女	0
68	男	1
51	男	1
78	女	0
81	女	0
72	男	1
76	女	0
45	男	1
65	女	0
95	女	0

解：為將「性別」這一變數引入迴歸模型，需要引進下面的虛擬變數：

$$x=\begin{cases}1 & \text{男性} \\ 0 & \text{女性}\end{cases}$$

　　對於性別變數的兩個水準（男、女），將哪個水準指定為1，哪個水準指定為0完全是任意的。這裡將男性指定為1，女性指定為0，引入虛擬變數的資料如表10-11的最後一列所示。

▌ 10.6.2　含有一個虛擬變數的迴歸

　　下面透過一個例子，說明將一個虛擬變數引入迴歸模型後，如何來解釋迴歸結果。

例 10-8　（資料：example10_8.RData）

　　沿用例10-1。假定在分析影響日均營業額的因素中，再考慮「交通方便程度」變數，並設其取值為「方便」和「不方便」。為便於理解，原來的五個自變數，這裡只保留用餐平均支出一個數值自變數。假定調查得到的資料如表10-12所示。

表 10-12　25 家餐館的日均營業額、用餐平均支出和交通方便程度

餐館編號	日均營業額（萬元） y	用餐平均支出（元／人） $x1$	交通方便程度 $x2$
1	53.2	168.6	方便
2	18.5	22.5	方便
3	11.3	109.4	不方便
4	84.7	277.0	方便
5	7.3	17.4	不方便
6	17.9	93.0	方便
7	2.5	21.5	不方便
8	27.3	114.5	方便
9	5.9	61.3	不方便
10	23.9	129.8	方便
11	69.4	159.4	方便
12	20.6	91.0	方便
13	1.9	6.1	不方便
14	3.0	60.3	不方便

餐館編號	日均營業額（萬元）y	用餐平均支出（元/人）x1	交通方便程度 x2
15	7.3	51.1	不方便
16	46.2	73.6	方便
17	78.8	171.7	方便
18	11.1	38.8	不方便
19	8.6	105.3	不方便
20	48.9	161.5	不方便
21	22.1	122.6	不方便
22	11.1	38.8	方便
23	8.6	105.3	不方便
24	48.9	161.5	不方便
25	22.1	122.6	不方便

建立以下兩個模型，並比較引入虛擬變數和不引入虛擬變數對迴歸結果的影響。

(1)日均營業額與用餐平均支出的一元迴歸模型。

(2)日均營業額與用餐平均支出和交通方便程度的二元迴歸模型。

解：日均營業額與用餐平均支出一元迴歸的R程式和結果，如文字框10-13所示。

文字框 10-13　日均營業額與用餐平均支出的一元迴歸

```
# 建立一元迴歸模型
> load("C:/example/ch10/example10_8.RData")
> model_s<-lm(日均營業額~用餐平均支出,data=example10_8)
> summary(model_s)
```

Call:

lm(formula = 日均營業額 ~ 用餐平均支出, data = example10_8)

Residuals:

Min	1Q	Median	3Q	Max
-19.7604	-10.7832	0.7195	4.3343	28.9301

Coefficients:

	Estimate	Std. Error	t value	Pr(>|t|)	
(Intercept)	-5.75023	5.25068	-1.095	0.285	
用餐平均支出	0.32394	0.04482	7.227	2.34e-07	***

Signif. codes: 0 '***' 0.001 '**' 0.01 '*' 0.05 '.' 0.1 ' ' 1

Residual standard error: 13.9 on 23 degrees of freedom

Multiple R-squared: 0.6943,   Adjusted R-squared: 0.681

F-statistic: 52.23 on 1 and 23 DF, p-value: 2.343e-07

變異數分析表

```
> anova(model_s)
```

Analysis of Variance Table

Response: 日均營業額

	Df	Sum Sq	Mean Sq	F value	Pr(>F)	
用餐平均支出	1	10085.9	10085.9	52.228	2.343e-07	***
Residuals	23	4441.6	193.1			

Signif. codes: 0 '***' 0.001 '**' 0.01 '*' 0.05 '.' 0.1 ' ' 1

　　文字框10-13列出的R^2=69.43，表示用餐平均支出解釋了日均營業額誤差的69.43%；F檢定的P=2.343e-07，表示模型顯著；迴歸係數 $\hat{\beta}_1$=0.32394，表示用餐平均支出每變動1元，日均營業額平均變動0.32394萬元。

　　現在建立引入「交通方便程度」這一類別變數的二元迴歸模型，看看對迴歸結果有什麼影響。設用餐平均支出為x_1、交通方便程度為x_2，引入下面的虛擬變數：

$$x_2 = \begin{cases} 1 & 方便 \\ 0 & 不方便 \end{cases}$$

用虛擬變數迴歸的R程式和結果，如文字框10-14所示。

文字框 10-14　虛擬變數迴歸

 # 日均營業額與用餐平均支出和交通方便程度的二元迴歸

```
> load("C:/example/ch10/example10_8.RData")
> model_dummy<-lm(日均營業額~用餐平均支出+交通方便程度,data=example10_8)
> summary(model_dummy)
```

Call:

lm(formula = 日均營業額 ~ 用餐平均支出 + 交通方便程度, data = example10_8)

Residuals:

Min	1Q	Median	3Q	Max
-19.443	-11.579	-1.256	8.607	23.456

Coefficients:

	Estimate	Std. Error	t value	Pr(>|t|)	
(Intercept)	-8.45413	4.69817	-1.799	0.08568	.
用餐平均支出	0.28641	0.04145	6.909	6.15e-07	*
交通方便程度	14.62088	5.17802	2.824	0.00989	**

Signif. codes: 0 '***' 0.001 '**' 0.01 '*' 0.05 '.' 0.1 ' ' 1

Residual standard error: 12.17 on 22 degrees of freedom

Multiple R-squared: 0.7756,　Adjusted R-squared: 0.7552

F-statistic: 38.02 on 2 and 22 DF, p-value: 7.269e-08

 # 變異數分析表

```
> anova(model_dummy)
```

Analysis of Variance Table

Response: 日均營業額

	Df	Sum Sq	Mean Sq	F value	Pr(>F)	
用餐平均支出	1	10085.9	10085.9	68.062	3.529e-08	***
交通方便程度	1	1181.5	1181.5	7.973	0.009889	**
Residuals	22	3260.1	148.2			

Signif. codes: 0 '***' 0.001 '**' 0.01 '*' 0.05 '.' 0.1 ' ' 1

注：
模型中交通方便程度為"方便"時x2=1，"不方便"時x2=0。

由文字框10-14的輸出結果，得到的二元迴歸方程為：

$\hat{y}=-8.45413+0.28641\times$日均營業額$+14.62088\times$交通方便程度

模型檢定的$P=7.269e-08$，表示日均營業額與用餐平均支出和交通方便程度的二元迴歸模型顯著。檢定「交通方便程度」這一類別變數的$P=0.009889$，表示它對日均營業額的影響顯著。檢定平均用餐支出的$P=3.529e-08$，表示平均用餐支出對日均營業額的影響顯著。調整的決定係數$R_a^2=0.7552=75.52\%$，表示用餐平均支出和交通方便程度共同解釋了日均營業額誤差的75.52%，比不加入交通方便程度變數時的$R^2=69.43$高出了6.09%（75.52%－69.43%）。從變異數分析表可以看出，交通方便程度（Sum Sq=1181.5）對營業額的誤差貢獻顯著，這表示交通方便程度是影響日均營業額的一個顯著因素。

為解釋迴歸方程中各係數的涵義，先考察含有一個數值自變數（用餐平均支出x_1）和一個虛擬變數（交通方便程度x_2）的迴歸方程$E(y)=\beta_0+\beta_1 x_1+\beta_2 x_2$。

當方程中含有一個虛擬變數時，為合理地解釋β_1和β_2，先考慮$x_2=1$（交通為「方便」）的情形，用$E(y|方便)$表示已知交通為「方便」時的日均營業額，則有：

$E(y|方便)=\beta_0+\beta_1 x_1+\beta_2\times 1=(\beta_0+\beta_2)+\beta_1 x_1$

同樣，對於交通為「不方便」（$x_2=0$）時，則有：

$E(y|不方便)=\beta_0+\beta_1 x_1+\beta_2\times 0=\beta_0+\beta_1 x_1$

透過比較可以看到，這兩個方程的斜率都是β_1，但截距則不同。交通「方便」時，方程的截距是（$\beta_0+\beta_2$）；交通「不方便」時，方程的截距是β_0。

β_0表示交通「不方便」時的期望日均營業額。

$\beta_0+\beta_2$表示交通「方便」時的期望日均營業額。

β_1表示平均用餐支出每變動1元，交通「方便」或交通「不方便」時日均營業額的平均增加值。

β_2表示交通「方便」時的期望營業額與交通「不方便」時的期望營業額之間的差值，即（$\beta_0+\beta_2$）$-\beta_0=\beta_2$。

如果β_2是正的，表示交通「方便」時的日均營業額高於交通「不方便」時的日均營業額；如果β_2是負的，表示交通「方便」時的日均營業額低於交通「不方便」時的日均營業額；如果$\beta_2=0$，表示交通「方便」時的日均營業額與交通「不方便」時的日均營業額之間沒有差別。

根據本例得到的二元迴歸方程可知：

$\hat{\beta}_0=-8.45413$表示交通「不方便」時，日均營業額的期望值為-8.45413萬元。

$\hat{\beta}_0+\hat{\beta}_2=-8.45413+14.62088=6.16675$ 表示交通「方便」時，日均營業額的期望值為6.16675萬元。

$\hat{\beta}_1=0.28641$表示平均用餐支出每變動1元，交通「方便」或交通「不方便」時，日均營業額的平均增加值為0.28641萬元。

$\hat{\beta}_2=14.62088$表示交通「方便」時，日均營業額的期望值比交通「不方便」時，日均營業額的期望值高14.62088萬元。

因此，當$x_2=0$（交通「不方便」）時，有：

$\hat{y}=-8.45413+0.28641x_1$

當$x_2=1$（交通「方便」）時，有：

$\hat{\beta}_0+\hat{\beta}_2=(-8.45413+14.62088)+0.28641x_1=6.16675+0.28641x_1$

實際上，將「交通方便程度」作為虛擬變數引入模型，則為預測日均營業額提供了兩個方程：一個對應於交通「方便」時的日均營業額，一個對應於交通「不方便」時的日均營業額。這兩個方程的唯一區別是截距不同，而它們的截距差值正是交通「方便」時和交通「不方便」時的日均營業額期望值的差值（14.62088萬元）。

最後，根據日均營業額與用餐平均支出和交通方便程度的二元迴歸方程來預測日均營業額。R程式和結果，如文字框10-15所示。

文字框 10-15　虛擬變數迴歸預測

```
# 預測值和預測殘差
> model_dummy<-lm(日均營業額~用餐平均支出+交通方便程度,data=example10_8)
> pre_model_dummy<-model_dummy$fitted.values
> res_model_dummy<-model_dummy$residuals
```

```
> mysummary<-data.frame(example10_8,點預測值=pre_model_dummy,殘差
=res_model_dummy)
> mysummary
```

	餐館編號	日均營業額	用餐平均支出	交通方便程度	點預測值	殘差
1	1	53.2	168.6	方便	54.456103	-1.2561034
2	2	18.5	22.5	方便	12.611060	5.8889400
3	3	11.3	109.4	不方便	22.879533	-11.5795332
4	4	84.7	277.0	方便	85.503350	-0.8033499
5	5	7.3	17.4	不方便	-3.470528	10.7705283
6	6	17.9	93.0	方便	32.803227	-14.9032268
7	7	2.5	21.5	不方便	-2.296232	4.7962321
8	8	27.3	114.5	方便	38.961122	-11.6611216
9	9	5.9	61.3	不方便	9.103034	-3.2030337
10	10	23.9	129.8	方便	43.343251	-19.4432514
11	11	69.4	159.4	方便	51.821097	17.5789027
12	12	20.6	91.0	方便	32.230399	-11.6303993
13	13	1.9	6.1	不方便	-6.707003	8.6070033
14	14	3.0	60.3	不方便	8.816620	-5.8166200
15	15	7.3	51.1	不方便	6.181614	1.1183862
16	16	46.2	73.6	方便	27.246801	18.9531993
17	17	78.8	171.7	方便	55.343986	23.4560140
18	18	11.1	38.8	不方便	2.658725	8.4412749
19	19	8.6	105.3	不方便	21.705237	-13.1052370
20	20	48.9	161.5	不方便	37.801688	11.0983123
21	21	22.1	122.6	不方便	26.660194	-4.5601943
22	22	11.1	38.8	方便	17.279604	-6.1796035
23	23	8.6	105.3	不方便	21.705237	-13.1052370
24	24	48.9	161.5	不方便	37.801688	11.0983123
25	25	22.1	122.6	不方便	26.660194	-4.5601943

　　下面對增加了交通方便程度這一虛擬變數的迴歸模型與只包含用餐平均支出這一自變數的迴歸模型進行比較，看看增加這一變數對預測效果是否有顯著影響。模型比較的R程式和結果，如文字框10-16所示。

文字框 10-16　迴歸模型的比較

 # 用anova比較只含有用餐平均支出一個變數和增加交通方便程度虛擬變數的迴歸模型

```
> model_s<-lm(日均營業額~用餐平均支出,data=example10_8)
> model_dummy<-lm(日均營業額~用餐平均支出+交通方便程度,data=example10_8)
> anova(model_s,model_dummy)
```

Analysis of Variance Table

Model 1: 日均營業額 ~ 用餐平均支出
Model 2: 日均營業額 ~ 用餐平均支出 + 交通方便程度

	Res.Df	RSS	Df	Sum of Sq	F	Pr(>F)
1	23	4441.6				
2	22	3260.1	1	1181.5	7.973	0.009889 **

Signif. codes: 0 '***' 0.001 '**' 0.01 '*' 0.05 '.' 0.1 ' ' 1

注：

Model1= model_s；Model2=model_dummy

 # 用AIC準則比較

```
> AIC(model_s, model_dummy)
```

	df	AIC
model_s	3	206.4443
model_dummy	4	200.7130

由於$P=0.009889$，拒絕H_0，表示兩個模型有顯著差異。而且model_dummy的AIC也較小。這意味著加入交通方便程度這一虛擬變數的模型，對預測效果有顯著作用。因此，可選用含虛擬變數的迴歸模型作為最終的預測模型。

本章圖解

多元線性迴歸的建模過程

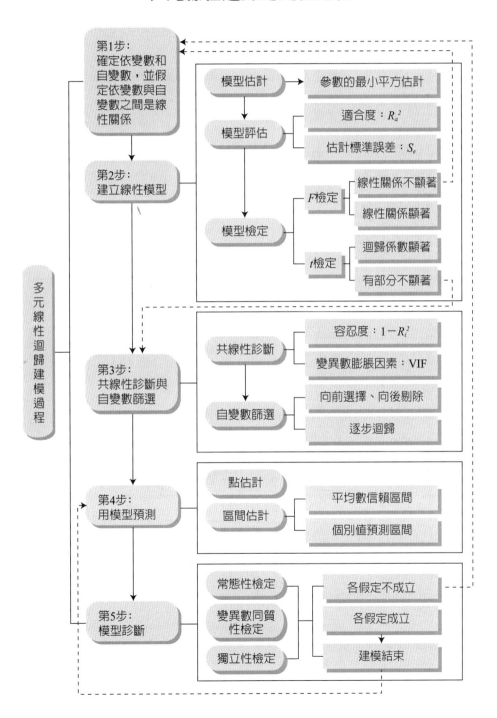

主 要 術 語

● **多元線性迴歸模型**（multiple linear regression model）：描述依變數y如何依賴於自變數x_1, x_2, $\cdots$, x_k和誤差項ε的方程。一般形式為：$y=\beta_0+\beta_1 x_1+\beta_2 x_2+\cdots+\beta_k x_k+\varepsilon$。

● **估計的多元線性迴歸方程**（estimated multiple linear regression equation）：根據樣本資料求出的多元迴歸方程的估計。一般形式為：$\hat{y}=\hat{\beta}_0+\hat{\beta}_1 x_1+\hat{\beta}_2 x_2+\cdots+\hat{\beta}_k x_k$。

● **多重決定係數**（multiple coefficient of determination）：多元線性迴歸中，迴歸平方和占總平方和的比例，反映依變數y的誤差中能被估計的多元迴歸方程所解釋的比例。

● **調整的多重決定係數**（adjusted multiple coefficient of determination）：用樣本量n和自變數的個數k調整的決定係數，記為R_a^2。

● **多重共線性**（multicollinearity）：迴歸模型中，兩個或兩個以上的自變數彼此相關。

● **巢套模型**（nested model）：在迴歸模型中，如果一個模型包含了另一個模型的所有項，並且至少有一個額外項，稱這兩個模型是巢套模型。

● **完全模型**（full model）：在巢套模型中，包含所有項的模型。

● **簡化模型**（reduced model）：相對完全模型較簡單的模型。

● **虛擬變數**（dummy variable）：又稱啞變數，用數位代碼表示的迴歸模型中的類別自變數。

思考與練習

一、思考題

10.1 簡述多元線性迴歸建模的基本步驟。

10.2 解釋多重決定係數和調整的多重決定係數的涵義和作用。

10.3 解釋多重共線性的涵義。

10.4 多重共線性對迴歸模型有哪些影響？

10.5 多重共線性的判別方法主要有哪些？

10.6 在多元線性迴歸中，選擇自變數的方法有哪些？

10.7 如何分析各自變數在預測中的相對重要性？

10.8 簡要說明模型比較的作用和步驟。

10.9 解釋虛擬變數迴歸中各參數的涵義。

二、練習題

10.1 一家電氣銷售公司的管理人員認為，每月的銷售額是廣告費用的函數，並想透過廣告費用對月銷售額做出估計。下面是近8個月的銷售額與廣告費用資料：

月銷售收入 y（萬元）	電視廣告費用 x_1（萬元）	報紙廣告費用 x_2（萬元）
960	50	15
900	20	20
950	40	15
920	25	25
950	30	33
940	35	23
940	25	42
940	30	25

⑴ 用月銷售額作依變數，電視廣告費用作自變數，建立估計的迴歸方程。

⑵ 用月銷售額作依變數，電視廣告費用和報紙廣告費用作自變數，建立估計的迴歸方程，並說明迴歸係數的意義。

⑶ 上述⑴和⑵所建立的估計方程，電視廣告費用的係數是否相同？對其迴歸係數分別進行解釋。

(4)根據(1)和(2)所建立的估計方程，解釋它們的R^2的意義。

10.2 某農場透過試驗取得早稻收穫量與春季降雨量和春季溫度的資料如下：

收穫量 y（kg/hm^2）	降雨量 x_1（mm）	溫度 x_2（℃）
2250	25	6
3450	33	8
4500	45	10
6750	105	13
7200	110	14
7500	115	16
8250	120	17

(1)建立早稻收穫量對春季降雨量和春季溫度的二元線性迴歸方程，並對迴歸模型的線性關係和迴歸係數進行檢定（$\alpha=0.05$），你認為模型中是否存在多重共線性？

(2)比較降雨量和溫度在預測收穫量中的相對重要性。

10.3 為分析影響逾期放款的因素，一家商業銀行在所屬的多家分行中隨機抽取25家，得到逾期放款、貸款餘額、累計應收貸款、貸款項目個數、固定資產投資等有關資料如下。

逾期放款 （億元）	貸款餘額 （億元）	累計應收貸款 （億元）	貸款項目個數 （個）	固定資產投資 （億元）
0.9	67.3	6.8	5	51.9
1.1	111.3	19.8	16	90.9
4.8	173.0	7.7	17	73.7
3.2	80.8	7.2	10	14.5
7.8	199.7	16.5	19	63.2
2.7	16.2	2.2	1	2.2
1.6	107.4	10.7	17	20.2
12.5	185.4	27.1	18	43.8
1.0	96.1	1.7	10	55.9
2.6	72.8	9.1	14	64.3
0.3	64.2	2.1	11	42.7
4.0	132.2	11.2	23	76.7
0.8	58.6	6.0	14	22.8
3.5	174.6	12.7	26	117.1
10.2	263.5	15.6	34	146.7
3.0	79.3	8.9	15	29.9
0.2	14.8	0.6	2	42.1

逾期放款 （億元）	貸款餘額 （億元）	累計應收貸款 （億元）	貸款項目個數 （個）	固定資產投資 （億元）
0.4	73.5	5.9	11	25.3
1.0	24.7	5.0	4	13.4
6.8	139.4	7.2	28	64.3
11.6	368.2	16.8	32	163.9
1.6	95.7	3.8	10	44.5
1.2	109.6	10.3	14	67.9
7.2	196.2	15.8	16	39.7
3.2	102.2	12.0	10	97.1

⑴用逾期放款作依變數，建立多元線性迴歸模型。

⑵用逐步迴歸建立迴歸模型。

⑶比較四個自變數在逾期放款中的相對重要性。

⑷用anova和AIC兩種方法對模型進行比較和分析。

10.4 為分析某行業中的薪水有無性別歧視，從該行業中隨機抽取15名員工，有關的資料如下：

月薪（元）y	年資（年）x_1	性別 x_2
6548	3.2	男
6629	3.8	男
6011	2.7	女
6229	3.4	女
6746	3.6	男
6528	4.1	男
6018	3.8	女
6190	3.4	女
6551	3.3	男
5985	3.2	女
6610	3.5	男
6432	2.9	男
6215	3.3	女
5990	2.8	女
6585	3.5	男

⑴建立月薪與年資的一元迴歸模型。

⑵建立月薪與年資和性別的二元迴歸模型。

⑶對兩個模型進行比較，看看引入性別這一虛擬變數對預測月薪是否有用。

## 第 11 章

時間序列預測

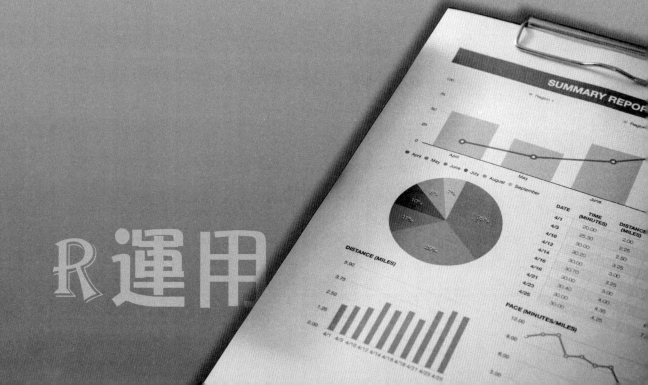

問 題 與 思 考

如何預測社會消費品零售總額

　　社會消費品零售總額是企業（政府部門、個人）透過交易直接售給個人、社會團體非生產、非經營用的實物商品金額，以及提供餐飲服務所取得的收入金額。

　　各年度的社會消費品零售總額不僅反映了一個社會當期的消費水準，也能反映出消費的成長潛力和趨勢，進而反映出對經濟的拉動程度，因而成為總體經濟政策制定的一個重要參考指標。合理預測社會消費品零售總額，對政策的制定有重要參考價值。下面的圖形是中國2002年1月至2013年12月期間，各月社會消費品零售總額（單位：億元）的走勢。

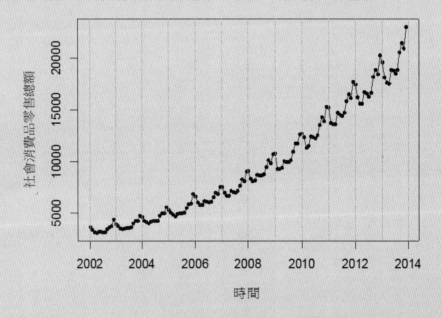

時間

　　如何預測下個年度各月的社會消費品零售總額？首先需要弄清楚它在2002年1月至2013年12月過去的這段時間裡是如何變化的，找出其變化的模式。如果預期過去的變化模式在未來的一段時間裡能夠延續，就可以根據這一模式找到適當的預測模型進行預測。本章將介紹相關時間序列的預測問題。

企業明年的銷售額會達到多少？下個月的汽車銷售價格會下降嗎？這支股票明天會上漲嗎？現實生活中經常會關心以後的事，也就是要對未來做出預測。而做出預測的依據之一是這些現象在過去的一段時間裡是如何變化的，這就需要考察時間序列的變化模式，並假定這種模式在未來一段時間會得到延續，進而建立適當的模型進行預測。

11-1　時間序列的成分和預測方法

時間序列（times series）是按時間順序記錄的一組資料。其中觀察的時間可以是年分、季度、月分或其他任何時間形式。爲便於表述，本章中用 t 表示所觀察的時間，$\hat{Y}_t$ (t=1, 2, …, n) 表示在時間 t 上的觀測值。

▌11.1.1　時間序列的成分

時間序列的變化可能受一種或幾種因素的影響，導致它在不同時間上取值的差異，這些影響因素就是時間序列的組成要素（components）。一個時間序列通常由四種要素組成，即趨勢、季節變動、循環波動和不規則波動。

趨勢（trend）是時間序列在一段較長時期內，呈現出來的持續向上或持續向下的變動。比如，可以想像一個地區的GDP是年年增長的，一個企業的生產成本是逐年下降的，這些都是趨勢。趨勢在一定觀察期間內可能是線性變化，但隨著時間的推移也可能呈現出非線性變化。

季節變動（seasonal fluctuation）是時間序列呈現出的以年爲週期長度的固定變動模式，這種模式年復一年重複出現。它是諸如氣候條件、生產條件、節（假）日或人們的風俗習慣等各種因素影響的結果。農業生產、交通運輸、旅遊、商品銷售等，都有明顯的季節變動特徵。比如，一個商場在節（假）日的打折促銷會使銷售額增加，鐵路和航空客運在節（假）日會面臨客流量高峰，一個水利發電企業會因水流高峰的到來而使發電量猛增，這些都是因爲季節變化引起的。

循環波動（cyclical fluctuation）也稱週期波動，它是時間序列呈現出的非固定長度的週期性變動。比如，人們經常聽到的景氣週期、升息週期這類術語就是所謂的循環波動。循環波動的週期可能會持續一段時間，但與趨勢不同，它不是朝著單一方向的持續變動，而是漲跌相間的交替波動，比如經濟從低谷到高峰，又從高峰慢慢滑入低谷，爾後又慢慢回升；它也不同於季節變動，季節變動有比較固定的規律，且變動週期爲一年，而循環波動則無固定規律，變動週期多在一年以上，且週期長短不一。觀察週期波動需要非常長的時間序列資料，就大多數商務與經濟資料而言，由於資料量的限制，難以找出波動的週期，因此，當序列較短時，可不必考慮週期波動。

　　不規則波動（irregular variations）也稱隨機波動，它是時間序列中除去趨勢、季節變動和週期波動之後剩餘的波動。隨機波動是由一些偶然因素引起的，通常總是夾雜在時間序列中，致使時間序列產生一種波浪形或振盪式變動。隨機波動的因素不可預知，也不能控制，因此在分析時通常不予以單獨考慮。

　　時間序列的四個組成部分，即趨勢（T）、季節變動（S）、循環波動（C）和不規則波動（I）與觀測值的關係，可以用**加法模型**（additive model）表示，也可以用**乘法模型**（multiplicative model）表示。加法模型的表現形式爲：

$$Y_t=T_t+S_t+C_t+I_t \tag{11.1}$$

乘法模型的表現形式爲：

$$Y_t=T_t\times S_t\times C_t\times I_t \tag{11.2}$$

下面的圖11-1，顯示了含有不同成分的時間序列圖。

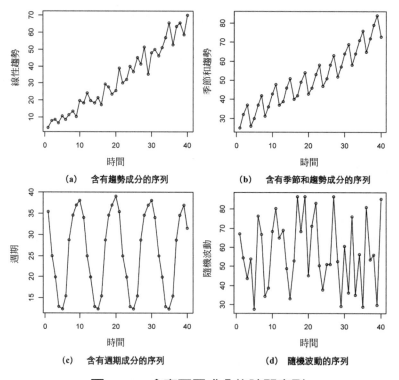

圖 11-1　含有不同成分的時間序列

一個時間序列可能由一種成分組成，也可能同時含有幾種成分。觀察時間序列的圖形，可以大致判斷時間序列所包含的成分。下面透過幾個實際的時間序列，來觀察其所包含的成分。

例 11-1 （資料：example11_1.RData）

表11-1是2000年至2012年中國啤酒產量、人均GDP、煤炭占能源消費總量的比重和CPI（居民消費價格指數）的時間序列。繪製圖形觀察其所包含的成分。

表 11-1　2000-2012 年中國的啤酒產量等時間序列

年分	啤酒產量（萬公秉）	人均 *GDP*（元）	煤炭占能源消費總量的比重 *(%)*	*CPI*（上年 =100）
2000	2231.3	7857.7	69.2	100.4
2001	2288.9	8621.7	68.3	100.7
2002	2402.7	9398.1	68.0	99.2
2003	2540.5	10542.0	69.8	101.2
2004	2948.6	12335.6	69.5	103.9
2005	3126.1	14185.4	70.8	101.8
2006	3543.6	16499.7	71.1	101.5
2007	3954.1	20169.5	71.1	104.8
2008	4156.9	23707.7	70.3	105.9
2009	4162.2	25607.5	70.4	99.3
2010	4490.2	30015.0	68.0	103.3
2011	4834.5	35197.8	68.4	105.4
2012	4778.6	38459.5	66.6	102.6

資料來源：中國國家統計局網站：www.stats.gov.cn。人均GDP資料按當年價格計算。

解：繪製四個時間序列圖的R程式和結果，如文字框11-1所示。

文字框 11-1　繪製時間序列圖

```
# 表11-1資料的時間序列圖
> load("C:/example/ch11/example11_1.RData")
> example11_1<-ts(example11_1,start=2000)
```

```
> par(mfcol=c(1,2),cex=0.8,mai=c(.6,.6,.1,.1))
> plot(example11_1[,2],xlab="時間",ylab="啤酒產量",type="n")
> grid()
> points(example11_1[,2],type='o',xlab="時間",ylab="啤酒產量")
> plot(example11_1[,3],xlab="時間",ylab="人均GDP",type="n")
> grid()
> points(example11_1[,3],type='o',xlab="時間",ylab="人均GDP")
> plot(example11_1[,4],xlab="時間",ylab="煤炭占能源消費總量的比重
",type="n")
> grid()
> points(example11_1[,4],type='o',xlab="時間",ylab="煤炭占能源消費總量
的比重")
> plot(example11_1[,5],xlab="時間",ylab="CPI",type="n")
> grid()
> points(example11_1[,5],type='o',xlab="時間",ylab="CPI")
```

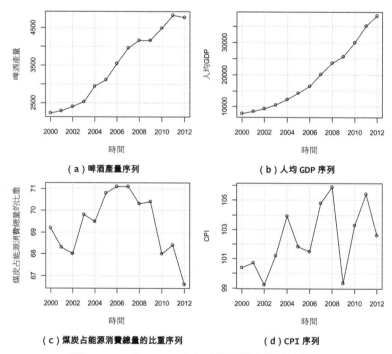

圖 11-2　表 11-1 中 4 個時間序列的線圖

注：

由於本圖增加了格線，使程式多出很多行，不需要時可以省略。

從圖11-2可以看出，啤酒產量序列呈現一定的線性趨勢；人均GDP序列則呈現一定的指數變化趨勢；煤炭占能源消費總量的比重序列則呈現出一定的多次曲線變化；CPI序列則沒有明顯的變化模式，呈現出一定的隨機波動。

■ 11.1.2 預測方法的選擇與評估

選擇什麼樣的方法進行預測，首先取決於歷史資料的變化模型，即時間序列所包含的成分；其次，取決於所能獲得的歷史資料的多少，有些方法只有少量的資料就能進行預測，而有些方法則要求的資料較多；最後，方法的選擇還取決於所要求的預測期的長短，有些方法只能進行短期預測，有些則可進行相對長期的預測。下面的表11-2列出了本章介紹的預測方法及其所適合的資料模式、對資料的要求和預測期的長短等。

表 11-2 預測方法的選擇

預測方法	適合的資料模式	對資料的要求	預測期
簡單指數平滑	隨機波動	5 個以上	短期
Holt 指數平滑	線性趨勢	5 個以上	短期至中期
一元線性迴歸	線性趨勢	10 個以上	短期至中期
指數模型	非線性趨勢	10 個以上	短期至中期
多項式函數	非線性趨勢	10 個以上	短期至中期
Winter 指數平滑	趨勢和季節成分	至少有四個週期的季度或月分資料	短期至中期
分解預測	趨勢、季節和循環成分	至少有四個週期的季度或月分資料	短期、中期、長期

在選擇出預測方法並利用該種方法進行預測後，反過來需要對所選擇的方法進行評估，以確定所選擇的方法是否合適。

一種預測方法的好壞，取決於預測誤差的大小。預測誤差是預測值與實際值的差值，度量方法有**平均誤差**（mean error）、**平均絕對誤差**（mean absolute deviation）、**均方誤差**（mean square error）、**平均百分比誤差**（mean percentage error）和**平均絕對百分比誤差**（mean absolute percentage error）等，其中較為常用的是均方誤差。對於同一個時間序列有幾種可供選擇的預測方法時，以預測誤差最小者為宜。

均方誤差是誤差平方和的平均數，用MSE表示，計算公式為：

$$MSE = \frac{\sum_{i=1}^{n}(Y_i - F_i)^2}{n}$$ （11.3）

式中，Y_i是第i期的實際值，F_i是第i期的預測值，n爲預測誤差的個數。

11-2　指數平滑預測

指數平滑預測是利用時間序列的平滑值進行預測的方法，因而也稱爲平滑法。根據時間序列所包含成分的不同，有不同的平滑預測模型。

11.2.1　指數平滑模型的一般表達

如果一個時間序列包含趨勢、季節和隨機成分，設季節週期長度爲p（季度資料$p=4$，月分資料$p=12$），指數平滑加法模型（R稱之爲Holt-Winters指數平滑模型）的一般運算式爲：

$$\hat{Y}_{t+h}=a_t+h\times b_t+s_{t-p+h}$$ （11.4）

式中各符號的涵義爲：

$\hat{Y}_{t+h}$：$t+h$期的預測值。

h：要預測的t期以後的時期數。

$a_t=\alpha(Y_t-s_{t-p})+(1-\alpha)(a_{t-1}+b_{t-1})$，即$t$期的平滑值。

$b_t=\beta(a_t-a_{t-1})+(1-\beta)b_{t-1}$，即$t$期的趨勢值。

$S_t=\gamma(Y_t-a_t)+(1-\gamma)s_{t-p}$，即$t$期的季節成分。

α、β、γ分別是模型的參數，也稱平滑係數，取值範圍均在0和1之間（含0和1）。

Y_t是t期的實際值；a_{t-1}是$t-1$期的平滑值；b_{t-1}是$t-1$期的趨勢值；S_t是t期的季節調整因子，s_{t-p}是$t-p$期的季節調整因子。

式（11.4）通常簡稱爲**Winter加法模型**（Winter's additive model），它表示預測值是隨機成分（平滑值）、趨勢成分、季節成分三者之和。因此，Winter模型通常用於含有趨勢成分和季節成分序列的預測（隨機成分自然包含在序列中）。

如果序列不含有季節成分，式（11.4）可表示爲：

$$\hat{Y}_{t+h}=a_t+h\times b_t \tag{11.5}$$

式（11.5）稱爲Holt指數平滑預測模型，通常簡稱爲**Holt模型**（Holt's model），該模型適用於對含有趨勢序列的預測。

如果序列不含有趨勢成分和季節成分，序列的波動是由隨機因素所致，式（11.4）可表示爲：

$$\hat{Y}_{t+h}=aY_t+(1-a)a_t \tag{11.6}$$

式（11.6）稱爲**簡單指數平滑**（simple exponential smoothing）模型。該模型主要用於隨機序列的平滑預測。簡單指數平滑通常只得到$t+1$的預測值。

對於季節週期長度爲p的指數平滑乘法模型（multiplicative model）的一般運算式（R稱之爲Holt-Winters乘法模型）爲：

$$\hat{Y}_{t+h}=(a_t+h\times b_t)\times s_{t-p+h} \tag{11.7}$$

式中：

$$a_t=\alpha(Y_t/s_{t-p})+(1-\alpha)(a_{t-1}+b_{t-1})]$$

$$b_t=\beta(a_t-a_{t-1})+(1-\beta)b_{t-1}$$

$$s_t=\gamma(Y_t/a_t)+(1-\gamma)s_{t-p}$$

▋ 11.2.2　簡單指數平滑預測

簡單指數平滑預測是加權平均的一種特殊形式，它是把t期的實際值Y_t和t期的平滑值a_t加權平均作爲$t+h$期的預測值，如式（11.6）所示。觀測值的時間離現時期越遠，其權數也跟著呈現指數下降，因而稱爲指數平滑。

由於在開始計算時，還沒有第1個時期的平滑值a_1，通常可以設a_1等於1期的實際值，即$a_1=Y_1$，或者設$a_1=(Y_1+Y_2+Y_3)/3$。在使用R做指數平滑預測時，系統會指定初始值$a_1=Y_1$。

使用簡單指數平滑法預測的關鍵，是確定一個合適的平滑係數α。因爲不同的α對預測結果會產生不同影響。當$\alpha=0$時，預測值僅僅是重複上一期的預測結果；當$\alpha=1$時，預測值就是上一期實際值。α越接近1，模型對時間序列變化的反應就越及時，因爲它對當前的實際值賦予了比預測值更大的權數。同樣，α越接近0，意味著對當前的預測值賦予更大的權數，因此模型對時間序列變化的反應就越慢。一般而言，當時間序列有較大的隨機波動時，宜選較小的α；如果注重於使用近期的值進行預測，宜選較大的α。但實際應用時，還應考慮預測誤差。預測時可選擇幾個α進行比較，然後找出預測誤差最小的作爲最後的α值。在使用R做指數平滑預測時，系統會自動確定一個最合適的α值。

　　簡單指數平滑法的優點是只需要少數幾個觀測值就能進行預測，方法相對較簡單，其缺點是預測值往往滯後於實際值，而且無法考慮趨勢和季節成分。

例 11-2　（資料：example11_1.RData）

　　沿用例11-1。採用簡單指數平滑模型預測2013年的CPI，並將實際值和預測值繪製成圖形進行比較。

解：觀察圖11-1（d）可知，CPI序列沒有明顯的變化模式，呈現出一定的隨機波動。因此可採用式（11.6）給出的簡單指數平滑模型做預測。R程式和結果，如文字框11-2所示。

文字框 11-2　簡單指數平滑預測

```
# 簡單指數平滑預測
> load("C:/example/ch11/example11_1.RData")
> example11_1<-ts(example11_1,start=2000)
> cpiforecast<-HoltWinters(example11_1[,5],beta=FALSE,gamma=FALSE)
> cpiforecast
Holt-Winters exponential smoothing without trend and without
seasonal component.


Call:
HoltWinters(x = example11_1[, 5], beta = FALSE, gamma = FALSE)


Smoothing parameters:
 alpha: 0.2764568
 beta : FALSE
 gamma: FALSE
```

Coefficients:

  [,1]

a 103.1286

（注：`ts(data=NA,start=1,...)`可以創建一個時間序列物件，`start`指定開始的時間。`HoltWinters(x,alpha=NULL,beta=NULL,gamma=NULL,...)`函數可以實現平滑預測，其中`alpha`為上一期觀測值的權重，當不指定時系統自己選擇合適的值，本例中選定了`0.2764568`；`beta`為`Holt-Winters`平滑的參數，當`beta=FALSE`時進行簡單指數平滑；`gamma=FALSE`時表示不考慮季節調整。）

歷史資料的擬合值

```
> cpiforecast$fitted
```

Time Series:

Start = 2001

End = 2012

Frequency = 1

	xhat	level
2001	100.4000	100.4000
2002	100.4829	100.4829
2003	100.1283	100.1283
2004	100.4246	100.4246
2005	101.3854	101.3854
2006	101.5000	101.5000
2007	101.5000	101.5000
2008	102.4123	102.4123
2009	103.3765	103.3765
2010	102.2495	102.2495
2011	102.5399	102.5399
2012	103.3306	103.3306

注：

預設預測區間是從第二期開始到結束，本例是從2001年到2012年，預測值保存在`fitted`變數中。

觀測值和擬合值圖

```
> plot(example11_1[,5],type='o',xlab="時間",ylab="CPI")
>lines(example11_1[,1][-1],cpiforecast$fitted[,1],type='o',lty=2,col
="blue")
> legend(x="topleft",legend=c("觀測值","擬合值"),lty=1:3)
```

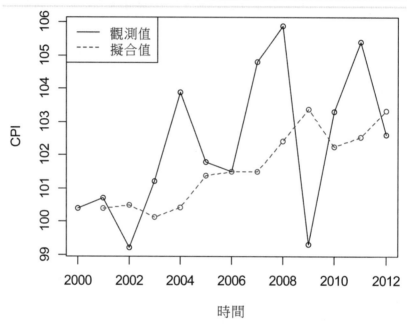

圖 11-3　CPI 的觀測值與簡單指數平滑擬合值

獲得樣本外的預測值

```
> library(forecast)
> cpiforecast1<-forecast.HoltWinters(cpiforecast,h=1)
> cpiforecast1
```

	Point Forecast	Lo 80	Hi 80	Lo 95	Hi 95
2013	103.1286	100.224	106.0332	98.68641	107.5709

```
> plot(cpiforecast1,type='o',lty=2,xlab="時間",ylab="CPI",main="")
```

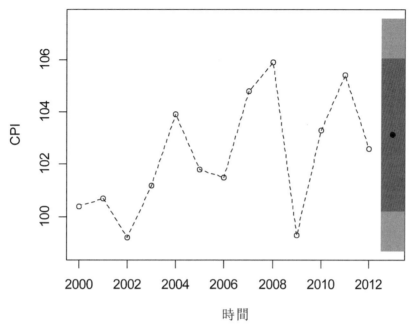

圖 11-4　CPI 的觀測值與簡單指數平滑預測值

注：
利用forecast程式套件中的forecast.HoltWinters()函數，可以得到樣本區間外任意期的預測值，本例中h=1是預測下一年（即2013年）的值。在列出預測值時，還列出了預測值的80%和95%的信賴區間，在圖中用陰影標出。

圖11-4中的虛線是CPI觀測值，圓點是2013年預測值，灰色區域是預測值的信賴區間，其中淺灰色區域是95%的信賴區間，深灰色區域是80%的信賴區間。

11.2.3　Holt 指數平滑預測

Holt指數平滑預測是以其提出者C. C. Holt的名字而命名的，通常簡稱為Holt模型。當時間序列存在趨勢時，簡單指數平滑的預測結果總是滯後於實際值。而Holt模型則改進了簡單指數平滑的弱點，它將趨勢成分也考慮進來，用平滑值對序列的線性趨勢進行修正，建立線性平滑模型進行預測。Holt模型見式（11.5）。

例 11-3　（資料：example11_1.RData）

　　沿用例11-1。用Holt指數平滑模型預測2013年的啤酒產量，並將實際值和預測值繪製成圖形進行比較。

解：觀察圖11-1（a）可以看出，啤酒產量具有明顯的線性趨勢，因此可採用Holt指數平滑模型進行預測。R程式和結果，如文字框11-3所示。

文字框 11-3　Holt 指數平滑預測

```
# Holt指數平滑預測
> load("C:/example/ch11/example11_1.RData")
> example11_1<-ts(example11_1,start=2000)
> beerforecast<-HoltWinters(example11_1[,2],gamma=FALSE)
> beerforecast
```

Holt-Winters exponential smoothing with trend and without seasonal component.

Call:

Holtwinters(x = example11_1[, 2], gamma = FALSE)

Smoothing parameters:
 alpha: 1
 beta : 0.2963404
 gamma: FALSE

Coefficients:
　　[,1]
a 4778.6000
b 170.3391

　（注：設定函數Holtwinters()的參數gamma=FALSE可以實現Holt指數平滑預測，可以看到模型選擇了alpha=1，beta= 0.2963404。）

擬合圖

```
> plot(example11_1[,2],type='o',xlab="時間",ylab="啤酒產量")
>lines(example11_1[,1][c(-1,-2)],beerforecast$fitted[,1],type='o',lty=2,col="blue")
> legend(x="topleft",legend=c("觀測值","擬合值"),lty=1:2)
```

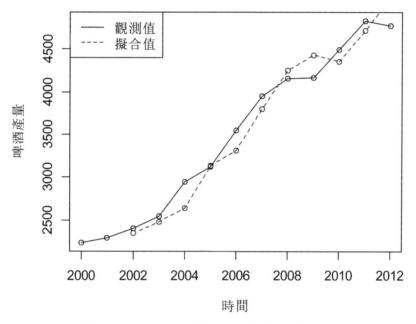

圖 11-5 啤酒產量的 Holt 指數平滑擬合

2013年啤酒產量的預測

```
> library(forecast)
> beerforecast1<-forecast.HoltWinters(beerforecast,h=1)
> beerforecast1
```

	Point Forecast	Lo 80	Hi 80	Lo 95	Hi 95
2013	4948.939	4696.812	5201.067	4563.343	5334.535

預測圖

```
> plot(beerforecast1,type='o',xlab="時間",ylab="啤酒產量" ,main="")
```

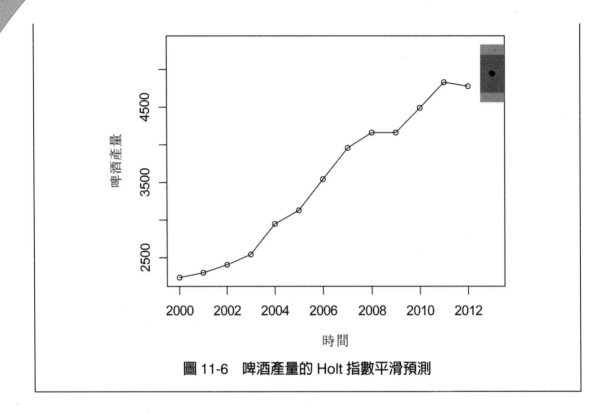

圖 11-6　啤酒產量的 Holt 指數平滑預測

　　圖11-6中的折線是啤酒產量的觀測值，圓點是2013年的預測值，灰色區域是預測值的信賴區間，其中淺灰色區域是95%的信賴區間，深灰色區域是80%的信賴區間。

　　由R輸出的預測模型可以預測各年的啤酒產量，比如，預測2014年的啤酒產量為：

$$\hat{Y}_{2012+2}=\hat{Y}_{2014}=a_{2012}+2\times b_{2012}=4778.6+2\times170.3391=5119.2782$$

以此類推，可以得到各期的預測值。

11.2.4　Winter指數平滑預測

　　Holt指數平滑模型適合於含有趨勢成分，但不含季節成分序列的預測。如果時間序列中既含有趨勢成分又含有季節成分，則可以使用Winter指數平滑模型進行預測，見式（11.4）。

例 11-4 （資料：example11_4.RData）

表11-3是一家飲料生產企業2010-2015年各季度的銷售量資料。採用Winter模型預測2016年和2017年的銷售量，並將實際值和預測值繪製成圖形進行比較。

表 11-3 某飲料生產企業 2010-2015 年各季度的銷售量資料 （單位：萬噸）

年分	季度			
	1	2	3	4
2010	123	132	137	126
2011	130	138	142	132
2012	138	141	150	137
2013	143	147	158	143
2014	147	153	166	151
2015	159	163	174	161

解：Winter指數平滑預測的R程式和結果，如文字框11-4所示。

文字框 11-4 Winter 指數平滑預測

```
# 資料結構（顯示前6列）
> load("C:/example/ch11/example11_4.RData")
> head(example11_4)

    年分   季度   銷售量
1   2010    1      123
2   2010    2      132
3   2010    3      137
4   2010    4      126
5   2011    1      130
6   2011    2      138


# 把資料整理成以季度為週期的格式
> example11_4<-ts(example11_4[,3],start=2010,frequency=4)
> example11_4
```

	Qtr1	Qtr2	Qtr3	Qtr4
2010	123	132	137	126
2011	130	138	142	132
2012	138	141	150	137
2013	143	147	158	143
2014	147	153	166	151
2015	159	163	174	161

注：

`ts(data,start,frequency)`中`start`指定開始時間，`frequency`指定週期頻率（`frequency=4`表明以季度為週期）。

Winter模型預測

```
> saleforecast<-HoltWinters(example11_4)
> saleforecast
```

Holt-Winters exponential smoothing with trend and additive seasonal component.

Call:

HoltWinters(x = example11_4)

Smoothing parameters:

alpha: 0.3900487

beta : 0.09609663

gamma: 1

Coefficients:

	[,1]
a	165.6380871
b	1.8531103
s1	-0.9005488
s2	1.2526248
s3	10.8458341
s4	-4.6380871

Winter模型的擬合圖

```
> plot(example11_4,type='o',xlab="時間",ylab="銷售量")
> lines(saleforecast$fitted[,1],type='o',lty=2,col="blue")
> legend(x="topleft",legend=c("觀測值","擬合值"),lty=1:2)
```

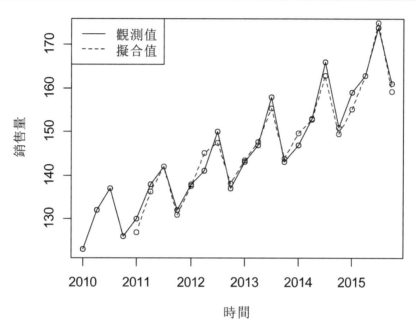

圖 11-7　飲料銷售量的 Winter 指數平滑擬合

Winter模型2016和2017年的預測

```
> library(forecast)
> saleforecast1<-forecast.HoltWinters(saleforecast,h=8)
> saleforecast1
```

	Point Forecast	Lo 80	Hi 80	Lo 95	Hi 95
2016 Q1	166.5906	163.9802	169.2011	162.5984	170.5829
2016 Q2	170.5969	167.7580	173.4359	166.2551	174.9388
2016 Q3	182.0433	178.9557	185.1309	177.3212	186.7653
2016 Q4	168.4124	165.0578	171.7671	163.2819	173.5430
2017 Q1	174.0031	169.5015	178.5047	167.1185	180.8877
2017 Q2	178.0094	173.2621	182.7567	170.7490	185.2697
2017 Q3	189.4557	184.4443	194.4671	181.7915	197.1199
2017 Q4	175.8249	170.5320	181.1177	167.7302	183.9196

Winter模型的預測圖

```
> plot(saleforecast1,type='o',xlab="時間",ylab="銷售量",main="")
> abline(v=2016,lty=6,col="gray")
```

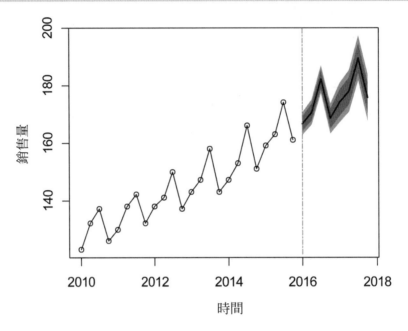

圖 11-8　飲料銷售量的 Winter 指數平滑預測

注：
向後預測了2016年和2017年兩年的資料，圖形中陰影表示80%和95%的信賴區間。

11-3　趨勢外推預測

趨勢外推預測是將觀測值與時間的關係用模型表達出來，同時假定這種關係在未來的一段時間裡可以延續，這樣，就可以利用這種關係模型進行外推預測。當序列存在明顯的線性趨勢時，可使用線性趨勢模型進行預測。如果序列存在某種非線性變化形態，則可以使用非線性模型進行預測。

11.3.1 線性趨勢預測

線性趨勢（linear trend）是時間序列按一個固定的常數（不變的斜率）增長或下降。例如：觀察圖11-1（a）中的啤酒產量序列圖就會發現有明顯的線性趨勢。序列為線性趨勢時，除了可以用Holt指數平滑模型進行預測外，也可使用一元線性迴歸模型進行預測。

用$\hat{Y}_t$表示Y_t的預測值，t表示時間變數，一元線性迴歸的預測方程可表示為：

$$\hat{Y}_t = b_0 + b_1 t \tag{11.8}$$

b_1是趨勢線的斜率，表示時間 t 改變一個單位時，觀測值的平均改變值。趨勢方程中的兩個待定係數b_0和b_1根據最小平方法求得。一元線性迴歸預測的誤差，可用估計標準誤差（即殘差的標準差）來衡量。

> **例 11-5** （資料：example11_1.RData）

沿用例11-1。用一元線性迴歸方程預測2013年啤酒產量，將實際值和預測值繪製成圖形進行比較，同時將預測的殘差與Holt模型預測的殘差繪成圖形進行比較。

解：一元線性迴歸預測的R程式和結果，如文字框11-5所示。

文字框 11-5　一元線性迴歸預測

```
# 一元線性迴歸預測
> load("C:/example/ch11/example11_1.RData")
> fit<-lm(啤酒產量~年分,data=example11_1)
> summary(fit)
```

Call:

lm(formula = 啤酒產量 ~ 年分, data = example11_1)

Residuals:

Min	1Q	Median	3Q	Max
-223.24	-116.69	13.86	115.97	212.97

Coefficients:

	Estimate	Std. Error	t value	Pr(>|t|)	
(Intercept)	-486667.11	22530.88	-21.60	2.34e-10	***
年分	244.35	11.23	21.75	2.16e-10	***

Signif. codes: 0 '***' 0.001 '**' 0.01 '*' 0.05 '.' 0.1 ' ' 1

Residual standard error: 151.5 on 11 degrees of freedom

Multiple R-squared: 0.9773, Adjusted R-squared: 0.9752

F-statistic: 473.3 on 1 and 11 DF, p-value: 2.164e-10

各年預測值

```
> predata<-predict(fit,data.frame(年分=2000:2013)); predata
```

	1	2	3	4	5	6	7
	2030.691	2275.040	2519.389	2763.738	3008.087	3252.436	3496.785
	8	9	10	11	12	13	14
	3741.134	3985.482	4229.831	4474.180	4718.529	4962.878	5207.227

各年預測殘差

```
> res<-residuals(fit);res
```

	1	2	3	4	5
	200.60879	13.85989	-116.68901	-223.23791	-59.48681
	6	7	8	9	10
	-126.33571	46.81538	212.96648	171.41758	-67.63132
	11	12	13		
	16.01978	115.97088	-184.27802		

各年觀測值和預測值圖

```
> plot(2000:2013,predata,type='o',lty=2,col="blue",xlab="時間",
ylab="啤酒產量")
> lines(example11_1[,1],example11_1[,2],type='o',pch=19)
> legend(x="topleft",legend=c("觀測值","預測值"),lty=1:3)
> abline(v=2012,lty=6,col="gray")
```

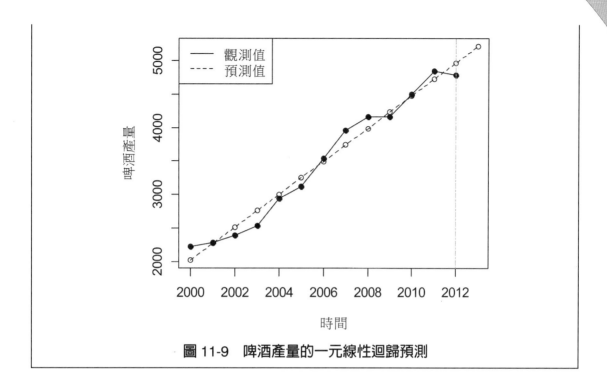

圖 11-9　啤酒產量的一元線性迴歸預測

由文字框11-5的輸出結果，得到一元線性迴歸預測方程為：$\hat{Y}_t = -486667.11 + 244.35t$。決定係數$R^2 = 0.9773 = 97.73\%$，預測的標準誤差為$s_e = 151.5$。$P = 2.164e - 10$表示模型顯著。$b_1 = 244.35$表示時間每變動一年，啤酒產量平均變動244.35萬公秉。從圖11-9可以看出預測的效果。

為比較一元線性迴歸模型和Holt指數平滑模型的預測效果，可以繪製出二者的殘差圖，R程式和結果如文字框11-6所示。

文字框 11-6　一元線性迴歸預測殘差與 Holt 模型預測殘差的比較

```
# 一元線性迴歸預測殘差與Holt模型預測殘差的比較
> load("C:/example/ch11/example11_1.RData")
> residual1<-beerforecast1$residuals
> fit<-lm(啤酒產量~年分,data=example11_1)
> residual2<-fit$residuals
> par(mfcol=c(1,2),cex=0.7,mai=c(0.4,0.7,0.1,0.1))
> plot(as.numeric(residual1),ylab="holt模型預測的殘差",xlab="")
> abline(h=0)
```

```
> plot(residual2,ylab="一元線性迴歸預測的殘差",xlab="")
> abline(h=0)
```

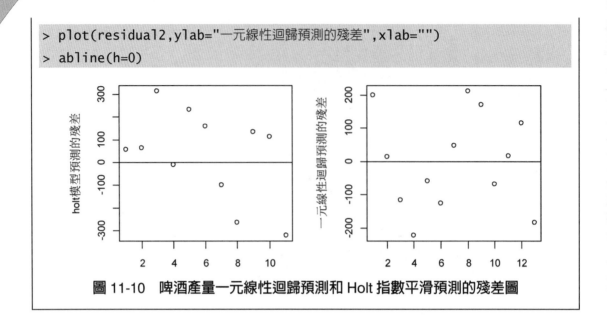

圖 11-10　啤酒產量一元線性迴歸預測和 Holt 指數平滑預測的殘差圖

從圖11-10可以看出，一元線性迴歸預測的殘差比Holt模型預測的殘差要小，說明就本例資料而言，一元線性迴歸的預測效果要好一些。

11.3.2　非線性趨勢預測

非線性趨勢（non-linear trend）有各種各樣複雜的形態。例如：圖11-2（b）和11-2（c）就有不同的非線性形態。下面介紹幾種常用的非線性趨勢預測方法。

1.　指數曲線

指數曲線（exponential curve）用於描述以幾何級數遞增或遞減的現象，即時間序列的觀測值Y,按指數規律變化，或者說時間序列的逐期觀測值按一定的增長率增長或衰減。圖11-2（b）的人均GDP走勢就呈現出某種指數變化趨勢（讀者可以用一元線性迴歸模型和指數模型，分別進行預測比較二者的預測效果）。指數曲線的方程為：

$$\hat{Y}_t=b_0 \exp(b_1 t)=b_0 e^{b_1 t} \tag{11.9}$$

式中，b_0、b_1為待定係數；exp表示自然對數ln的反函數，e=2.718281828459。

例 11-6 （資料：example11_1.RData）

沿用例11-1。用指數曲線預測2013年的人均GDP，並將實際值和預測值繪製成圖形進行比較。

解：指數曲線預測的R程式和結果，如文字框11-7所示。

文字框 11-7　指數曲線預測

指數曲線擬合
```
> load("C:/example/ch11/example11_1.RData")
> y<-log(example11_1[,3])
> x<-1:13
> fit<-lm(y~x)
> fit
```
Call:

lm(formula = y ~ x)

Coefficients:

(Intercept)	x
8.7570	0.1403


```
> exp(8.7570)
```
[1] 6355.018

注：把模型變換成指數形式為 $\hat{Y}_t = 6355.018\exp(0.1403t) = 6355.018^{0.143t}$。

歷史資料及2013年人均GDP的預測
```
> predata<-exp(predict(fit,data.frame(x=1:14)))
> predata
```
1	2	3	4	5	6	7
7312.292	8413.360	9680.224	11137.849	12814.960	14744.607	16964.815

8	9	10	11	12	13	14
19519.337	22458.512	25840.262	29731.228	34208.087	39359.060	45285.654

各年預測殘差

```
> predata<-exp(predict(fit,data.frame(x=1:13)))
> predata<-ts(predata,start=2000)
> residuals<-example11_1[,3]-predata
> residuals
```

Time Series:

Start = 2000

End = 2012

Frequency = 1

1	2	3	4	5	6	7
545.4080	208.3403	-282.1237	-595.8490	-479.3600	-559.2066	-465.1147

8	9	10	11	12	13
650.1634	1249.1876	-232.7623	283.7718	989.7134	-899.5598

預測圖

```
> predata<-exp(predict(fit,data.frame(x=1:14)))
> plot(2000:2013,predata,type='o',lty=2,col="blue",xlab="時間",
ylab="人均GDP")
> lines(example11_1[,3],type='o',pch=19)
> legend(x="topleft",legend=c("觀測值","預測值"),lty=1:2)
> abline(v=2012,lty=6,col="gray")
```

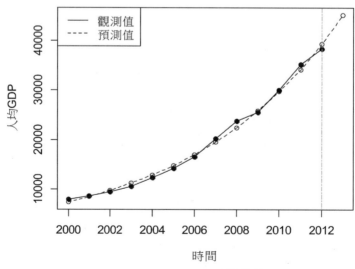

圖 11-11　人均 GDP 的指數曲線預測

```
# 殘差圖
> plot(2000:2012,residuals,type='o',lty=2,xlab="時間",
ylab="residuals")
> abline(h=0)
```

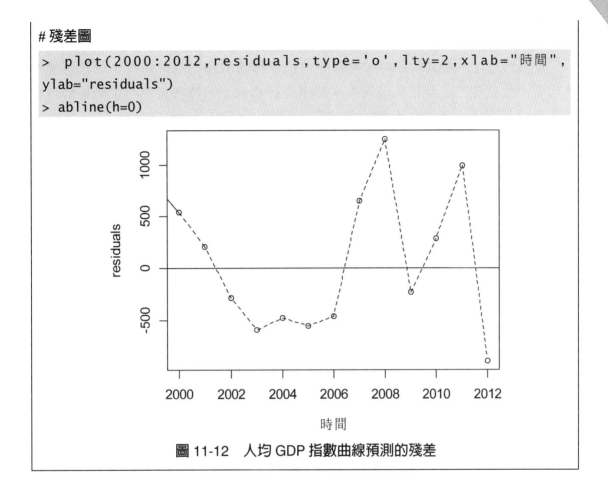

圖 11-12　人均 GDP 指數曲線預測的殘差

2. 多次曲線

有些現象的變化形態比較複雜，它們不是按照某種固定的形態變化，而是有升有降，在變化過程中可能有幾個反曲點。這時就需要擬合多項式函數。當只有一個反曲點時，可以擬合二次曲線，即拋物線；當有兩個反曲點時，需要擬合三次曲線；當有 $k-1$ 個反曲點時，需要擬合 k 次曲線。k 次曲線函數的一般形式為：

$$\hat{Y}_t = b_0 + b_1 t + b_2 t^2 + \cdots + b_k t^k \tag{11.10}$$

將其線性化後可根據迴歸中的最小平方法，求得曲線中的係數 b_0, b_1, b_2, $\cdots$, b_k。

例 11-7 （資料：example11_1.RData）

沿用例11-1。分別擬合二次曲線和四次曲線預測2013年的煤炭占能源消費總量比重，並將實際值和預測值繪製成圖形進行比較，同時將預測二次曲線的預測殘差與四次曲線的預測殘差繪成圖形進行比較。

解：從圖11-2（c）可以看出，煤炭占能源消費總量的比重變化可擬合二次曲線（即拋物線，視為有一個反曲點），也可以考慮擬合三次曲線（視為兩個反曲點）或四次曲線（視為三個反曲點）等。這裡分別擬合二次曲線和四次曲線進行預測（讀者也可以採用其他次數的曲線進行預測），並對預測效果進行比較。二次和四次曲線預測的R程式和結果，如文字框11-8所示。

文字框 11-8　二次和四次曲線預測

```
# 二次曲線預測模型
> load("C:/example/ch11/example11_1.RData")
> y<-example11_1[,4]
> x<-1:13
> fit1<-lm(y~x+I(x^2))
> fit1
```

Call:

lm(formula = y ~ x + I(x^2))

Coefficients:

(Intercept)	x	I(x^2)
66.71119	1.16673	-0.08781


```
# 二次曲線預測值（predata1）
> predata1<-predict(fit1,data.frame(x=1:14))
> predata1
```

1	2	3	4	5	6	7
67.79011	68.69341	69.42108	69.97313	70.34955	70.55035	70.57552

8	9	10	11	12	13	14
70.42507	70.09900	69.59730	68.91998	68.06703	67.03846	65.83427

二次曲線預測值殘差（**residual1**）

```
> residual1<-fit1$residuals
> residual1
```

	1	2	3	4	5	6
	1.4098901	-0.3934066	-1.4210789	-0.1731269	-0.8495504	0.2496503
	7	8	9	10	11	12
	0.5244755	0.6749251	0.2009990	0.8026973	-0.9199800	0.3329670
	13					
	-0.4384615					

四次曲線預測模型

```
> fit2<-lm(y~x+I(x^2)+I(x^3)+I(x^4))
> fit2
```

Call:

lm(formula = y ~ x + I(x^2) + I(x^3) + I(x^4))

Coefficients:

(Intercept)	x	I(x^2)	I(x^3)	I(x^4)
71.385315	-3.174207	1.016202	-0.104576	0.003317

注：在進行多項式迴歸時，I(x^n)表示自變數中加入x^n項。

四次曲線預測值（**predata2**）

```
> predata2<-predict(fit2,data.frame(x=1:14))
> predata2
```

1	2	3	4	5	6	7
69.12605	68.31816	68.45359	69.10387	69.92013	70.63310	71.05311
8	9	10	11	12	13	14
71.07007	70.65350	69.85252	68.79585	67.69179	66.82825	66.57273

四次曲線預測值殘差（**residual2**）

```
> residual2<-fit2$residuals
> residual2
```

1	2	3	4	5
0.07394958	-0.01816419	-0.45359347	0.69612740	-0.42013281
6	7	8	9	10
0.16689781	0.04689428	0.02993477	-0.35349944	0.54747605
11	12	13		
-0.79585121	0.70820944	-0.22824822		

實際值和預測值曲線

```
> predata1<-predict(fit1,data.frame(x=1:14))
> predata2<-predict(fit2,data.frame(x=1:14))
> plot(2000:2013,predata2,type='o',lty=2,col="red",xlab="時間",
ylim=c(65,72),ylab="煤炭占能源消費總量的比重")
> lines(2000:2013,predata1,type='o',lty=3,col="blue")
> points(example11_1[,1],example11_1[,4],type='o',pch=19)
> legend(x="bottom",legend=c("觀測值","二次曲線","四次曲線"),lty=1:3,co
l=c("black","blue","red"))
> abline(v=2012,lty=6,col="gray")
```

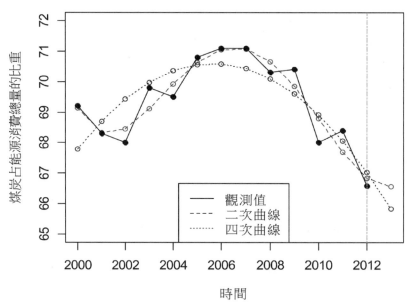

圖 11-13　煤炭占能源消費總量比重的二次和四次曲線預測

```
# 二次曲線和四次曲線預測殘差的比較
> plot(fit1$residuals,ylab="預測殘差",xlab="時間",pch=0)
> points(fit2$residuals,col="red")
> abline(h=0)
> legend(x="top",legend=c("二次曲線殘差","四次曲線殘差"),pch=0:1,col
=c("black","red"))
```

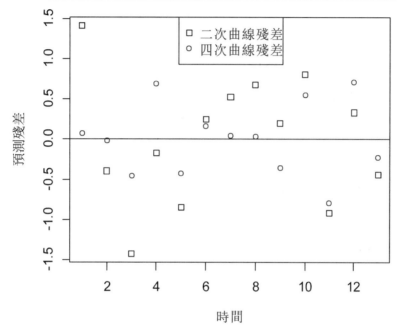

圖 11-14　煤炭占能源消費總量比重的二次曲線和四次曲線預測的殘差

　　從圖11-4可以看出，四次曲線預測的殘差比二次曲線預測的殘差小，就本例而言，採用四次曲線預測效果會好一些。

11-4　分解預測

　　如果時間序列同時包含趨勢、季節變動和隨機波動等多種成分時，除了可以使用Winter指數平滑模型預測外，還可以使用分解法進行預測。

　　分解預測是先將時間序列的各個成分依次分解出來，爾後再進行預測。該方法適合於含有趨勢、季節、循環等，多種成分序列預測的一種傳統方法。該方法相對來說簡單，結果易於解釋，而且在很多情形下能得到很好的預測結果，因此至今仍得到廣泛應用。

採用分解法進行預測時，需要先找出季節成分並將其從序列中分離出去，然後建立預測模型再進行預測。分解法預測通常按下列步驟進行。

第1步：確定並分離季節成分。季節成分一般用**季節指數**（seasonal index）來表示。首先計算出季節指數，然後將季節成分從時間序列中分離出去，即用序列的每一個觀測值除以相應的季節指數，以消除季節成分。

第2步：建立預測模型並進行預測。根據消除季節成分後的序列建立預測模型。當消除季節成分後的序列為線性趨勢時，可用一元線性迴歸模型預測；若為非線性趨勢時，可選擇適當的非線性模型進行預測。

第3步：計算最終預測值。將第2步得到的預測值乘以相應的季節指數，得到最終預測值。

下面透過一個例子說明分解預測的過程。

例 11-8　（資料：example11_4.RData）

沿用例11-4。採用分解法預測2010-2016年各季度的飲料銷售量，並將實際值和預測值繪製成圖形進行比較，同時將預測的殘差與Winter指數平滑預測的殘差繪成圖形進行比較。

解：分解預測的R程式和結果，如文字框11-9所示。

文字框 11-9　分解預測

```
# 把資料整理成以季度為週期的格式
> load("C:/example/ch11/example11_4.RData")
> example11_4<-ts(example11_4[,3],start=2010,frequency=4)
> example11_4
```

	Qtr1	Qtr2	Qtr3	Qtr4
2010	123	132	137	126
2011	130	138	142	132
2012	138	141	150	137
2013	143	147	158	143
2014	147	153	166	151
2015	159	163	174	161

```
# 計算季節指數
```

```
> salecompose<-decompose(example11_4,type="multiplicative")
> names(salecompose)
```

[1] "x"   "seasonal" "trend" "random" "figure" "type"

```
> salecompose$seasonal
```

	Qtr1	Qtr2	Qtr3	Qtr4
2010	0.9828110	1.0052503	1.0562235	0.9557153
2011	0.9828110	1.0052503	1.0562235	0.9557153
2012	0.9828110	1.0052503	1.0562235	0.9557153
2013	0.9828110	1.0052503	1.0562235	0.9557153
2014	0.9828110	1.0052503	1.0562235	0.9557153
2015	0.9828110	1.0052503	1.0562235	0.9557153

注：

decompose(x,type=c("additive","multiplicative"))函數中type="additive"
為季節加法模型，type=" multiplicative "為季節乘法模型。結果中主要包含季節性部
分、趨勢部分和隨機部分，分別為"seasonal"、 "trend" 和 "random"。"seasonal"
中顯示的就是季節指數。

繪製各成分圖

```
> plot(salecompose,type='o')
```

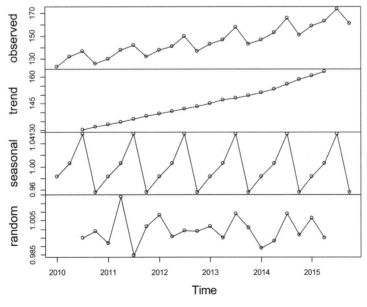

圖 11-15　飲料銷售量各成分的分解圖

季節調整後的序列圖

```
> seasonaladjust<-example11_4/salecompose$seasonal
> plot(example11_4,xlab="時間",ylab="銷售量",type='o',pch=19)
> lines(seasonaladjust,lty=2,type='o',col="blue")
> legend(x="topleft",legend=c("銷售量","銷售量的季節調整"),lty=1:2)
```

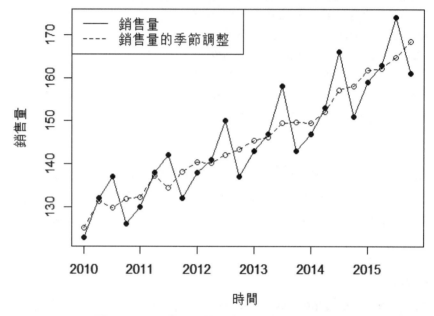

圖 11-16　季節調整後的飲料銷售量趨勢

注：

seasonaladjust<-example11_4/salecompose$seasonal為季節調整後的序列：觀測
值/季節指數。

季節調整後序列的線性模型

```
> x<-1:24
> fit<-lm(seasonaladjust~x)
> fit
```

Call:

lm(formula = seasonaladjust ~ x)

Coefficients:

```
(Intercept)          x
   124.312        1.692
```

最終預測值（以季節週期格式輸出）

```
>predata<-predict(fit,data.frame(x=1:28))*rep(salecompose$seasonal
[1:4],7)
> predata<-ts(predata,start=2010,frequency=4);predata
```

	Qtr1	Qtr2	Qtr3	Qtr4
2010	123.8384	128.3670	136.6635	125.2762
2011	130.4911	135.1716	143.8132	131.7455
2012	137.1438	141.9762	150.9628	138.2148
2013	143.7965	148.7808	158.1124	144.6841
2014	150.4492	155.5854	165.2620	151.1533
2015	157.1019	162.3899	172.4117	157.6226
2016	163.7546	169.1945	179.5613	164.0919

預測的殘差（以季節週期格式輸出）

```
>residuals1<-example11_4-predict(fit,data.frame(x=1:24))*salecompose
$seasonal
>residuals1<-ts(residuals1,start=2010,frequency=4);round(residuals1,
4)
```

	Qtr1	Qtr2	Qtr3	Qtr4
2010	-0.8384	3.6330	0.3365	0.7238
2011	-0.4911	2.8284	-1.8132	0.2545
2012	0.8562	-0.9762	-0.9628	-1.2148
2013	-0.7965	-1.7808	-0.1124	-1.6841
2014	-3.4492	-2.5854	0.7380	-0.1533
2015	1.8981	0.6101	1.5883	3.3774

模型預測效果圖

```
>predata<-predict(fit,data.frame(x=1:28))*rep(salecompose$seasonal
[1:4],7)
> predata<-ts(predata,start=2010,frequency=4)
```

```
> plot(predata,type='o',lty=2,col="blue",xlab="時間",ylab="銷售量")
> lines(example11_4)
> legend(x="topleft",legend=c("實際銷售量","預測銷售量"),lty=1:2,col=c
("black","blue"))
> abline(v=2016,lty=6,col="grey")
```

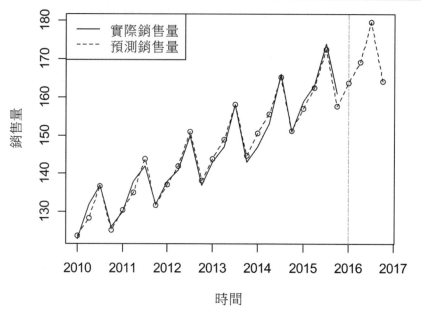

圖 11-17　飲料銷售量的分解預測

分解預測與winter模型預測殘差的比較

```
>residuals1<-example11_4-predict(fit,data.frame(x=1:24))*salecompose
$seasonal
> saleforecast<-HoltWinters(example11_4)
> residuals2<-example11_4[-(1:4)]-saleforecast$fitted[,1]
> par(mfcol=c(1,2),cex=0.7,mai=c(0.4,0.7,0.1,0.1))
> plot(as.numeric(residuals1),ylim=c(-5,5),ylab="分解預測的殘差",xlab=
"")
> abline(h=0)
> plot(as.numeric(residuals2),ylim=c(-5,5),ylab="winter模型預測的殘差
", xlab="")
> abline(h=0)
```

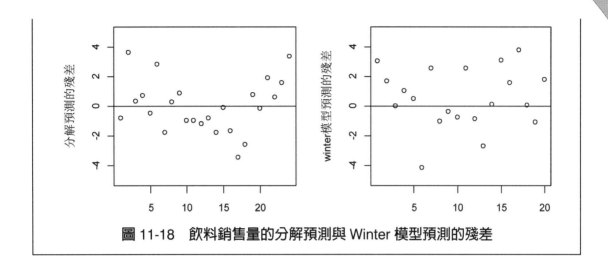

圖 11-18　飲料銷售量的分解預測與 Winter 模型預測的殘差

本章圖解

時間序列預測的程式和方法

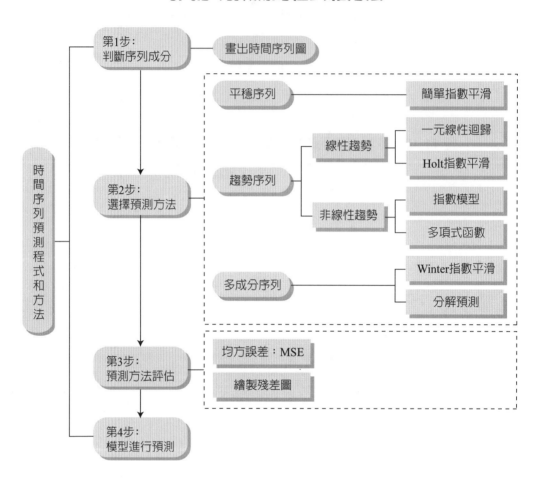

主要術語

● **時間序列**（times series）：按時間順序記錄的一組資料。
● **趨勢**（trend）：時間序列在一段時期內，呈現出來的持續向上或持續向下的變動。
● **季節變動**（seasonal fluctuation）：時間序列呈現出的以年為週期長度的固定變動模式，這種模式年復一年重複出現。
● **循環波動**（cyclical fluctuation）：也稱週期波動，時間序列呈現出的非固定長度的週期性變動。
● **不規則波動**（irregular variations）：也稱隨機波動，時間序列中除去趨勢、季節變動和週期波動之後剩餘的波動。

思考與練習

一、思考題

11.1 時間序列由哪幾個要素組成？

11.2 簡述時間序列不同預測方法的特點。

11.3 簡單指數平滑預測和Holt指數平滑預測有何不同？

11.4 一元線性迴歸預測和Holt指數平滑預測適合於什麼樣的資料模式？

11.5 Holt指數平滑預測和Winter指數平滑預測有什麼不同？

11.6 簡述分解預測的步驟。

二、練習題

11.1 下表是1991-2008年中國小麥產量資料（單位：萬噸）：

年分	小麥產量	年分	小麥產量
1991	9595.3	2000	9963.6
1992	10158.7	2001	9387.3
1993	10639.0	2002	9029.0
1994	9929.7	2003	8648.8
1995	10220.7	2004	9195.2
1996	11056.9	2005	9744.5
1997	12328.9	2006	10846.6
1998	10972.6	2007	10929.8
1999	11388.0	2008	11246.4

採用指數平滑法預測2009年的小麥產量，並將實際值和預測值繪圖進行比較。

11.2 下表是1990-2010年中國原油產量資料（單位：萬噸）：

年分	原油產量（萬噸）	年分	原油產量（萬噸）
1990	13831.0	2001	16395.9
1991	14099.0	2002	16700.0
1992	14210.0	2003	16960.0
1993	14524.0	2004	17587.3
1994	14608.0	2005	18135.3
1995	15005.0	2006	18476.6
1996	15733.4	2007	18631.8

年分	原油產量（萬噸）	年分	原油產量（萬噸）
1997	16074.1	2008	19043.1
1998	16100.0	2009	18949.0
1999	16000.0	2010	20301.4
2000	16300.0		

分別採用一元線性迴歸模型和Holt指數平滑模型預測2011年的原油產量，並繪製殘差圖對兩種方法的預測效果進行比較。

11.3 下表是1991-2008年中國財政收入資料（單位：億元）：

年分	財政收入	年分	財政收入
1991	3149.48	2000	13395.23
1992	3483.37	2001	16386.04
1993	4348.95	2002	18903.64
1994	5218.10	2003	21715.25
1995	6242.20	2004	26396.47
1996	7407.99	2005	31649.29
1997	8651.14	2006	38760.20
1998	9875.95	2007	51321.78
1999	11444.08	2008	61330.35

分別採用Holt指數平滑模型和指數模型預測2009年的財政收入，並將實際值和預測值繪圖進行比較。

11.4 下面是某檔股票連續35個交易日的收盤價格。分別擬合迴歸直線$\hat{Y}_t=b_0+b_1t$、二次曲線$\hat{Y}_t=b_0+b_1t+b_2t^2$和三次曲線$\hat{Y}_t=b_0+b_1t+b_2t^2+b_3t^3$，並繪製圖形對結果進行比較。

時間 t	收盤價格 Y	時間 t	收盤價格 Y
1	372	19	360
2	370	20	357
3	374	21	356
4	375	22	352
5	377	23	348
6	377	24	353
7	374	25	356
8	372	26	356
9	373	27	356
10	372	28	359
11	369	29	360
12	367	30	357

時間 t	收盤價格 Y	時間 t	收盤價格 Y
13	367	31	357
14	365	32	355
15	363	33	356
16	359	34	363
17	358	35	365
18	359		

11.5 下表中的資料是2009年至2013年中國社會消費品零售總額（單位：億元）：

月分	2009	2010	2011	2012	2013
1	10756.6	12718.1	15249.0	17479.9	19629.9
2	9323.8	12334.2	13769.1	16188.7	18179.9
3	9317.6	11321.7	13588.0	15650.2	17641.2
4	9343.2	11510.4	13649.0	15603.1	17600.3
5	10028.4	12455.1	14696.8	16714.8	18886.3
6	9941.6	12329.9	14565.1	16584.9	18826.7
7	9936.5	12252.8	14408.0	16314.9	18513.2
8	10115.6	12569.8	14705.0	16658.9	18886.2
9	10912.8	13536.5	15865.1	18226.6	20653.3
10	11717.6	14284.8	16546.4	18933.8	21491.3
11	11717.6	13910.9	16128.9	18476.7	21011.9
12	12610.0	15329.5	17739.7	20334.2	23059.7

分別使用Winter指數平滑模型和分解法預測2014年各月分的社會消費品零售總額，並繪製實際值和預測值圖，分析預測效果。

附錄

求信賴區間的自助法

R 運用

　　傳統的參數推論要求的條件比較苛刻，比如，假定母體服從常態分配，或者母體的分配形式已知，或者要求大樣本等。當這些假定得不到滿足時，人們往往會轉向非參數推論。但非參數推論通常只利用資料的秩資訊，而不是原始資料，這就會造成推論的結果往往不夠精確。基於這些原因，使得**自助法**（bootstrap）和置換檢定迅速發展起來。自助法不僅不需要對母體做任何假定，而且能得到比傳統方法更好的結果。

　　建構母體參數信賴區間的傳統方法，是根據統計量的理論分配推導出的理論公式。但在實際研究中，研究者所關心的某些參數，不是計算信賴區間的數學公式太複雜，就是根本就沒有這樣的數學公式。而且當母體分配未知或樣本量很小或者樣本中有嚴重的極端值時，傳統的估計方法往往不能得到一個很好的信賴區間。

　　自助法也稱重複抽樣的蒙特卡羅（Monte Carlo）方法，它是由Bradley Efron於1979年提出的。該方法是從初始樣本的n個資料中，有放回重複抽取j個（通常要求j非常大，比如$j=1000$或$j=3000$）樣本量為n的樣本，然後根據這j個樣本得到的統計量的經驗分配，來近似估計母體參數的信賴區間。

　　設母體參數為θ（比如，$\theta=\mu$, $\theta=\sigma^2$, $\theta=\mu_1-\mu_2$等），$x_1, x_2, \cdots, x_n$是來自母體的樣本量為n的隨機樣本。$\hat{\theta}$是θ的估計量。用自助法求θ的信賴區間的步驟如下：

　　第1步：確定重複抽樣的次數j（比如$j=1000$，或$j=3000$，甚至更多）。

　　第2步：從初始樣本資料集$x_1, x_2, \cdots, x_n$中，採用有放回抽樣方法隨機抽取n個觀測值，並重複抽取j次，計算出每次抽樣的估計值$\hat{\theta}_1, \hat{\theta}_2, \cdots, \hat{\theta}_i$，這些估計值產生的經驗分配近似$\hat{\theta}$的真實分配。

　　第3步：根據第2步得到的模擬的$\hat{\theta}$的經驗，分配計算θ的信賴區間。方法之一是：將j次抽樣得到的估計值$\hat{\theta}_1, \hat{\theta}_2, \cdots, \hat{\theta}_i$排序，計算出$(\alpha/2)100\%$和$(1-\alpha/2)100\%$的百分位數，用這兩個百分位數近似作為參數$\theta$的$(1-\alpha)100\%$的信賴區間的下限和上限。按該方法產生的信賴區間，稱為**百分位數自助信賴區間**[1]。

　　下面透過幾個例子說明自助法的應用，並與傳統方法得到的信賴區間進行比較。

---

[1]　用自助法產生信賴區間的方法還有自助t區間、BC（根據偏差對區間做簡單調整）自助區間等。相關內容請參閱相關文獻。

例 1 （資料：example5_2.RData）

沿用第5章的例5-2。用自助法產生該天生產的食品平均重量95%的信賴區間。

解：首先，我們選擇$j=1000$，然後採用有放回方法重複抽取1000個樣本量為25的隨機樣本（由於是有放回重複抽取，有的樣本值可能被多次抽中，而有的樣本值可能一次也抽不中），並計算出每個樣本的平均數$\bar{x}_1, \bar{x}_2, \cdots, \bar{x}_j$，這些樣本平均數的經驗分配近似$\bar{x}$的真實分配。最後再根據模擬的$\bar{x}$的經驗分配求出$\mu$的95%的信賴區間。具體做法是：將1000個樣本的平均數從小到大排序，計算出2.5%和97.5%兩個百分位數，作為信賴區間的下限和上限。

求母體平均數自助法信賴區間的R程式和結果，如文字框1所示。

文字框 1　求母體平均數的自助法信賴區間（百分位數法）

```
# 編寫函數計算統計量（R=1000）
> load("C:/example/ch5/example5_2.RData")
> library(boot)

> mymean<-function(data,indices){
    d<-data[indices,]
    mean<-sum(d)/length(d)
    return(mean)
}

> set.seed(1234)
> results<-boot(data=example5_2,statistic=mymean,R=1000)
> print(results)
ORDINARY NONPARAMETRIC BOOTSTRAP


Call:
boot(data = example5_2, statistic = mymean, R = 1000)
```

Bootstrap Statistics :

	original	bias	std. error
t1*	105.36	0.037948	1.895576

繪製圖形檢查結果是否合理

```
> plot(results)
```

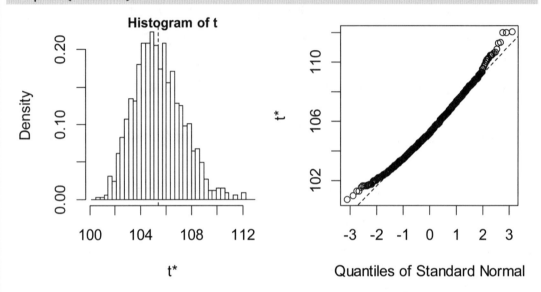

圖 1　自助法獲得的 1000 個樣本平均數的直方圖和常態 Q-Q 圖

計算信賴區間

```
> boot.ci(results,type="perc")
```

BOOTSTRAP CONFIDENCE INTERVAL CALCULATIONS

Based on 1000 bootstrap replicates

CALL :

boot.ci(boot.out = results, type = "perc")

Intervals :

Level　　Percentile

95%　　(102.2, 109.3)

Calculations and Intervals on Original Scale

〔注：用自助法求信賴區間時，首先要編寫一個獲取統計量（如樣本平均數）的函數，然後調用自助法函數boot()。boot()的格式為：bootobject<-boot(data=,statistics=,R=,...)。其中，data是向量、矩陣或資料框架；statistics是生成統計量的函數，該函數中需要包括indices參數，以便boot()函數用它重複選取樣本；R是自助抽樣的次數。Print()和plot()函數用來檢查結果，如果結果看起來還算合理，就可以使用boot.ci()函數計算信賴區間。boot.ci()函數中的參數type="perc"指定生成百分位數自助信賴區間，conf=用於指定信賴水準，預設為0.95。set.seed(1234)用於設定亂數種子。當設定亂數種子時，可以重現本例的結果，否則，每次運行自助法時都會得到略有不同的信賴區間。〕

文字框1列出的初始樣本的平均數為105.36，平均數的標準誤差為1.895576。95%的信賴區間為（102.2, 109.3）。與例5-2列出的常態分配的信賴區間（101.3748，109.3452）相比，自助法的信賴區間更窄。從圖1可以看出，自助法獲得的1000個樣本平均數的經驗分配近似常態分配。

例 2 　（資料：example5_4.RData）

沿用第5章的例5-4。用自助法產生兩種方法組裝產品所需平均時間差值的95%的信賴區間。

解：求兩個母體平均數之差自助法信賴區間的R程式和結果，如文字框2所示。

文字框 2　求兩個母體平均數之差的自助法信賴區間（百分位數法）

```
# 編寫函數計算統計量（R=3000）
> load("C:/example/ch5/example5_4.RData")
> library(boot)

> mymean<-function(data,indices){
    d1<-data[indices,1]
    d2<-data[indices,2]
    meand<-sum(d1)/length(d1)-sum(d2)/length(d2)
    return(meand)
}
```

```
> set.seed(1234)
> results<-boot(data=example5_4,statistic=mymean,R=3000)
> print(results)
```

ORDINARY NONPARAMETRIC BOOTSTRAP

Call:

boot(data = example5_4, statistic = mymean, R = 3000)

Bootstrap Statistics :

	original	bias	std. error
t1*	3.7	-0.02536389	1.462611

繪製圖形檢查結果是否合理

```
> plot(results)
```

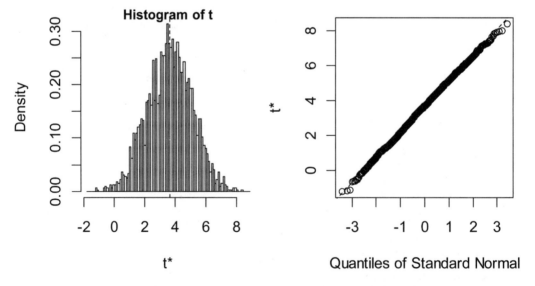

圖 2　自助法獲得的 3000 個樣本平均數差的直方圖和常態 Q-Q 圖

```
# 計算信賴區間
> boot.ci(results,type="perc")
```

BOOTSTRAP CONFIDENCE INTERVAL CALCULATIONS

Based on 3000 bootstrap replicates

CALL :

boot.ci(boot.out = results, type = "perc")

Intervals :

Level   Percentile

95%   (0.834, 6.450)

Calculations and Intervals on Original Scale

　　文字框2列出的初始樣本的平均數差為3.7，平均數差的標準誤差為 1.462611。95%的信賴區間為（0.834, 6.450）。與例5-4計算的假定$\sigma_1^2=\sigma_2^2$條件下的信賴區間（0.1402936, 7.2597064）和假定$\sigma_1^2 \neq \sigma_2^2$條件下的信賴區間（0.1384265, 7.2615735）相比，自助法的信賴區間更窄，也似乎更合理些。從圖2可以看出，自助法獲得的3000個樣本的平均數差的經驗分配，近似服從常態分配。

例 3　（資料：example9_1.RData）

　　沿用第9章的例9-1。用自助法求決定係數R^2的95%的信賴區間。

解：求決定係數自助法信賴區間的R程式和結果，如文字框3所示。

文字框 3　求決定係數的自助法信賴區間（百分位數法）

```
# 編寫函數計算統計量（R=1000）
> load("C:/example/ch9/example9_1.RData")
> library(boot)
> rsq<-function(formula,data,indices){
    d<-data[indices,]
```

```
    fit<-lm(formula,data=d)
    return(summary(fit)$r.square)
}


> set.seed(1234)
> results<-boot(data=example9_1,statistic=rsq,R=1000,formula=銷售收
入~廣告支出)
> print(results)
```

ORDINARY NONPARAMETRIC BOOTSTRAP

Call:

boot (data = example9_1, statistic = rsq, R = 1000, formula = 銷售收入 ~
　　廣告支出)

Bootstrap Statistics :

	original	bias	std. error
t1*	0.8781827	0.001056134	0.04967659

繪製圖形檢查結果是否合理

```
> plot(results)
```

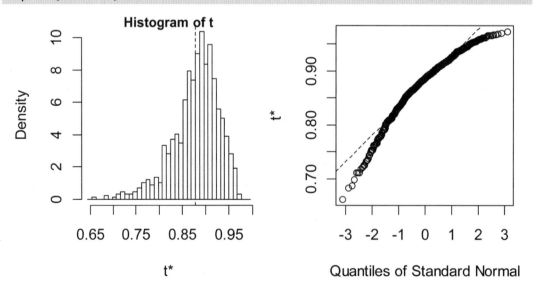

図3　自助法獲得的 1000 個 R^2 的直方圖和常態 Q-Q 圖

```
# 計算信賴區間
> boot.ci(results,type="perc")
```

BOOTSTRAP CONFIDENCE INTERVAL CALCULATIONS

Based on 1000 bootstrap replicates

CALL :

boot.ci (boot.out = results, type = "perc")

Intervals :

Level   Percentile
95%   (0.7537, 0.9570)

Calculations and Intervals on Original Scale

　　文字框3列出的初始樣本的R^2爲0.8781827，其標準誤差爲0.04967659。95%的信賴區間爲（0.7537, 0.9570）。從圖3可以看出，自助法獲得的1000個樣本的R^2不服從常態分配。

例 4 （資料：example10_1.RData）

　　沿用第10章的例10-1。用自助法求各迴歸係數的95%的信賴區間。

解：求迴歸係數自助法信賴區間的R程式和結果，如文字框4所示。

文字框 4　求迴歸係數的自助法信賴區間（百分位數法）

```
# 編寫函數計算統計量（R=9999）
> load("C:/example/ch10/example10_1.RData")
> library(boot)

> bs<-function(formula,data,indices){
    d<-data[indices,]
    fit<-lm(formula,data=d)
    return(coef(fit))
}
```

```
> set.seed(1234)
>results<-boot(data=example10_1,statistic=bs,R=9999,formula=y~x1+x2
+x3+x4+x5)
> print(results)
```

ORDINARY NONPARAMETRIC BOOTSTRAP

Call:

boot(data = example10_1, statistic = bs, R = 9999, formula = y ~

　　x1 + x2 + x3 + x4 + x5)

Bootstrap Statistics :

	original	bias	std. error
t1*	4.2604767974	2.870486e+00	13.929165389
t2*	0.1273254032	1.294092e-02	0.135882218
t3*	0.1605659763	-3.081130e-02	0.113192601
t4*	0.0007636069	-2.479738e-05	0.001812975
t5*	-0.3331989874	-3.677655e-02	0.526562622
t6*	-0.5746461677	-8.994360e-02	0.392278234

繪製圖形檢查結果是否合理

```
> plot(results,index=2)
```

Histogram of t

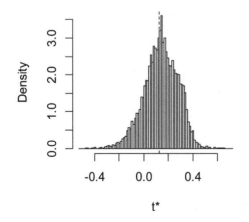
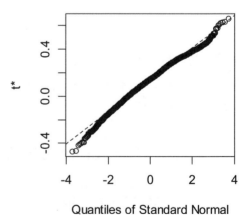

圖 4　自助法獲得的 9999 個 β_2 的直方圖和常態 Q-Q 圖

計算迴歸係數 $\hat{\beta}_1$ 的信賴區間

```
> boot.ci(results,type="perc",index=2)
```

BOOTSTRAP CONFIDENCE INTERVAL CALCULATIONS

Based on 9999 bootstrap replicates

CALL :

boot.ci (boot.out = results, type = "perc", index = 2)

Intervals :

Level	Percentile
95%	(-0.1425, 0.3783)

Calculations and Intervals on Original Scale

注：

當有多個統計量的自助抽樣時，增加一個索引參數，指明 **boot.ci** 和 **plot()** 函數所分析的 **bootobject$t** 所在的列，然後分別求得信賴區間和繪圖。例如：本例所求的是 **t2**（**x2** 的迴歸係數）的信賴區間，其餘類似。

　　本例用自助法得到的迴歸係數 $\hat{\beta}_1$ 的信賴區間（-0.1425, 0.3783）比例10-1得到的信賴區間（-0.073561002, 0.328211809）要寬一些。

　　傳統方法是根據統計量的理論分配來構造母體參數的信賴區間，而自助法則是根據統計量的經驗分配來構造母體參數的信賴區間。與傳統方法相比，在很多情形下，自助法往往可以得到母體參數的更窄或更有效的信賴區間。當母體分配未知，或者樣本很小，或者樣本存在嚴重的離群點，或者你所關心的參數沒有現成的估計公式，自助法就會顯示出特別的優勢。當然，自助法也不是萬能的。當母體滿足假定的分配時，自助法的優勢並不明顯。如果你所抽取的初始樣本本身就不是一個好樣本或樣本太小不能代表母體時，自助法也無能為力。採用自助法產生信賴區間時，初始樣本的樣本量在20-30時，就可以得到足夠好的結果，而重複抽樣的次數在1000次時多數情形下都可以滿足需要，當然也可以增加重複次數。

各章習題解答

第 1 章

1.1

⑴數值變數。⑵名義值（無序）類別變數。⑶數值變數。⑷順序值（有序）類別變數。⑸名義值（無序）類別變數。

1.2

⑴母體是「所有IT從業者」，樣本是抽取的「1000名IT從業者」，樣本量是1000。⑵數值變數。⑶名義值（無序）類別變數。

1.3

⑴母體是「所有網上購物者」。⑵名義值（無序）類別變數。

1.4

⑴分層抽樣。⑵100。

1.5

抽樣結果（注：由於是隨機抽樣，每次運行程式的結果不會一樣。）
⑴有放回抽樣

   [1] 福建省　　　山東省　　　新疆維吾爾自治區　　　內蒙古自治區
   [5] 天津市　　　甘肅省
   31 Levels: 安徽省、北京市、福建省、甘肅省、廣東省、廣西壯族自治區……
   重慶市

⑵無放回抽樣

   [1] 青海省　　　遼寧省　　　湖北省　　　西藏自治區
   [5] 寧夏回族自治區　　　山西省
   31 Levels: 安徽省、北京市、福建省、甘肅省、廣東省、廣西壯族自治區……

重慶市

第 2 章

2.1

⑴簡單次數分配表

行業	性別	滿意度
電信業：38	男：58	不滿意：75
航空業：19	女：62	滿意：45
金融業：26		
旅遊業：37		

⑵二維列聯表

	男	女	Sum
電信業	17	21	38
航空業	10	9	19
金融業	14	12	26
旅遊業	17	20	37
Sum	58	62	120

	不滿意	滿意	Sum
電信業	25	13	38
航空業	12	7	19
金融業	11	15	26
旅遊業	27	10	37
Sum	75	45	120

	不滿意	滿意	Sum
男	36	22	58
女	39	23	62
Sum	75	45	120

⑶三維列聯表

	滿意度	不滿意	滿意	Sum
行業	性別	11	6	17
電信業	男	14	7	21
	女	25	13	38
	Sum	7	3	10

航空業	男	5	4	9
	女	12	7	19
	Sum	7	7	14
金融業	男	7	7	14
	女	4	8	12
	Sum	11	15	26
旅遊業	男	11	6	17
	女	16	4	20
	Sum	27	10	37
Sum	男	36	22	58
	女	39	23	62
	Sum	75	45	120

⑷長條圖

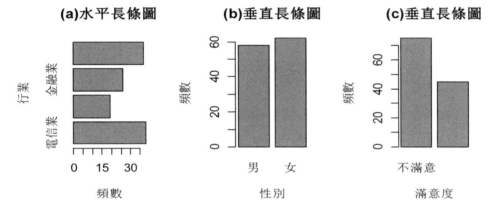

(a)水平長條圖　　　**(b)垂直長條圖**　　　**(c)垂直長條圖**

⑸複式長條圖

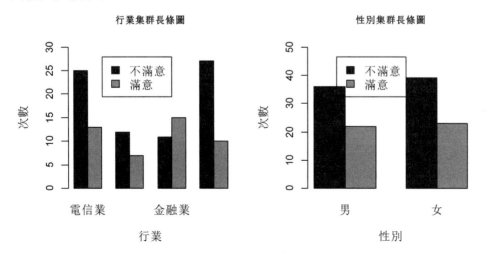

⑹馬賽克圖

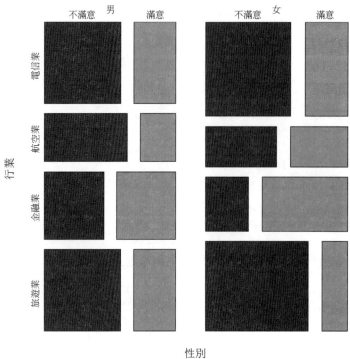

⒉2

⑴次數分配表

A	B	C	D	E	Sum
14	21	32	18	15	100

⑵長條圖

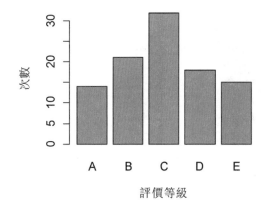

⑶圓形圖

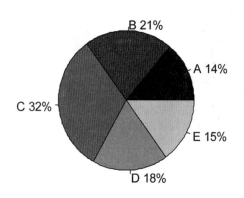

2.3

(1)次數分配表

	次數	百分比	累積百分比
650-660	2	2	2
660-670	5	5	7
670-680	7	6	13
680-690	14	14	27
690-700	26	26	53
700-710	18	18	71
710-720	13	13	84
720-730	10	10	94
730-740	3	3	97
740-750	3	3	100

(2)直方圖和(3)莖葉圖

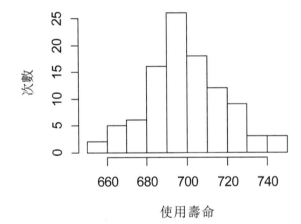

The decimal point is 1 digit(s) to the right of the |

```
65 | 18
66 | 14568
67 | 134679
68 | 11233345558899
69 | 0011112223344556667788889
70 | 001122345666778889
71 | 0022335677889
```

72 | 0122567899

73 | 356

74 | 179

從直方圖和莖葉圖看，使用壽命接近對稱分配。

2.4

⑴繪散布圖和氣泡圖

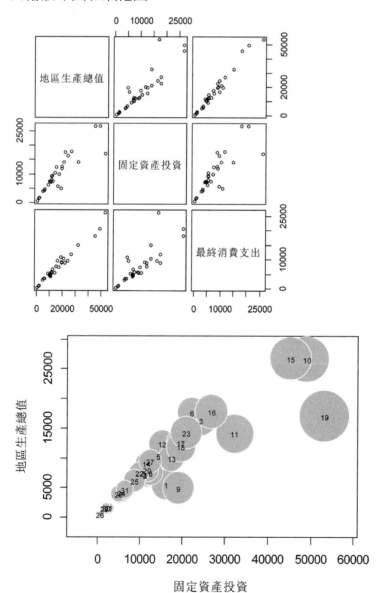

　　從散布圖看，三個變數之間都有線性關係。從氣泡圖看，最終消費支出與其餘兩個變數之間也為線性關係。

(2)星圖

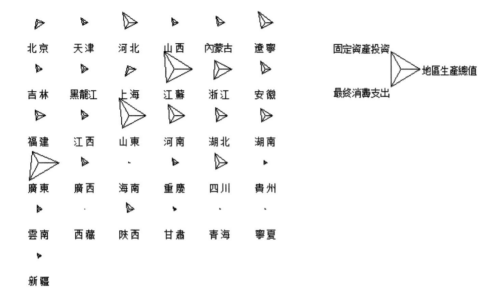

　　從星圖看，31個地區在地區生產總值、固定資產投資和最終消費支出上有一定相似性。

2.5

(1)盒鬚圖和小提琴圖

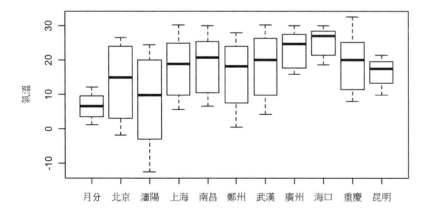

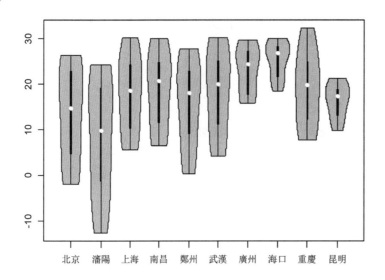

從盒鬚圖和小提琴圖可以看出，各城市氣溫分配的差異。

(2)星圖

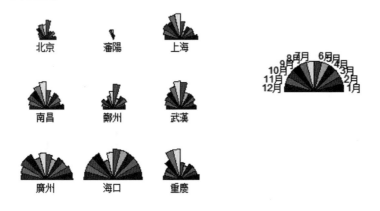

從星圖可以看出，各城市不同月分氣溫的差異。

第 3 章

3.1

網民年齡的描述統計量如下：

	vars	n	mean	sd	median	trimmed	mad	min	max	range	skew	kurtosis	se
網民年齡	1	25	24	6.65	23	23.33	5.93	15	41	26	0.95	0.13	1.33

　　網民平均年齡為24歲，中位數為23歲，標準差為6.65歲，全距為26歲，說明離散程度較大。從偏度係數上看，年齡呈現右偏，而且偏斜程度較大。

3.2

(1)平均數=7分鐘；標準差=0.7141428分鐘。

(2)CV_1=0.274>CV_2=0.102，第一種排隊方式的離散程度大於第二種排隊方式。

(3)選方法二，因為平均等待時間短，且離散程度小。

3.3

(1)盒鬚圖

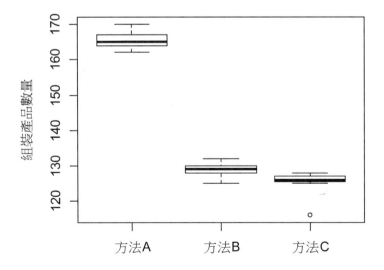

從盒鬚圖可看出不同方法組裝時間的差異明顯。

(2)三種方法各自的主要描述統計量

	方法 A	方法 B	方法 C
nbr.val	15.0000	15.0000	15.0000
nbr.null	0.0000	0.0000	0.0000
nbr.na	0.0000	0.0000	0.0000
min	162.0000	125.0000	116.0000
max	170.0000	132.0000	128.0000
range	8.0000	7.0000	12.0000
sum	2484.0000	1931.0000	1883.0000
median	165.0000	129.0000	126.0000
mean	165.6000	128.7333	125.5333
SE.mean	0.5503	0.4522	0.7163
CI.mean.0.95	1.1803	0.9698	1.5362
var	4.5429	3.0667	7.6952
std.dev	2.1314	1.7512	2.7740
coef.var	0.0129	0.0136	0.0221

從集中度看，方法A的平均水準最高，方法C最低；從離散度看，方法A的變異係數最小，方法C最大；從分配的形狀看，方法A和方法B的偏斜程度都不大，方法C則較大。綜合來看，應該選擇方法A，因為平均水準較高且離散程度較小。

3.4

(1)直方圖和莖葉圖

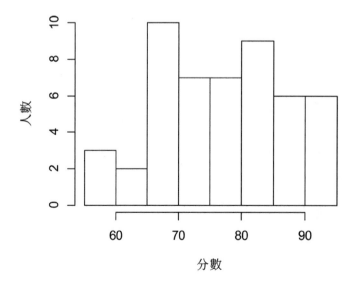

The decimal point is 1 digit(s) to the right of the |

```
5 | 5
6 | 00
6 | 55678889
7 | 000023333
7 | 55666888
8 | 011112444
8 | 567788
9 | 012234
9 | 5
```

從直方圖和莖葉圖看，考試分數接近對稱分配。

⑵描述統計量如下

	vars	n	mean	sd	median	trimmed	mad	min	max	range	skew	kurtosis	se
分數	1	50	77.46.	9.78	77	77.55	10.38	55	95	40	-0.07	-0.82	1.38

第 4 章

4.1

⑴$P(2\leq X\leq 5)=0.724$；⑵$P(X<2)=0.171$；⑶$P(X>5)=0.105$。

4.2

⑴$P(X=2)=0.375$；⑵$P(X\leq 2)=0.6875$。

4.3

⑴$P=0.3849303$；⑵$P=0.1843863$；⑶$P=0.09175914$。

4.4

⑴$E(\overline{x})=200$；⑵$\sigma_{\overline{x}}=5$；⑶由中央極限定理可知，$\overline{x}$的機率分配近似常態分配。

4.5

(1)$E(p)=\pi=0.4$；(2)$\sigma_p=0.0219$。

4.6

樣本均值$\bar{x}$的分配如：

$\bar{x}$ 的取值	$\bar{x}$ 的個數	$\bar{x}$ 取值的機率 $P(\bar{x})$
1.0	1	1/16
1.5	2	2/16
2.0	3	3/16
2.5	4	4/16
3.0	3	3/16
3.5	2	2/16
4.0	1	1/16

第 5 章

5.1

(1)樣本平均數的標準差=2.142857；(2)估計誤差=4.199923；(3)母體平均數 μ 的 95%的信賴區間爲（115.8001, 124.1999）。

5.2

(1)（8646.97, 9153.03）；(2)（8734.353, 9065.647）；(3)（8758.204, 9041.796）；(4)（8800.042, 8999.958）。

5.3

90%的信賴區間爲（2.875476, 3.757857）。
95%的信賴區間爲（2.790956, 3.842377）。
99%的信賴區間爲（2.625766, 4.007567）。

5.4

⑴信賴區間為（0.51, 0.77）。

⑵應抽取的樣本量：$n=62$。

5.5

⑴標準差的信賴區間為$0.33 \leq \sigma \leq 0.87$。

⑵標準差的信賴區間為$1.25 \leq \sigma \leq 3.33$。

⑶第一種排隊方式更好，因為它的離散程度小於第二種排隊方式。

5.6

⑴90%的信賴區間為（0.19, 19.41）；⑵90%的信賴區間為（-3.34, 22.94）。

5.7

95%的信賴區間為（66.327308, 15.672692）。

5.8

⑴90%的信賴區間為（3.02%, 16.98%）；⑵95%的信賴區間為（1.68%, 18.32%）。

5.9

95%的信賴區間為（4.051926, 24.610112）

5.10

應抽取的樣本量：$n \approx 139$。

5.11

應抽取的樣本量：$n_1 = n_2 \approx 57$。

5.12

應抽取的樣本量：$n_1=n_2 \approx 769$。

第6章

6.1

　　提出假設：H_0: $\mu \leq 6.70$，H_1: $\mu > 6.70$。檢定統計量：$z=3.11$，$P=0.0009<0.01$，拒絕H_0，每個家庭每天收看電視的平均時間顯著地增加了。

6.2

⑴Q-Q圖

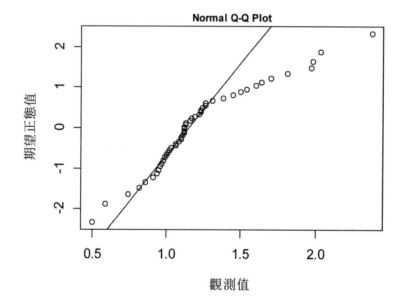

　　從Q-Q圖看，零件尺寸絕對平均誤差不服從常態分布。

⑵提出假設：H_0: $\mu \geq 1.35$，H_1: $\mu < 1.35$。$z = -2.6061$，$P = 0.004579$，拒絕H_0。新機具加工的零件尺寸的平均誤差與舊機具相比，有顯著降低。

6.3

⑴Shapiro-Wilk檢定：提出假設H_0：金屬板重量服從常態分配，H_1：金屬板重量

不服從常態分配。$W=0.97064$，$P=0.7684$。K-S檢定：$D=0.10808$，$P=0.9539$，不拒絕H_0，金屬板重量服從常態分配。

(2)提出假設：H_0: $\mu=25$，H_1: $\mu \neq 25$，$t=1.0399$，$P=0.3114$，不拒絕H_0，沒有證據顯示該企業生產的金屬板不符合要求。

6.4

提出假設：H_0: $\pi \leq 17\%$，H_1: $\pi > 17\%$。檢定統計量：$z=2.44$，$P=0.0037<0.05$，拒絕H_0，該生產商的說法屬實。

6.5

提出假設：H_0: $\mu_1-\mu_2=5$，H_1: $\mu_1-\mu_2 \neq 5$。檢定統計量：$z=-5.145$，$P=1.3379\text{e-}07<0.02$，拒絕H_0，兩種裝配操作的平均裝配時間之差不等於5分鐘。

6.6

設μ_1=看後，μ_2=看前。提出假設：H_0: $\mu_1-\mu_2 \leq 0$，H_1: $\mu_1-\mu_2>0$，$t=1.3572$，$P=0.1084$，不拒絕H_0，沒有證據顯示廣告提高了平均潛在購買力得分。

6.7

設μ_1=方法1，μ_2=方法2。提出假設：H_0: $\mu_1-\mu_2=0$，H_1: $\mu_1-\mu_2 \neq 0$。(1)假定變異數相等：$t=-5.8927$，$P=2.444\text{e-}06$，拒絕H_0，兩種方法的培訓效果是有顯著差異。(2)假定變異數不相等：$t=-5.8927$，$P=2.568\text{e-}06$，拒絕H_0，兩種方法的培訓效果是有顯著差異。

6.8

設π_1=男經理，π_2=女經理。提出假設：H_0: $\pi_1-\pi_2=0$，H_1: $\pi_1-\pi_2 \neq 0$。$p_1=0.41$，$p_2=0.24$。合併後的比例為：$p=0.323$。檢定統計量為：$p=2.54$。$P=0.0109<0.05$，拒絕H_0，男女經理認為自己成功的人數比例有顯著差異。

6.9

⑴設 μ_1＝新肥料，μ_2＝舊肥料。提出假設：$H_0: \pi_1 - \pi_2 \leq 0$，$H_1: \pi_1 - \pi_2 > 0$。假定變異數相等：$t = -5.4271$，$P = 3.474\text{e-}06$。假定變異數不相等：$t = -5.4271$，$P = 3.735\text{e-}06$。由於 P 值均小於0.05，拒絕 H_0，新肥料獲得的平均產量顯著地高於舊肥料。

⑵提出假設：$H_0: \sigma_1^2/\sigma_2^2 = 1$，$H_1: \sigma_1^2/\sigma_2^2 \neq 1$。

$F = 0.72294$，$P = 0.4862$。由於 $P > 0.05$，不拒絕 H_0，沒有證據顯示兩種肥料產量的變異數有顯著差異。

6.10

提出假設：$H_0: \sigma_1^2/\sigma_2^2 = 1$，$H_1: \sigma_1^2/\sigma_2^2 \neq 1$。

$F = 9.0711$，$P = 1.477\text{e-}06$，拒絕 H_0，兩部機器生產的袋茶重量的變異數有顯著差異。

6.11

提出假設：$H_0: M = 3000$，$H_1: M \neq 3000$，$V = 27$，$P = 0.25$，不拒絕 H_0。沒有證據顯示，該種節能燈使用壽命的中位數與3000小時有顯著差異。

6.12

提出假設：$H_0: M_A = M_B$，$H_1: M_A \neq M_B$，$W = 37.5$，$P = 0.5992$，不拒絕 H_0。沒有證據顯示，兩個城市的銷售量有顯著差異。

6.13

提出假設：$H_0: M_d = 0$（每股收益相同），$H_1: M_d \neq 0$（每股收益不相同），$V = 10$，$P = 0.08293$，不拒絕 H_0。無證據顯示，本年度每股收益與上年度每股收益有顯著差異。

第 7 章

7.1

提出假設：H_0：銷售量服從均勻分配；H_1：銷售量不服從均勻分配。X-squared=80.924，P=9.778e-13，拒絕H_0，說明各月分的銷售量不服從均勻分配。

7.2

提出假設：H_0：是否蹺課與學生性別獨立；H_1：是否蹺課與學生性別不獨立。X-squared = 1.5407，P=0.2145，不拒絕H_0，表示是否蹺課與學生性別獨立。

7.3

提出假設：H_0：上市公司的類型與對股價波動的關注程度獨立；H_1：上市公司的類型與對股價波動的關注程度不獨立。X-squared=16.854，=0.0002189，拒絕H_0，表示上市公司的類型與對股價波動的關注程度不獨立。

7.4

提出假設：H_0：地區與汽車價格獨立；H_1：地區與汽車價格不獨立。X-squared=29.991，P=3.946e-05，拒絕H_0，表示地區與汽車價格不獨立。

7.5

相關性量數結果：Contingency Coeff.=0.285 ；Cramer V=0.298。

7.6

相關性量數結果：Contingency Coeff.=0.264 ；Cramer V=0.194。

第8章

8.1

(1)設4臺機器的影響效果分別爲α_1、α_2、α_3、α_4。提出假設：H_0: $\alpha_1=\alpha_2=\alpha_3=\alpha_4=0$；$H_1$: α_1、α_2、α_3、α_4至少一個不爲0。$P=0.000685<0.01$，拒絕H_0，4臺機器的填裝量差異顯著。

(2)Tukey-Kramer的HSD方法

  Tukey multiple comparisons of means

  95% family-wise confidence level

Fit: aov(formula = 填裝量 ~ 機器，data = exercise8_1)

$`機器`

	diff	lwr	upr	p adj
機器2-機器1	-0.028333333	-0.056765232	9.856503e-05	0.0509460
機器3-機器1	-0.056000000	-0.085547296	-2.645270e-02	0.0003421
機器4-機器1	-0.025000000	-0.056145584	6.145584e-03	0.1390013
機器3-機器2	-0.027666667	-0.054338151	-9.951818e-04	0.0408123
機器4-機器2	0.003333333	-0.025098565	3.176523e-02	0.9861849
機器4-機器3	0.031000000	0.001452704	6.054730e-02	0.0382454

(3)常態性和變異數同質性檢定

  Shapiro常態性檢定：$W=0.97738$，$P=0.9079$，不拒絕H_0，滿足常態性檢定。

  Bartlett變異數同質性檢定：Bartlett's K-squared=1.112，df=3，$P=0.7742$。滿足變異數同質性檢定。

8.2

(1)設不同層次的管理者的評分效果分別爲α_1、α_2、α_3。提出假設：H_0: $\alpha_1=\alpha_2=\alpha_3=0$；$H_1$: α_1、α_2、α_3至少一個不爲0。$P<0.05$，拒絕H_0，表示不同層次的管理者的平均滿意度評分之間有顯著差異。

(2)Tukey-Kramer的HSD方法

  Tukey multiple comparisons of means

95% family-wise confidence level

Fit: aov（formula = 評分 ~ 管理者，data = exercise8_2）

$`管理者`

	diff	lwr	upr	p adj
高級管理者 - 初級管理者	1.766667	0.001595921	3.531737	0.0497786
中級管理者 - 初級管理者	3.023810	1.402098635	4.645520	0.0005928
中級管理者 - 高級管理者	1.257143	-0.449658591	2.963944	0.1692146

(3) Shapiro 常態性檢定：W=0.94141，P=0.3063，不拒絕 H_0，滿足常態性檢定。

　　Bartlett變異數同質性檢定：Bartlett's K-squared=1.6063，P=0.4479。滿足變異數同質性檢定。

(4) Kruskal-Wallis檢定：chi-squared=10.48，P=0.005299，拒絕H_0。

8.3

(1) 設3個企業生產的電池的影響效果分別為α_A、α_B、α_C。提出假設：H_0: $\alpha_A=\alpha_B=\alpha_C=0$；$H_1$:$\alpha_A$、$\alpha_B$、$\alpha_C$至少一個不為0。$P$=0.00031，拒絕$H_0$，3個企業生產的電池壽命有顯著差異。

(2) Tukey-Kramer的HSD方法

Tukey multiple comparisons of means

　95% family-wise confidence level

Fit: aov（formula = 電池壽命 ~ 企業，data = exercise8_3）

$`企業`

	diff	lwr	upr	p adj
B-A	-14.4	-21.565255	-7.234745	0.0004622
C-A	-1.8	-8.965255	5.365255	0.7847311
C-B	12.6	5.434745	19.765255	0.0013991

8.4

設不同品種的種子的影響效果分別為α_1、α_2、α_3、α_4、α_5。提出假設：H_0: $\alpha_1=\alpha_2=\alpha_3=\alpha_4=\alpha_5=0$；$H_1$: α_1、α_2、α_3、α_4、α_5至少一個不為0。設不同施肥方式的影響效果分別為β_1、β_2、β_3、β_4。提出假設：H_0: $\beta_1=\beta_2=\beta_3=\beta_4=0$；$H_1$: β_1、β_2、β_3、β_4至少一個不為0。

$P_{品種}=0.00332<0.05$，拒絕H_0。表示不同品種的種子對收穫量的影響顯著。

$P_{施肥方式}=0.00195<0.05$，拒絕H_0。表示不同施肥方案對收穫量的影響顯著。

8.5

提出假設：

檢定時段提出的假設為：H_0: $\alpha_1=\alpha_2=0$；H_1: α_1、α_2至少一個不為0。

檢定路段提出的假設為：H_0: $\beta_1=\beta_2=\beta_3=0$；$H_1$: β_1、β_2、β_3至少一個不為0。

檢定交互作用提出的假設為：H_0：交互效果不顯著；H_1：交互效果顯著。

檢定時段因子的$P=1.36e-08<0.05$，拒絕H_0，表示時段對行車時間有顯著影響。檢定路段因子的$P=3.71e-06<0.05$，拒絕H_0，表示路段對行車時間有顯著影響。檢定時段和路段交互作用的$P=0.997>0.05$，不拒絕H_0，沒有證據顯示時段和路段的交互作用對行車時間有顯著影響。

8.6

提出假設：

檢定廣告方案：H_0: $\alpha_1=\alpha_2=\alpha_3=0$；$H_1$: α_1、α_2、α_3至少一個不為0。

檢定廣告媒體：H_0: $\beta_1=\beta_2=0$；H_1: β_1、β_2至少一個不為0。

檢定交互作用：H_0：交互效果不顯著；H_1：交互效果顯著。

檢定廣告方案的$P=0.0104<0.05$，拒絕H_0。顯示廣告方案對銷售量有顯著影響。檢定廣告媒體的$P=0.1340>0.05$，不拒絕H_0，沒有證據顯示廣告媒體對銷售量有顯著影響。檢定交互作用的$P=0.2519>0.05$，不拒絕H_0，沒有證據顯示廣告方案和廣告媒體對銷售量有交互影響。

第 9 章

9.1

⑴散布圖

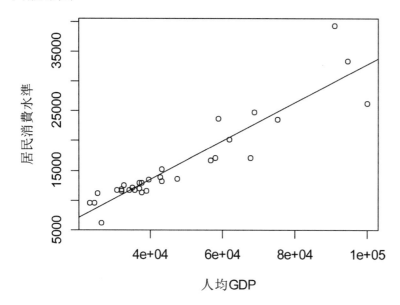

　　從散布圖可以看出，地區生產總值與居民消費水準之間爲正的線性相關關係。

　　相關係數=0.9240374，檢定統計量t=13.016，P=1.226e-13，拒絕H_0，表示人均GDP與居民消費水準之間的線性關係顯著。

⑵估計的迴歸方程爲：$\hat{y}$=751.4+0.3194x。R-squared=0.8538，表示人均GDP解釋了居民消費水準誤差的85.38%。F檢定的P=1.227e-13<0.05，表示人均GDP與居民消費水準之間的線性關係顯著。

9.2

⑴散布圖

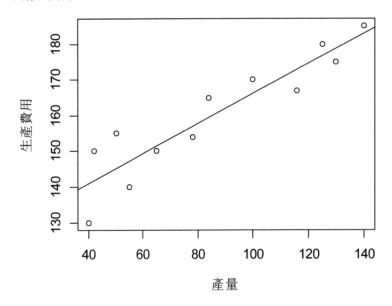

二者之間爲線性關係。

⑵相關係數=0.920324。檢定統計量t=7.4355，P=2.226e-05，拒絕H_0，表示人均GDP與居民消費水準之間的線性關係顯著。

9.3

⑴估計的迴歸方程爲：$\hat{y}$=430.1892−4.7006x。迴歸係數 $\hat{\beta}_1$=−4.7006表示航班準點率每變動1%，顧客投訴次數平均變動−4.7006次。

⑵檢定迴歸係數的P=0.001108<0.05，拒絕H_0，迴歸係數顯著。

⑶$\hat{y}_{80}$=430.1892−4.7006×80=54.189次。

9.4

⑴估計的迴歸方程爲：$\hat{y}$=29.3991+1.5475x。

⑵F檢定的P=0.02058<0.05，線性關係顯著。

⑶從殘差圖和Q-Q圖看，擬合效果較好。

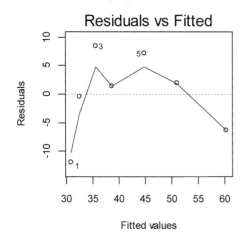

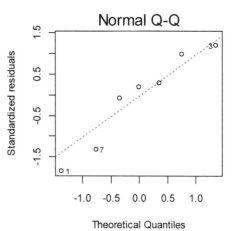

第 10 章

10.1

⑴估計的迴歸方程為：$\hat{y}$=886.3768+1.6039x。

⑵估計的迴歸方程為：$\hat{y}$=832.3009+2.2902x_1+1.3010x_2。 $\hat{\beta}_1$=2.2902，表示在報紙廣告費用不變的情形下，電視廣告費用每變動1萬元，銷售收入平均變動2.2902萬元；$\hat{\beta}_2$=1.3010表示在電視廣告費用不變的情形下，報紙廣告費用每變動1萬元，銷售收入平均變動1.3010萬元。

⑶不相同。在月銷售收入與電視廣告費用的方程中，迴歸係數 $\hat{\beta}_1$=1.6039，表示電視廣告費用每增加1萬元，月銷售額平均增加1.6039萬元；在月銷售收入與電視廣告費用和報紙廣告費用的方程中，迴歸係數 $\hat{\beta}_1$=2.2902，表示在報紙廣告費用不變的條件下，電視廣告費用每增加1萬元，月銷售額平均增加2.2902萬元。

⑷方程⑴的R^2=65.26%，表示在銷售收入的總誤差中，被銷售收入與電視廣告費用所解釋的比例為65.26%。方程⑵調整後的R^2=88.66%，表示在銷售收入的總誤差中，被銷售收入與電視廣告費用和報紙廣告費用所解釋的比例為88.66%。增加報紙廣告費用這個因數後，所解釋的銷售收入誤差的比例提高了，表示報紙廣告費用是影響銷售收入的一個顯著因素。

10.2

⑴二元線性迴歸方程爲：$\hat{y}=-0.591+22.387x_1+327.672x_2$。由於F檢定的$P=7.532e\text{-}05$，表示迴歸方程的線性關係顯著。但由於迴歸係數$\hat{\beta}_1$檢驗的$P=0.0801>0.05$，表示降雨量對小麥收穫量的影響不顯著，這可能是由於模型存在多重共線性造成的。模型中可能存在多重共線性。

⑵$\overline{\beta}_2=0.5896>\overline{\beta}_1=0.4146$，溫度是比降雨量更重要的預測變數。

10.3

⑴迴歸方程爲：$fit1=-1.02164+0.04004x_1+0.14803x_2+0.01453x_3-0.02919x_4$。

⑵逐步迴歸方程爲：$fit2=-0.971605+0.040390x_1+0.148858x_2-0.028502x_4$。

⑶4個自變數在逾期放款中的相對重要性：$\overline{\beta}_1=0.8913>\overline{\beta}_4=0.3249>\overline{\beta}_2=0.2598>\overline{\beta}_3=0.03447$。

⑷Anova方法：$P=0.8629$。AIC方法：$AIC(fit2)=104.2022$；$AIC(fit1)=106.1639$。逐步迴歸模型更好。

10.4

⑴一元迴歸方程爲：$fit1=5249.7+327.2x_1$。

⑵二元迴歸方程爲：$fit2=6190.74+111.22x_1-458.68x_2$。

⑶只含有「年資」的一元迴歸，$R^2=21.51\%$。加入「性別」變數後，$R_a^2=87.179\%$，表示在月薪的誤差中能夠被月薪與年資和性別所解釋的比例爲87.179%，表示擬合程度有顯著提高。引入「性別」這一啞變數對預測有用。

第 11 章

11.1

2009年的小麥產量預測= 11246.38。

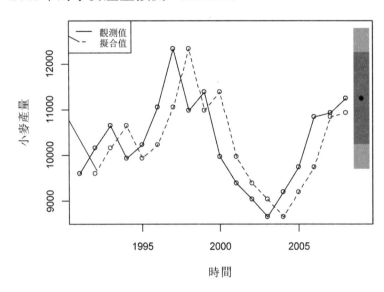

11.2

(1)一元線性迴歸預測：2011年原油產量=19788.41
(2)Holt指數平滑模型預測：

	Point Forecast	Lo 80	Hi 80	Lo 95	Hi 95
2011	20309.77	19888.9 1	20730.63	19666.12	20953.42

一元線性迴歸模型和 Holt 指數平滑模型預測的殘差圖：

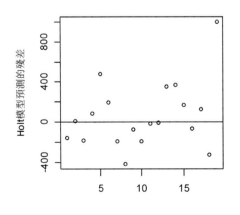
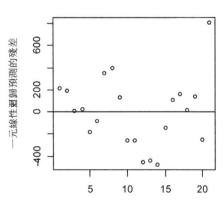

11.3

⑴Holt指數平滑模型預測

	Point Forecast	Lo 80	Hi 80	Lo 95	Hi 95
2009	71943.02	69907.34	73978.69	68829.72	75056.32

⑵指數模型預測：2009年的財政收入=65345.638

⑶比較圖

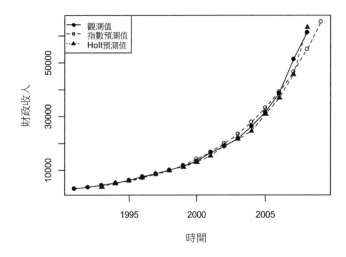

11.4

二次曲線預測第30個收盤價=359.5500；三次曲線預測第30個收盤價=368.6325。
比較圖：

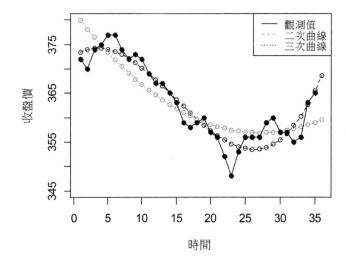

11.5

Winter指數平滑模型2014年預測值：

	Point Forecast	Lo 80	Hi 80	Lo 95	Hi 95
Jan 2014	22503.39	22011.20	22995.58	21750.65	23256.13
Feb 2014	21508.05	20924.68	22091.43	20615.86	22400.24
Mar 2014	21216.85	20554.73	21878.96	20204.23	22229.47
Apr 2014	21302.16	20569.71	22034.60	20181.98	22422.33
May 2014	22468.82	21672.23	23265.40	21250.55	23687.09
Jun 2014	22284.21	21428.27	23140.14	20975.17	23593.24
Jul 2014	22013.93	21102.51	22925.35	20620.03	23407.83
Aug 2014	22384.27	21420.55	23348.00	20910.38	23858.16
Sep 2014	23771.52	22758.19	24784.85	22221.76	25321.28
Oct 2014	24271.99	23211.37	25332.61	22649.91	25894.07
Nov 2014	23726.74	22620.85	24832.62	22035.43	25418.05
Dec 2014	25457.19	24307.82	26606.57	23699.38	27215.01

Winter指數平滑模型預測圖：

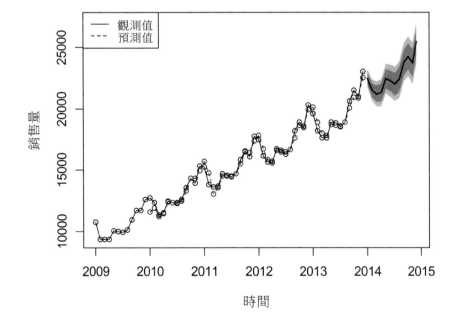

分解法預測2014年預測值：

	Jan	Feb	Mar	Apr	May	Jun
2014	22402.077	20791.980	19876.276	19862.824	21280.820	21027.607

	Jul	Aug	Sep	Oct	Nov	Dec
2014	20662.215	20996.809	22618.23	23711.967	23162.633	25235.075

分解法預測圖：

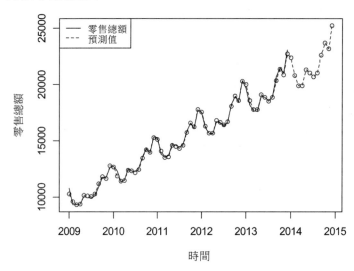

[1] 賈俊平編著。《統計學——基於R》。北京：中國人民大學出版社，2014。

[2] 賈俊平編著。《統計學——基於SPSS》。北京：中國人民大學出版社，2014。

[3] 賈俊平編著。《統計學》（第五版）。北京：中國人民大學出版社，2014。

[4] Samprit Chatterjee, Ali S. Hadi著，鄭忠國、許靜譯。《例解回歸分析》（原書第五版）。北京：機械工業出版社，2013。

[5] William Mendenhall, Terry Sincich著，梁馮珍、關靜等譯。《統計學》（原書第五版）。北京：機械工業出版社，2009。

[6] Robert I. Kabacoff著，高濤等譯。《R語言實戰》。北京：人民郵電出版社，2013。

[7] Paul Teetor著，李紅成等譯。《R語言經典實例》。北京：機械工業出版社，2013。

國家圖書館出版品預行編目資料

統計學：基於R的應用／賈俊平著.－－初
版.－－臺北市：五南, 2017.01
　　面；　公分
ISBN 978-957-11-8796-9（平裝）
1.統計套裝軟體　2.統計分析
512.4　　　　　　　　　　105015974

1HA6

統計學：基於R的應用

作　　　者－ 賈俊平 著／陳正昌 校訂

發 行 人－ 楊榮川

總 經 理－ 楊士清

總 編 輯－ 楊秀麗

主　　編－ 侯家嵐

責任編輯－ 李貞錚

文字校對－ 陳俐君　許宸瑞

封面設計－ 盧盈良

出 版 者－ 五南圖書出版股份有限公司

地　　址：106台北市大安區和平東路二段339號4樓

電　　話：(02)2705-5066　　傳　　真：(02)2706-6100

網　　址：http://www.wunan.com.tw

電子郵件：wunan@wunan.com.tw

劃撥帳號：01068953

戶　　名：五南圖書出版股份有限公司

法律顧問　林勝安律師事務所　林勝安律師

出版日期　2017年 1 月初版一刷
　　　　　2019年10月初版三刷

定　　價　新臺幣580元